中国检察

· 第34卷 ·

主 编 郭立新
副主编 蔡 巍

中国检察出版社

图书在版编目（CIP）数据

中国检察. 第34卷 / 郭立新主编. -- 北京：中国检察出版社，2025.5. -- ISBN 978-7-5102-3270-1

Ⅰ. D926.3-53

中国国家版本馆CIP数据核字第2025V9S174号

中国检察　第34卷

主　　编　郭立新
副主编　蔡　巍

责任编辑：柴凯菲　刘豫陵　苗　宇
技术编辑：王英英
美术编辑：徐嘉武

出版发行：中国检察出版社
社　　址：北京市石景山区香山南路109号（100144）
网　　址：中国检察出版社（www.zgjccbs.com）
编辑电话：（010）86423768
发行电话：（010）86423726　86423727　86423728
　　　　　（010）86423730　86423732
经　　销：新华书店
印　　刷：河北宝昌佳彩印刷有限公司
开　　本：710 mm×960 mm　16开
印　　张：24.25　插页4
字　　数：423千字
版　　次：2025年5月第一版　2025年5月第一次印刷
书　　号：ISBN 978-7-5102-3270-1
定　　价：85.00元

检察版图书，版权所有，侵权必究
如遇图书印装质量问题本社负责调换

卷 首 语

　　2024年，党的二十届三中全会擘画进一步全面深化改革宏伟蓝图，中国式现代化迈出坚实步伐。检察机关坚持以习近平新时代中国特色社会主义思想为指导，深入学习贯彻习近平法治思想，全面贯彻党的二十大和二十届二中、三中全会精神，立足党和国家中心工作履行宪法赋予的法律监督职责，高质效办好每一个案件，努力让人民群众在每一个司法案件中感受到公平正义，持续推动习近平法治思想的检察实践。理论是实践的先导，检察实践的高质量发展要靠创新检察理论的指导和驱动。最高人民检察院发布的《关于全面深化检察改革、进一步加强新时代检察工作的意见》明确指出，要"健全中国特色社会主义检察学学科体系、学术体系、话语体系"。为进一步加强我国检察学自主知识体系建设，本卷《中国检察》收录了16篇最高人民检察院检察理论研究课题的优秀成果，以检察基础理论研究成果更好推动学术体系建设，以"四大检察"研究成果推动检察学学科体系建设，并在对中国本土问题的探讨与比较研究中推动话语体系建设。

　　《中国式现代化视域下的高质效检察履职：理论阐释与推动路径》提

出,在融入和服务中国式现代化背景下,高质效检察履职是指把法律监督的精神、原则要求等落实在检察权运行机制、体制中,旨在满足新时代人民群众的法治需求,持法达变,积极构建回应型、治理型检察司法模式。当前高质效检察履职应聚焦法治性、回应性、个案与整体统一性、协调平衡性、开放共生性等重要维度,从强化履职理念、把握履职的认识基础、明确履职的实践取向、完善检察权运行工作机制、充分运用法律赋权等方面推进。

《新时代法律监督体系机制研究》指出,完善检察机关法律监督体系机制,要通过构建完善党对检察工作领导体系、服务大局工作体系、法律监督履职体系、司法体制综合配套改革体系、检察管理体系、数字检察赋能体系,在宏观层面为机制完善提供必要的基础支撑和保障,进而通过落实落细党对检察工作的绝对领导、加快构建完善高质效办案检察履职机制、科学化检察管理机制、数字赋能法律监督机制等具体机制建设,一体推动检察机关法律监督体系机制协同发展。

《建好建强高素质专业化检察队伍 为推进检察工作高质量发展提供坚强组织保证》指出,检察队伍是以习近平法治思想的检察实践支撑和服务中国式现代化的重要力量,必须推进检察队伍建设理念变革创新,牢牢把握锻造新时代检察铁军的目标方向和根本要求;推进履职能力提质增效,与时俱进提升"高质效办好每一个案件"的过硬本领;推进管理体系运行高效,激励各类检察人员真抓实干、担当作为;推进培养机制优化完善,努力锻造堪当时代重任的高素质专业化检察铁军。

《检察机关全面准确落实司法责任制研究》回顾了司法责任制改革的历史和经验,指出当前司法责任制改革面临的难题,并提出要把促进实现高质效办好每一个案件作为司法责任认定、追究的基本价值目标,要坚持"落实和完善"的要求,精准把握"全面""准确"的内涵,进一步明确检察办案职责权限,加强对检察办案的制约监督,严格司法责任认定和追究,确保司法责任制改革行稳致远。

《大数据分析在法律监督中的应用研究》论证了运用大数据开展法律监督对检察机关破解监督瓶颈、优化监督流程、重塑监督模式,实现检察资源最大化利用、提升检察机关整体办案能力水平和工作质效的重要意义。同时指出,要从理念更新、顶层设计、体系协同等维度开展对策研究,从业务逻辑、思路拓展、建模方法等方面重点建构大数据分析在法律监督中应用的具体路径和长效机制。

《省级院检察案例库的建设与应用研究——以天津市检察案例库的建设

为研究样本》强调了指导性案例之外各级各类非指导性案例的重要价值，这些案例在司法实践中能够发挥非效力层面的实质影响。省级院处于案例管理的核心节点，应牵头建设案例库，加强数字平台建设，整合案例数据，建立配套机制，完善检察案例管理体系，对最高人民检察院指导性案例的供给形成更有力支撑，同时促进包括指导性案例在内所有案例功能的充分发挥。

《认罪认罚案件量刑建议精准化研究》结合《刑事诉讼法》关于认罪认罚从宽制度的条款以及近年来相关司法解释规定，直面理论界的核心困惑，论证了检察机关一般应当提出确定刑量刑建议和法院一般应当采纳检察院提出的量刑建议的正当性和科学性，并围绕如何保障犯罪嫌疑人、被告人认罪认罚自愿性、量刑建议的提出方法、量刑建议的采纳标准与调整程序、检察机关抗诉权的行使等实践难题展开详细讨论并提出对策建议。

《认罪认罚案件抗诉制度研究》分析了认罪认罚案件办理中"针对被告人上诉而提起的抗诉"与"针对法院不采纳量刑建议而提起的抗诉"两种抗诉模式背后反映出的控辩冲突与控审冲突，阐释了传统刑事诉讼制度中"单向分立型"诉讼结构与认罪认罚从宽制度中"双向复合型"诉讼结构的区别及其对抗诉权行使的影响，并据此建构了认罪认罚从宽制度中抗诉权的行使规则，提出了对《刑事诉讼法》的修改建议。

《检察机关退回补充侦查与自行补充侦查规范化研究》论述了检察机关自行补充侦查在纠正和弥补前期侦查不足方面的重要作用，倡导在检察事务中全面应用自行补充侦查，改变当前退回补充侦查多且质效低、自行补充侦查少的局面；并从审查起诉阶段和审判阶段分别探讨了自行补充侦查的启动标准与启动程序。

《检察机关依法精准有力惩治行贿犯罪研究——未定罪行贿所得没收质素的理论阐释与规则构建》反思了当前针对未定罪行贿人没收违法所得实践状况不理想的原因，主张应将没收违法所得制度的底层逻辑由"禁止任何人因其不法行为获益"发展为"禁止任何人处于违法获益的状态"，进而将未定罪行贿所得没收之诉定性为独立的涉案财物处理诉讼，并借鉴《民事诉讼法》的相关规则构建其程序，与监察没收制度、违法所得没收程序相衔接。

《涉网知识产权犯罪追诉标准研究》论述了数字化时代知识产权犯罪的复杂多样性，包括侧重保护知识产权中的财产属性、犯罪渠道网络化、犯罪手段隐蔽化、共同犯罪产业链化等特征；介绍了涉网知识产权刑法保护的域外经验，并围绕犯罪数额的设置、违法所得数额计算等问题阐释了涉网知识产权犯罪追诉标准的设定,重点讨论了涉网侵犯著作权、涉网侵犯商标权、涉网侵犯商业秘密等犯罪行为。

《民事虚假诉讼检察监督研究》提出,检察机关在虚假诉讼监督中具有独特作用,能够发挥公权监督与私权救济的双重功能,并高效查处虚假诉讼行为。检察机关应当准确界定自身定位,创新检察权行使方式,融合优化各项监督职能,以建立完善内部检察监督体系和外部多元治理格局为路径,更加充分地发挥虚假诉讼法律监督和社会治理作用。

《反电信网络诈骗犯罪背景下的行政执法与刑事司法衔接机制研究》提出,针对信息网络诈骗犯罪,检察机关应加强和行政执法部门的协作,形成治理合力。既要基于防控的目标建构预测型模式,实现源头治理的目标;也要基于电信网络诈骗犯罪的特征,从终端的犯罪行为出发,层层向上回溯,最终回到网络犯罪的源头,建立动态化控制模式;还要将不同类型的治理纳入网络社会治理体系和治理能力现代化建设中,形成生态治理的理想状态。

《"反向移送"视角下行刑衔接中的信息共享问题研究》认为,行刑"双向移送"制度的核心在于形成行政执法机关与司法机关完善的案件处理及信息通报机制。详细剖析了"反向移送"视角下行刑衔接信息共享机制运行中存在的问题及原因,提出了"完善立法,促进信息共享平台建设""明确信息共享范围及标准,实现案情通报常态化""加强统一规划,提升信息共享效率""加大对信息共享平台应用的监管力度"等完善对策。

《行政检察数字赋能的理论与实践——以广东行政检察大数据法律监督实践为视角》阐释了数字检察在数据互通、数据碰撞和智能筛查等方面的独特优势,特别强调了其在促进行政检察规范、高效开展监督办案,助推行政检察更深入、更有效推动社会综合治理方面的功效。主张从单点应用、局部优化和系统构建等层次全面推进数字化建设,走出一条"以数字检察为牵引,以类案监督为核心,以促进社会治理为目标"的行政检察创新发展之路。

《行政公益诉讼引导行政执法研究》归纳总结了行政公益诉讼引导行政执法的缘起及理论基础,通过梳理行政公益诉讼相关立法,包括检察机关与行政机关会签的协作文件等,总结了目前行政公益诉讼引导行政执法的主要方法,结合相关案例分析了行政公益诉讼引导行政执法的实践做法和存在问题,有针对性地完善并补充建构行政公益诉讼引导行政执法的实践路径。

目 录

第一部分 新时代检察工作的创新发展研究

中国式现代化视域下的高质效检察履职：理论阐释与推动路径 …… （3）
  一、高质效检察履职的理论阐释 ……………………………… （3）
  二、当前推进高质效检察履职的探索与检视 ………………… （8）
  三、高质效检察履职的推动路径 ……………………………… （16）
  四、高质效检察履职的广东探索 ……………………………… （26）

新时代法律监督体系机制研究 …………………………………… （34）
  一、检察机关法律监督的概念及其发展 ……………………… （35）
  二、检察机关法律监督体系与机制构建的现状与问题 ……… （39）
  三、检察机关法律监督体系机制建设的推进目标与实施原则 …… （44）
  四、检察机关法律监督体系构建的全局规划 ………………… （50）
  五、检察机关法律监督机制改革的实践面向 ………………… （60）

建好建强高素质专业化检察队伍　为推进检察工作高质量发展
提供坚强组织保证 ………………………………………………… （75）
  一、加快推进检察队伍建设理念变革创新，牢牢把握锻造
    新时代检察铁军的目标方向和根本要求 ………………… （76）
  二、加快推进检察队伍履职能力提质增效，与时俱进提升
    "高质效办好每一个案件"的过硬本领 …………………… （79）
  三、加快推进检察队伍管理体系运行高效，激励各类检察
    人员真抓实干、担当作为 ………………………………… （81）
  四、加快推进检察队伍培养机制优化完善，努力锻造堪当
    时代重任的高素质专业化检察铁军 ……………………… （83）

检察机关全面准确落实司法责任制研究 …………………………（86）
  一、时代背景：落实和完善司法责任制历史进程 ……………（87）
  二、规律性总结：落实和完善司法责任制的经验梳理 ………（91）
  三、机制难题：落实和完善司法责任制的现实困境 …………（94）
  四、机制功能的实践导向："高质效办好每一个案件" ………（97）
  五、路径设计：落实和完善司法责任制的思路举措 …………（100）

大数据分析在法律监督中的应用研究 ……………………………（114）
  一、大数据分析在法律监督工作中的应用现状 ………………（115）
  二、大数据分析在法律监督中的应用方法 ……………………（119）
  三、运用大数据开展法律监督面临的问题和挑战 ……………（125）
  四、大数据赋能法律监督的改革路径 …………………………（128）

省级院检察案例库的建设与应用研究
  ——以天津市检察案例库的建设为研究样本 …………………（135）
  一、案例管理体系对我国检察案例制度发展繁荣的重要意义 …（136）
  二、省级院在案例管理体系中的特殊价值 ……………………（139）
  三、省级院检察案例库建设与应用的具体路径 ………………（142）

第二部分　刑事检察研究

认罪认罚案件量刑建议精准化研究 ………………………………（147）
  一、认罪认罚量刑建议的基本属性 ……………………………（149）
  二、完善量刑建议程序规范 ……………………………………（156）
  三、量刑事实的证明标准 ………………………………………（165）
  四、量刑建议的调整与采纳 ……………………………………（169）

认罪认罚案件抗诉制度研究 ………………………………………（180）
  一、问题的缘起 …………………………………………………（180）
  二、认罪认罚案件抗诉问题的实践争议与学理述评 …………（181）
  三、认罪认罚从宽制度的诉讼结构及其抗诉理论 ……………（185）
  四、双向复合型诉讼结构指导下抗诉标准的理论阐释 ………（191）
  五、《刑事诉讼法》相关条文的修改建议 ……………………（198）

检察机关退回补充侦查与自行补充侦查规范化研究 …………（200）
  一、检察机关补充侦查制度运行的现状与问题 …………（201）
  二、检察机关自行补充侦查典型案件分析 ………………（204）
  三、检察机关退回补充侦查的总体实践特征总结 ………（211）
  四、补充侦查制度之理论正名 ……………………………（214）
  五、我国检察机关补充侦查制度的完善路径 ……………（216）

检察机关依法精准有力惩治行贿犯罪研究
  ——未定罪行贿所得没收质素的理论阐释与规则构建 …（222）
  一、问题的提出 ……………………………………………（222）
  二、没收未定罪行贿人所得的困境反思 …………………（224）
  三、未定罪行贿所得没收之诉的法理阐释 ………………（225）
  四、未定罪行贿所得没收之诉的构建路径 ………………（228）

涉网知识产权犯罪追诉标准研究 ……………………………（234）
  一、涉网知识产权犯罪追诉之现状 ………………………（235）
  二、涉网知识产权犯罪的主要特征 ………………………（241）
  三、涉网知识产权刑法保护的域外经验 …………………（244）
  四、涉网知识产权犯罪追诉标准的完善 …………………（246）

第三部分　民事检察研究

民事虚假诉讼检察监督研究 …………………………………（259）
  一、虚假诉讼治理中检察监督的职能优势 ………………（260）
  二、虚假诉讼检察监督的现状分析 ………………………（267）
  三、治理路径之一：内部检察监督体系的完善 …………（271）
  四、治理路径之二：外部多元治理格局的构建 …………（281）

第四部分　行政检察研究

反电信网络诈骗犯罪背景下的行政执法与刑事司法衔接机制研究 …（287）
  一、S省Z市公安与检察机关办理电信网络诈骗案件情况 ………（288）
  二、电信网络诈骗及其关联犯罪案件情况 ………………（290）
  三、办理电信网络诈骗犯罪案件实践中存在的问题 ……（293）

四、电信网络诈骗犯罪案件办理中行政执法与刑事司法衔接机制的完善 ……………………………………………………… (302)

"反向移送"视角下行刑衔接中的信息共享问题研究……………… (312)
　　一、行刑衔接中的信息共享问题现状及既往经验总结 ………… (313)
　　二、"反向移送"视角下行刑衔接信息共享机制运行中存在的问题及原因 ………………………………………………………… (320)
　　三、"反向移送"视角下行刑衔接信息共享机制构建…………… (324)

行政检察数字赋能的理论与实践
　　——以广东行政检察大数据法律监督实践为视角 ……………… (328)
　　一、行政检察数字赋能的现实需求 ……………………………… (329)
　　二、行政检察数字赋能的探索实践 ……………………………… (332)
　　三、行政检察数字赋能存在的问题 ……………………………… (338)
　　四、行政检察数字赋能的实现路径 ……………………………… (342)

第五部分　公益诉讼检察研究

行政公益诉讼引导行政执法研究 …………………………………… (353)
　　一、行政公益诉讼引导行政执法的正当性分析 ………………… (353)
　　二、我国行政公益诉讼引导行政执法的制度性基础 …………… (360)
　　三、我国行政公益诉讼引导行政执法的实践探索和成果分析 … (362)
　　四、行政公益诉讼引导行政执法的数据化引导模式 …………… (371)
　　五、行政公益诉讼引导行政执法的优化建议 …………………… (377)

第一部分
新时代检察工作的创新发展研究

中国式现代化视域下的高质效检察履职：理论阐释与推动路径[*]

冯 键[**]

一、高质效检察履职的理论阐释

（一）高质效检察履职的背景与语境

习近平总书记在2023年中央政法工作会议上提出"以政法工作现代化支撑和服务中国式现代化，为全面推进强国建设、民族复兴伟业提供坚强安

---

[*] 本文系2023年度最高人民检察院检察理论研究课题（项目批准号：GJ2023B02）的研究成果。

[**] 课题主持人：冯键，广东省人民检察院检察长。课题组成员：卓黎黎，广东省人民检察院研究室主任；王晖，广东省人民检察院研究室副主任；刘婵秀，广东省人民检察院研究室副主任；何永福，广东省珠海市人民检察院第三检察部检察官；莫丽华，广东省广州市南沙区人民检察院第四检察部副主任；陈溢华，广东省汕头市人民检察院第三检察部检察官；刘荣荣，广东省肇庆市人民检察院研究室副主任；郭扬，广东省深圳市人民检察院一级主任科员。

全保障"的重要命题。① 检察机关应完整、准确、全面贯彻新发展理念，以高质效检察履职促进高质量发展，更好融入和服务中国式现代化。②

1. 中国式现代化语境

党的十八大以来，我们党成功推进和拓展中国式现代化，这其中包括创新性提出了全面深化改革总目标，即坚持和完善中国特色社会主义制度、推进国家治理体系和治理能力现代化，并进一步明确将推进国家治理现代化纳入全面建设社会主义现代化国家的宏观战略安排之中。③ 党的二十大报告又系统阐述了中国式现代化的中国特色、本质要求和重大原则，初步构建起中国式现代化理论体系，强调"在法治轨道上全面建设社会主义现代化国家""全面推进国家各方面工作法治化"，使中国式现代化进路更加清晰、更加科学、更加可感可行。④ 当前和今后一个时期，检察工作的中心任务是服务中国式现代化，各级检察机关要坚持系统观念，胸怀"国之大者"，自觉将各项工作置于党和国家事业大局中，置于推进中国式现代化大局中，统筹谋划检察工作现代化的思路、方法和路径，一体推进检察工作自身现代化建设。⑤

2. 国家治理现代化语境

国家治理现代化主要表现为国家治理体系和治理能力现代化，国家治理体系现代化水平的提升及制度优势转化出的治理效能是推进中国式现代化的不竭动力。

国家治理体系和治理能力现代化，是基于对社会主要矛盾转化而提出的应对性战略命题。党的二十大报告专章部署"坚持全面依法治国，推进法治中国建设"，凸显了法治在治国理政中的重要作用。法治是国家治理现代化的有机组成部分，其通过与其他类型治理的协同配合，共同发挥在国家治

---

① 参见熊丰等：《以政法工作现代化支撑和服务中国式现代化——习近平总书记重要指示为政法战线接续奋进指明方向》，载 https://www.news.cn/20240114/87fac2864ec14b32b5ef282c9d714ed1/c.html，最后访问时间：2025年4月1日。

② 参见应勇：《积极融入和服务中国式现代化 以高质效检察履职促进经济社会高质量发展》，载《旗帜》2024年第3期。

③ 参见杨雪冬、熊道宏：《中国式现代化视域中的国家治理现代化》，载《中国纪检监察报》2023年4月13日，第8版。

④ 参见习近平：《高举中国特色社会主义伟大旗帜 为全面建设社会主义现代化国家而团结奋斗——在中国共产党第二十次全国代表大会上的报告》（2022年10月16日），载本书编写组：《党的二十大报告学习辅导百问》，学习出版社、党建读物出版社2022年版，第17—21页。

⑤ 参见应勇：《学习贯彻习近平新时代中国特色社会主义思想 以检察工作现代化服务中国式现代化》，载《检察日报》2023年8月24日，第2版。

理结构中的功能作用。检察机关作为"治理型司法"中的重要主体之一，本质上亦必然统一于国家治理现代化的各个方面。党的二十大报告专章部署法治建设，对于其中的"严格公正司法"，提出了四项重点任务都与检察工作的改进与完善密切相关。

（二）中国式现代化的法理阐释与启示

1. 中国式现代化的独特内涵

马克思主义理论中，"现代化"是指以现代工业和科学技术为动力所引起的传统农业社会转向现代工业社会的巨大转变，进而引起社会生活全面变革的过程。[①] 现代化的表征是多向度的，但现代化的内涵和本质指向却是共通的，即代表理性、先进、科学的发展模式、变革过程或目标样态。

对中国式法治现代化，有研究者认为，需要从人本化、民主化、体系化、智慧化、效用化和全球化等六个方面把握其实践要求。[②] 在当前我国的现代化路径问题上，也有观点认为，如果说早期的现代化主要由工业、科技带动，那么在开启法治中国战略之后，对现代化的思考就需要关心法治，即法治就是推动、实现现代化的方式。党的二十大报告中的重大命题——在法治轨道上全面建设社会主义现代化国家，表明的就是这样一个关注点，即中国式现代化的路径就是法治。

2. 中国式现代化的法理阐释

我国法理学者认为，中国式现代化作为法治话语的核心内涵，其法理阐释有三层要义[③]：其一，从法理视角观察中国式现代化。在我国，现代法治思维的建构需要衔接逻辑思维与辩证思维。应重视逻辑思维规则，同时需要对社会主义核心价值观保持真诚，形成与法治建设相匹配的思维方式，这是中国式现代化的重要内容。其二，用法理思维定义中国式现代化。在法治轨道上推进中国式现代化建设，意味着管理向治理的转变，需要用法治思维和法治方式化解社会矛盾，用法治思维和法治方式阐释、指引中国的现代化建设。其三，以法治之理阐释中国式现代化。法治之理是围绕着实现法治而建构的理论，法律与价值的融贯就构成法治之理。综之，中国式现代化是包容

---

① 参见张占斌等主编：《创造中国现代化新道路——中国式现代化的理论与实践》，中央党校出版社2022年版，第38页。

② 参见江必新：《以中国式法治保障中国式现代化建设论略》，载《法学论坛》2023年第4期。

③ 参见陈金钊：《中国式现代化内涵的法理诠释路径》，载《法学》2023年第8期。

性很强的概念，但在全面推进法治中国建设的大背景下，其又有特定的指向，即中国式法治现代化。

3. 中国式现代化法理阐释之启示

一是注重现代化的话语融合与话语转化。在中国式现代化语境下讨论高质效检察履职，要做好政治话语与法治话语的融合、衔接与转换。检察机关必须把讲政治摆在第一位，善于从政治上把大局、看问题；又要自觉坚持法治思维，紧紧扣住"依法"这个关键履行法律监督职责。[①]

二是注重现代化内涵的立体性及表征向度的特殊性。对"现代性"包括中国式现代化内涵的揭示与理论阐释，需要全方位立体展开，包括法理视角的观察、法理思维的定义以及法治之理的阐释，以呈现、评述现代化建设的关键问题所在，明确现代化的目标、使命及推进方式与措施，强调实现法治现代化不仅需要形式化的法律，还需要注重法律价值。

（三）高质效检察履职的理论阐释

1. 高质效检察履职的基本内涵

在中国式现代化视域下，"检察"是作为一种专门的法律监督活动，其自身特性本质及相关制度，包括检察机关、检察权的性质、法律地位、职能配置、职能范围与组织建设不断科学合理发展的过程或状态；"检察"外延则指作为一种专门的法律监督活动，其活动主体（检察机关及相关组成）、权力与职能、制度、机制、检察改革、检察理念、思维等观念、制度层面的检察要素以及最广泛意义上的各种实践形态层面的检察工作、检察管理、检务保障等不断科学合理发展的过程或状态。

高质效检察履职就是要把法律监督的精神、原则要求等落实在检察权运行机制、体制中，并转化为理性的思维和行为方式的理性发展模式与实现过程。其包括"检察"自身的意义内涵、检察机关职能定位、职权配置以及检察办案，检察机关法律监督工作思维、理念、方式、方法的科学、理性发展过程和先进性目标。新时代检察履职是一个系统工程，涉及理念、制度、实践、文化等方面的嬗变。以法治之理来阐释，高质效检察履职意在在满足新时代人民群众的法治需求的目标导向下，积极构建回应型、治理型检察司法模式。

---

① 参见检察日报社评：《从政治上着眼　从法治上着力》，载微信公众号"最高人民检察院" 2023年5月8日。

2. 高质效检察履职的重要维度

一是法治性。这是高质效检察履职最基本的要求，其强调的是检察工作法治思维要求与检察权运行规范且恪守职能边界的行为要求。最高人民检察院应勇检察长强调，检察机关作为保障国家法律统一正确实施的司法机关，任何时候都要绷紧"严格依法"这根弦；所有监督办案都要遵循法律规定、法的精神，恪守职能边界；要更加注重坚持法治思维、法治方式。① 其中，"严格依法"是检察制度设计的初衷，是检察机关应有的社会形象，也是保证国家各项活动在法治轨道上运行的现实需要及现代性展示。

二是回应性。这是高质效检察履职在检察理念、履职行为与实践取向维度的要求。"回应"表达的是新时代司法与外部社会关系的基本内涵与特征需求。从司法、司法机关包括检察、检察机关的本质看，其都是国家所设定的实现国家治理的一种装置，"归根结底还是国家的一个'部门'"②，是"作为政府权力的来源之一的大规模政治体系的组成部分"。③ 司法服务亦是国家为社会成员提供的公共产品，司法要回应国家与社会需求。检察制度及检察工作的自身建设与发展，是检察机关在新的历史时期中因应社会变化现实，"回应"社会发展与进步的需求，且基于对司法本质及司法活动特点的深刻把握所作出的一种积极反应。④

三是个案与整体统一性。习近平总书记多次强调"努力让人民群众在每一个司法案件中感受到公平正义"，要求"所有司法机关都要紧紧围绕这个目标来改进工作"，因此，"高质效办好每一个案件"也是新时代新征程检察履职办案的基本价值追求，通过检察履职办案，以实体、程序的公正，在效果上让人民群众可感受、能感受、感受到公平正义。这里的公平正义不是抽象的，而是具体寓于每个个案之中，并通过无数个案体现出来，通过具体案件的公正积累出司法的整体公正，以个案高质效促进法律监督整体高质效，实现个案高质效与整体高质效的有机统一。⑤ 这也是高质效检察履职的

---

① 参《让"高质效办好每一个案件"成为基本价值追求——深入学习贯彻大检察官研讨班精神系列评论之三》，载《检察日报》2023 年 7 月 26 日，第 1 版。
② ［意］莫诺·卡佩莱蒂：《比较法视野中的司法程序》，徐昕、王奕译，高鸿钧校，清华大学出版社 2005 年版，第 22 页。
③ ［美］欧文·费斯：《如法所能》，师帅译，中国政法大学出版社 2008 年版，第 68 页。
④ 参见 ［美］诺内特、塞尔兹尼克：《转变中的法律与社会》，张志铭译，中国政法大学出版社 1994 年版，第 21、82 页。
⑤ 应勇：《高质效办好每一个案件 努力让人民群众在每一个司法案件中感受到公平正义》，载《人民检察》2024 年第 18 期。

实践导向。

四是协调平衡性。一方面,中国式现代化是一个全面、协调、可持续的发展过程,然而现实中面临着区域发展不平衡、城乡差距、社会发展与经济发展不同步、环境保护与经济发展存在矛盾等一系列不平衡不协调的问题,需要检察机关在多元价值中审慎协调、平衡,确保法律监督权良性运行,助力解决发展不平衡所产生的系列问题。另一方面,检察自身发展不均衡具体包括各地检察机关现代化发展程度不均衡、同一检察机关内部"四大检察"业务发展不全面、各地各部门检察履职协调性不足等,亟须在检察现代化中全面协调充分发展。

五是开放共生性。习近平总书记在提出中国式现代化概念和理论的过程中,坚持胸怀天下的立场观点方法,强调要秉持全人类共同价值。检察机关是国家监督体系的重要组成部分,必须在开放中打开格局、在协作中赢得支持。统筹推进国内法治和涉外法治实现制度型开放,是新时代检察机关维护国家利益、构建新发展格局的战略抉择。实践中,要结合国际形势、中外相关条约等多项因素进行考量,设计出符合经济发展规律、符合中国人民利益和人类命运共同体利益的规则和制度①,深化国际执法司法交流与合作,丰富和完善中国特色社会主义检察制度。

二、当前推进高质效检察履职的探索与检视

（一）持续深化对法律监督实践意义的认识

1. 注重"质""量"辩证统一的法律监督质效

一段时期内,由于业务管理缺乏有效抓手,一些地方在统筹办案"数量"与"质量"上有所偏颇,有意无意中将办案"数量"作为"办案成绩"。比如多年来,广东每年办理各类案件的数量约占全国检察机关办案总量的9%,但入选最高人民检察院指导性案例、典型案例的精品案件与办案基数不相匹配,办案质量有待提升,对此广东提出要着力推动刑事办案大省向高质量办案强省转变。

2. 从"办理"到"治理"的履职要求转变

最高人民检察院强调,检察办案不能就案办案,必须透过案件背后的发

---

① 参见江必新:《以中国式法治保障中国式现代化建设论略》,载《法学论坛》2023年第4期。

案原因，向有关部门制发检察建议，推动社会治理。在犯罪治理方面，轻罪案件占比攀升，许多轻罪案件涉及面广，单纯打击不足以遏制犯罪滋长，刑罚的一般预防功能较弱，促使检察机关思考刑事犯罪更为本源的问题。同时，强调检察机关办案中要坚持和发展新时代"枫桥经验"，在诉讼程序之外多走一步，促进个案矛盾纠纷化解，体现了检察机关参与社会微治理的一面。

3. 在司法办案中坚持天理国法人情良知相统一

这在各地的实践中均有体现。如有的地方要求，办案中除坚持一般意义上的"合目的性""合规则性"外，还要注重"合理性"，办理"有灵魂"的高质效案件。① 有的地方强调，坚持在办案中兼顾天理国法人情和良知，这些中国社会传统元素在检察实践中较受重视，形成了一套具有中国特色、符合司法逻辑的司法伦理体系，强调检察办案须把握"是与非""好与坏""对与错"的基本常识和逻辑。

（二）构建以"四大检察"为主体的法律监督新格局

最高人民检察院提出，要优化"四大检察"的履职结构比，依程序办案与依职权监督的案件结构比，依程序移送、依申请受案与主动发现的案源结构比，以实现"四大检察"全面协调发展。②

1. 深化刑事检察的"法治"实践内涵

检察机关以个案办理为突破口，通过主动解释法律、创新适用法律、彰显"法治"内涵，推动刑事司法理论和制度创新发展。比如检察机关办理的浙江余杭网络诽谤案③，将原本属于"告诉才处理"的这一自诉案件转为公诉案件处理。检察机关办理了以昆山反杀案为代表的一批有影响力的正当防卫案件，对正当防卫的理解与适用起到标杆性指向作用，向社会彰显了

---

① 参见陈凤超：《论理念对办好高质效案件的引领性作用》，载童建明主编：《高质效办好每一个案件——新时代检察机关理念更新与创新实践》，中国检察出版社2023年版，第15—17页。

② 参见《事关"四大检察"，最高检密集提及"三个结构比"有何深意？》，载微信公众号"检察日报正义网"2024年6月13日。

③ 基本案情：2020年7月7日，犯罪嫌疑人郎某在某快递驿站内，使用手机偷拍正在等待取快递的被害人谷某并将视频发布在某微信群，捏造谷某因取快递结识快递员、二人多次发生不正当性关系的谣言并进行转发散布。经检察机关提出检察建议，公安机关对郎某、何某涉嫌诽谤案立案侦查。参见《关于郎某、何某涉嫌诽谤犯罪案的情况通报》，参见最高人民检察院网，https://www.spp.gov.cn/zdgz/202012/t20201226_503667.shtml，最后访问时间：2024年5月6日。

"法不能向不法让步"的理念。① 再如，检察机关办理的非法交易费氏鹦鹉案中，在广泛调研的基础上，充分评估人工繁殖鹦鹉交易的社会危害性，为犯罪嫌疑人出罪提供了有力支撑，该案推动重新修订司法解释。刑事检察"法治"内涵的深化实践还体现在完善刑事指控制度以及包括检察权运行制约监督在内的刑事诉讼制约监督体系。

2. 健全民事检察监督机制

通过深入开展民事支持起诉，使得特殊群体权利得到救济，保障了双方当事人诉权的实质平等，进一步强化了检察机关公共利益代表和法律监督者的地位。② 以检察一体化机制优势助力虚假诉讼监督，建立民事检察、刑事检察、控告申诉检察部门案件线索、处理结果双向移送反馈机制。为解决外部衔接配合问题，2021 年 3 月，最高人民检察院联合最高人民法院、公安部、司法部印发《关于进一步加强虚假诉讼犯罪惩治工作的意见》，推动建立外部常态化联席沟通机制。强化跟进监督。新修订的《人民检察院民事诉讼监督规则》明确人民检察院对"人民法院审理民事抗诉案件作出的判决、裁定、调解书仍有明显错误""人民法院对检察建议未在规定的期限内作出处理并书面回复""人民法院对检察建议的处理结果错误"三种情形，可以再次监督或者提请上级人民检察院监督。跟进监督方式作为抗诉、检察建议等监督方式的"后盾"，有力提升监督的刚性。

3. 加强行政检察监督制度建设

在行政诉讼框架内，逐步建立以行政生效裁判监督、行政审判程序监督、行政诉讼执行监督和行政非诉执行监督为主体行权体系。在行政诉讼框架外，形成以行政违法行为监督为重点行权体系。虽然检察机关对行政违法行为的监督仅限于"在履行职责中发现"，但相继铺开的行政执法与刑事司法反向衔接工作，为行政违法行为监督提供了办案抓手。大量行政公益诉讼案件在提起诉讼前结案，也从另一方面实化了行政违法行为监督。

4. 建立健全中国特色公益诉讼检察制度

2014 年《中共中央关于全面推进依法治国若干重大问题的决定》提出"探索建立检察机关提起公益诉讼制度"。2015 年 7 月 1 日，全国人大常委

---

① 类似的典型案例还有山东于欢案、涞源反杀案、福州赵宇案、杭州盛春平案、丽江唐雪案等。参见《法不能向不法让步！盘点那些唤醒"第二十条"的真实案例》，载最高人民检察院网，https：//www.spp.gov.cn/spp/zdgz/202403/t20240301_646864.shtml，最后访问日期：2024 年 3 月 1 日。

② 参见孙谦主编：《检察理论研究综述》，中国检察出版社 2023 年版，第 248 页。

会授权检察机关开展为期两年的公益诉讼试点工作。2017年7月1日修订实施的《民事诉讼法》和《行政诉讼法》，正式赋予检察机关提起公益诉讼主体资格。在检察机关的大力推动下，检察公益诉讼办案规模迅速扩大，2023年全国检察机关办理公益诉讼案件19万件，提起公益诉讼12579件，在生态环境和资源保护、食品药品安全等领域办案中取得巨大成效。①

5. 完善检察机关自侦办案机制

检察机关把侦查工作作为法律监督的一项基础性、关键性、战略性工作进行部署。最高人民检察院加强顶层设计，完善司法工作人员相关职务犯罪侦查机制，坚持以地市级检察院立案侦查为原则、移交基层检察院立案侦查为补充，制定下发《关于加强检察机关对司法工作人员相关职务犯罪立案侦查工作的指导意见》，从线索管理、立案侦查、监督制约、工作保障等方面作出全面规范。

（三）推进司法责任制改革和检察制度机制创新

1. 推进司法责任制改革

实行检察人员分类管理。推动落实司法责任制，通过制定检察官权力清单，赋予检察官更大的办案决定权，切实将传统的"层层审批"转换到"主要由检察官决定"的新型办案模式，实行独任检察官或检察官办案组的办案组织形式。落实检察人员职业保障及省以下人财物统一管理，为依法独立公正行使检察权提供了有效的物质保障。推动落实司法责任追究和检察官惩戒制度，确保检察官在权限内独立行使职权，独立承担司法责任。

2. 推动检察工作制度机制创新

健全一体履职综合履职机制。纵向层面，健全上下级检察院之间顺畅贯通的监督指导机制，加大上级检察院领导管理、组织协调、督导指导力度，健全下级检察院未尽监督事项上级检察院跟进监督、接续监督机制。横向层面，健全职能部门之间紧密衔接的协作配合机制，健全完善院内部门间案件线索移送、研判会商、信息共享等工作制度，打通法律监督内部堵点。着力构建重点突出、整体推进的综合履职机制，在未成年人检察、知识产权检察、生态环境保护等专业领域实行"四检合一"履职，改变以往单兵作战

---

① 《生态环境和资源保护领域公益诉讼检察工作调研报告》，载最高人民检察院公益诉讼检察厅编：《公益诉讼检察工作指导》2023年第4辑，中国检察出版社2023年版，第245页。

式的分头履职模式。①

完善行政执法与刑事司法衔接机制。为加强对有案不移、以罚代刑行为的监督，中央和最高人民检察院先后出台了一系列指导性文件，对行政执法中发现违法犯罪线索及时移送刑事立案侦查作出规定。在最高人民检察院指导下，2014年起，各省检察机关分别建立了"两法衔接"信息共享平台。2021年修订《行政处罚法》规定了行政执法与刑事司法双向衔接的基础规范、运行规则、折抵规则，行刑反向衔接有了法律依据。2023年7月，最高人民检察院印发《关于推进行刑双向衔接和行政违法行为监督 构建检察监督与行政执法衔接制度的意见》，并将行刑衔接工作从刑事检察部门划转到行政检察部门，着力完善反向衔接工作机制。

强化侦查监督机制。2020年，最高人民检察院在检察业务应用系统上线运行侦查监督平台。2021年，最高人民检察院与公安部联合印发《关于健全完善侦查监督与协作配合机制的意见》，就健全完善监督制约机制、协作配合机制和信息共享机制明确14项任务，并在全国公安机关设立侦查监督与协作配合办公室，目前已经实现全覆盖。

加大自行补充侦查的实践运用。从2020年起，最高人民检察院开始重视补充侦查权适用问题。在最大限度保证办案质量的同时，减少不必要的诉讼环节，退回补充侦查程序被严格限制。相应地，检察机关在监督履职中不断加强内向审视，补充侦查使用率逐渐升高。

开展调查核实机制探索。着眼查明案件事实、提高监督办案精准度、提高办案质效，积极推动检察办案调查核实权行使，克服传统"坐堂办案"式的书面审查广度、深度不够的弊端。《人民检察院组织法》从立法层面确认了检察调查核实权，最高人民法院、最高人民检察院联合出台《关于调阅民事、行政诉讼和执行案件卷宗副卷有关问题的规定》，为开展调查核实工作提供了有力的制度机制保障。有的省份在市级检察机关全面专设了侦查和调查核实检察部，积极探索调查核实与检察侦查衔接机制。同时，还通过细化完善与党委政法委执法监督、人大监督、纪检监察监督的对接机制，强化调查核实硬性支撑，为开展调查核实创造良好的外部环境。②

---

① 参见陈勇：《高质效办好每一个案件 实现检察工作高质量发展》，载童建明主编：《高质效办好每一个案件——新时代检察机关理念更新与创新实践》，中国检察出版社2023年版，第82页。

② 参见王守安：《高质效办好每一个案件的路径思考和实践探索》，载童建明主编：《高质效办好每一个案件——新时代检察机关理念更新与创新实践》，中国检察出版社2023年版，第153、154页。

开创数字检察工作机制。通过充分、深度运用大数据，最大限度释放数据要素价值，赋能检察机关法律监督，促进检察办案更加公正高效。着力构建"业务主导、数据整合、技术支撑、重在应用"数字检察工作模式，创新大数据条件下的检察监督方式方法。加强数据整合和技术支撑，完善与政法各单位的数据标准衔接，强化跨部门大数据办案协同，打破"数据孤岛""信息壁垒"。将分析式、生成式等人工智能技术引入办案，深化案例法规检索、社会危险性量化评估、量刑辅助、裁判预测、文书自动生成等人工智能工具的应用。加强检察机关大数据法律监督模型研发和应用。

3. 推进刑事诉讼程序完善

检察机关围绕保障犯罪嫌疑人认罪认罚的自愿性、真实性、合法性，出台一系列规范制度文件，健全认罪认罚同步录音录像制度、值班律师提供法律帮助制度，推进审查起诉阶段辩护律师全覆盖试点。提升量刑建议规范性、精准性。推动案件繁简分流，深入参与构建速裁程序、简易程序、普通程序的分层刑事诉讼体系，实现"质"与"效"的统一。自觉融入以审判为中心的刑事诉讼制度改革，改变过往"侦查中心主义"或者"案件中心主义"理念，为更好应对实质化庭审，完善一系列工作机制，引导侦查机关收集、提取、固定和保存证据，落实非法证据排除、防止刑讯逼供等制度规则。

(四) 加强办案评价及参与体系建设

1. 建立完善内部案件质量评价体系

定期不定期地组织评查小组对已办案件进行抽查。党的十八大以来，检察机关逐步建立起一套完整的案件质量评价指标体系。围绕"有质量的数量"和"有数量的质量"的检察业务管理目标，动态调整评价指标。2023年与2024年，先后两次修订完善《检察机关案件质量主要评价指标》，更加注重全面评价、整体评价、组合评价和实绩评价，逐步淡化通报、考核、评比功能。随后，最高人民检察院认为通过指标考核方式进行管理的模式已经不能适应新的时代要求，2024年底决定不再执行检察业务评价指标体系，推动指标管理转向质效管理。

2. 加大检察办案活动的社会参与

建立案件信息公开机制，主动公开重要案件信息和终结性法律文书。建立人民监督员制度，开辟人民群众对检察机关外部监督的新途径，2019年1

月至 2023 年 6 月，监督检察办案 28 万余件次。① 建立具有中国特色的检察听证制度。对办理羁押必要性审查案件、拟不起诉案件、刑事申诉案件、民事诉讼监督案件、行政诉讼监督案件、公益诉讼等案件，在事实认定、法律适用、案件处理等方面存在较大争议，或者有重大社会影响，需要当面听取当事人和其他相关人员意见的，通过召开听证会方式进行审查。

3. 探索建立检察公信力第三方评测机制

为突破内部评价体系固有的局限性，从 2014 年起，最高人民检察院探索委托第三方开展检察公信力测评，测评主体涵盖对检察机关有一定了解的社会公众、案件当事人或其亲戚、法治职业群体等，通过综合运用定量问卷调查、低满意度群体深度访谈等社会调查研究方法，综合评估检察机关司法办案水平和队伍建设状况。

（五）当前高质效检察履职实践的检视

1. 法律监督性质定位与职能及其运行存在张力

检察机关是国家的专门法律监督机关，这是检察机关的宪法性质定位。但检察机关现实具备的法律监督职能与这一法律监督性质定位还存在落差与不相称，主要是法律监督运行体系、机制不完善、效力欠缺。

如在追诉犯罪、诉讼监督等法律监督运行方面，相关的职能运行机制还需要完善。除了公安机关存在不依法立案情况，行政执法机关以罚代刑不移送案件、审判机关民刑交织不移送案件，以及未被发现查处的犯罪黑数还大量存在，这表明立案监督工作还有较大发挥空间；面对醉驾等大量行政违法犯罪化的趋势，需要合理调整追诉标准、降低治罪成本；实践中，在依法、科学界定监督工作范围、突出监督纠正带有严重刑事违法性行为方面，检察机关还未能较好地把握，有损法律监督权威。

行政检察方面，虽然近年检察机关探索开展行政非诉执行监督、行政违法行为监督等业务，但是这些职能开展缺乏具体的制度规定和配套工作机制。关于哪些属于"履职中发现的"行政违法行为，是否对行政复议、行政确认、行政调解、行政仲裁等所有具体行政行为类型均可以监督，均无具体答案。

公益诉讼检察方面，由于公益诉讼有着不同于传统的私益诉讼的诉讼构造，当下公益诉讼专门立法未出台，诉权实现方式、途径仍存在模糊和不确

---

① 《是监督，更是鞭策——写在人民监督员制度创立 20 周年之际》，载微信公众号"最高人民检察院"2023 年 12 月 18 日。

定性。目前，公益诉讼检察已有的办案手段仅见于《人民检察院公益诉讼办案规则》（2021年）中，仅有采样检测、调查取证、查询财产等调查手段，缺乏相应的技术侦查手段。现行规定中的询问、查阅、摘抄、复制等传统调查核实方式已不能满足监督办案实践需求。①

2. 相关法律赋权作用发挥不够

地方立法权作用有待加强。检察机关行政违法行为监督、"两法衔接"、检察建议等方面工作均有地方立法需求，却较少得到实现和满足。2015年《立法法》修改后，赋予所有设区的市地方立法权，迎来大规模地方立法，但检察机关似乎较少参与其中，仍习惯依赖部门之间联签文件的形式。

司法解释权的运用有待加强。人民法院运用司法解释权较为活跃，实质性填补了法律应用中的诸多空白，改变法律规则供给不足局面。较之而言，检察机关这方面的权能运用尚有空间。检察工作所涉及的诸多程序规范均以内部规范性文件形式而非司法解释予以规定，层级较低、权威性不足，有的内容还涉及需要其他部门协作配合，难以有效规制。比如，羁押必要性审查关涉犯罪嫌疑人的人身自由权利，是刑事强制措施应用的细化操作，长期以内部文件规定形式予以规范，影响力与权威性欠缺。

案例指导赋能不足。相当一部分指导性案例强调办案理念引领，属于"原则性"而不是"规则性"，在解决法律适用方面问题的参考价值不高，难以应用到具体办案。最高人民法院指导性案例确立了审判规则，理论界和实务界关注和研究更多。但是，检察机关所行使的法律监督权涉及诉讼内、诉讼外各领域、各环节，也有独特的指导意义，需要进一步挖掘、运用。

3. 检察权运行制约监督机制不完善

案件监督管理效能欠佳。在案件质量评查中，限于评查时间、评查数量、评查能力，以及同事关系、人情面子等因素，评查结果均为合格案件，或只能发现办案程序瑕疵。对"人"的监督效果不彰。依然存在不按照"三个规定"如实填录的情况，检察人员因违规办案受到惩戒的案例也很少，折射出制度设计方面存在缺陷等深层次问题。"放权"与"控权"难以达到适度平衡。由于担心检察官办案决定权过大，以及不同承办人对法律的理解和适用不一致、影响案件质量，一些地方检察院又缩减了检察官办案决定权，出现改革"往回走"的现象。

---

① 王守安：《高质效办好每一个案件的路径思考和实践探索》，载童建明主编：《高质效办好每一个案件——新时代检察机关理念更新与创新实践》，中国检察出版社2023年版，第163页。

4. 检察机关的外向性履职效能有待提升

新一轮司法体制改革目标之一是排除地方行政对检察权运行的干扰,让司法权逐步回归中央事权。但是,个别地方政府有时将人民检察院作为政府职能部门看待,在部署工作中容易忽视检察权的特殊属性,影响了其权力运行的效能发挥。

检察政策与外部政策的协同效能有待提升。从检察政策外部环境层面看,出台的检察政策与外部相关政策协调性欠缺,比如最高人民检察院推动降低逮捕率和羁押率政策实施,强调了刑罚"宽"的一面,未充分关注刑罚"严"的一面,与刑事司法总体政策目标有出入,实施过程中公安部门不理解、不支持。

体系性办案效能评价机制有待健全。实践中,确实存在不少部门之间评价指向相悖现象。比如,检察机关要求提高确定刑量刑建议采纳率,法院则认为检察机关的量刑建议制约了其刑罚裁量权。又如,检察机关希望将检察建议回复整改情况纳入地方依法行政的考评框架中,行政部门则担心新增工作压力。

5. 改革活力与成效有待进一步释放

诸如人员分类管理改革、员额制改革中一些制度性堵点有待理顺,政法专项编制、检察官员额在不同地区、不同层级统筹和动态调整机制还需进一步完善。检察官职业保障力度需要加强,检察官助理职业晋升通道有待进一步理顺明确。对司法普遍规律的认识把握有待深化,诸如跨行政区划检察院改革等一些重点改革任务如何推进、以什么形式推进、核心要求是什么,各地以特定类型案件相对集中管辖为切入推进跨行政区划检察院改革的这种形式是否符合改革原意,这些问题较少得到追问和深入研究。

改革设计与落地运转方面,成效还未充分显现。比如,员额制改革目标之一是增强一线办案力量,但现实运行中部分检察官感受办案任务更重;认罪认罚从宽制度旨在优化案件审前分流、提升办案效率,但现实运行中办案程序较为繁复,制度改革效果不够彰显。越到基层越分化,不同地域、不同业务发展越不平衡。

三、高质效检察履职的推动路径

结合近年来高质效检察履职的实践,遵循中国式现代化、国家治理现代化基本理路,回归法律监督职能定位、强化法律监督主责主业,从理念认识、实践取向、制度机制、法律赋权多方面一体化发力，是规划、推动高质效检察履职的科学、合理路径。

（一）强化高质效检察履职理念

1. 树牢司法为民的宗旨理念

为有效处理当下案件，避免机械司法，检察机关在履职办案中应主动回应当下经济社会发展中人民群众的司法需求，着力建构完善高质效回应人民群众司法需求的机制，全面提升服务人民群众的能力，不断提升人民群众对检察工作的获得感和满意度；一体融贯形式正义、实质正义，有机统一政治效果、法律效果、社会效果；综合运用检察建议等手段进行治疗性、恢复性司法，有效治理矛盾纠纷和违法犯罪，助推国家治理、社会治理现代化。

2. 恪守依法公正的司法理念

让人民群众感觉到公平正义，前提是依法、核心是公正。检察人员在履职办案中必须坚持法治思维、法治方式，强化依法公正的司法理念，在宪法法律规定的范围内依法行使检察权，做到不失职、不越权；以公平正义为价值目标，在准确认定事实和正确适用法律的基础上实现实体公正，且在严格遵守法定程序下"以'看得见'的方式实现实体公正"[①]。

3. 把准"高质效"的办案理念

把握好"高质效"的办案理念，关键就是要明确并着力落实"高质效办好每一个案件"的基本要求。在推进高质效检察履职过程中，应以合法性、可接受性作为检察履职办案的目标，综合考虑天理、国法、人情，兼顾个案公正、法律公正与社会公正，努力实现检察履职办案的政治效果、法律效果、社会效果有机统一。

4. 坚持守正创新的改革理念

在推动高质效检察履职过程中，检察机关应妥善处理好相关重大关系，强化守正创新，始终把创新摆在检察工作发展全局的突出位置，大力推进改革创新，不断塑造检察工作发展新动能新优势，在创造高效率与有效地维护社会公平之间实现动态平衡，充分激发检察人员的创造活力，使改革成为实现高质效检察履职的重要动力。

---

① 童建明：《论习近平法治思想的公正司法观》，载《中国法学》2024年第2期。

（二）把握高质效检察履职的认识基础

1. 准确把握服务中国式现代化的法治逻辑

推进中国式现代化必须坚持全面依法治国，切实发挥法治固根本、稳预期、利长远的保障作用，不断筑牢中国式现代化的法治根基。检察机关要完善检察工作服务党和国家大局的履职体系架构，包括服务推进国家安全体系和能力现代化、服务构建高水平社会主义市场经济体制、服务保障和改善民生、融入党和国家治理及监督体系等。

2. 深刻把握法律监督职能的定位与作用

（1）明确法律监督在国家监督体系中的定位

习近平总书记在十九届中央纪委四次全会上指出司法监督系党和国家十大监督体系之一。《中共中央关于加强新时代检察机关法律监督工作的意见》明确人民检察院是国家监督体系的重要组成部分，进一步将法律监督作为十大监督之一这个定位具体化和明确化。

（2）充分认识法律监督在国家监督体系中的重要作用

在中国特色社会主义法治体系、司法制度中，检察机关的法律监督是法定的防错纠错机制，是司法监督的重要组成部分，肩负着保障宪法法律正确实施，维护国家法制统一、尊严、权威的特殊职责。

（3）认真审视法律监督较之其他监督的固有特性

法律监督具有人身财产强制性，但现实中，法律监督职能作用的发挥存在明显不足，监督力度不够、强度不大、效度不硬的现状与法律监督权的应有之义不相匹配。①

3. 辩证把握履职办案中的三个关系

（1）把握好目标与手段的关系

检察机关开展法律监督，不能只局限于多办案，更重要的是要以案件查办为切入点，发现监督的聚焦点，推动解决案件背后的普遍性问题。注重提升法律监督的目标意识，强化法律监督的精准意识，树牢法律监督的治理意识，通过履行监督职责实现案结事了人和，实现检察履职高质效。

---

① 冯键：《以提升检察机关法律监督质效推动落实"高质效办好每一个案件"》，载童建明主编：《高质效办好每一个案件——新时代检察机关理念更新与创新实践》，中国检察出版社2023年版，第169—170页。

（2）把握好过程和结果的关系

检察机关要牢固树立及时、准确、系统、全面分析报告的意识，努力用数据说话、用案例诠释，向党委、政府经常报告、定期报告、专题报告，锲而不舍、引起关注，力争使法律监督的威力也像审计监督一样"如臂使指、如影随形、如雷贯耳"。此外，现阶段还要注重进一步加强和改进向人大及其常委会的工作报告。

（3）把握好内控与震慑的关系

实践中，由于顶层设计不完善、对检察建议的效力缺少法律上的硬性规定，个案建议和诉讼监督类建议占比过多，在社会上的传播度、知晓度和影响力不足等因素，制约了检察建议应有作用的发挥。检察建议不同于检察意见、检察决定，在现有的法律框架内，通过探索建立公告宣告制度来增强检察建议刚性，坚持不懈、不断完善，逐步形成常态化、动态化震慑，就能让被建议对象强化内心敬畏，形成"头顶三尺有监督"的自觉。①

（三）明确高质效检察履职的实践取向

1. 推动"四大检察"全面协调发展

（1）多措并举推动刑事检察履职高质效

一是全面准确落实宽严相济刑事政策。适应犯罪结构变化，完善犯罪治理，全面准确落实宽严相济刑事政策，一方面，对严重危害国家安全、公共安全犯罪等，落实当严则严、依法追诉、从重惩处；另一方面，对于轻微犯罪案件以及其他具有法定从轻、减轻处罚情节的犯罪嫌疑人，依法准确落实宽严相济刑事政策，减少社会对抗、增进社会和谐。②

二是持续推进犯罪治理工作。依法准确把握罪与非罪、违法与犯罪界限，借鉴醉驾治理经验，加强对帮助信息网络犯罪活动等轻微犯罪案件办理研究，探索完善违法与犯罪梯次衔接治理模式，着力铲除违法犯罪滋生土壤。在检察办案各环节推进矛盾纠纷法治化实质性化解，做到案结事了人和。

三是完善立案监督和侦查活动监督体系。在立案监督体系方面，明确立

---

① 冯键：《以提升检察机关法律监督质效推动落实"高质效办好每一个案件"》，载童建明主编：《高质效办好每一个案件——新时代检察机关理念更新与创新实践》，中国检察出版社2023年版，第170—172页。

② 2024年2月21日，最高人民检察院召开"'高质效办好每一个案件'的理念与实践"新闻发布会，相关负责人答记者问如此表示。

案监督范围包括不应当立案而立案的情形，探索将"逐利性执法"纳入立案监督范围，明确违法立案监督程序和方式等；拓宽立案监督的线索来源，完善刑事案件立案或不立案信息共享机制；适度推行听证机制，充分听取当事人及侦查机关的意见，并将听证结果作为立案监督的重要依据。在侦查活动监督体系方面，推动建立健全刑事案件信息共享机制，进一步畅通当事人的申诉机制，全面及时发现侦查活动违法行为；完善监督方式，增强侦查活动监督方式的刚性，进一步完善检察建议的送达程序等，多措并举推动被建议对象有效落实检察建议，提升检察建议质效。

（2）推动民事检察履职提质增效

一是精准监督民事生效裁判。注重从程序和实体两个方面强化对民事生效裁判的监督，构建不同的监督标准和监督办案流程，准确、恰当适用监督方式，转向类案监督、人案监督并重，提升同级监督质效。

二是精准监督民事执行。强化对民事执行活动和执行人员进行双重监督。对执行活动的全过程进行全面监督，重点监督执行的关键环节，强化对执行人员的监督，制定执行类案监督标准，强化对民事执行的类案监督。

三是强化民事虚假诉讼监督。精准识别不同虚假诉讼类型，有效实施相应的监督；构建虚假诉讼监督的一体化办案机制；运用技术手段对虚假诉讼进行信息汇总及深度分析，实现对虚假诉讼的类案监督。

（3）推动行政检察监督有力

一是完善行政争议实质性化解机制。进一步拓展行政检察监督的范围，对行政诉讼原告的诉求进行穿透理解，一体审查该诉求及行政行为的合法性，分类采用不同的行政争议化解机制，切实提升行政争议实质性化解的质效。进一步完善办案机制，建立契合争议实质性化解的横向协作机制和上下级检察机关一体化办案机制，形成工作合力。

二是构建行政违法行为监督机制。明确对行政处罚、行政强制措施等具体行政行为进行检察监督的方式可以采取"向行政机关通报、向党委人大报告等"方式对"难以在本案中得到纠正，但确有监督必要的"[①] 行政违法行为进行监督。

（4）推动公益诉讼检察精准规范

构建详细调查核实权行使的程序规范，明确其启动的条件和标准、调查

---

① 张相军、马睿：《检察机关开展行政违法行为监督的理论与实践》，载《法学评论》2023年第6期。

手段及其行使的程序规范等。构建与行政机关的办案联动机制，通过大数据分析等方式，进一步扩展公益诉讼的案源，强化证据收集调查手段和能力。推进以检察公益诉讼为主体的公益诉讼专门立法，构建明确检察公益诉讼运行的实体规范和程序规则的法律规范体系，确立检察公益诉讼证据规则和证明体系。

2. 善用办案方法论

一是全力提升检察人员在履职办案中准确认定事实的能力。运用证据规则，坚持亲历性原则，切实提升检察人员审查单个证据和构成要件事实的能力，确保准确认定案件事实。

二是全力提升检察人员在履职办案中统筹运用法律规范的能力。统筹运用各类部门法、同一部门法内的各法律条文，一体贯彻落实法律规定和司法政策，准确把握相关适用的法律条文实质要义及构成要件，确保公正、恰当处理案件，增强检察处理决定的说服力和可接受性。[①]

三是全力提升检察人员在履职办案中全面考量法理情良知的能力。在检察履职办案准确识别犯罪边界的能力和担当，把握"是与非""好与坏""对与错"的基本常识和逻辑，作出与社会伦理、群众心理诉求合拍的公正处理决定。

3. 优化案件质效评价体系

针对实践中存在未能合理、全面综合评价办案情况，应明确综合运用定量和定性评估等两种案件质量评价方法，进一步优化完善检察权的行使方式；注重内外部视角评价案件质量，以当事人的实际感受作为评价检察履职办案的基本依归，进一步完善高质效检察履职评价体系。

4. 提升检察资源配置效能

（1）提升检察官联席会议的作用与地位

在推进高质效检察履职进程中，应考虑将检察官联席会议确立为内部正式组织，明确对检察官联席会议形成的意见检察办案组织应予采纳，有分歧则可提交检察委员会决定。

（2）进一步完善分案机制

在繁简分流的基础上，检察机关应进一步完善随机分案与指定分案机制，完善通过指定分案方式以保持检察履职办案力量与办案需求配置相匹配机制。

---

① 参见应勇：《学思践悟习近平法治思想 以"三个善于"做实高质效办好每一个案件》，载《人民检察》2024 年第 8 期。

（3）统筹配置检察机关纵向横向资源

一是增进上下级检察机关及同一检察机关各内设部门的合理分工与有效协作。二是以检察机关整体为本位，统筹运用检察资源，以实际需求配置相应的办案力量，并减少不当耗损，切实扩增实际可用的检察资源总量；进一步完善检察办案流程，提高检察资源的利用率。

（四）完善检察权运行工作机制

1. 健全检察行权机制

一是准确把握公检法三机关的关系。准确把握公检法三机关"分工负责、互相配合、互相制约"的关系，明确三机关应进行程序配合，且配合须服从制约，检察权制约侦查权，检察权与审判权为相互制约关系。①

二是健全公正高效的检察办案机制。严格依法行使检察权，主动接受内外部监督制约，切实落实司法责任制，做到"三个善于"，建立与其他政法机关的良性、互动机制；进一步完善检察权运行机制，促进公正、规范、高效、廉洁行使检察权。

三是进一步强化法律文书说理机制。以不起诉决定书说理为例，应详细说明不起诉的类型及其依据，说明检察机关运用证据构建的事实及其依据，适用法律条文的正确性及其依据，对证据之间的关联性及证据链的形成或断裂进行详细分析，详细说明存在重大争议的证据和事实问题。

四是进一步完善公开听证机制。以争议性为标准构建听证案件准入机制。以争议程度大小来构建繁简分流的听证程序。进一步完善听证程序。可分别制定以查清事实为目的公开听证、以解决纠纷为目的的公开听证指引。

2. 完善内部制约监督机制

一是完善上下级检察机关监督制约机制。首先，应进一步完善案件审批和备案机制，细化审批和备案的实体标准和程序规范。其次，进一步完善案件指导机制，细化指导办案的案件范围，完善指导案件的承办流程和标准。最后，完善重点案件检视机制，对重点案件进行检视剖析或复盘，"分析原因、总结教训，形成震慑"，"防止同类问题重复发生"。②

二是完善同一检察院内部制约监督机制。进一步完善办案权力清单，科

---

① 参见田夫：《"法检公"三机关关系原则的解释论展开——兼论制约与监督的关系》，载《清华法学》2024年第2期。

② 朱建华等：《检察权运行内部制约监督机制体系的构建》，载《人民检察》2023年第8期。

学划分各类办案主体的办案权限；完善检察长、部门负责人制约监督机制；完善检察官联席会议机制，赋予其制约监督作用，细化程序规则；完善流程监督和案件评查机制，强化重点节点识别，实现全流程监督，增加评查案件的数量，明确评查的重点。同时，建立特定案件分案匹配机制，明确将特定案件"分配给最为适宜的检察官办理"。①

3. 强化执法司法协作配合机制建设

一是完善侦查监督与协作配合机制。首先是完善侦查监督与协作配合工作机制。灵活采用常驻或轮值的方式，明确常驻或轮值检察官的职责权限及工作流程。其次是完善侦查信息共享机制。加强与侦查机关沟通协调，扩大检察机关查阅刑事案件的权限，实时监督侦查机关"刑事立案、多次行政涉嫌犯罪等情况"②，运用大数据技术实施数字检察，促进法律监督高质效。最后是进一步理顺监督与协作的关系，避免出现监督过度或协作过度的现象。

二是完善行刑衔接机制。首先是完善行刑反向衔接机制。扩大行政反向衔接机制的适用范围，进一步明确"免予起诉或不予刑事处罚案件""行政处罚之外的案件"③均应适用行刑反向衔接机制。还应完善行刑反向衔接中检察机关内部衔接机制，确保内外部行刑衔接机制运作顺畅。其次是完善行刑正向衔接机制。进一步"完善行政执法机关与公安机关、检察机关的双向咨询机制，实现行政执法机关与刑事司法机关的优势互补"④，完善证据转化衔接机制，进一步规范行刑案件证据审查与鉴真机制。最后是在遵循一事不再罚原则下完善行政罚与刑罚竞合时行政罚处理机制。

4. 改进检察为民机制

一是建立收集、研判、落实、反馈人民群众对检察办案感受的机制，为人民群众合法有序监督检察办案提供可行的路径。

二是完善量刑建议准确提出机制。首先是建立量刑的机制。应"确定罪名后根据案件的不法与责任事实确定法定刑"，依据"影响责任刑的情节，确定责任刑（点）"，再依据"预防必要性的大小确定预防刑，进而确

---

① 施鹏鹏、王晨辰：《检察机关对事管理的探索与推进》，载《人民检察》2023年第8期。
② 林喜芬等：《侦查监督与协作配合运行机制的完善》，载《人民检察》2023年第24期。
③ 刘艺：《检察机关在行刑反向衔接监督机制中的作用与职责》，载《国家检察官学院学报》2024年第2期。
④ 张泽涛：《行刑衔接中采信专业性认定之困境及其破解》，载《法学研究》2024年第1期。

定宣告刑"。① 明确量刑的方法，即先确定量刑起点，再确定基准刑，最后再确定宣告刑。其次是明确责任刑、预防刑的具体量刑情节，且对预防刑的调节幅度应低于对责任刑的调节幅度。最后是建立与法院量刑沟通协调机制，完善量刑建议调整机制。

三是完善保护被害人机制。完善保障被害人参与诉讼程序的机制，充分听取并高度重视被害人的意见和诉求。完善刑事被害人国家救助机制，进一步扩大救助范围，明确不同困难条件下被害人救助标准。

（五）充分用好法律赋权

1. 规划设计"规范制定权 + 诉讼关照义务"

在推进高质效检察履职进程中，最高人民检察院应充分行使司法规范制定权，以弥补立法的滞后与不精细：一是为解决因立法不明确、不全面等所带来的制度供给不足的问题，最高人民检察院应积极主动行使司法解释制定权，对相关法律进行细化解释；二是因立法的滞后性无法对经济社会发展所带来的新问题进行及时规范，最高人民检察院应在把握社会发展总体方向的情况下适时通过制定司法解释等方式对上述新问题加以规范；三是最高人民检察院以务实有效为目标融合运用制定司法解释、司法文件及发布指导性案例和典型案例等方式实现制度的有效供给。

所谓诉讼关照义务是指"检察机关有义务对被追诉人行使其诉讼权利给予必要的关照，有义务协助犯罪嫌疑人、被告人充分行使其诉讼权利"。② 检察机关的诉讼关照义务契合于职权主义的传统及我国实事求是的司法原则，且我国社会公众的司法知识及诉讼经验极其有限，诉讼关照义务的履行对检察案件的有效处理具有突出的作用。我国《刑事诉讼法》第 173 条第 2 款和《关于适用认罪认罚从宽制度的指导意见》第 17 条、第 26 条等明确规定检察机关的诉讼关照义务。针对当前实践中检察官诉讼关照义务履行存在内在动力不强、履行不充分等情况，在推进高质效检察履职进程中应明确要求检察官在履职办案中切实履行诉讼关照义务，强化程序手段、法律后果、量刑建议、诉讼风险等说明或释明义务。特别是对于文化水平较低、司法知识较少的犯罪嫌疑人、被告人、被害人或当事人，检察官应给予其更多的诉讼关照。

---

① 张明楷：《责任刑与预防刑》，北京大学出版社 2015 年版，第 3 页。
② 陈永生：《论客观与诉讼关照义务原则》，载《国家检察官学院学报》2005 年第 4 期。

2. 统筹完善"司法建议权+司法强制权"

进一步区分并完善检察建议与检察意见适用机制。对司法实践中存在的检察意见和检察建议界限不清、检察建议刚性不足、检察建议在工作中适用泛化、被建议单位对检察建议重视不够等问题，应通过修改相关法律，明确检察意见、检察建议的适用条件及其效力。应"将当前检察机关针对案件提出的监督意见，包括再审检察建议、针对个案的纠正违法检察建议、公益诉讼检察建议，均调整为'检察意见'，明确检察意见具有要求相关单位启动相关程序进行审查的强制性效力。另一方面，立法明确'检察建议'的类型和被建议单位的整改义务"①。

检察建议、调查核实权等检察权是检察机关参与社会治理、有效开展法律监督的重要方式和有效手段。在制发检察建议时，检察人员应夯实送达、限期回复、跟踪督促等办复检察建议的保障机制，高度重视检察建议的针对性和有效性，促进源头、系统治理。应以"换位思考、'如我在诉'"的思维妥善处理与监督对象的关系，建立健全专门的培训机制、案卷调阅制度机制，敢于、善于有效运用调查核实权，注重运用大数据分析、挖掘等技术实现调查核实手段方式的迭代升级，实现高质效监督。

3. 合理调配"自由裁量权+程序选择权"

首先，完善酌定不起诉的运行。完善酌定不起诉适用程序，赋予检察官相对独立地适用酌定不起诉权。除了属于特定属于检察委员会决定的事项，其余酌定不起诉均应由检察官决定，以简化酌定不起诉的决定程序。建构酌定不起诉适用规则。明确《刑法》第 37 条作为酌定不起诉适用理由，构建酌定不起诉的适用标准。最高人民检察院可结合实际，有针对性地制定起诉或不起诉指引，明确酌定不起诉的标准及需要考虑的因素，为检察官适用酌定不起诉提供明确的指引。

其次，优化程序选择权。应针对不同程序类型，"建立健全轻重有别、繁简分流、快慢分道的多元化多层案件解决机制"②。检察机关行使程序选择权应遵循以下原则：一是在符合法律规定的情况下尽量适用与案情高度匹配的程序；二是集约、简化运用程序，采用合并等方式办理案件，并减少不

---

① 彭雨欣、粤检宣：《专访广东省检察院检察长冯键：将加快推进全省检察工作现代化》，载 https://baijiahao.baidu.com/s?id=1793134734471668525&wfr=spider&for=pc，最后访问时间：2024 年 6 月 5 日。

② 卞建林：《中国式刑事司法现代化的愿景》，载《中国刑事法杂志》2023 年第 1 期。

必要的环节，切实提升流转效率。

四、高质效检察履职的广东探索

"广东是改革开放的排头兵、先行地、实验区，在中国式现代化建设的大局中地位重要、作用突出。"① 近年来，广东检察机关主动适应新的形势任务要求，牢牢把握高质量发展这个首要任务，并以服务保障粤港澳大湾区建设、深圳先行示范区建设以及区域全面协调发展为依托，进行高质效检察履职的广东探索。

（一）服务保障高质量发展

1. 助力打造经济安全治理"广东样板"

（1）助力法治化营商环境建设

助力严惩破坏市场经济秩序犯罪，做实对各类市场主体一视同仁对待、依法平等保护。依法开展"经济纠纷类案件"专项排查，精准甄别和监督涉嫌"利用刑事手段插手经济纠纷"的案件。广东检察机关依托行政检察护航法治化营商环境专项活动，仅2023年即办理涉产权保护、经营许可、市场监管等领域案件2676件。如深圳市某区人民检察院对全某涉嫌非国家工作人员受贿作出相对不起诉决定后，召集当地纪律检查委员会及市场监督管理部门召开联席会议，依托在区委统筹下建立的一体构建监督贯通融合体系，共同商议打击企业内部腐败、维护市场秩序的方案。②

（2）护航金融业发展

2023年，广东检察机关起诉破坏金融管理秩序、金融诈骗等犯罪1690人，起诉涉及私募资金犯罪122人；依法妥善办理"团贷网""小牛资本"非法集资等重大案件；起诉洗钱犯罪248人、涉案金额达522亿元，持续加大反洗钱力度。③ 广东省人民检察院与广东证监局以全面实行发行股票注册制为契机，深化履职协作。如康美药业案中，证监部门与检察机关充分发挥行刑协作效能的典型例证，体现了检察机关依法惩治上市公司财务造假、违

---

① 《习近平在广东考察时强调　坚定不移全面深化改革扩大高水平对外开放　在推进中国式现代化建设中走在前列》，载《人民日报》2023年4月14日，第1版。

② 该案入选最高人民检察院行政检察与民同行系列典型案例（第十五批）。

③ 数据来自《2024年广东省人民检察院工作报告》，载广东省人民检察院阳光检务网，http：//www.gd.jcy.gov.cn/tjbg/jcbg/202401/t20240124_6267348.shtml，最后访问时间：2024年9月14日。

规披露"一条龙"犯罪行为,坚决维护资本市场深化改革和健康发展的决心与力度。

2. 持续加强知识产权司法保护

(1) 完善知识产权综合履职模式

广东省发明专利有效量、区域创新能力连续多年居全国首位,广东检察机关在实践中不断探索完善符合检察权运行规律和知识产权案件特点的知识产权综合履职模式。积极探索"一案四查",如"英德红茶"地理标志综合履职案,清远市检察机关运用"四检融合",通过刑事检察职能打击侵权商标犯罪行为,通过行政检察职能解决"英德红茶"证明商标运用及保护不充分问题,通过公益诉讼及审判监督职能解决有关商标违法注册及权利滥用问题。[①]

广东检察机关还坚持以办案为中心,全面提升知识产权检察综合保护质效,为新型、复杂知识产权案件办理提供了"广东经验"。如在罗某洲等十人假冒注册商标案中,检察机关启动技术调查官制度,委托专家辅助人出具技术调查意见,准确认定犯罪事实。检察机关还依托知识产权案件办理,积极推动地方性法规完善。如珠海市检察机关办理"白蕉海鲈"地理标志行政公益诉讼案的实践经验为全国首部地理标志保护地方性法规《广东省地理标志条例》所吸收。

(2) 引入知识产权办案外脑支持

结合知识产权案件专业技术性强的特点,注重加强专业性的知识产权保护智库建设。如深圳市人民检察院2021年3月出台《深圳市人民检察院知识产权技术调查工作规范(试行)》,采用"检察官+检察官助理+技术调查官+专家辅助人"有机协作复合型知识产权检察专业团队方式,充分发挥知识产权技术调查官的作用。[②] 检察机关还采取聘请知识产权、农业农村、文化旅游、海关、市场监管、版权、科技等行政机关专业人员担任特邀检察官助理等有效措施,发挥专业领域的"外脑"作用。广州、深圳等各地市已聘请39名涉知识产权等行政机关专业人员担任特邀检察官助理。

(3) 构建全链条知识产权检察保护新格局

广东省检察院出台《关于贯彻落实〈最高人民检察院关于全面加强新

---

① 该案入选"2023年度广东检察机关加强知识产权司法保护十大典型案例"。

② 参见田宏杰:《知识产权检察专门化:现实困境与治理完善》,载《政法论坛》2024年第3期。

时代知识产权检察工作的意见〉的具体措施》，提出 26 条细化工作举措，为全省各级检察机关开展知识产权检察工作进一步指明方向、引导路径。广东省检察院与省知识产权保护中心等 11 家单位联合签署《关于强化广东知识产权协同保护的备忘录》，进一步完善定期会商、信息通报与共享、案件协办等机制，共同构建大保护工作格局。

3. 依法平等保护各类市场主体

广东检察机关立足实际，深入落实中共中央、国务院《关于促进民营经济发展壮大的意见》，为各类所有制企业创造公平竞争、竞相发展的环境，有效发挥法治固根本、稳预期、利长远的保障机制。

（1）加强相关领域案件办理指导

发挥案例指导作用，指导检察人员正确把握法律政策界限，努力让市场主体和人民群众在每一个案件中感受到公平正义。省检察院在全国率先出台对民事诉讼欺诈加强法律监督的指导意见，完善工作机制、加强类案指引、健全调查核实规则，重点审查"假合同""假欠条"等证据，加大对损害民营企业权益的虚假诉讼监督力度，促进虚假诉讼监督提质增效。

（2）强化重点领域法律监督

刑事监督方面，重点监督纠正有案不立、违法立案以及利用刑事手段插手经济纠纷等问题。全省检察机关通过涉访涉诉、"两法衔接"平台等发现线索，做好监督公安机关立案、撤案、"查、扣、冻"措施等工作。深入推进财产刑执行检察监督活动，如省检察院在审查马某某减刑案中，调查取证发现其隐瞒巨额财产的事实，监督法院执行 4000 多万元财产，并返还给市场主体。民事行政诉讼监督方面，重点监督纠正涉民营企业经济纠纷的审判和执行活动，特别是因不依法履行执行职责，以及错误采取执行措施、处置执行标的物，致使民营企业财产权受到侵害的案件。

（3）支持引导强化廉洁风险防控

支持引导完善治理结构和管理制度，加强廉洁风险防控。如中山市检察院制定《涉企案件社会调查实施办法（试行）》，针对办理公司、企业等市场主体在生产经营中涉及的经济犯罪、职务犯罪等案件，在作出司法决定之前对企业进行专门调查，更好保障涉案企业合法权益。又如在广东省深圳市 J 公司、张某某非法吸收公众存款案中，检察机关借助金融专家等"外脑"支持，帮助民营金融企业完善资金募集业务管理，引导涉案民营企业及行业依法规范健康发展，并推动由点及面对保险、基金等金融行业开展延伸式治理。①

4. 积极参与社会治理体系建设

"法治建设既要抓末端、治已病，更要抓前端、治未病。"② 2024年4月，广东省委全面依法治省委员会印发《关于加强司法建议检察建议工作提升社会治理效能的意见》，率先在省级层面对构建司法建议、检察建议工作新格局，提升社会治理法治化水平作出规定。广东检察机关运用省内创新机制，依法办案治"已病"，堵塞漏洞治"初病"，构建防控体系治"未病"。如清远市检察机关在办理某矿业公司违规采矿公益诉讼案中发现自然资源领域监管存有漏洞，遂就矿产资源管理问题向某自然资源部门制发检察建议，有效展现检察监督效果向推进完善社会治理延伸。③

（二）服务保障粤港澳大湾区建设

1. 积极推进湾区司法文明规则"软对接"

广东检察机关在羁押程序正当化、羁押管理人道化、轻罪案件快速处理等方面进行探索，在中国式现代化的大局中进一步完善羁押审查机制④，积极发挥粤港澳大湾区司法资源优势落实人权保障制度。如广州市检察机关探索创建"非羁押刑事案件快速流转模式"，通过建设社会危险性量化评估系统、设置审查批准逮捕阶段认罪认罚具结内容预告机制、创建"不捕直诉"案件快速办理机制等方式，全面贯彻宽严相济刑事政策。⑤ 广州市南沙区人民检察院社会服务告知制度被纳入广州市与港澳规则衔接首批政策创新任务，积极探索粤港澳大湾区内规则衔接。

2. 探索粤港澳检控协作互动机制

广东检察机关坚持探索大湾区司法合作交流模式，破除粤港澳司法壁

---

① 该案入选最高人民检察院2023年10月23日发布的"检察机关全面履行检察职能推动民营经济发展壮大典型案例"。

② 习近平：《坚定不移走中国特色社会主义法治道路　为全面建设社会主义现代化国家提供有力法治保障》（2020年11月16日），载《十九大以来重要文献选编》（下），中央文献出版社2023年版，第9—10页。

③ 该检察建议获评"2022年度全国检察机关优秀社会治理检察建议"。

④ 参见孙永长：《未决羁押的合理期限及其法律规制》，载《交大法学》2024年第1期。

⑤ "广州市南沙区人民检察院探索创建非羁押刑事案件快速流转模式"先后获评为全国检察机关检察改革第二批典型案例（2021年7月发布）、"2020—2021年度中国自由贸易试验区制度创新十佳案例"及"广东省检察机关改革创新典型案例"（2023年8月18日发布）。

垒。依托区位优势，推动设立"法治前海研究基地""粤港澳司法合作前海论坛"；以"大湾区检察实践项目"创建活动为抓手，聚焦大湾区检察理论与实践问题开展研究，努力实现理论创新与实践创新的良性互动。广东省检察院专设公共关系处专门对接粤港澳大湾区事务，负责统筹协调粤港澳大湾区司法事务及相关公共关系。港澳地区相关负责人多次赴粤访问，就共同打击跨境犯罪、提高刑事检控水平、深化司法协助等问题进行深度交流。深圳市检察院委托香港民间机构跟踪帮教附条件不起诉的香港籍涉罪未成年人，完善涉案未成年人跨境帮教合作机制。

3. 积极推进涉外涉港澳法治建设

（1）依法高效办理涉外案件

广东检察机关持续加强国际执法司法合作，统筹兼顾办案程序的涉外性和审查工作的规范性，加大对洗钱、贩毒、走私、偷越国（边）境等跨国（边）境犯罪的打击力度，维护我国政治安全、经济安全。综合考虑案件多方因素，规范办理领事通知和领事探视事宜，及时向外事部门通报案件办理节点，畅通领事馆会见探视渠道，保障外国籍当事人依法享有外国领事保护权利。在《联合国反腐败公约》框架下，深度参与跨境反腐败治理，依法适用刑事诉讼特别程序，做好国际追逃追赃工作。中国银行开平支行原行长许国俊贪污、挪用巨额公款后潜逃国外 20 年，经持续追逃被强制遣返，检察机关依法起诉后其被判处无期徒刑，彰显"有逃必追"的坚定决心。[①]

（2）创新涉外涉港澳检察服务机制

在办案履职中找寻检察工作与涉外法治建设的契合点，以法治之力助推高水平对外开放。如横琴粤澳深度合作区人民检察院紧紧围绕合作区"促进澳门经济适度多元发展"的工作大局，出台服务保障合作区港澳企业经营发展若干措施，设立诉求表达"绿色通道"，建立合作区企业和居民直接约见检察长制度。该院成立"涉澳刑事案件检察官办公室"，建立涉澳案件专人专办、涉澳刑事案件立案 24 小时内通报、涉澳刑事案件均提前介入引导侦查取证、涉澳案件依法从快办理、涉澳刑事案件当事人法律援助全覆盖等工作机制。又如广州市南沙区人民检察院率先组建涉外民商事检察法律服务中心，探索中英葡三语检察告权服务，确保涉外民商事主体平等参与民商事法律活动；探索引入行业组织、领域专家参与涉港澳民事纠纷听证机制，

[①] 童建明：《全面履行法律监督职责 推进检察机关涉外法治工作高质量发展》，载《民主与法制周刊》2024 年第 15 期。

推动组建大湾区特色听证员库。

（3）夯实涉外法治工作发展根基

充分发挥涉外法律服务平台功能作用，实现"共商、共享、共治"。检察机关利用好当地涉外法律服务平台，不断扩大检察"朋友圈"。如深圳市检察机关选任港澳籍的人民监督员 5 名和港澳籍专家咨询委员 4 名，借助"外脑"智慧办好疑难复杂的涉外案件、解决涉外问题。鉴于粤港澳大湾区对优质涉外法律服务和司法保障的特殊需求，省检察院制定《打造粤港澳大湾区检察人才高地专项计划》，检察机关不断完善涉外检察人才选拔、使用、培训、管理机制。检察机关与多所大学签订涉外法治人才培养合作协议，共同探索高层次涉外法治人才创新培养模式；支持大湾区 9 市检察机关适时设立一定指标，着力招录并培养一批熟悉粤港澳司法规则和司法实践的复合型人才。

4. 基层检察联动承接"三大平台"战略需求

横琴、前海、南沙是粤港澳重要合作平台，规划建设"三大平台"[1] 是《粤港澳大湾区发展规划纲要》提出的重点任务，"三大平台"对粤港澳大湾区建设也起到以点带面的引领作用。广东检察机关聚焦此"三大平台"建设，在机构建制、工作交流、履职重点上加大探索力度。

大湾区法治环境需要在制度创新的基础上协同优化。[2] 广东省横琴粤澳深度合作区人民检察院（以下简称横琴合作区检察院）为广东省人民检察院的派出机构。横琴合作区检察院派员前往澳门街坊总会横琴综合服务中心开展"送法上门"活动，服务澳门企业、居民在内地发展。前海深港现代服务业合作区承载了探索行政区域与经济区适度分离的管理体制，深圳前海蛇口自贸区人民检察院（简称前海检察院）为深圳市人民检察院派出机构更便于案件管辖等问题的统一调整。前海检察院集中办理全市涉海洋刑事、公益诉讼和行政违法行为监督案件，率先探索建立"海岛巡回检察制度"；办理了首例深港两地跨境行政公益诉讼案，合理运用深圳与香港已有的跨境执法协作机制，加强内地检察机关与香港执法部门的沟通协作。在《广州南沙深化面向世界的粤港澳全面合作总体方案》的基础上，《南沙深化面向

---

[1] 2023 年 8 月，国务院印发《河套深港科技创新合作区深圳园区发展规划》，河套正式成为继横琴、前海、南沙之后又一重大合作平台，其定位为粤港澳大湾区重要的以科技创新为主题的特色平台。由于该平台规划发布相对较晚，相关的检察工作启动不久，这里暂不论及。

[2] 参见邵鹏：《粤港澳大湾区法治环境协同优化探究》，载《特区实践与理论》2024 年第 2 期。

世界的粤港澳全面合作条例》明确，南沙区人民政府具体执行与南沙建设发展相关的制度与政策措施，广州市南沙区人民检察院（广东自由贸易区南沙片区人民检察院，以下简称南沙检察院）为该区基层人民检察机关，通过行使检察权，为广州南沙建设开发各项工作的顺利进行提供检察保障。南沙检察机关主动邀请港澳籍听证员参与检察工作，支持港澳青年参与大湾区法治建设，打造粤港澳大湾区融合型社会，进一步提升内地检察机关的司法公信力。

（三）服务保障区域全面协调发展

广东省域发展不平衡客观存在，广东各地检察工作发展也不平衡。检察机关在吃透把准省情的基础上，注重把握新时代新征程新形势下的任务和要求，服务完善城乡融合发展体系机制改革，助力乡村全面振兴[①]；服务区域协调发展战略实施，完善区域检察协作机制，切实增强检察履职促进广东省域"协调发展""全面发展"。

1. 服务地域特色发展

各地检察机关结合本地禀赋和资源要素，走好特色化差异化发展之路，深入贯彻落实省委实施"百县千镇万村高质量发展工程"。如河源市探寻"农业强市"的发展之道，同时花大力气破解乡村发展产业空心化这一基础问题，该市检察院结合该市需求制定《关于更好融入"百千万工程"助力和美乡村建设实施方案》，聚焦打造"检护民生，情暖河源"检察品牌，提出12项举措以高质效检察履职服务保障和美乡村建设。

2. 完善区域检察协作机制

广东各地检察机关推动区域高效联动发展，加大跨区域衔接，加快形成优势互补、高质量发展的跨区域检察协作新模式。一是以异地检察协作破解跨域监督难题。粤港澳大湾区内地9市检察机关共同举办粤港澳大湾区海上跨境走私犯罪研讨，签署《粤港澳大湾区海上跨境走私犯罪检察协作机制框架协议》，统一司法尺度、提高司法效率、解决实践难题。二是加强区域检察协同服务融合发展。2024年，深中通道全线建成通车，深圳、中山两地检察机关结合职能持续探索跨区域检察协作模式，联合签订《关于加强区域检察协同服务融合发展的合作协议》，聚焦优化营商环境、保护知识产

---

① 参见冯键：《检察工作理念现代化的内涵与实现路径——以服务保障广东高质量发展和现代化建设为视角》，载《人民检察》2023年第12期。

权创新、守护绿色生态等重点领域，就合作范围、工作程序和联络机制等事项作出规范。三是加强邻省检察合作与联动发展。按照"地市统筹、基层结对，突出特点、优势互补"的原则，广东省检察院组织与周边省份检察机关开展、探索"睦邻结对、携手共建"新模式。如广东、广西、海南三省（区）检察院共同制定《关于建立环北部湾——琼州海峡地区生态环境公益诉讼检察协作机制的意见》，更好服务粤港澳大湾区建设、海南自由贸易港建设、新时代壮美广西建设。

3. 深化省域省情检察理论研究

为深刻把握省情，在检察工作中大兴调查研究，发挥调研在促进检察工作中的重要作用，广东检察机关专门开展"检察研究基地"建设，积极搭建高水平检察业务和理论研究阵地。首批"广东省人民检察院研究基地"涵盖社会治理检察建议、走私犯罪、知识产权、民事检察、公益诉讼检察和数字检察等多个主题领域。全省各地检察机关以检察调研为契机深刻领会"走在全国前列"蕴含的丰富内涵、新要求、新期待，聚焦解决检察工作突出问题、做实高质效办案，打造各地响亮检察品牌，细化实化具体化贯彻落实措施。

新时代法律监督体系机制研究*

陈　勇**

检察机关是国家的法律监督机关，是保障国家法律统一正确实施的司法机关，是保护国家利益和社会公共利益的重要力量，是国家监督体系的重要组成部分，这是新时代对检察机关的全面定位。检察机关在国家治理体系和治理能力现代化建设中肩负重要政治责任和法律责任。全面推进法律监督理念、体系、机制、能力建设，不断提升检察工作水平，已经成为当前检察机关工作开展的新任务和新要求，其中，理念是先导、体系是重点、机制是关键、能力是基础。从当前的情况看，思考如何具体落实和推进新时代法律监

---

* 本文系 2023 年度最高人民检察院检察理论研究课题（项目批准号：GJ2023B03）的研究成果。

** 课题主持人：陈勇，上海市人民检察院党组书记、检察长。课题组成员：曹坚，上海市人民检察院第三分院党组成员、副检察长；陈超然，上海市人民检察院法律政策研究室副主任；林竹静，上海市人民检察院法律政策研究室检察官；张庆立，上海市松江区人民检察院第六检察部副主任；王振华，上海市奉贤区人民检察院第六检察部副主任；周慧，上海市静安区人民检察院第六检察部副主任；周保强，上海市闵行区人民检察院第六检察部副主任；陈静，上海市黄浦区人民检察院第六检察部检察官助理；蒋昊，上海市闵行区人民检察院第六检察部检察官助理。

督体系和机制构建，极具现实意义与实践价值。

一、检察机关法律监督的概念及其发展

（一）检察机关法律监督内涵的历史变迁

自新中国成立至今，新中国检察制度已建立 76 周年，其间历经曲折，自 1978 年恢复重建算起至今也已 47 年，并不断发展壮大。① 由检察机关开展法律监督肇始于苏联列宁同志关于"法律监督"的思想，彼时，列宁认为，唯有严格执法，方可实现民主监督，而要确保严格执法，就必须加强法律监督，同时，为了确保法律监督实效，就必须建立专门的法律监督机关即检察机关，由检察机关专门负责维护国家法制统一。② 我国检察机关的法律监督定位系借鉴苏联检察理论与实践的基础上而形成的，并在"1979 年人民检察院组织法"和"1982 年宪法"中被立法所确认，从而成为一个固定的法律概念。③ 自创设以来，新中国检察制度经历了不同的发展阶段，每一个发展阶段又与检察机关法律监督的内涵紧密相关，可以说不同的历史时期直接体现了检察机关法律监督的不同内涵。具体如下：

第一，初创阶段（1949—1978 年）。1949 年《中央人民政府组织法》第 5 条、第 28 条规定，中央人民政府委员会下设最高人民检察署为国家检察机关，负责检察政府机关、公务人员和国民之严格遵守法律。同年 12 月批准实施《中央人民政府最高人民检察署试行组织条例》，1950 年成立各级地方人民检察署，1951 年通过了《各级地方人民检察署组织通则》。1954 年，第一届全国人大通过了新中国第一部《宪法》和《人民检察院组织法》，将人民检察署改"署"为"院"。根据上述规定，检察机关法律监督的内涵总体表现为"宽泛化"，不仅包括针对法院审判行为的监督，而且包括针对行政机关行政行为的监督，甚至还包括针对立法机关活动的监督，属于包括了一般监督的法律监督。

第二，恢复阶段（1978—1996 年）。"文化大革命"后，1978 年国家开始恢复检察制度，次年全国检察机关得以重新恢复，并通过了新的《人民

---

① 徐益初：《从我检察机关的发展变化看检察机关定位——对检察机关法律监督地位的再认识》，载《人民检察》2000 年第 6 期。
② 孙谦：《刑事立案与法律监督》，载《中国刑事法杂志》2019 年第 3 期。
③ 王海军：《"法律监督"概念内涵的中国流变》，载《社会科学文摘》2022 年第 5 期。

检察院组织法》，其中，再次明确检察机关乃国家法律监督机关，可依法独立行使检察权，1982年《宪法》也对此予以确认。尽管恢复重建后的检察机关保留了"法律监督"的职能定位，但检察机关法律监督的具体内涵却出现了限缩，总体呈现"专门化"的特点，即取消了一般监督，保留诉讼监督，具体职能主要包括立案监督、侦查监督、审判监督、刑罚执行监督、民事诉讼监督、行政诉讼监督和特别程序监督等。① 检察机关法律监督概念内涵发生了革新，即通过集中力量开展诉讼监督，而不是通过分散的监督，实现法律监督的目标。值得注意的是，自本次检察机关恢复重建之初，重诉讼办案、轻诉讼监督，重刑事诉讼监督、轻视民事和行政诉讼监督的问题就比较突出，尽管检察机关努力平衡上述工作，取得了一定的效果，但仍有进一步提升的空间。

第三，改革阶段（2017年至今）。党的十八大以来，我国检察机关法律监督工作进入了新时代，2017年6月全国人大常委会对《民事诉讼法》和《行政诉讼法》进行了修订，分别明确了检察机关有权提起民事公益诉讼和行政公益诉讼。2018年3月《监察法》实施，检察机关大部分职务犯罪职能和侦查资源转隶监察委。同年10月《人民检察院组织法》修订，规定检察机关行使的职权包括传统的"审查批准或决定逮捕""审查决定起诉及支持公诉""诉讼活动法律监督""执行工作法律监督""监狱和看守所执法活动法律监督"，以及"有限的侦查权""提起公益诉讼"等，并赋予了检察机关调查核实权。党的十八届四中全会又提出，完善对涉及公民人身、财产权益的行政强制措施实行司法监督制度，检察机关在履行职责中发现行政机关违法行使职权或者不行使职权的行为，应该督促其纠正。与上述检察改革相契合，检察机关法律监督的内涵也表现出了一定的开拓性，具体表现为取消大部分职务犯罪侦查职能，拓展公益诉讼职能，探索针对行政违法行为开展行政检察监督的新形式等，力求实现新时代检察职能重构。②

（二）检察机关法律监督内涵的时代革新

由于"法律监督"乃我国宪法对检察机关之定位，域外鲜有其例，而

---

① 何勤华、顾非易：《检察机关法律监督活动的历史考察及其启示——以御史制度中的监督职责为线索》，载《人民检察》2019年第19—20期。

② 李龙、彭霞：《新中国成立70年来法律监督内涵之演变》，载《广西社会科学》2019年第11期。

世界各国普遍设有检察机关，故借鉴域外经验来解释我国检察机关法律监督的做法便不难理解。如较早的观点认为，检察机关法律监督指检察机关为保障国家法律统一正确地实施，对法律的适用和遵守进行监察督促的活动，一般具有代表的国家性、对象的普遍性、依据的法律性、效力的强制性、职责的专门性、履职的独立性，内容上既包括对法律适用的监督，也包括对守法活动的监督。① 可见，这一表述主要是从"保障国家法律统一正确实施"的角度对检察机关法律监督内涵的定义，其中，受苏联检察理论的影响可能更大。21世纪初，随着实践的发展以及比较研究的深入，权力制衡的思想得以传播，又有观点提出，检察机关法律监督即检察机关根据人大及其常委会的授权，为维护国家法治统一、保护国家利益、维护社会和公民合法权益，依法对其他国家权力予以制衡的活动，其对象为国家权力，并具有事后性、主动性和集中统一等特点②，主要表现为一种诉讼性、程序性、专门性、非管理性的监督③。上述概念虽然强调了"人大及其常委会的授权"，但将检察机关法律监督总结为一种权力制衡活动，难免带有西方法学理论的色彩。党的十八大以来，关于检察机关法律监督的定义又出现了新的动向，即注重从"监督法律执行"的视角进行重新定义，如有观点直接指出，新时代检察机关法律监督应通过排除权力制衡的目的，恢复"防止法律执行异化"的目的。④ 同时认为，检察机关法律监督即为维护国家法治统一正确实施，根据法律授权，检察机关运用法律手段对法律实施情况进行检查督促，并产生法定效力的专门活动，包括刑事法律监督、民事法律监督、行政法律监督和公共利益法律监督四类。⑤ 可见，在新时代背景下，检察机关法律监督的定义更加强调我国实际，并日益形成了本土理论。通过梳理，本文认为，从近年来一系列检察改革的情况看，应将检察机关法律监督定义为：检察机关为维护法律统一正确实施、保护国家利益、社会公共利益和公民合法权益、服务保障中国式现代化，依照法律规定和法治精神，借助数字检察等科技手段，代表国家一体履职、综合履职，对其他国家机关、社会团体、个人等执行法律的行为开展专门程序性监督的活动。具体内容如下：

---

① 孙谦：《论检察机关法律监督的几个问题》，载《当代法学》1987年第4期。
② 徐鹤楠：《关于检察机关的法律监督》，载《国家检察官学院学报》2003年第11期。
③ 郭立新：《法律监督、检察机关法律监督争议评析》，载《国家检察官学院学报》2003年第11期。
④ 门中敬：《法律监督的责任内涵与概念重塑》，载《法学评论》2022年第6期。
⑤ 张智辉：《论法律监督》，载《法学评论》2020年第3期。

第一，理念上更加强调服务保障中国式现代化、服务保障中心大局工作。以往的检察理论往往将检察机关视为"维护法制统一正确实施的重要力量""国家利益和公共利益的代表""保障公民合法权利的机关"，没有从更大范围和更广视野出发认识检察机关。在新时代背景下，国际竞争加剧，国际合作面临脱钩风险，中华民族伟大复兴面临国内国外一系列新情况，需要检察机关从更高的高度和更长远的眼光来思考工作、谋划工作、推进工作，必须自觉将检察工作摆在服务保障中国式现代化的大局中审视。

第二，依据上更加强调坚守法律底线、维护法治精神。一方面，必须强调检察监督必须在法律监督的范围之内，不能超越法律去监督，从而丧失了检察监督本身的阵地，模糊了检察监督与党纪监督、审计监督等其他监督的界限。另一方面，检察机关法律监督绝不是停留在本本上的监督，绝不是生搬硬套法条的监督，必须弘扬法治精神，正如有观点所指出的，检察机关法律监督应以"民主法治"为核心内容，以"法制统一"为基本诉求，以"人权保障"为本质要求，以"理性谦抑"为价值追求，以"功能优化"为根本方法，可以说上述用语无不体现了对法治精神的追求。[①]

第三，方法上更加强调业务数据化、数据业务化。前者力求将检察业务工作全部纳入网上办理，从而实现检察工作的全程数据留痕，提高检察工作的信息化程度。后者则力求通过大数据赋能，从纷繁复杂的各类数据中挖掘法律监督线索，探索检察业务新的增长点。可以说，无论是业务数据化，还是数据业务化，都与数字社会的发展密切相关。未来，随着数字检察战略的实施，还可以发展为监督智能化，真正做到让办案更精准、让公正更可视。[②] 在大数据时代，检察机关必须适应这一时代变化，主动融入大数据时代，争取更好地发挥大数据的优势，提升检察工作质效。

第四，模式上更加强调一体履职、综合履职。检察机关要在服务保障中国式现代化的大格局中依托检察职权主动作为，坚持治罪与治理并重，既要抓末端、治已病，更要抓前端、治未病，注重类案监督，参与社会治理。同时，所谓"一体履职"指既强调发挥检察机关上下级之间领导与被领导的体制优势，也强调跨区域检察机关的协作配合，从而确保在检察系统内发挥资源整合优势。而所谓"综合履职"即要求刑事、民事、行政、公益诉讼

[①] 秦前红：《新时代法律监督理念：逻辑展开与内涵阐释》，载《国家检察官学院学报》2019年第6期。

[②] 王永金：《数字检察：法律监督的时代要求》，载《人民检察》2023年第3期。

等各业务部门之间加强联系配合,努力做到融合履职、综合履职、协调发展。

第五,效果上更加强调双赢、多赢、共赢。尽管检察机关法律监督在本质上是一种专门程序性监督,其中,"专门性"意味着与其他国家机关相比,检察机关是以法律监督为唯一使命的国家机关,而"程序性"又意味着检察机关并不是做实体处理的机关,要实现公平公正,仍然需要其他主体积极作为。在新时代背景下,检察机关的法律监督并不是高高在上的监督,更加强调监督实效,强调双赢、多赢、共赢,争取形成监督合力,这既与检察机关程序性监督的定位相契合,又迎合了协商性司法日盛的趋势,还降低了实践中检察机关法律监督工作的难度。

二、检察机关法律监督体系与机制构建的现状与问题

(一) 检察机关法律监督工作的历史与现状

1. 检察机关法律监督制度肇始于新中国的诞生

早在新民主主义革命时期,初阶形式的人民检察制度就在党领导的工农民主政权、抗日民主政权和解放区人民政权建设中诞生,并开始发挥职能作用,形成了人民检察的优良传统,为新中国检察制度诞生提供了宝贵的历史经验。[①] 但是,较为完整、具有现代国家权力类型意义的人民检察制度的正式确立,是在新中国政权基本取得胜利,与新政权同步诞生的。历史证明,不从根本上摆脱作为西方列强现代化"附庸"的地位,不改变半殖民地半封建的社会性质,任何现代化的努力都将无所作为。

在缺少实践基础、理论研究严重不足的背景下,人民检察制度在探索中初创。1949年9月,《中国人民政治协商会议共同纲领》和《中央人民政府组织法》确定,中央人民政府组织最高人民检察署作为国家最高检察机关,职权是对政府机关、公务人员和全国国民之严格遵守法律负最高的检察责任。1949年10月,最高人民检察署检察委员会举行第一次会议,决定尽快制定检察署组织大纲,从速建立机构,开展检察工作。1949年12月,毛泽东主席批准新中国关于检察制度的第一个单行法规《中央人民政府最高人

---

① 王海军:《中国语境下的"检察权"概念考察》,载《中国法学》2022年第6期。

民检察署试行组织条例》。1950年7月,第一届全国检察工作会议召开。1954年,新中国第一届全国人民代表大会召开,"五四宪法"将"人民检察署"更名为"人民检察院",规定"中华人民共和国最高人民检察院对于国务院所属各部门、地方各级国家机关、国家机关工作人员和公民是否遵守法律,行使检察权。地方各级人民检察院和专门人民检察院,依照法律规定的范围行使检察权"。

"五四宪法"参照苏检察机制,从规范层面确定检察机关有权对一切国家机关工作人员和公民是否遵守法律实行监督,这是中国检察权确定法律监督权能的一次重大尝试。但在实际工作中,法律监督权能存在边界模糊、效果不佳的问题,实际上缺少制度依托,导致难以开展工作。"如按照一般监督方式办理的绝大多数案件不属于该范畴,真正对国家机关决议和命令进行的监督十分零星,对某些违法行为的监督大多属于行政监督范畴,甚至因监督要求不明确引起了矛盾,而且对公民违法行为的监督也只存在于立法层面等等"。① 待反右派斗争扩大化、"大跃进"运动开始,检察机关逐渐名存实亡。"文化大革命"期间,检察机关一度被撤销。1975年《宪法》规定检察机关的职权由公安机关行使,检察职权性质与其内涵发生背离。1978年《宪法》恢复了1954年《宪法》中的一般监督制度,但并未真正运行。1979年修订《人民检察院组织法》,一般监督的规定被明确取消。②

2. 检察机关法律监督制度发展于改革开放

党的十一届三中全会标志着党重新确立了马克思主义的思想路线、政治路线、组织路线,开启了改革开放、实现社会主义现代化的伟大征程。发展社会主义民主,健全社会主义法制,成为党和国家基本方针,以法律监督机关属性的人民检察制度走上了全面发展之路。

1978年初,最高人民检察院根据党中央意见,着手起草《人民检察院组织法(修改稿)》。1979年6月,最高人民检察院向全国人大常委会法制委员会报送《人民检察院组织法》的修改草案及其说明,着重强调了检察机关"法律监督"特征。其后,1979年《人民检察院组织法》总结新中国检察制度30年正反两方面经验教训,取消了"一般监督"的职能,但肯定检察机关的监督性质,并创造性地使用"法律监督机关"来表述。1982年《宪法》修订时,采纳1979年《人民检察院组织法》表述,在第129条明

---

① 王海军:《一般监督制度的中国流变及形态重塑》,载《中外法学》2023年第1期。
② 王海军:《中国语境下的"检察权"概念考察》,载《中国法学》2022年第6期。

确规定,"中华人民共和国人民检察院是国家的法律监督机关",这是首次由宪法确认检察机关为"国家的法律监督机关"。此后,宪法历经多次修改,关于检察机关性质和定位的规定一直保持未变,检察机关开始走上独具中国特色的法律监督机关之路。

其一,刑事诉讼职能定位虽有争议,但始终是检察机关主责主业。1996年修订《刑事诉讼法》,规定人民检察院依法对刑事诉讼活动实行法律监督。虽然有一些学者对检察机关法律监督机关定位提出质疑,但多数学者仍然主张保留这一原则,主要原因在于检察机关作为法律监督机关是由宪法明文确认的,宪法是母法,作为子法的刑事诉讼法不宜直接废除母法的规定。

其二,职务犯罪侦查从无到有,成为法律监督依靠。1988年下半年,检察机关重点开展了惩治贪污贿赂犯罪和打击严重刑事犯罪的斗争,加强了查办侵犯公民民主权利、渎职犯罪的工作,加强各项业务建设与队伍建设,有步骤地对检察体制进行了改革,各级检察院在工作中强化了法律监督职能,对于维护国家稳定和社会安定、促进社会主义民主和法治建设,保障改革开放和经济建设的顺利进行起到了积极作用。

其三,民事行政检察虽有发展,但总体弱小。1989年《行政诉讼法》、1991年《民事诉讼法》分别明确了检察机关在行政、民事诉讼领域的监督职能。2007年《民事诉讼法》修改,完善了检察机关对审判机关生效民事法律裁判的法律监督制度。2012年《民事诉讼法》修改,将人民检察院有权"对民事审判活动实行法律监督"修改为"对民事诉讼实行法律监督",将民事执行活动纳入法律监督。

总体而言,1978年至2012年期间,在国家法律监督机关的宪法定位下,检察机关积极履职探索,检察权体系内形成了刑事检察与职务犯罪侦查二元并立的格局,检察工作取得了显著成效。伴随三大诉讼法进行多次修改,检察机关法律监督的范围、条件、方式、效力等方面均有较大发展,但不论是法律上还是实践中,刑事检察均居于绝对主导地位,"刑重民轻"检察工作格局并未从根本上改变。

3. 检察机关法律监督制度成熟于中国特色社会主义新时代

2012年11月,党的十八大顺利召开,习近平总书记指出,经过长期努力,中国特色社会主义进入了新时代,这是我国发展新的历史方位。新时代以来,以习近平同志为核心的党中央从推进政治体制改革,实现国家治理体系和治理能力现代化的高度,推动实施了新一轮司法体制改革。党的十八届三中全会为司法体制改革制定了顶层设计,党的十八届四中全会对保障司法公正作出了更深入的部署。其中，2015年1月，中共中央政治局常委会建立定期听取"两高"党组工作汇报制度，形成保障党中央集中统一领导的制度性安排，是党对检察工作领导方式的重大完善。当前，检察机关法律监督定位得到了进一步强化，"四大检察"工作格局得到重塑，检察机关法律监督制度进入新的阶段。

其一，行政检察监督开始勃兴。2014年10月，党的十八届四中全会通过《中共中央关于全面推进依法治国若干重大问题的决定》，提出检察机关在履行职责中发现行政机关违法行使职权或者不行使职权的行为，应该督促其纠正，既开辟了行政检察的新境界，也夯实了检察机关作为法律监督机关的宪法定位。

其二，检察公益诉讼制度快速发展。根据2017年全国人大常委会《关于修改〈中华人民共和国民事诉讼法〉和〈中华人民共和国行政诉讼法〉的决定》，检察公益诉讼正式载入法律，检察机关提起公益诉讼制度获得了法律层面的确认。习近平总书记在作《关于〈中共中央关于全面推进依法治国若干重大问题的决定〉的说明》时指出，"在现实生活中，对一些行政机关违法行使职权或者不作为造成对国家和社会公共利益侵害或者有侵害危险的案件，如国有资产保护、国有土地使用权转让、生态环境和资源保护等，与公民、法人和其他社会组织没有直接利害关系，使其没有也无法提起公益诉讼，导致违法行政行为缺乏有效司法监督，不利于促进依法行政、严格执法，加强对公共利益的保护。由检察机关提起公益诉讼，有利于优化司法职权配置、完善行政诉讼制度，也有利于推进法治政府建设"。习近平总书记的讲话昭示着该制度的创设对充分发挥检察机关法律监督职能的期许。

其三，妥善应对监察体制改革挑战，重塑"四大检察"格局。在国家监察体制改革过程中，检察机关坚决贯彻党中央决策部署，深刻领会改革的重大意义，坚决拥护、全力支持配合改革。最高人民检察院审时度势，以侦防职能转隶为契机，以内设机构改革为突破口，完善制度机制，深化改革创新，提出构建刑事、民事、行政、公益诉讼"四大检察"全面协调充分发展的检察工作格局。2018年《宪法》修改，法律监督机关的宪法定位得到肯定。其后，2018年《人民检察院组织法》的修订，以刑事、民事、行政、公益诉讼"四大检察"为核心的法律监督新格局正式形成。2019年3月，"四大检察"被明确写入全国人大决议；2021年6月，《中共中央关于加强新时代检察机关法律监督工作的意见》对新时代检察机关法律监督作用的充分发挥和法律监督质量的全面提升提出了新要求。作为党的历史上首次专门就检察机关法律监督工作发布的全国性文件，它既是检察机关作为"国家的法律监督机关"之宪法定位的有力彰显，也是新时代丰富发展"法律监督"内涵的重要制度安排。

（二）当前检察机关法律监督工作存在的问题及原因

一是刑事法律监督机制有待加强。长期以来，在与公安机关、审判机关的分工协作原则之下，经过长期的实践及不断改进，检察机关刑事诉讼程序发展充分，与审查逮捕、提起公诉相关的机制较为健全，但在具体法律监督的机制上，则相对缺乏。比如违法立案监督机制的发展，就具有明显的滞后性，表现为：立法缺失，《刑事诉讼法》未明确规定对违法立案的检察监督；缺少立案监督线索、监督实施过程烦琐程序不畅，导致的监督运作困难程序不畅、组织保障不足。

二是行政违法监督机制发展不足。比如在民事行政监督机制中的行政违法监督机制发展不足，在对同级人民政府及其相关部门行政执法行为实施法律监督时，有的检察机关办案人员缺少方法和抓手，存在调卷难、取证难问题，有的行政机关在调卷、取证中推三阻四、有意拖延，影响实质性的监督成效。在检察机关制发检察建议时，法律监督效果的取得，依赖其他行政机关的重视、支持和配合，如果其他机关不重视建议内容，不予纠正违法行为，则目前检察机关很难有进一步的支撑性措施。

三是公益诉讼机制有待进一步发展。当前，公益诉讼程序中，检察机关主要是以诉前检察建议和提起诉讼的方式，督促国家行政机关依法履职，保障法律得到统一有效地实施。但是，不管是诉讼中对其他司法机关的权力制约还是公益诉讼中检察权对其他国家公权力行使开展的合法性监督，检察机关法律监督权的行使，都仅具有程序性特征。检察机关能够依法启动诉讼程序，但本身并不具有实体处分的效力。或者说，检察机关实施监督性法律行为产生的法律后果，不是直接变更实体的法律关系，只是建议、监督问题的处理。在此权力格局下，如果监督对象不接受监督措施，检察机关则很难有进一步的支撑性措施。究其原因，缺少检察公益诉讼立法是重要的原因。检察公益诉讼法的开创性，是世界法治史上前无古人的开篇之作和具有标杆意义的法治大事件，但如何定位这样一部专门的立法仍然是一个"难题"。

四是法律监督保障机制不足，刚性有待进一步提高。检察机关法律监督之所以必须具有刚性，是因为检察机关的法律监督体现国家法制统一性和权威性的要求，其尊严和权威必须以刚性为保障。在职务犯罪检察职能转隶后，检察机关法律监督的刚性失去强制性的依托保障，面临更多困难。从权力行使状况看，检察机关法律监督的行使，需要对诉讼过程中侦查权、审判权等发挥制约作用。以刑事诉讼为例，检察机关的审前过滤作用和审后监督作用，能够对公安机关的不当逮捕、侦查行为予以过滤，对人民法院可能错误的审判行为提出纠正。但在履行民事、行政、公益诉讼等法律监督职责时，检察机关法律监督则更多要对行政机关等行为的合法性予以监督。就此而言，检察机关的法律监督是否具有刚性，直接关系法律监督的效果，直接决定法律监督的权威。就此而言，检察机关的法律监督必须具有刚性，应当受到应有的尊重和重视。只有如此，检察机关基于程序提出的法律监督意见、建议等，才能够得到充分地遵守和执行，检察法律监督维护国家法制统一尊严的使命才能履行，检察机关在国家监督体系中的监督职责才能更好发挥。

三、检察机关法律监督体系机制建设的推进目标与实施原则

在党的二十大提出要全面推进中国式现代化的背景下，奋力加强政法工作现代化成为新时代新征程政法工作的新任务。检察机关作为国家法律监督机关，在国家治理体系和治理能力现代化建设中肩负着重要政治责任和法律责任。基于此，在2023年全国检察长会议上，最高人民检察院应勇检察长分别从理念、体系、机制、能力四个重要方面，对新时代背景下检察机关所肩负的新的历史使命、工作要求进行了深入阐析。在法律监督理念、体系、机制、能力四项重要内容中，理念是引领和先导，体系则是实现法律监督的重点，而机制是"重点中的重点"，是在实现法律监督体系过程中的关键，能力则是最后的保障。具言之，从体系化、系统化的角度来看，理念是实现法律监督"宏观的表达"，体系和机制则是递进走向实现法律监督的"具象化"，具体外化表现为制度和组织框架的搭建，能力则是实现前述三者的重要配套保障和动力支撑。法律监督理念、体系、机制、能力，四者相辅相成，共同构成实现法律监督的基本路径。而由于体系和体制是实现法律监督的"重点"和"重点中的重点"，深入研究法律监督体系机制，厘清检察机关法律监督体系建设的主要任务以及机制改革的具体面向，就等于抓住了"牛鼻子"，对于全面推进法律监督理念、体系、机制、能力四个方面，促

进检察工作高质效发展发挥着重要作用。而在讨论检察机关法律监督体系建设的主要任务以及机制改革的具体面向之前，还有必要明确检察机关法律监督体系机制建设的推进目标与实施原则。对此，本文认为，有必要结合"四大检察"全面协调充分发展的总体格局、高质效办好每一个案件的工作要求等具体展开论证。

（一）法律监督体系机制的建设目标

1. 法律监督体系机制建设的根本目标

2023年3月，最高人民检察院应勇检察长在全国检察机关学习贯彻全国两会精神电视电话会议上的讲话中强调，要加强法律监督，坚持高质效办好每一个案件，努力实现办案质量、效率与公平正义的有机统一，既要通过履职办案实现公平正义，也要让公平正义更好更快实现，还要让人民群众真正、切实感受到公平正义。① 可见，检察机关案件的办理、法律监督工作的开展，都围绕"高质效"、实现"公平正义"并让人民群众感知到"公平正义"展开。而在当前推进法律监督体系机制建设的过程中，无疑也应当以高质效办好每一个案件②，努力让人民群众在每一个司法案件中感受到公平正义③作为根本目标。最高人民检察院党组提出，高质效办好每一个案件成为检察履职办案的基本价值追求。④ 其根源于习近平新时代中国特色社会主义思想、习近平法治思想，深度融于以检察工作服务中国式现代化。⑤

具言之，高质效办好每一个案件是坚持党对检察工作绝对领导的必然要求，也是服务大局、为民司法的必然选择。其在推进检察工作的过程中发挥着根本作用，实现检察办案质量、效率、效果有机统一于公平正义是其中的关键。因此，从检察实践的应然价值层面考量，高质效办好每一个案件是实现让人民群众在每一个司法案件中感受到公平正义的重要路径。只有通过坚

---

① 参见《最高检：以高质效法律监督促进执法司法公正维护公平正义》，载最高人民检察院网，https://www.spp.gov.cn/tt/202303/t20230317_608770.shtml，最后访问时间：2024年3月10日。

② 参见《最高检：以高质效法律监督促进执法司法公正维护公平正义》，载最高人民检察院网，https://www.spp.gov.cn/tt/202303/t20230317_608770.shtml，最后访问时间：2024年3月10日。

③ 《习近平谈治国理政》（第四卷），外文出版社2022年版，第295页。

④ 参见《最高检新闻发布会通报2023年检察工作成效 "高质效办好每一个案件"成为检察履职办案的基本价值追求》，载http://www.legaldaily.com.cn/index_article/content/2024-02/22/content_8962727.html，最后访问时间：2024年3月10日。

⑤ 童建明：《高质效办好每一个案件 持续推进习近平法治思想的检察实践》，载《人民检察》2023年第23期。

持严格依法办案、公正司法,依法一体履职、综合履职,实现高质效办好每一个案件的基本价值追求,人民群众对于每一个司法案件的公平正义才能可知可感。而这也正是奋力推进检察机关法律监督体系机制建设的根本目标。

2. 法律监督体系机制建设的具体目标

以加强检察机关法律监督工作为总抓手,深化"四大检察"协同履职,深化实施数字检察战略,深化司法体制综合配套改革,全面准确落实司法责任制,全面强化对执法司法活动的制约监督,是法律监督体系机制建设的具体目标。

具体而言,第一,要紧紧把握法律监督工作这个总抓手。检察机关是国家的法律监督机关,是保障国家法律统一正确实施的司法机关,是保护国家利益和社会公共利益的重要力量,是国家监督体系的重要组成部分。而要建设中国特色社会主义司法制度、检察制度,推进刑事、民事、行政与公益诉讼"四大检察",都要立足于检察机关基本职权,找准切入点、突破口,由此推动检察机关法律监督更加具体化、实质化、体系化。

第二,要不断深化"四大检察"协同履职。"四大检察"法律监督格局是在党中央领导和全国人民代表大会监督下,经过多年的努力发展建立起来的。《中共中央关于加强新时代检察机关法律监督工作的意见》要求,实现各项检察工作全面协调充分发展。最高人民检察院工作报告也连续多年强调"四大检察"全面协调充分发展。"四大检察"协同履职,是新一轮检察改革的主体框架和"基本盘",必须按照党的二十大精神和中央改革部署要求不断发展完善。其中,刑事检察要以实现公正为目标,构建以证据为核心的刑事指控体系,充分发挥检察机关审前过滤把关、指控证明犯罪等作用,以不断推动服务大局、司法为民、创新发展。民事检察要强调精准监督,突出重点,要不断提升自身能力水平,做强主业,加大监督力度,比如要优化民事诉讼监督程序、健全检察机关调查核实工作措施等,以实现更加有效监督。行政检察重在通过强化履职促进监督实效,把行政诉讼监督作为重中之重,强调完善在诉讼监督中开展行政争议实质性化解的制度规范,积极探索行政违法行为监督,推动构建检察监督与行政执法衔接制度,以实现更加有力监督。公益诉讼检察则重在突出"稳进""规范性",立足区域实际,通过科技赋能、融合发展,不断完善检察机关调查取证措施,健全与审判机关、行政机关工作协调长效机制、健全不同领域公益诉讼办案指引,强化公益诉讼检察履职,以更好维护社会公共利益。

第三,要实现深化实施数字检察战略。数字化建设已成为推动国家治理体系和治理能力现代化的重要支撑。① 随着数字经济的快速发展，各类主体之间的法律关系日趋复杂，检察机关的应对难度大幅提升，有必要紧跟数字时代发展，积极适应新形势要求。数字检察作为新技术成为法律监督工作健康发展的重要方向，要深入实践"个案办理—类案监督—系统治理"的数字检察之路，以大数据赋能检察工作高质量发展。对此，深化实施数字检察战略成为法律监督体系机制建设的重要目标。具体而言，为实现深化实施数字检察战略，以上海为例，要依托上海城市数字化转型优势，着力打造全流程全息在线办案综合平台，提升高频办案行为的数字化率，深化执法司法办案协同，推动办案行为全面线上化，实现检察业务更高水平数字化；建设上海检察数字全景平台，打造上海检察数字底座，充分依托市大数据资源平台，推进政法数据、政务数据、社会数据等互联互通和共享应用，实现数据多元赋能和融合分析；加强对司法大数据的深度挖掘和有效运用，适应不同层级法律监督需求，强化功能模块的系统集成和实战应用场景的开发，促进检察办案量质双升，法律监督强体丰翼；通过落实数据安全交换和管理机制，完善数据分级分类管理制度，建设数据安全管控系统，健全可信可控的数据安全屏障，强化数字检察保障体系建设。由此以数字赋能为驱动，建好检察工作高质量发展之"翼"。

第四，要深化司法体制综合配套改革，全面准确落实司法责任制。党的二十大报告专章部署了"坚持全面依法治国，推进法治中国建设"，提出"深化司法体制综合配套改革，全面准确落实司法责任制，加快建设公正高效权威的社会主义司法制度，努力让人民群众在每一个司法案件中感受到公平正义"。从一定程度上来讲，司法体制综合配套改革是司法体制改革的进一步深化，其核心仍是落实司法责任制，法律监督体系机制建设的目标之一也正在于此。其具体表现在于，加强内部制约监督。党的二十大报告明确提出"强化对司法活动的制约监督，促进司法公正"。基于此，一是要进一步理顺检察委员会、检察长、检察官之间的权责关系，建立起"谁办案谁负责、谁决定谁负责""有权必有责""终身负责"等改革原则和举措的落实机制。同时，强化案件管理制度建设、平台建设，加强对不捕、不诉、撤案等重点部位重点环节的监督，切实保障检察权规范运行。二是尊重司法规律，尊重检察官主体地位，根据法律规定和检察权运行规律，依法放权给检

---

① 参见《把握数字化建设大势加快推进数字检察战略——"数字检察"系列社评之一》，载《检察日报》2023年6月25日，第1版。

察官，同时强化对检察官的监督，进一步严格落实"三个规定"，切实做到逢问必录，防止有问不报、选择性填报。全面禁止检察官与律师不正当接触交往，斩断检察官、律师之间的利益输送、利益勾连。三是科学把握司法责任的内涵和范围，把握好违法办案和办案质量瑕疵的界限，严格区分故意和重大过失，明确责任划分标准。健全检察官依法履职保障制度、职业保障制度，建立与落实司法责任制要求相匹配的检察官及辅助人员养成体系和职业保障体系。通过全面强化对执法司法活动的制约监督，更好将制度优势转化为治理效能。

（二）法律监督体系机制的建设原则

中国式现代化为研究新时代法律监督提供了最新的理论范式①，促进法律监督体系机制完善是服务中国式现代化的重要内容。在推动建设法律监督体系机制的进程中，有必要遵循以下原则：

1. 坚持"与时俱进，守正创新"

法律监督体系机制完善要求坚持与时俱进，守正创新建设原则。守正创新问题是价值论研究的重大课题之一，对新时期社会全面发展有重要意义。坚持守正创新，既体现了马克思主义与时俱进的理论品格，也体现了中华优秀传统文化"变易之象、不易之理、简易之用"的伟大智慧，还体现了中国共产党人的开拓创新精神。而结合检察视角，法律监督是检察机关的立身之本，"四大检察"是新时代新征程检察机关法律监督的主体框架，也是检察工作进一步创新发展的基本格局。随着当前社会主要矛盾的变化，检察工作也由此产生了新的要求，需要结合人民群众基于对公平、法治、安全等方面的新期待、新需求，不断更新检察工作理念、探索新的检察工作方法。对此，推动法律监督体系机制完善，势必要求坚持与时俱进，把握守正创新的价值意蕴，注重守正与创新共生互补、辩证统一，使之成为推动社会实践发展的价值引领。

2. 坚持"系统思维，整体规划"

唯物辩证法认为，整个世界既是相互联系的整体，也是相互作用的系统。系统思维，是指以系统论的原理和观点为指导，对事物进行分析和认识的思维方式。其将事物作为系统，从系统和要素、要素和要素、系统和环境

---

① 付盾、张义清：《中国式现代化视域下法律监督体系化的问题与进路》，载《广西社会科学》2023年第7期。

的相互联系、相互作用中综合地考察认识对象。习近平总书记高度重视系统思维,进入新时代以来,多次突出强调要树立系统思维,运用系统思维分析解决问题。法律监督体系机制建设而言,尤其需要重视树立系统思维,深刻把握其根本要求和精神实质,注重各项改革机制的关联性、系统性、协同性,坚持以系统观,整体规划推进各项工作。要牢牢树立"一盘棋"意识,把立足当前与着眼长远、巩固改革成果与推进新举措有机结合,要全面把握新时代检察工作的深刻内涵,一体推动落实法律监督理念、体系、机制和能力建设。系统抓好服务保障经济社会高质量发展与检察工作自身发展,系统抓好依法履职体系建设,坚持关联性改革一体设计、一体部署、一体推进,做到协同高效、纵深发展。

3. 坚持"循序渐进,分步实施"

法律监督体系机制建设涉及改革的方方面面,特别是针对"四大检察"运行过程中比较薄弱的环节,如何建立健全运行机制,完善组织架构,提升业务能力,都需要不断摸索。因此,应当依照循序渐进,分步实施的建设原则,有效推进法律监督体系机制建设。具体而言,就是要坚持循序渐进,有计划、有步骤渐次推动。一要加强调查研究,充分吸纳各方意见建议,深入基层了解实情,统筹检察业务工作和综合工作中的紧迫需求,科学分类做好研判、细化。二要紧盯重点工作、紧迫需要,同时统筹法律监督体系机制建设中所涉及的各个领域、各个方面,研究谋划改革建设方案,推动各项保障措施稳步落实。三要积极开展调研论证和试点工作,在探索中不断总结提炼改革经验,完善改革措施。要加强对相关改革事项的跟踪督导,久久为功抓好落实,确保改革真正落地见效。由此,通过分步实施,循序渐进推进法律监督体系机制建设。

4. 坚持"问题导向,重点先行"

法律监督体系机制建设还要坚持"问题导向,重点先行"的建设原则。一方面,要立足检察实践,"坚持问题导向、需求导向,聚焦检察工作服务保障经济社会高质量发展过程中需要解决的主要难题,以及基层检察机关贯彻落实国家政策、法律制度、机制改革面临的实践困惑"[①],以解决问题为导向,促进宪法和法律所赋予法律监督职责的充分发挥,以全面提升法律监督质效。另一方面,也有必要关注国家政策、法律制度发展与检察制度顶层设计,强调重点先行,紧跟检察实践运行过程中的重点与热点,聚焦法律监

---

① 揭萍:《坚持问题导向开展理论研究》,载《检察日报》2022年11月3日,第3版。

督难点、检察工作着力点、深化检察改革重点，推动解决执法司法领域需要强化法律监督的突出问题。通过突出重点，明确法律监督的目标，有利于进一步实现精准监督，促进检察实践办案政治效果、法律效果、社会效果的有机统一，由此以检察工作的高质量发展服务保障检察机关法律监督体系机制建设。

四、检察机关法律监督体系构建的全局规划

法律监督体系以组织体系、职能体系等为法律监督提供体系框架，既将法律监督蕴含的理念、内容外化并以体系化呈现，也依托持续深化检察改革不断适应履职新要求，为提升法律监督工作的科学性、系统性、有效性提供支撑保障。法律监督机制是法律监督体系的具体体现和落实，通过巩固深化近年来最高人民检察院从顶层设计上建立完善的一系列"四大检察"机制，促进检察权运行符合司法规律，为高质效履行法律监督职能提供保障支撑。法律监督的重点是体系，同时也是一个不断克服自身短板弱项，从机制上不断深化完善的过程。

党的十八大以来，中国特色社会主义检察制度的发展集中体现在中国特色社会主义检察基础理论日渐成熟，"四大检察"法律监督基本格局逐步定型，并依托检察改革为驱动在提升法律监督质效上取得显著成效。2023年8月，最高人民检察院印发《2023—2027年检察改革工作规划》，明确以建设"六大制度体系"为抓手，为依托新一轮检察改革不断发展完善中国特色社会主义检察制度，加快驱动法律监督体系建设提供了"任务书""线路图"。从新一轮改革明确的"六大制度体系"看，其非单纯地改革重点任务的罗列，而是以体系建设为主线和逻辑进路，推进法律监督各项工作，用以指导和深化法律监督工作实践。本文认为，推进法律监督体系建设，应以"六大制度体系"为主要方面，既应落实好既定改革具体任务，更应当强化全局思维、系统观念，强化法律监督体系建设在制度组织、宏观布局方面对检察工作的牵引作用。

（一）完善党对检察工作绝对领导制度体系

习近平总书记深刻指出，"党的领导直接关系中国式现代化的根本方向、前途命运、最终成败"。[1] 中国共产党领导是中国特色社会主义最本质

---

[1] 习近平：《中国式现代化是中国共产党领导的社会主义现代化》，载《求是》2023年第11期。

的特征，是中国特色社会主义制度的最大优势。检察机关作为党绝对领导下的法律监督机关和司法机关，是业务性极强的政治机关，也是政治性极强的业务机关，既要从政治上着眼，旗帜鲜明讲政治，坚定拥护"两个确立"，坚决做到"两个维护"；又要从法治上着力，全面履行检察职能，坚定捍卫"两个确立"，忠诚践行"两个维护"。这是新时代新征程推进检察工作最大的政治、最大的大局、最大的责任，也是新时代新征程检察队伍的鲜明政治底色。推进法律监督体系建设的首要任务就是完善党对检察工作绝对领导体系，进一步强化政治意识，在实现依法治国的进程中，必须毫不动摇地坚持并加强党对检察工作的绝对领导，这是人民检察事业持续正确稳定发展的首要遵循和根本保证。

1. 完善党的政治领导制度体系

习近平总书记指出，讲政治是具体的，"两个维护"要体现在坚决贯彻党中央决策部署的行动上，体现在履职尽责、做好本职工作的实效上，体现在党员、干部的日常言行上。① 检察机关首先是政治机关，旗帜鲜明讲政治是第一位的要求，必须把握政治与法治的内在联系，把讲政治与讲法治有机结合起来。检察机关完善党的政治领导体系，必须坚决落实党中央重大决策部署和习近平总书记重要指示批示精神，让"高质效办好每一个案件"成为每一名检察人员履职办案的基本价值追求。在政治领导制度体系建设中，应当严格执行《中国共产党重大事项请示报告条例》《中国共产党政法工作条例》，严格落实向党委请示报告工作制度，深化检察系统内政治巡视，常态化开展政治督察，把执行党的政策与执行国家法律统一起来，以法治之力服务党和国家大局，以法治成效彰显政治忠诚。各级检察机关领导干部要带头学习、领会、把握"一切从政治上看"的实践要求，把"从政治上着眼、从法治上着力"部署、融入检察工作的方方面面，以身立范，言传身教，推动政治建设层层落实到位。

2. 完善党的思想领导制度体系

习近平总书记强调，要坚持不懈用新时代中国特色社会主义思想凝心铸魂，持续推动理论武装走深走实，不断增强学习践行党的创新理论的思想自觉和行动自觉。② 坚持党对检察工作的绝对领导，必须立足法律监督主责主

---

① 习近平：《总结党的历史经验，加强党的政治建设》，载《求是》2021年第16期。
② 习近平：《组织动员亿万职工积极投身强国建设、民族复兴的伟大事业》，载《求是》2024年第9期。

业，深度强化新时代新征程党的思想领导，始终维系求真务实、担当实干的鲜明履职特征。要坚持以习近平新时代中国特色社会主义思想为指导，深入学思践悟习近平新时代中国特色社会主义思想和习近平法治思想，健全学思践悟习近平法治思想常态化机制，不断增强检察人员政治判断力、政治领悟力、政治执行力，牢牢把握检察队伍建设的特点和规律，统筹抓好理论武装、选贤任能、育才聚才、严管厚爱、强基固本各项工作，与时俱进提升检察人员政治素质、业务素质、职业道德素质，以高质量检察队伍建设，为推进新时代检察工作高质量发展提供支撑保障。

3. 完善党的组织领导制度体系

组织建设是党的建设的重要基础。习近平总书记深刻指出，要应变局、育新机、开新局、谋复兴，关键是要把党的各级领导班子和干部队伍建设好、建设强。① 贯彻落实新时代党的组织路线，把党的路线方针政策和重大部署落实，应当把握以下两方面重点。其一，要始终坚持党管干部原则，建好建强担负起"为大局服务、为人民司法、为法治担当"职责使命的领导班子。领导班子建设是检察队伍建设的重中之重。推进检察队伍建设高质量发展，必须牢牢抓住领导干部这个"关键少数"，对于检察机关的领导干部，既有与其他党政机关领导一样的抓班子、带队伍、促业务的共性责任要求，还有带头办理案件、履行法律监督职责的司法个性责任。其二，要始终坚持人才强检战略，真正让"高质效办好每一个案件"成为新时代新征程检察队伍履职办案的基本价值追求。要牢固树立人才是"第一资源"的理念，全方位培养、引进、用好检察人才，着力打造数量充足、结构优化、布局合理、素质精良的检察人才队伍。把青年干部培育纳入领导班子和干部队伍建设规划一体推进，尊重青年干部成长规律，通过政治轮训、业务比赛、岗位练兵、巡回讲学、"导师制"、法治副校长等多种途径，一体提升政治素质、业务素质和职业道德素质。针对青年领军型检察人才不足的问题，通过组建办案团队、办理大要案、多岗位交流任职等方式，大力培育一大批精通新时代"四大检察"法律监督工作的"工匠""大师"。

4. 完善党的业务领导制度体系

求真务实、担当实干是马克思主义的本质要求，是中国共产党一以贯之的实践品格，也是新时代新征程检察队伍必须具有的鲜明履职特征。习近平

---

① 习近平：《贯彻落实新时代党的组织路线 不断把党建设得更加坚强有力》，载《求是》2020年第14期。

总书记在中央主题教育工作会议上明确提出要达到的具体目标，其中之一就是"实干担当促进发展"，要求党员、干部"真抓实干、务求实效"。党的业务领导切实在检察工作中落地落实，必须弘扬求真务实、担当实干之风，立足法律监督主责主业，下大功夫提升依法一体履职、综合履职的过硬本领，真正做到既敢于监督、善于监督，又依法监督、规范监督，推动"四大检察"全面协调充分发展。要坚持从检察机关是政治机关和法律监督机关定位出发，以党建与业务融合为牵引，坚持党建工作和业务工作同频共振，认真践行新时代党的建设总要求，紧扣主责主业，以高质量的党建工作推动检察工作高质量发展，更好地为大局服务、为人民司法，在检察履职中发挥党支部战斗堡垒作用和党员先锋模范作用，并以党建责任落实为关键，加强检察办案环节廉政风险防范，营造风清气正、团结活泼的机关内部氛围。

（二）健全检察机关服务大局工作体系

在新时期，推动法律监督体系建设，必须适应我国经济社会发展的现实需要，积极探索出符合我国检察权性质的履职之道。推动服务大局制度体系在全国检察机关生根落地，必须在习近平法治思想的指引下，紧紧围绕国家战略全局与发展大局，注重发挥法治的基础性、保障性作用，立足法律监督机关的宪法法律定位，始终胸怀"国之大者"、紧扣"城之要者"，为以检察工作支撑服务中国式现代化探索务实有效法治保障体系。

1. 因地制宜构建服务保障制度体系

检察机关服务大局，应坚持从政治上着眼、从法治上着力，锚定服务保障大局工作体系建设的着力点、突破口，紧紧围绕上海在不同发展时期在国家发展改革大局中承担着不同的战略使命，更加有力为大局服务、为人民司法、为法治担当，以法治的"确定性"更好"固根本、稳预期、利长远"，并坚持历史的、发展的眼光，提升检察服务保障精准度、贡献度、显示度。要深入落实《中共中央关于加强新时代检察机关法律监督工作的意见》，全面协调充分履行法律监督主责主业，突出"高质效办好每一个案件"，依法一体履职、综合履职。应坚持改革创新，久久为功，更好发挥开路先锋、示范引领、突破攻坚作用，充分激发首创性改革、引领性创新动力活力，整体谋划、一体推进，狠抓落实、善作善成，持续推进服务保障大局与检察工作高质量发展深度融合，不断完善与具有世界影响力的社会主义现代化国家适配的检察保障制度体系，努力形成面上有形、线上成链、点上出彩的检察保障生动局面,持续推进检察工作。比如,在全球资源配置功能方面,应重点聚焦资本、人才、数据等各类资源要素配置,防范化解金融风险工作;在服务保障强化科技创新策源功能方面,应当重点加强关键核心技术攻关和科技成果转移转化法治保障,针对资产数字化、数字交易、数据确权保护等新型业态在部分地区先行先试,强化犯罪预警和风险处置,持续提升城市能级和核心竞争力。

2. 依托办案构建"检察+"联动保障体系

要完整、准确、全面贯彻新发展理念,坚持稳中求进、以进促稳、先立后破,出台检察政策措施必须与宏观政策取向保持一致,形成完备的法治体系,为我国经济回升向好、长期向好提供法治保障。应紧扣法律监督主责主业,注重凸显专业化办案和检察一体化优势,通过法律监督质效体现服务大局的成效。如聚焦法治化营商环境建设,依法惩治破坏市场经济秩序犯罪,运用法治方式稳定社会预期、提振市场信心。做实对各类经营主体依法平等保护,推动民营经济发展壮大、预防和惩治民企关键岗位人员犯罪等各项检察举措,重点加强对涉企经济犯罪案件的立案和侦查活动监督,加强涉企民事行政案件检察监督,加强反垄断等涉企领域公益诉讼,为企业发展营造良好法治环境。聚焦维护金融安全,深入落实服务保障金融高质量发展检察意见,充分发挥最高人民检察院驻中国证监会检察室作用,加强金融领域、资本市场行政执法和刑事司法衔接,依法严厉打击金融犯罪,保持惩治集资诈骗、非法吸收公众存款等涉众型金融犯罪高压态势,加大对洗钱犯罪的打击力度,促进全面加强金融监管,防范化解金融风险。聚焦服务创新驱动发展,深入推进知识产权检察综合履职,加强关键核心技术、新兴产业领域知识产权司法保护,更好促进新质生产力加快发展。聚焦服务生态文明建设,深入落实全国人大常委会审议意见,刑事、民事、行政、公益诉讼"四大检察"一体发力,加强行刑衔接和沟通协作,服务打好蓝天、碧水、净土保卫战。

(三) 全面构建检察机关法律监督履职体系

优化检察机关法律监督既是推进国家治理体系和治理能力现代化的要求,也是检察工作的内在需要。在"六大制度体系"框架下,法律监督制度体系发挥着基础性作用,检察机关法律监督与诉讼办案一身二任、职能一体两面。在构建法律监督制度体系上,检察机关秉持"高质效"理念、坚守"办好案"责任、紧盯"每一个"效果,既落实好最高人民检察院关于推进"四大检察"全面协调充分发展各项任务，也不乏地区特色检察实践，促进法律监督更高水平、更有效率、更加公平、更可持续。通过建立以刑事、民事、行政、公益诉讼"四大检察"为主要内容的检察机关法律监督职能体系，构建了与国家治理体系和治理能力现代化要求相符合，与建设中国特色社会主义法治国家相适应的新时代检察体制和工作机制。

与此同时，随着新征程上检察工作加速推进，对全国检察机关而言，法律监督质效仍有待进一步提升，一些影响司法公正、制约司法能力的重大问题和关键环节亟待解决，检察机关在维护刑事法制、民事法制、行政法制统一过程中特有价值功能有待进一步彰显。比如，围绕"四大检察"，推动完善以证据为中心的刑事指控体系。在民事检察方面，进一步提升民事检察监督精准性，为破解当前监督不会、不精、能力不足等问题提供体系化解决方案。此外，深入推进行刑双向衔接和行政违法行为监督，聚焦以可诉性提升公益诉讼精准性和规范性等方面还有待进一步提升，对标《2023—2027年检察改革工作规划》，全国检察机关侦查工作专门化机制亟待进一步探索深化，加快完善检察侦查工作体系，健全职务犯罪检察工作机制等方面工作正进一步推进中。

（四）完善检察机关司法体制综合配套改革体系

党的二十大报告指出："深化司法体制综合配套改革，全面准确落实司法责任制，加快建设公正高效权威的社会主义司法制度，努力让人民群众在每一个司法案件中感受到公平正义。"司法体制综合配套改革，是以习近平同志为核心的党中央提出的原创性概念，是新时代新征程中国司法改革的统领性概念。历经上一轮司法改革，全国检察机关围绕推动新时代检察工作职能重塑、机构重组、机制重构，在夯基垒台、立柱架梁的同时，推动司法资源配置更优、效率更高，法律监督能力和水平进一步提升。

在聚焦深入巩固完善各项改革举措与跟踪问效的同时，对标新一轮检察改革目标，法律监督实践迫切需要拓展新思路，包括优化检察人员管理制度、完善司法办案权责配置、司法责任认定和追究、内部制约监督制度、检察人员权益保障等制度亟待结合不同地区本土实际创造性落实，基于辩证统一更好处理放权和监督、责任与保障的关系、质量和效率的关系，聚焦司法各领域改革举措的有效衔接与深度融合，进一步释放"保证法律正确实施、维护国家法制统一"的制度优势，实现以高质量检察工作更好地服务中国式现代化。

一是必须坚持系统观念。将检察改革深入融入党和国家工作大局、全面依法治国、政法领域改革中谋划和推进。充分把握经济社会高质量发展提出的许多新要求，从检察供给侧改革着手，积极为人民群众提供多样化、多层次、多方面的法治产品和检察产品，在全国率先推开司法体制综合配套改革基础上，对司法体制改革进行延伸、拓展和深化，推动检察改革与其他领域的改革协调配套、相互促进、彼此契合、同频共振。

二是必须坚持问题导向。清醒认识检察监督体系与能力现代化的差距，紧紧抓住影响司法公正、制约司法能力的重大问题和关键环节，畅通堵点、化解痛点。比如，针对司法办案"放权"后对检察官监督制约有所弱化的问题，在制定司法办案职权配置运行规定，出台"四大检察"廉政风险防控规定等制度设计的基础上，进一步建立健全依法履职免责和容错纠错机制，加强责任体系保障制度，根据三级院管辖案件特点进一步细化检察官权力清单和检察委员会决定案件范围，以"精装修"的制度设计确保"放权不放任、放权能放心"，有权必有责、用权受监督、失责必追究。

三是必须坚持从理论破题到实践探索。注重针对改革中出现的新情况新问题，通过理论研究凝聚改革共识，以理论阐释如何发挥检察机关法律监督在国家监督体系中的地位和作用，如何构建检察监督体系各领域的体制机制，在实践探索基础上加强成果巩固，提升改革影响力。目前，全国各级检察机关持续推进检察基础理论体系建设，诸多地区由检察长牵头开展改革课题专项调研，为深化检察改革提供具有阐释力、说服力的理论支撑，并将理论成果转化为实践探索，将实践探索提炼为制度成果。

（五）构建科学检察管理体系

习近平总书记反复强调，要努力让人民群众在每一个司法案件中感受到公平正义。最高人民检察院应勇检察长指出，正确理解和落实习近平总书记这一重要指示要求，必须做到实体上，要切实维护执法司法公平正义；程序上，要让公平正义更好更快实现；效果上，要让人民群众真正可感受、能感受、感受到公平正义。因此，构建科学的检察管理和内部监督制度体系，推动检察权规范、高效、廉洁运行则显得尤为重要。推动检察工作高质量发展，必须向科学管理要生产力、战斗力，健全考核机制，科学评价检察人员业绩，促进广大检察人员更好担当作为。要优化案件管理，围绕"高质效办好每一个案件"，不断完善案件质量评价指标体系，力求实事求是、科学合理，不让检察官被数据所困、被考核所累。适应新形势新任务新要求，以

"考实、评准、用好"为基本导向，落实和完善检察人员全员、全面、全时考核制度，健全科学合理、操作性强的考评指标体系，切实解决干与不干、干多干少、干好干坏一个样的问题，倒逼基层检察人员提升专业能力、依法履职。要立起考核"指挥棒"导向，强化考核结果分析运用，将其作为检察人员选拔任用、入额晋升、评先奖优、问责追责的重要依据，使政治坚定、奋发有为的干部得到褒奖和鼓励，使慢作为、不作为、乱作为的干部受到警醒和惩戒，推动干部能上能下、员额能进能出。加强考核结果反馈，引导检察人员牢固树立正确政绩观，把"高质效办好每一个案件"落实到履职办案中。综上，检察管理体系应当从以下几个方面加以优化：

1. 健全和完善检察管理体系的主体和客体

在实践中落实科学合理的绩效考评机制关乎检察工作各个方面，因此，要求能够准确把握检察业务工作的特征、工作性质。对各检察院业务部门的绩效考核而言，需要对各检察业务部门的工作情况进行分析，同时指定专门的部门负责进行综合评价与分析，对所收集的信息进行整理、反馈，以为绩效考核提供依据，确保绩效考评机制的作用得以充分发挥。还需要注重对个人的考核，特别是检察官，同时对个人与单位的考核应当结合起来，突出考核的全面性。

2. 因地制宜建立检察管理制度体系

一是检察机关在制定自身的绩效考评制度时，必须将其与自身业务特征、工作规律相结合。比如，在考评检察业务业绩时不只是需要对案件办理情况进行考评分析，还可通过社会监督等方式获取社会对案件处理的看法，以获取检察院办案的社会效果信息。设定考核标准时，要求必须符合检察机关的职能特征，坚持把政治标准放在首位，统筹做好检察人员政治素质考察和平时考核，把政治素质考察贯穿政治建设、业务建设、班子建设、队伍建设全过程，融入日常管理、平时考核、年度考核、选人用人、专项工作各环节。要坚持加强、优化完善以"考实、评准、用好"为导向的"全面、全员、全时"考核，不断优化考核指标，简化考核流程，强化考核责任，减轻考核负担。二是在确定考核方法时应当综合运用如管理学、统计学等方面的知识、工具以及方法，以制定更加合理的考核方法，为绩效考核的内容和方法提供理论支撑，增强其科学性，降低主观性因素的影响。三是确保绩效考核过程的公开性。总体来讲，检察院绩效考评过程、考评标准以及结果都应当做到公开，检察院的所有检察人员都有权获取这些信息。因此，所制定的考核程序必须详细、完整，就考核主体的选择、考评数据的统计、考核结果的运用等信息的公开作出明确的规定,确保考核过程的公正性,避免出现暗箱操作等现象。

3. 科学完善业务运行指标体系

一直以来,考核指标的设定都是考核工作的重要内容,也是难点内容,特别是对部门考核,如何选取指标面临很多争议。故此,为了确保检察院法律监督职能得到充分发挥,促进司法公正,一是应当适当减少"量""率"等指标,将是否符合法定实体、程序规范、程序标准等作为考核的重点;二是对于那些违背诉讼原理、司法原理的考核指标应当舍弃,以避免扭曲正常的诉讼结构,导致检察公信力受损,与公正司法的价值追求相背离;三是应当确保所制定的考评指标满足部门之间的内在逻辑统一,避免出现冲突与矛盾;四是所设计的考核指标应当同时反映出检察机关业务部门与个人工作的共性与差异。基于前述原则,运用科学的方法确定考核指标,唯有如此,才能确保考核指标的合理性与有效性。

4. 体系化应用考评管理结果

合理应用考评管理结果,应当重视绩效评价结果的反馈和应用。检察机关应建立合理有效的考评结果反馈机制,尤其是应当重视对检察官的绩效考评,将其视为一种与检察官交流沟通的重要渠道。按照心理学理论,结果反馈能够在一定程度上激励被考核对象。反馈的及时性还将直接影响改进工作的效果。故此,绩效考核工作应当做到及时、准确地反馈,确保各检察官能够及时获取自身的考核结果信息,同时还应当结合各检察官具体情况的不同为其提供针对性的改进建议,以推动其检察业务能力的有效提升。

(六) 健全数字检察赋能体系

借助云计算、人工智能、大数据等现代化信息技术,强化数据共享、数字建模,能够为推动检察机关法律监督体系建设提供更加有力的智慧借助和科学的解决思路。数字检察以习近平法治思想为指引,以法律大数据为要素,以云计算、人工智能、区块链等数字技术为支撑,以法律监督模型构建和系统应用为手段,以优化或重塑检察业务架构、管理架构、技术架构为目的,驱动新时代检察工作高质量发展,更好维护司法公正和服务经济社会高质量发展。新时代检察工作高质量发展应聚焦科学化、智能化、人性化,在顶层设计、统筹建设、开发共享等诸多维度,构建符合新时代中国特色社会主义建设和发展规律的数字检察工作体系。

1. 完善数字检察制度体系

通过大数据赋能，检察监督能够实现向全面、系统、主动、智能的转变，给司法为民插上新技术的翅膀，更好地践行以人民为中心的发展思想。要立足提升司法为民能力，强化融合意识和融合制度保障，全国检察机关以《全流程全息在线办案综合平台总体规划》为基础，不断推动检察数字化、智能化转型，构建地区数字检察建设施工图，旨在通过构建数字检察全景平台"一张网"，打造数字检察履职"总门户"，实现业务、党务、政务、队伍等检察工作"一网运行"，案件全流程在线"一网通办"，以内部数据应用为主的数据"一网赋能"，最终实现检察工作整体数字化"一网运维"。实现国家治理体系和治理能力现代化需要各部门加强协作，并指成拳，这就需要始终秉持双赢多赢共赢理念，进一步强化统筹协调，打通数据壁垒，构建协作机制，与其他机关形成工作合力，共同推进社会治理。①

2. 构建数字检察实践体系

着眼于全国城市数字化转型，运用数字技术加快推进数据汇集和数据治理，实现全流程数据破壁，促进"四大检察"全面协调充分发展，提升法律监督的深度、广度和效果。在具体场景应用中，应当注重培育首发有地区特点、有法律监督质效、有社会治理成效的可持续、可复制、可延展的数据模型，推动法律监督由点到面、由个案到类案、由一域到全域的源头治理、系统治理。在数字建模应用上，应聚焦数据来源和处理，通过设置标准信息类型和度量要素，研究司法规律，结合法律知识、办案经验和方法，建立统一的概念模型，提供类案处理方法和途径。②

3. 强化数字检察保障体系

数字检察是检察工作提质增效的转型之路，其应用根本在"人"，一支高素质数字检察人才队伍有助于更好把握好数字检察发展规律，科学应用数字技术，为法律监督提供强大动力。对此，应当系统规划数字检察人才培养、数据安全管理、数字基础设施建设等保障工作，全面完善数字检察人才招录、引进、培养、培训机制，建立健全数字检察人才队伍职业发展体系，强化数字检察监督办案意识和办案能力，为数字检察提供专业化、复合型人才支撑和储备。

---

① 参见《用好大数据 开创法律监督新格局》，载《检察日报》2022年5月24日，第1版。
② 蔡春源：《数字检察在法律监督中的应用与调适》，载《中国检察官》2023年第17期。

五、检察机关法律监督机制改革的实践面向

当前,检察工作欣逢最好发展时期,面临更高履职要求。党的二十大报告专章部署"坚持全面依法治国,推进法治中国建设",特别强调"加强检察机关法律监督工作",在历次党的代表大会报告中是第一次。2021年6月党中央印发《中共中央关于加强新时代检察机关法律监督工作的意见》(以下简称《意见》),在百年党史上也是第一次。这些"第一次",充分彰显了以习近平同志为核心的党中央对检察机关法律监督工作的高度重视,充分体现了检察机关法律监督机制改革的时代意义。从顶层设计上完善制度机制,对于加强法律监督,促进司法公正和长远进步具有深远意义。推动法律监督制度改革创新,必须以问题为导向,以既往实践经验为基础,主动融合法治思维、法治智慧与政治思维、政治智慧,使"法律监督体系机制"完善从"宏大叙事"的理念愿景,落地落实为"具体而微"的规划路径。持之以恒落实《意见》,加快建设公正高效权威的中国特色社会主义检察制度,更好服务保障在法治轨道上全面建设社会主义现代化国家。

(一)党绝对领导的政治工作长效机制

党的二十大报告强调"党的领导是全面的、系统的、整体的,必须全面、系统、整体加以落实",明确要求"把党的领导落实到党和国家事业各领域各方面各环节"。中国特色社会主义国家制度和法律制度在实践中显示出的巨大优势,居于首位的就是坚持党的领导的优势。[①] 新一轮检察改革将完善党的绝对领导制度体系作为法律监督体系首要任务,旨在把加强党的全面领导贯穿始终,落实"政治过硬"的第一要求,夯实做好检察工作的根本保证。

1. 完善党的政治领导机制

将党对检察工作的政治领导、思想领导、组织领导、业务领导落实到具体工作机制中。近年来,上海市检察机关立足时代特征、上海特色、检察特点,全面落实《意见》,健全学思践悟习近平新时代中国特色社会主义思想特别是习近平法治思想常态化机制。市检察院按照党中央关于重大事项请示

---

① 参见《习近平法治思想概论》编写组:《习近平法治思想概论》,高等教育出版社2021年版,第77—79页。

报告的有关规定，对于司法体制改革等重大制度安排，严格执行请示报告，除每年汇报本院党组工作情况外，市院、部分基层院还向同级党委报送了法律监督工作专题报告，当好地方党委法治决策参谋。在政治建设中注重依托上海红色资源优势，通过深入开展学习贯彻习近平新时代中国特色社会主义思想主题教育，认真落实党组"第一议题"、党组理论学习中心组学习等，打造"阅读马拉松""检察青年读红色经典"等理论学习研讨平台，坚持不懈用党的创新理论凝心铸魂。

2. 深化政治建设与业务建设深度融合机制

上海作为党的诞生地、初心始发地，上海检察机关在坚持党对检察工作的绝对领导，持续推进政治建设与业务建设融合中具有更强烈的政治自觉、更重大的使命责任、更丰厚的资源优势。上海检察机关通过出台政治建设与业务建设深度融合发展实施意见，探索具有上海标识的新时代党建与业务深度融合新模式。在理念融合方面，持续改进落实"第一议题"、党组中心组学习等，牢牢把握意识形态阵地，深入研究阐释习近平法治思想的重大原创性贡献，促进丰富发展中国特色社会主义法治理论。在制度机制融合方面，推动党建与业务工作同谋划、同部署、同推进，在2023年结合主题教育完善建章立制近300项，切实解决政治建设与业务工作"两张皮"，促进理念更新与机制建设相互促进。在工作融合方面，切实增强党组织政治功能和组织功能，围绕将政治要求融入监督办案，将意识形态工作与业务工作、党建工作紧密结合、有机融合，抓实融合"成效检视"。如上海市检察院一分院《强党建引领"双基地"建设 深融合助力"职务+金融"检察高质量发展》获评第二批全国检察机关党建与业务深度融合"十佳案例"，多项基层融合特色项目获评区十佳党建工作经验、机关党建特色项目。在标准融合方面，强化以政治标准审视业务工作成效，以业务工作成效检验政治担当，落实政治与业务同考同评机制，聚焦政治素质与履职能力融合提升，以政治性贯穿全部工作始终，切实筑牢信仰之基、补足精神之钙，全力建设政治过硬的检察机关。

3. 落实落细党内监督机制

党内监督是第一位的监督，是永葆党的肌体健康的重要途径。对上海检察机关而言，推动党内监督落细，既要完善法律监督与党内监督等衔接机制，通过推进常态化政治督察，围绕上级决策部署和市院党组重要决策事项等落实情况组织专项政治督察，把落实第一议题、请示报告、法律监督工作年度报告等制度执行情况纳入政治督察范围，加强与党委督查、党委政法委执法监督衔接；还要寓监督于领导之中。既要发挥近距离监督优势，健全集体领导制度，落实组织生活制度；还要借助派驻纪检监察组的监督，强化同频共振，以督导促落实，提升督查实效，确保各项工作落实到位。在主题教育期间，上海市检察机关还依托直辖市扁平化优势，依托三级院检察一体化优势，健全检察机关上下级领导机制，层层落实责任，创新督导式调研，经听取汇报、座谈交流、核对材料、实地检查等方式，全面了解基层检察机关政治建设、业务建设、队伍建设情况及存在的问题，以督导促落实，推动党的领导落实落细于高质效检察履职实践。

（二）高质效办案检察履职机制

近年来，检察机关坚持以习近平新时代中国特色社会主义思想为指导，全面贯彻习近平法治思想、深入贯彻党的二十大精神，以卓有成效的办案履职机制建设，不断提升办案质效。同时，检察机关深入落实《意见》，在加强自身办案机制建设的同时，切实以跨部门协作配合机制创新弥补案件办理与社会治理局限，助推检察业务质量提升、效率优化，促进高质与高效有机统一。

在"四大检察"履职机制建设中，应突出制约业务质效提升的短板问题，强化机制运行实效性。如刑事检察方面，围绕改革任务，强化侦检协作与监督机制建设，推动实现认罪认罚案件听取意见同步录音录像全覆盖、值班律师定点派驻全覆盖，强化非羁押诉讼模式探索，更好促进建立适应轻罪案件办理需要的非羁押诉讼模式。民事检察方面，应聚焦破解民事检察监督质效不高、权威不足、专业人才少、精准程度不够、监督不到位等问题，践行法定性与必要性相结合的民事检察监督标准，创新"调查核实+专家咨询"等机制，强化民事检察监督质效。行政检察方面，上海检察机关从穿透式开展行政诉讼、深入探索其他检察履职涉行政违法行为、稳妥推进强制戒毒检察监督、积极开展涉民生民利行政违法监督机制探索，首创并深化行政检察监督工作协调机制，在全市16个区实现全覆盖。公益诉讼检察方面，应当着眼于"可塑性"，健全公益诉讼检察办案机制，通过在全国率先探索建立行政公益诉讼案件简案快办机制等，持续巩固公益诉讼探索实践成果、完善公益诉讼机制保障。

1. 侦查监督与协作配合机制

《刑事诉讼法》明确规定人民检察院、公安机关进行刑事诉讼，应当分工负责、互相配合、互相制约，配合与制约成为双方工作的总基调。如何更好地配合与制约,尤其是侦查活动中的配合与制约始终是双方工作的重点和难点。《中共中央关于加强新时代公安工作的意见》《中共中央关于加强新时代检察机关法律监督工作的意见》制发后,对侦查活动的配合与制约提出了新标准、新要求、新使命。2021 年 10 月 31 日,最高人民检察院、公安部联合印发《关于健全完善侦查监督与协作配合机制的意见》要求进一步完善侦查监督与协作配合机制。并提出公、检双方应当健全完善信息共享机制,共同牵头设立侦查监督与协作配合办公室,推动提升公安执法和检察监督规范化水平,确保依法履行刑事诉讼职能,努力让人民群众在每一个司法案件中都能感受到公平正义。各协作机关应当持续探索常态化运行方式,充分发挥侦监协作办公室在重大政策落实、重大专项工作推进中的协同作用,在协作配合和监督制约中逐步统一思想认识,明确方法标准,健全制度机制,实现体系化运行。①

一是重构办案组织,优化办案模式,推进侦监协作机制的实质化运行。其一,建立"大刑检"格局下的专业化办案组织。侦监协作涉及检察机关各部门和公安机关各警种,保障侦监协作办公室的实体化运行必须从制度上考量,在"大刑检"的格局下重构办案组织,从检察机关各刑事检察部门抽调办案经验丰富、业务能力较强的检察官、检察官助理和书记员组成办案团队专门办理适用速裁程序和简易程序的案件,明确案件繁简分流的标准。其二,打造检警联动监督模式。在侦监协作办公室内设置专门监督团队,同步监督在办案件的涉案财物管理、强制措施适用等情况,对于发现的侦查违法行为,根据违法情形的性质及严重程度,综合运用公安机关内部执法通报、违纪线索移送、纠正违法监督、类案检察建议等多元化方式开展监督工作。检警定期共同通报执法质量问题,针对类案易发多发问题,联合开展专项监督、案件质量评查、典型案例通报,形成检察监督与公安机关内部执法监督合力。

二是深度融合侦查与审查、监督与协作,保障侦监协作机制规范化运行。其一,共建检警大控方格局。推动运用侦监协作机制,协同构建以证据为核心的刑事指控体系。建立诉前案件分流机制,通过侦监协作办公室组织案件会商、形成共同意见,倒逼办案人员准确把握入罪和出罪标准。运用侦监协作办公室的信息优势,将监督与协作触角前移,通过互换意见、联合办案、复议复核、召开联席会议等方式实现相互协作,确保全程监督,在此基

---

① 王德胜、章静、黄钰:《浅议侦查监督与协作配合机制》,载《中国检察官》2023 年第 5 期。

础上逐步统一司法办案理念、证据认定标准、法律理解适用,形成指控犯罪合力。其二,打造跟进式、预防式监督新机制。对适时介入过程中发现的立撤案不当、怠于侦查等违法行为,以书面检察意见的方式提出,变事后监督为跟进式、预防式监督。依托侦监协作办公室,明确专人对监督线索集中统一管理,细化线索甄别、分流处置、立案审查、调查核实、实施监督、跟踪反馈、复议复核等办理程序,建立严密的监督程序规范和管理流程,提高监督案件办理的专业化水平,保障监督的权威性。其三,完善双向叠加式制约机制。在检警协作的基础上建立双向制约机制,明确对检察机关补充侦查意见以及立案监督和侦查活动监督决定,由侦监协作办公室归口管理,公安机关法制部门协助跟进督促落实。建立检察机关拟不捕不诉案件听取意见制度,对是否批捕起诉存在分歧意见的,主动听取公安机关意见,必要时邀请侦查人员列席检察官联席会议或检察委员会会议。

三是探索构建上下一体、内外协同的检警关系新格局,实现侦监协作机制体系化运作。其一,探索重大案件检警跨区域一体化联动办理机制。依托已成立的三级侦监协作领导小组,建立重大疑难案件检警一体化会商指导机制。以各地侦监协作办公室为平台,积极探索跨区域调配办案力量,一体化办理重大疑难案件,必要时,上级公安机关、检察机关联合派员驻点指导,同步阅卷,同步补充侦查,同步监督。对涉及跨区域侦查取证、法律监督等事项,由上级领导小组牵头指挥,异地侦监协作办公室加强工作联动,协同做好异地侦查取证、司法协助等工作。其二,打造信息互通、数字化监督新中枢。在公安部许可范围和警务信息保密框架内,探索授予侦监协作办公室常驻检察官登录警务信息综合应用平台、现场执法视音频管理系统、执法办案管理中心智能化管理系统等的查阅权限,为更好推进侦监协作机制提供数据支撑。要积极探索数据双向共享,构建办案流程分析模型,归纳个案特点、提取类案要素,通过数据比对碰撞、精准输出监督线索,通过"个案解析—类案分析—完善机制"的方法路径,实现由个案向类案、由被动向主动、由办理向治理转变。其三,建立双向互动的考评机制,激励检警同向发力。将侦监协作办公室承担的案件会商、繁简分流、法律监督等工作纳入考核范围,科学评价检察人员、侦查人员的工作量,实现对侦监协作办公室检警同评价同考核。从内外部多角度实现对侦监协作办公室人员办案履职情况的全面评价,引入检警互评机制。

2. 行政执法和刑事司法衔接机制

习近平总书记指出,要加强行政执法与刑事司法有机衔接,坚决克服有案不移、以罚代刑等现象。加强行政执法与刑事司法衔接，是为了确保二者之间既能互不干扰，又能高效转换，从而更有力地实施法律。特别是在环境保护、食品安全、劳动保障等关系人民切身利益的重点领域，行政执法与刑事司法脱节会导致法律威慑力不足。前端为后端减负、后端为前端增力，才能更好地让严格执法与公正司法共同发力，促进法律有效实施，保障社会公平正义。要健全行政执法和刑事司法衔接机制，以及检察机关对决定不起诉的犯罪嫌疑人依法移送有关主管机关给予行政处罚、政务处分或者其他处分的制度。建构科学规范的"两法衔接"机制，是统一法律适用、实现有效衔接的保障和支撑。为从根本上化解有案不移、以罚代刑、有案难移等问题，应当结合当前实际情况，从以下方面加以完善。

一是完善"两法衔接"规范依据。对行为性质进行明确认定，是保障"两法衔接"工作顺利开展的基本前提。针对当前"两法衔接"的法律规定较为零乱、存在冲突的现状，应当适时对相关法律进行修改。其一，在立法规定行政处罚责任构成要件时适当引入主观因素，与刑事责任的构成要件相衔接。其二，细化刑法罪名的适用标准，统一行政执法机关和刑事司法机关对具体罪名构成要件的认识。其三，对衔接主体、客体、对象、实体标准、法律责任进行全面统一规定，为相关机关准确移送案件提供法律支持，确保衔接工作有章可循，且更具操作性和执行性。

二是强化"两法衔接"证据移送机制。由于行政执法与刑事司法对证据规则的要求不同，其证明标准也存在差别，对证据移送机制的完善是推进"行刑衔接"的必要举措。应当根据办理刑事案件的法律要求，按照证据种类分别制定清单，明确行政执法中证据收集的主体、类别、标准、程序，统一执法文书样式，明确直接采用的证据、需要转化的证据、需要进一步调查收集的证据，以提高证据移交的质量和效率。

三是建立统一的信息共享机制。行政执法与刑事司法衔接机制涉及多个部门的联动，因此，高效的信息共享机制是"行刑衔接"的重要条件。"加强'两法衔接'信息平台建设，推进信息共享机制化"是深化行政执法体制改革的重要内容。针对当前"行刑衔接"中信息化、智能化建设滞后的突出问题，应进一步通过网络和大数据，打通行政执法机关、公安机关、检察机关、审判机关之间的数据壁垒，实现执法司法信息资源的整合共享，从行政检查、行政处罚、涉嫌犯罪案件移送、公安机关立案侦查、检察机关捕诉、人民法院审判等各方面完成信息共享，实现对涉嫌犯罪案件的全流程、可视化追溯，畅通信息网络。这样，既可在案件办理阶段实现相互监督，又可在不同案件转换时提高效率。

四是完善对"两法衔接"的内外监督机制。要使"两法衔接"机制更好地实现制约行政权、打击犯罪的目的,应建立一套合理、有效的检察监督机制,保障行政案件和刑事案件的区分与转换。在内部监督方面,司法行政部门、行政执法机关的上级部门应该对行政执法机关开展执法监督,强化涉嫌犯罪案件移送的监督检查,同时可以邀请检察机关先行介入行政执法程序,对涉嫌犯罪案件的移送提供刑事专业意见。在外部监督方面,检察机关作为我国法律监督机关,有权力也有责任在"两法衔接"中发挥监督作用。检察机关通过各部门信息共享、协作沟通机制,实现对行刑衔接案件线索的及时获取,强化对"两法衔接"双向移送的监督。对群众反映强烈的以罚代刑等现象切实履行监督职责,有针对性地找到弱项症结、找准突破方向。

3. 监检衔接和配合制约机制

人民检察院是国家的法律监督机关,是国家监督体系的重要组成部分,在推进全面依法治国、建设社会主义法治国家中发挥着重要作用。为此,《意见》在"总体要求"中规定,"推动检察机关法律监督与其他各类监督有机贯通、相互协调",为坚持和完善中国特色社会主义制度、推进国家治理体系和治理能力现代化不断作出新贡献。① 并就加强检察机关与监察机关办案衔接和配合制约,加强纪检监察机关对检察人员履职行为的监督提出明确要求。为深入贯彻《意见》精神,深化推进监检衔接和配合制约机制建设,应切实做到以下几点要求:

一是坚持以党内监督为主,注重完善纪检监察对职务犯罪案件办理工作的协调统筹机制。我们党的执政地位决定了党内监督在党和国家监督体系中是最基本的、第一位的,党内监督有效,其他监督才能发挥作用。纪检监察又是党内监督的专责机关,可以充分调动各方面的监督资源,运用多种手段、措施开展工作。实践证明效果很好,这既是适应我国国情的制度设计,也是我们确保办案质效的体制优势。办理职务犯罪案件时,要重视纪检监察监督、党委政法委监督和检察机关法律监督的协调协同机制建设,促进及时解决影响办案质效的重大问题。

二是坚持程序公正,以规范路径筑牢办理职务犯罪案件的客观基础。对于跨越监察调查和刑事司法两种程序的职务犯罪案件而言,监察执法与刑事司法衔接贯穿职务犯罪案件办理全过程,要确保程序公正。一方面,要积极

---

① 程衍:《监检衔接中的实践冲突与规则重构》,载《青少年犯罪问题》2023 年第 1 期。

构建职责明晰、顺畅有效的监检衔接工作机制制度，确保配合有力、制约有效。从实践来看，在检察机关和监察机关共同努力下，刑事司法与监察执法衔接顺畅，形成了稳中求进的工作格局，下一步需在不断完善机制、强化制度落实上下功夫。另一方面，要做好证据调查收集和司法审查标准的衔接，确保认定案件事实的证据确实、充分，排除合理怀疑。尽管监察调查和刑事诉讼是两种不同性质的法律活动，但认定职务犯罪事实的证据标准和规范要求是一致的。要通过提前介入、退回补充调查、要求提供证据材料、自行补充侦查等工作主动传导、强化证据裁判意识，构建以证据为核心的职务犯罪指控体系。办案中，要特别关注职务犯罪案件线索来源、被调查人到案情况以及涉及认罪认罚、自首、立功等方面证据的收集审查。

三是加强制度供给，促进形成反腐败工作合力。监察体制改革以来，《监察法》《监察法实施条例》等法律法规陆续出台。为满足办案需要，最高人民检察院还单独或与国家监委等单位共同制发多个司法解释、规范性文件，如《人民检察院刑事诉讼规则》《关于加强和完善监察执法与刑事司法衔接机制的意见（试行）》等。但上述文件有的内容还存在需要进一步细化、明确的地方，如提前介入程序、指定管辖条件、自行补充侦查范围、漏罪漏犯线索移送与反馈等，需要结合实践探索，适时出台专门性规定予以完善；有的还属于内部规定，将来可考虑在总结规范基础上逐步上升到立法层面，实现反腐败制度规定法律位阶更高、效力更强。同时，针对办理职务犯罪案件中的新情况新问题，特别是适用法律争议，有必要及时制定新的司法解释，编发指导性或者典型案例，明确认定标准。

4. 涉外检察工作机制

现阶段，我国综合国力已进入世界前列，国际地位显著提升，正日益走进世界舞台的中央，相应地，各种风险和挑战也与日俱增，部分霸权国家频频利用其国内法对我国实施"长臂管辖"和单边制裁，严重侵犯我国企业和公民的合法权益。加强涉外检察工作，应当着眼于以下几方面重点。

一是完善国内法与域外法律适用衔接机制建设。我国迫切需要在尊重国际法的基础上加快构建国内法域外适用的法律体系，以有效应对外部风险挑战，维护国家利益。构建国内法域外适用法律体系，应当以成熟、良好的国内立法、执法、司法实践为基础，积极推动国际立法、执法与司法合作，统筹谋划、科学设计各项规则制度，使之既能服务国家战略与重大利益，又能得到国际社会的广泛认同，从而为中国式现代化行稳致远营造有利法治化条件和外部环境。①

二是完善涉外案件和国际刑事司法协助案件办理机制。深化跨国司法检察合作,在涉外案件和国际司法协助案件办理中,检察人员应当具备更高的政治站位和国际视野,既要遵循我国签订的国际条约或加入的国际组织的惯例,保障各方主体的合法权益,又要肩负起通过办案维护国家主权、安全和发展利益,推动国际间的良法善治,构建人类命运共同体的重大责任。创新涉外案件办案模式和工作机制,打破传统业务条线之间的壁垒,充分发挥"四大检察"职能,切实做到一体履职、综合履职,加强对涉外案件的层报审批制度,着重对条约适用、引渡、领事通知、领事探视等涉外事项的规范和监督。完善司法协助工作机制,深化跨国检察合作,依法依约并根据互惠原则履行国际刑事司法协助职能,同时运用好司法协助制度,补齐境外取证的短板。

三是健全涉外检察人才引进、选拔、使用、培训、管理机制。高质效办好涉外案件,离不开高素质的涉外法治人才。一要健全涉外检察人才的引进、选拔、使用、管理机制,改善法治人才结构,招录具备国际法、外语专业背景或海外留学经历的高素质人才;二要加强涉外检察教育培训,在检察教育培训中扩大涉外法治内容,增强检察人员对国际关系、政治局势的敏锐度,提升办理涉外案件的政治智慧、法治智慧;三要加强涉外检察实务历练,选派检察骨干前往有涉外检察实践的检察机关跟班学习,或前往外事部门、国际司法合作组织等进行挂职锻炼,体会涉外案件办理的理念和思路,培养出理论水平丰富、专业素质过硬、精通办案实践的专家型涉外检察人才。

(三) 科学的检察管理机制

面对"高质效办好每一个案件"的价值追求,面对检察权能的复合性与精益化管理、个案情况的复杂性与流程管理稳定性、数据指标的单向性与办案质效评价复杂性的冲突,上海检察机关既有既往基础亦有首创性探索。构建科学的检察管理制度体系必须更加注重遵循检察权运行规律,并将检察管理与技术管理、数据管理等相协调,持续推动过程管理理念更新,规范组织业务流程,实现办案质效的持续改进,进一步实现体系化、精细化、智能化,注重各项体制机制衔接及其功能融合。随着"四大检察"法律监督格

---

① 阮丹生、曹华、张宏峰:《检察职能与涉外法治建设》,载《人民检察》2023年第9期。

局形成并渐趋完善，司法体制综合配套向纵深推进，检察管理机制是法律监督体系的重要组成部分，覆盖了人、案、事、制度四大要素，构筑全方位、立体化管理体系，对进一步优化职权配置、深化制约监督、完善履职保障、强化科学管理至关重要。

1. 进一步优化对"人"的管理机制

改革中上海检察机关坚持向一线倾斜、向基层倾斜，完善"以案定编""以案定额"的司法人员编制、员额动态调整机制，落实领导干部带头办案制度，确定入额院领导办案数量标准，确保入额就要办案，办案就要负责。在具体办案中，将独任检察官和检察官办案组确立为办案组织的基本形式，建立健全专业化检察办案组织，注重畅通三类检察人员职业发展通道，促进畅通上下、内外交流渠道，使三类人员各安其职，形成明确的职业发展路径。上海检察机关坚持以"全面、全员、全时"为导向，通过科学的制度设计，全面评价干警的精神状态、履职能力和责任担当。如对检察人员实行季度考核与年度考核相结合，修订完善检察官绩效考核评价指导意见，完善检察辅助人员业绩考核机制，探索赋予检察官对检察辅助人员一定的工作分配、考核以及人事管理建议权，部分基层院探索司法行政人员、检察技术人员业绩考评。

2. 进一步优化对"案"的管理机制

上海市检察机关已经运行实施了刑事、民事、行政、公益诉讼检察官的权力清单和廉政风险防控规定，全面落实检察官对办案事项的决定权，以及检察长对案件的审批权、审核权。坚持"放权"与"管权"并重，上海检察机关强化更新监管理念，细化监督管理责任、途径和方式，建立健全入额领导办案、案件质量评查等改革配套机制，围绕"由单纯管案件转向全面管质效""在动态变化中始终保持发展优势""由后端纠错式监管转向前端牵引式管理"，进一步深化办案全流程、监管全覆盖、流程集约再造，针对影响制约改革成效和办案质效的突出问题，研究提出新思路、新举措、新方式。如落实上下级院各有侧重的分析研判会商、内部评查、案件监督管理和检务督察相衔接等机制。强化检察业务过程管理，按月通报全市各基层院业务工作情况，在办案质效评价上采取按季度累计评价考核等，有基层院还出台实施检察业务过程管理规定，综合运用督办督察、面谈提醒、问责追责等管理手段，动态管理检察业务运行情况，促进提升办案质效和业务均衡性。同时，健全落实追责惩戒机制，做好"三个规定"等重大事项填报，倒逼检察人员不触碰违规办案、失职渎职的红线，切实守护好公平正义的底线。

3. 进一步优化对"事"的管理机制

注重依托建章立制和加强过程跟进管理,通过及时制定贯彻意见或任务清单、责任清单、措施清单、时限清单,优化"事前"分工明责;通过调研、督导、督办、督查、通报作为常态化工作方法,固化"事中"调度督促,融入抓工作的全过程各环节;通过具体数据、案事例等支撑,强化"事后"评估问效。在落实从优待检各项措施方面,落实入职宣誓、晋级授衔、荣誉退休等职业荣誉仪式制度,进一步落实与检察官单独职务序列配套的各项待遇,健全履职受侵害保障救济机制,完善因公负伤干警保险理赔服务机制,健全干警心理咨询、疏导和危机干预机制,让检察人员安身、安心、安业。关心关爱离退休干部,依法保障离退休干部各项权益。

(四)数字赋能法律监督机制

数字检察是整体概念,是在数字中国建设整体规划下,依托信息化系统,充分、深度运用大数据,最大限度释放数据要素价值,促进检察办案更加公正、检察管理更加科学、检察服务更加精准,其根本是赋能检察机关法律监督。数字检察建设的前提是有"数据",既要"占有数据",更要"用好数据",基本逻辑是先完成业务数据化,再跟进数据业务化,从而统筹业务数据化和数据业务化。数字检察战略的深入推进,需要检察机关在思想、理念、方式等多维度全流程实现全面革新。落实到具体检察工作中,就是通过促进"四大检察"全面协调充分发展、实现跨条线跨部门融合、积极开展对外协同,提升法律监督工作的深度、广度和效果。

结合检察实践,大数据、人工智能等新兴技术赋能整体检察工作数字化转型、赋能"四大检察"智慧化升级的具体应用场景多元化发展无论是在宏观上还是在微观上,大数据、人工智能等新兴数字技术在推动检察工作提质增效方面具有深刻意义。以大数据监督模型建设为例,模型建设应当坚持整体思维,加强监督模型建设的顶层设计,避免"分散化"和"工具化"的错误倾向,实现大数据法律监督模型建设的系统化,实现检察工作整体数字化转型。当前,要从现阶段最迫切的业务数字化转型入手,以可持续、可复制、可延展的数据模型实战应用好数据,后续更要持续以"一体多面"的模式推进包括党务、政务、队伍等在内的全面数字化转型,最后构建完整的数字检察生态。

上海检察机关自2021年以来,依托上海检察大数据中心组织推进全市数字检察工作,按照最高人民检察院部署要求,积极构建"业务主导、数据整合、技术支撑、重在应用"数字检察工作模式,为加快推进检察工作数字化、智能化转型发挥了积极的作用,部分基层院还通过成立数字检察工作领导小组、制定数字检察工作发展规划等,完善全院"一盘棋"数字检察工作机制。在智能运用方面,联合有关基层院研发"i-Case"、一码一账户、"涉案财物处置一件事"等职能应用,开展上海检察机关数字检察应用场景全流程在线办案应用场景、大数据赋能法律监督模型评比,以业务需求为导向推进大数据监督模型应用。

在数据汇聚方面,目前上海市院已完成了以检察业务应用系统数据为代表的 5 类内部数据、以市大数据中心和"12345"数据为代表的 7 类外部数据的汇聚、治理与应用探索,为检察官办案提升质效起到了重要辅助作用。在新技术融合上,上海市检察院建设了全市统一的区块链基础服务平台,将电子换押、告知送达、公益诉讼线索存证、减刑假释场景的数据进行上链改造,并实现同市大数据中心链、法院链的跨链交换。尽管上海检察在数据共享、汇聚、应用等方面取得了"量"的提升,但离推动上海检察监督"质"的嬗变仍有不小差距。

1. 数字赋能刑事检察

社会转型、犯罪产业化趋势的背景和检察大数据战略变革要求下,刑事检察业务与大数据技术也能够耦合,大数据、人工智能等技术在办案智能辅助、大数据证据运用、立案监督线索发现等诸多方面对刑事检察工作产生了积极影响。实践中也已经出现数据挖掘、数据比对和犯罪画像等模型的典型运用。

从立案监督线索出发,检察机关开展立案监督,应当充分发挥大数据技术的支撑作用。一方面,充分依托检察业务应用系统的丰富资源,通过大数据分析手段建立检察机关立案监督案件线索分析模块。另一方面,对现有系统的搜集、录入功能进行优化,做好数据采集工作,构建检察机关内部的监督信息运用综合管理平台模块,进行大数据的挖掘和深层分析。[1]

从刑案办理智能辅助出发,智慧检务建设实践包括办案智能辅助系统、量刑建议辅助系统、远程提讯系统、监狱检察信息指挥系统等,提升了检察工作实效。其中,量刑建议辅助系统促使检察官从经验思维逐步转向数据思维,量刑建议辅助系统不仅关注量刑的精细化,还能依靠自身强大的运算能力与学习能力实现对思维过程的模拟,从而确保量刑建议的理性与逻辑。此

---

[1] 孙谦:《刑事立案与法律监督》,载《中国刑事法杂志》2019 年第 3 期。

外，办案智能辅助系统通过类案推送、风险评估、数据检索等功能，为检察官办案决策提供强大的外脑支持，提高检察工作效率，缓解"案多人少"的矛盾，继而有益于实现司法资源的优化配置。

而从大数据证据运用角度出发，刑事案件中大数据证据主要被用于侦查破案线索，反驳被告人辩解，补强言词证据、印证性的间接证据等。在作用方式上，大数据证据包括基于海量数据的数据库比对和基于算法模型的大数据分析。针对大数据证据，在证据能力审查上应能经受住相关性和科学可靠性的检验，在证明力层面应结合大数据应用的信息连接点选择、算法歧视可能性、逻辑架构合理性、算法结论稳健性等判断其可信性以及对待证事实的证明程度。

2. 数字赋能民事检察

大数据、人工智能等新兴技术在民事检察智能辅助应用、民事裁判结果监督等方面，对于民事检察工作也产生了诸多积极影响。比如面对民事虚假诉讼等民事诉讼监督线索发现难、查办难等问题，以"数字革命"驱动新时代检察工作高质量发展，积极进行顶层设计，部署大数据应用，以科技赋能案件办理，案件办理质效明显提升，办案思维方式的变化，树立了"数字赋能监督、监督促进治理"的体系化思维。

民事检察与现代科技深度融合发展需从宏观设计和微观设计两方面着手。在宏观设计方面，应从优化"流程管理"、建立"民事检察数据库"、探索"智能辅助"功能、研究开发"综合管理"功能方面构建整体业务构架。而在微观设计方面，应着重研究智能辅助办理裁判结果监督案件和开展虚假诉讼监督。在裁判结果监督案件方面，通过技术支撑，探索智能审查、智能阅卷、智能生成文书，解决阅卷慢、案例查找难、文书制作耗时耗力等痛点难点问题。在虚假诉讼监督领域，业务与技术的融合主要体现在助力线索发现上，可运用技术手段从海量裁判文书中筛选出异常裁判，将需要重点监督的裁判文书数量降到人工可以审查处理的量级。①

从大数据赋能虚假诉讼检察监督出发，大数据赋能虚假诉讼检察监督的核心在于通过对个案办理的系统总结，归纳类型化要素，对政法、政务、社会等所涉数据进行采集筛查，经过数据碰撞和分析，得出具有高度盖然性的监督线索，经查实后开展虚假诉讼检察监督工作。畅通数据来源是大数据赋能虚假诉讼监督的根本。大数据将原本孤立的基础数据和信息链条进行比对

---

① 滕艳军、袁园：《民事检察与现代科技深度融合发展探究》，载《人民检察》2021年第4期。

和碰撞，使海量信息迅速聚集成有体系、有规律的证据体系，用于发掘众多个案中隐蔽性、深层次的异常情形，成功打开案件突破口，结合检察机关调查取证、内部刑民信息共享、移送犯罪线索，有效破解虚假诉讼线索发现、调查核实难题。检察机关将数据模型应用、虚假诉讼理论和实践深度融合，能够有效解决实践中发现难、取证难、认定难的痛点与堵点，以大数据赋能实现精准、高效虚假诉讼检察监督。①

3. 数字赋能行政检察

在数字化时代背景下，数字赋能是深化行政检察监督的必然要求。以大数据牵引推动行政检察监督系统性重塑变革，促进依法审判、依法行政、维护人民群众合法权益，是提升行政检察监督工作能力水平的重要路径。结合司法实践，大数据、人工智能等新兴技术在行政检察类案治理、精细化治理、智慧检务建设等方面，对行政检察工作也起到了重要的推动作用。数字赋能是行政检察监督促进社会治理现代化的必然要求。就行政检察监督而言，在电子数据取证、法律适用等领域探索大数据应用路径，可以促进监督高效化、精细化、全覆盖。在关联性分析、异常数据对比识别中运用大数据，有利于发现监督线索，构建多层次、多角度、多链条的监督可视化展示平台，助力监督模式从事后向事前、事中实时监督转变、从个案办理式向类案治理式监督转变。

数字赋能行政检察监督有利于更加全面准确掌握情况，更加系统有效解决问题，助力推进社会治理现代化。行政检察监督的"精细化治理"模式的真正落实，关键要借智、借力、借数字化转型建设。数字赋能"精细治理"的实现路径，要以数字化建设为前提，建立智能审查、知识推送和事务性工作处理三个数字模块；要以全方位、多领域应用为基础，依托数字赋能，实现裁判监督的引领性监督和行政非诉执行类案监督；要以跨场景应用为延伸，促使行政检察融入行政复议具有现实可行性。②

4. 数字赋能公益诉讼检察

公益诉讼检察工作从党中央改革部署到立法到拓展，仅用5年时间，短期内办案人员在办案理念、知识储备、业务技能等方面不能完全适应公益诉

---

① 冯小光、王毓莹、王昱：《大数据赋能虚假诉讼检察监督的基础、应用与拓展》，载《人民检察》2022年第19期。

② 王焰明、刘东杰：《以数字化转型实现行政检察监督的"精细治理"》，载《中国检察官》2022年第3期。

讼检察工作快速发展的需要。线索发现难、调查取证难、办案力量不足等瓶颈问题，仅依靠传统的工作手段已不能完全解决，而新兴技术应用为这些问题的解决带来了现实可能。

比如公益诉讼检察在发展中遇到的线索发现难、调查取证难、办案力量不足等瓶颈问题，能够通过大数据的应用解决。公益诉讼大数据应用平台的使用，能够持续稳定推送案源线索，促进办案工作更加主动灵活，调查取证更加便捷高效，亦能补强办案力量不足的短板。但是也存在数据来源渠道不够畅通、采集时效性不佳、适用专业性不强及技术平台体系建设不完善等问题，可通过建立公益诉讼数字技术支持体系、制定技术支持工作规范和依靠专业人才智力支持等予以完善解决。[①]

大数据助力公益诉讼的关键在于通过平台研判数据，实现线索的自动推送，解决公益诉讼线索发现难的问题。具体包括：平台以法律法规、行政机关职权清单、典型案例为基础构建数据字典，以线索推送、线索评估、处理结果、数据字典为基本框架，以地图可视化方式呈现，采用模型匹配、智能读取、自主学习、深度学习等人工智能研判方式，根据不同案件类型建立不同模型，自动推送公益诉讼线索。

以构建公益诉讼大数据研判分析系统为例，公益诉讼调查信息化应以平台化数据整合破解线索发现难、证据固定难问题，以模型化线索发掘实现自动挖掘、提前预警，以专业化调查取证提升调查质效，以一体化调查协同优化调查体制机制。平台化数据是公益诉讼调查信息化的基础，整理、存储、分析收集的数据并从中发现公益诉讼案件线索才是目的。检察机关应有效利用平台化数据，对平台数据进行清洗，建立预警模型，自动碰撞、自主分析，深入挖掘数据背后的案件线索。

---

① 金石、张运良：《数字技术助力公益诉讼检察的实践探索》，载《中国检察官》2022年第3期。

建好建强高素质专业化检察队伍 为推进检察工作高质量发展 提供坚强组织保证[*]

滕继国^{**}

事业兴盛，关键在人。培养适应不同时期党的历史使命要求的干部队伍，是我们党不断发展壮大、从胜利走向胜利的重要保证。新时代新征程，习近平总书记强调，"全面建设社会主义现代化国家，必须有一支政治过硬、适应新时代要求、具备领导现代化建设能力的干部队伍"。① 这一重要

---

* 本文系 2023 年度最高人民检察院检察理论研究课题（项目批准号：GJ2023C03）的研究成果。
** 课题主持人：滕继国，最高人民检察院党组成员、政治部主任。课题组成员：周玉庆，最高人民检察院政治部副主任；岳明，最高人民检察院政治部队伍建设指导部综合处副处长；崔履昌，最高人民检察院政治部队伍建设指导部综合处四级调研员。
① 习近平：《高举中国特色社会主义伟大旗帜 为全面建设社会主义现代化国家而团结奋斗——在中国共产党第二十次全国代表大会上的报告（2022 年 10 月 16 日）》，载《人民日报》2022 年 10 月 26 日，第 1 版。

论述，是着眼以中国式现代化全面推进中华民族伟大复兴新形势新任务，对干部队伍建设提出的新标准新要求。干部队伍是推进中国式现代化的"领头羊""带头雁"，中国式现代化呼唤高素质干部队伍，建设高素质干部队伍必须呼应中国式现代化要求。

检察队伍是党和国家干部队伍的重要组成部分，也是以习近平法治思想的检察实践支撑和服务中国式现代化的重要力量。当前，检察机关实现职能重塑、机构重组、机制重构，欣逢最好发展时期、面临更高履职要求，对高素质专业化的检察队伍需求更为迫切，对如何建设检察队伍也有着新的标准要求。全国检察机关要坚持以习近平新时代中国特色社会主义思想为指导，深入学习贯彻习近平总书记关于政法队伍建设的重要论述，牢牢把握新时代新征程党的检察事业使命任务所需，加快推进检察队伍建设理念、履职能力、管理体系、培养机制的优化完善，努力锻造为大局服务、为人民司法、为法治担当的过硬检察铁军，为检察工作高质量发展提供坚强组织保证和人才支撑。

一、加快推进检察队伍建设理念变革创新，牢牢把握锻造新时代检察铁军的目标方向和根本要求

习近平总书记指出，"理念是行动的先导，一定的发展实践都是由一定的发展理念来引领的"。[①] 新时代新征程，检察队伍经过司法责任制、检察官单独职务序列、人员分类管理等改革后，人员结构、管理模式、履职方式、职业保障等发生深刻变化。检察队伍建设的主要矛盾已由学历层次偏低、职业保障不足转变为司法理念、履职能力、职业素养不适应新时代检察工作高质量发展要求。面对内外部环境以及主要矛盾的变化，检察队伍的建设理念既要"守正"，始终坚持党管干部原则，深入贯彻新时代党的建设总要求和新时代党的组织路线，把党的绝对领导落实到检察队伍建设各方面各环节；又要"创新"，立足时代发展所需、检察事业所需，不断深化对检察队伍建设的规律性认识，以建设理念的变革和创新，引领检察队伍建设各项工作高质量发展。

---

① 习近平：《把握新发展阶段，贯彻新发展理念，构建新发展格局》，载《求是》2021年第9期。

（一）树牢"党建引领、政治为先"的建设理念

检察机关作为党绝对领导下的政治机关、法律监督机关和司法机关，必须着力培养忠于党、忠于国家、忠于人民、忠于法律的检察队伍，确保"刀把子"牢牢掌握在党和人民手中。人民检察制度创立之初，就要求工作人员"必须是党和苏维埃最好的干部""坚决的有阶级觉悟"。新中国成立后人民检察署刚刚建立，就突出加强在职干部的政治与业务学习。检察机关恢复重建后的第一次全国性会议专门强调，要建设一支又红又专的宏大的检察队伍。1990年，检察机关全面建立了政治工作机构，着重加强检察队伍的思想作风和组织建设。新时代，加强检察队伍建设，必须始终把旗帜鲜明讲政治作为第一位的要求，把政治能力作为第一位的能力。要强化政治统领，巩固拓展学习贯彻习近平新时代中国特色社会主义思想主题教育成果，常态化开展政治忠诚教育和党性教育，扎实开展党纪学习教育，让坚定拥护"两个确立"、坚决做到"两个维护"成为检察队伍的鲜明政治底色。强化党建引领，构建检察系统党建工作联学联建联创机制，在重大案件一线设立临时党支部、党小组，充分发挥党支部战斗堡垒、党员先锋模范作用。强化政治素质，坚持"首关不过、余关莫论"，做深做实政治素质考察，经常性开展政治体检，确保检察队伍让党放心、让人民满意。

（二）树牢"紧扣中心、保障发展"的建设理念

党的组织路线历来是为党的政治路线服务的，检察队伍不是凭空产生、独立存在的，是为党而生、因党而存。建设检察队伍的根本目的是推进党的检察事业发展，党的检察事业需要什么样的检察队伍，就要着力培养什么样的检察队伍；检察队伍建设成效怎么样，最终要以检察工作质效来检验。人民检察制度创立以来，无论是苏区检察机构成立伊始履行打击犯罪、惩治反革命等重要使命，还是抗日战争时期把镇压汉奸反动派和保护人民权利作为中心任务，以及新中国成立后积极投入"三反""五反"运动，改革开放以来在保障和促进经济社会发展方面发挥重要作用，检察队伍建设始终聚焦党和国家工作大局发力，始终围绕服务中心工作加强。新时代，检察队伍建设必须紧紧围绕"努力让人民群众在每一个司法案件中感受到公平正义"这一根本目标，聚焦做实"高质效办好每一个案件"，健全优化检察人员培养、选拔、管理、使用等各环节工作，构建具有检察特色的素质培养体系、知事识人体系、选拔任用体系、从严管理体系、正向激励体系，使检察队伍

建设紧紧跟上和适应时代要求和事业发展需要。

（三）树牢"专博兼备、以专为主"的建设理念

检察工作是政治性很强的业务工作，也是业务性很强的政治工作，需要检察人员具备较强的政治能力、系统的法律知识、娴熟的法律方法、丰富的社会经验，必须走专业化发展之路，铸就检察人员博专结合的知识结构，造就融会贯通的通才专才。检察机关自恢复重建以来，从20世纪80—90年代针对大多数检察人员没有受过法律专业训练、不熟悉法律实际，开展的强化培训和高等专业教育；到1995年检察官法的颁布实施，以及党的十八大以来检察官单独职务序列和检察人员分类管理的纵深推进，检察队伍建设始终朝着专业化建设的方向不断前行。新时代新征程，必须进一步健全体现专业化要求的选拔任用机制，严格检察官专业性选任条件，与时俱进开展专业性业务培训，加强专业化办案团队建设，真正把想办案、能办案、敢监督、善监督的优秀干部选出来用起来。同时，大力引进专业人才力量，坚持"不为我有，但为我用"，健全检察业务专家咨询委员会、行政机关专业人员兼任检察官助理等制度，充分利用"外力""外智"助力检察队伍专业化。

（四）树牢"一体抓建、开放共享"的建设理念

检察机关上下级之间是领导与被领导关系，统一行使国家检察权，对检察队伍建设有着共同的标准和要求。同时，检察队伍既有干部队伍的共性要求，也有检察机关的特有属性。加强检察队伍建设，既要发挥检察机关上下一体化履职的组织优势，也要注重融入地方干部队伍建设"大盘子"，坚持系统思维、一体推进，构建环环紧扣、有机衔接的检察队伍建设工作机制。要坚持齐抓共管，强化各级检察院党组抓班子带队伍的第一责任意识，健全各级检察院党组统一领导、纪检监察专责监督、政工部门牵头抓总、有关部门各司其职、检察人员人人参与的检察队伍建设新格局，一体抓实检察机关党的建设、队伍建设、业务建设，着力形成抓党建、抓组织、抓队伍、抓业务合力。坚持上下一体，牢固树立全国检察机关"一盘棋"思想，着力构建上下贯通协同的检察队伍建设机制，实现目标同向、措施一体、难题共答、成果共享。坚持内外协调，加强与地方党委及其组织部门的常态化沟通协商，积极争取相关政策支持，注重盘活社会各类资源力量，努力形成条块之间、系统上下、单位内部的检察队伍建设整体合力。

二、加快推进检察队伍履职能力提质增效，与时俱进提升"高质效办好每一个案件"的过硬本领

习近平总书记反复强调，"努力让人民群众在每一个司法案件中感受到公平正义"①，明确要求，"所有司法机关都要紧紧围绕这个目标来改进工作"。② 为落实习近平法治思想对公正司法的原则性、基础性要求，最高人民检察院党组鲜明提出，实现这个目标，必须做到"高质效办好每一个案件"，并使之成为新时代新征程检察履职办案的基本价值追求。加快推进检察队伍履职能力提质增效，是做实"高质效办好每一个案件"的能力支撑，必须聚焦法律监督主责主业，与时俱进提升检察人员的政治素养、司法理念、专业能力、实践本领，更加有力为大局服务、为人民司法、为法治担当。

（一）强化法律监督理念引领

司法理念是检察人员用什么样的立场、观点、方法来办案、监督的具体体现，既是检察工作的先导，也是检察队伍履职能力建设的重要内容。在习近平法治思想引领下，最高人民检察院党组提出了一系列符合司法检察工作规律的理念，有力回答了检察工作遇到的新情况新问题。增强检察队伍履职能力，必须首先实现法律监督理念的与时俱进。要加强新时代司法检察理念教育培训，组织开展业务研讨、典型示范、案例检视等工作，引导检察人员牢固树立和践行"三个善于"理念，即善于从纷繁复杂的法律事实中准确把握实质法律关系，善于从具体法律条文中深刻领悟法治精神，善于在法理情的有机统一中实现公平正义。进一步加强检察人员的政绩观教育，不断树牢践行"严格依法办案、公正司法"等司法检察理念。

---

① 习近平：《高举中国特色社会主义伟大旗帜　为全面建设社会主义现代化国家而团结奋斗——在中国共产党第二十次全国代表大会上的报告（2022年10月16日）》，载《人民日报》2022年10月26日，第1版。习近平：《坚定不移走中国特色社会主义法治道路　为全面建设社会主义现代化国家提供有力法治保障》，载《求是》2021年第5期。

② 《习近平在中共中央政治局第四次集体学习时强调　依法治国依法执政依法行政共同推进法治国家法治政府法治社会一体建设》，载《人民日报》2013年2月25日，第1版。

（二）大力培养过硬专业素能

习近平总书记强调，要"注重培养专业能力、专业精神，增强干部队伍适应新时代中国特色社会主义发展要求的能力"。① 新时代，随着党和国家各方面工作越来越专业化、专门化、精细化，特别是检察工作重构性布局以及各类案件专业性、复杂性程度日益突出，检察人员唯有加快提升专业能力，才能跟上人民群众对公平正义的更高要求。目前，一些检察人员不敢监督、不善监督甚至不愿监督等问题不同程度存在，根本原因在于专业能力跟不上。要着眼缺什么补什么、需要什么训什么，完善符合检察官、检察辅助人员、司法行政人员职业特点和岗位要求的专业素能培养体系，加大应用型、实战型人才的检察培训力度。创新推行共享式、开放式、传导式、一体式培训理念，深化落实同堂培训、区域联合培训机制，与时俱进提升法律监督能力。突出培训重点，协调推进初任检察官统一职前培训，加大检察辅助人员、司法行政人员培训力度，补齐补强各类检察人员专业短板。

（三）健全岗位实践锻炼机制

检察工作政治性、政策性、专业性、实践性都很强，"纸上谈兵"学不到真本领，唯有检察工作的火热实践是最好的"练兵场""试金石"。要突出实战实用实效，统筹一体推进学、研、练、赛等工作，广泛开展技能比武、辩论赛、庭审观摩、跟庭考评等实战化练兵，砥砺检察人员的专业本领。健全多渠道、多层次、上下联动的检察队伍岗位锻炼机制，积极搭建领题攻坚、"揭榜挂帅"、承办疑难复杂案件等综合实践平台，有计划地安排检察人员参加和观摩新类型、疑难复杂案件办理，加强斗争精神和斗争本领养成，确保检察人员能在现代化建设中扛大梁、攻难关。积极推进学习型、研究型检察院建设，深化理论研究、互聘互派、教育培训、实践教学等检校合作机制，持续推进"检察实务专家进校园"和"法学名师进检察"活动，通过检校共育提升检察人员综合素能。

（四）提升检察职业道德素养

现代化的本质是人的现代化，而思想道德建设是人的现代化的核心要

---

① 习近平：《决胜全面建成小康社会　夺取新时代中国特色社会主义伟大胜利——在中国共产党第十九次全国代表大会上的报告（2017年10月18日）》，载《人民日报》2017年10月28日，第1版。

素。增强检察队伍履职能力，最根本的是要培育"忠诚、为民、担当、公正、廉洁"的新时代检察精神。要大力培育和践行社会主义核心价值观，完善符合司法规律、具有检察特色的职业道德培养模式，教育引导检察人员始终恪守职业良知、严守道德底线。推进文化强检、文化润检，弘扬中华优秀传统法律文化，大力建设传承红色基因、体现时代精神、彰显正气正义、富有职业特质的检察文化，培植新时代检察人员的精神家园。常态化开展先进典型、身边榜样宣传推介活动，大力选树一批可敬可学、具有时代特色和检察特征鲜明的检察英模，树立新时代检察队伍良好的职业形象。

三、加快推进检察队伍管理体系运行高效，激励各类检察人员真抓实干、担当作为

习近平总书记指出，"要深化干部制度改革，完善管思想、管工作、管作风、管纪律的从严管理机制，推动形成能者上、优者奖、庸者下、劣者汰的正确导向"。① 实行检察人员分类管理，以及对检察官实行有别于其他公务员的单独职务序列管理，是党中央推进检察队伍专业化建设的一项重要制度安排，既符合检察工作规律，更体现检察队伍的职业特点要求。实践中，检察人员分类管理制度具体落实中，还存在一些亟待研究破解的问题。加快推进检察队伍管理体系运行高效，必须遵循司法规律和检察职业特点，向科学管理要生产力、战斗力，进一步健全完善检察人员分类管理制度，让各类检察人员都能安心乐业、成长成才，为推进检察工作高质量发展聚合力、添动力、增活力。

（一）优化检察官管理制度

检察官实行单独职务序列管理和员额制，根本目的是把最优秀的办案人才吸引到办案一线，以提高司法质量、效果和公信力。作为司法办案的主体，检察官是检察队伍的重要力量，关键在于建强用好、压实责任。目前，检察官逐级遴选制度在落实过程中出现了检察官遴选"上不来"、检察官助理入额"下不去"等问题，关键要靠制度机制的优化来解决。要推动完善检察官逐级遴选制度，聚焦"让检察官具有相应的实践经历和社会阅历"

---

① 《习近平在中央政治局第二十一次集体学习时强调　贯彻落实好新时代党的组织路线　不断把党建设得更加坚强有力》，载《人民日报》2020年7月1日，第1版。

这一改革初衷，合理确定遴选人选，健全相关配套政策措施，让检察官的职业路径更优化更顺畅。落实省以下检察院检察官员额动态调整制度，推进员额统筹配置、动态调整。准确落实检察官等级晋升制度，健全不胜任岗位职责检察官退出员额机制，对具有入额不办案或者能力素质经培训后仍不能胜任等情形的，及时退出员额，做实检察官"能进能出"，确保检察官人人想办案、能办案、办成案。

（二）优化检察辅助人员管理制度

检察官助理既是检察官的参谋助手，也是检察官的"后备军"，关键在于精心培育、提升能力。要落实市、县级检察院检察官助理规范便捷招录机制，合理设置招录条件，不断充实检察官助理人才队伍。优化检察官助理职级晋升工作，鼓励支持检察官助理到基层检察院初任检察官，增强检察官助理职业预期，既推动"人往基层走、才在一线练"，也要让到基层在基层的优秀人才有奔头、有出路。优化检察官助理履职管理，加强对检察官助理分阶段培养训练，区分不同阶段针对性开展培养，强化实质性行使检察职权的办案技能训练，全面提升检察官助理履职专业能力。同时，要拓展司法警察职能，健全适合新时代检察工作发展的司法警察招录、训练、管理、考核、使用机制。坚持业务需要、量力而行，统筹检察技术人员管理。完善聘用制书记员聘任、使用和分级管理机制，激励聘用制书记员安心本职工作。

（三）优化司法行政人员管理制度

司法行政人员是从事行政管理事务的检察人员，具有重要而不可替代的作用，关键在于畅通发展渠道、激发队伍活力。要有序推进符合条件的司法行政人员与检察官、检察辅助人员相互交流，有计划组织司法行政人员与地方党政机关干部交流使用，拓展司法行政人员发展空间。有序推进缺乏综合行政工作经历的干部到司法行政部门交流任职，检察机关内设机构正职选任要优先考虑具有业务和综合岗位工作经历的干部，树立鲜明的用人导向。通过内部调剂、选调、招录等方式及时补充司法行政人员，探索建立司法文员制度，妥善解决基层司法行政部门"空心化"问题。

（四）优化各类人员内外交流制度

人员分类管理的根本目的是让"专业的人干专业的事"，并非使各类人员相互隔离、彼此阻断。推进检察队伍专业化建设，决不能壁垒高筑、自我循环，必须保持"一池活水"。要聚焦破解司法人员分类管理后各类人员交流不畅、交流不多、交流不力等突出问题，建立健全检察人员上下交流、内外交流常态化机制，畅通各类人员职业发展通道，让各类检察人员都有奔头、有盼头。常态化开展上下级检察院以及与其他政法单位、党政机关、法学院校干部交流锻炼，建立省、市级检察院部门负责人与下级检察院领导班子成员交流任职机制，着力解决部分领导干部任职经历单一、岗位历练不够等问题。有序推进符合条件的"三类人员"相互交流，细化交流方式、完善转任衔接，进一步增强检察队伍的生机活力。

四、加快推进检察队伍培养机制优化完善，努力锻造堪当时代重任的高素质专业化检察铁军

习近平总书记强调，"我们要应变局、育新机、开新局、谋复兴，关键是要把党的各级领导班子和干部队伍建设好、建设强"。[①] 推进检察工作高质量发展，支撑和服务中国式现代化是一项长期艰巨的历史任务，必须紧紧围绕锻造堪当时代重任的高素质专业化检察队伍，健全完善培养机制。"高素质"是政治素质高、专业素质高、职业道德素质高；"专业化"是专业知识、专业能力、专业作风、专业精神的统一。针对人财物省级统管以及检察人员分类管理出现的新情况新问题，要按照现代化要求理顺管理体制，健全检察队伍选育管用制度机制，不断提高新时代检察队伍建设科学化制度化规范化水平。

（一）健全领导班子协管机制

领导班子是各级检察院的"火车头"，班子强则队伍强。省以下检察院人财物统一管理改革以来，市县级检察院领导干部实行省级统管，赋予检察机关更重的协管职责，必须靠前协管、敢管会管。要坚持依法依规、能动跟进做好上级检察院对下级检察院领导班子协管工作，充分发挥熟悉检察干部情况的优势，主动、经常向地方党委及组织部门汇报，突出政治标准，优化年龄、专业结构，完善来源、经历结构，协同配齐配强配优各级检察院领导班子。按规定推动领导干部在检察系统内外、上下有序交流、异地任职，落

[①] 习近平：《贯彻落实新时代党的组织路线　不断把党建设得更加坚强有力》，载《求是》2020年第15期。

实领导班子内部定期分工调整，保持领导干部干事创业活力。

（二）健全年轻干部培养机制

年轻干部培养事关检察事业薪火相传和长远发展。当前，检察机关年轻干部不缺数量缺质量、不缺学历缺阅历，重自然生长、轻精心培养，重自我管理、轻教育监督等问题还不同程度存在。要健全落实优秀年轻干部日常发现、跟踪培养、适时使用、从严管理的常态化工作机制，建好用好年轻干部"蓄水池"，变"现用急找"为"前瞻储备"。建立年轻干部政治、业务"双导师"帮带制度，加强全方位管理和经常性监督，确保年轻干部走稳走好每一步。遵循干部成长规律，不贴标签、不拔苗助长，健全上下联动的全链条接续培养锻炼机制，有计划地选派年轻干部到基层吃劲岗位和艰苦地区扎实锻炼，水到渠成地把检察事业需要的优秀年轻干部选出来、用起来。

（三）健全检察人才培养机制

人才是兴检之本、强检之基，是推进检察工作高质量发展的"第一资源"。检察机关人才资源地区分布不平衡，高层次、复合型检察人才偏少，人才工作统筹不够、人才资源使用效益不高等问题还不同程度存在。要牢固树立全局人才观、全员人才观、开放人才观、科学人才观，积极把人才强检建设融入新时代人才强国战略，纳入检察工作总体布局，健全人才工作与检察业务协调发展的制度机制，推动形成"检察成就人才，人才成就检察"的生动景象。健全精准引才机制，编制急需紧缺人才需求，开展招录、遴选工作，实施优秀选调生梯队培养计划，努力营造"近悦远慕""近悦远来"的人才发展环境。健全系统育才机制，检察系统上下一体培育人才，分层分类建好用好各类检察人才库，加大涉外法治、数字检察等重点人才培养。健全科学用才机制，既要用其所长、用当其时，又要强化人才辐射引领作用，推进检察人才跨层级、跨区域调配使用，实现人才资源共享，促进各类人才竞相迸发。

（四）健全检察人员从严管理机制

好干部是选出来的，更是管出来的。检察机关是法律监督机关，打铁必须自身硬。实行司法责任制后赋权放权相对较快、明责追责相对滞后，特别是"捕诉一体"的"集权"、认罪认罚从宽制度等的"主导权"，客观上也增加了检察人员被围猎的风险。要以自我革命精神深入推进全面从严治检，持续完善检察机关推进"三不腐"、防治"灯下黑"机制,以自身净确保自身硬。健全检察权运行制约监督机制,完善上级检察院对下级检察院、检察长对检察官的领导和监督机制,健全检察委员会、检察长、业务部门负责人对案件监督把关机制,强化检察履职廉政风险防控,有效约束自由裁量权。健全防止干预司法"三个规定"等重大事项记录报告制度常态化落实机制,坚持"有问必录""逢案必倒查",促进检察人员依法公正履职。

(五)健全检察职业保障机制

党和国家对司法工作和司法人员职业保障历来高度重视。习近平总书记鲜明指出,"要真情关心和爱护政法干警,建立健全职业保障制度,不断增强政法队伍创造力、凝聚力、战斗力"。[1] 当前,检察人员身份保障、经济保障、安全保障等职业保障机制不断健全。要进一步深入落实"三个区分开来"要求,完善检察人员依法履职不实举报澄清和容错免责机制,根据监督办案特点明确容错免责情形,让检察人员担当履职无后顾之忧。健全检察人员全面、全员、全时考核制度,以"考实、评准、用好"为基本导向,优化简化考核指标,强化考核结果运用。全面落实从优待检各项政策措施,建立健全检察人员心理评测和干预机制,加大解决检察人员家庭实际困难的力度,让检察人员始终感受到组织关怀就在身边,激发锐意进取、拼搏奋斗的干事热情。

检察队伍建设是一项长期性、系统性、基础性工作。检察队伍建设理念是先导,履职能力是重点,管理体系是关键,培养机制是保障。各级检察机关要始终坚持以习近平新时代中国特色社会主义思想为指导,聚焦更好适应现代化、服务现代化、保障现代化,坚持解放思想、守正创新,求真务实、担当实干,努力锻造堪当时代重任的高素质专业化检察队伍。

---

[1] 《习近平就政法队伍建设作出重要指示强调 坚持把思想政治建设摆在第一位 努力建设信念坚定执法为民敢于担当清正廉洁的政法队伍》,载《人民日报》2016年4月26日,第1版。

检察机关全面准确落实司法责任制研究[*]

余双彪[**]

对于司法责任制改革，党的二十大明确提出"全面准确落实司法责任制"的要求，党的二十届三中全会进一步作出"落实和完善司法责任制"的决策部署。改革是一场革命，我国独特的国情和传统文化给改革带来机遇的同时也烙上不同于西方的深刻印记。观察和研究改革不仅需要现实理性，更需要历史理性，历史理性也是一种辅助我们进行理性思维的工具①。研究如何深化司法责任制改革也必须从现实理性和历史理性入手。司法责任制是

---

[*] 本文系2023年度最高人民检察院检察理论研究课题（项目批准号：GJ2023B14）的研究成果。

[**] 课题主持人：余双彪，最高人民检察院法律政策研究室副主任。课题组成员：桑先军，最高人民检察院法律政策研究室法律应用研究处处长；许栋梁，最高人民检察院法律政策研究室综合指导处处长；张玉飞，重庆市人民检察院法律政策研究室主任。

① 赵鼎新：《儒法国家——中国历史新论》，徐峰、巨桐译，浙江大学出版社2022年版，第42页。

基于司法机关的法定职权,明确司法责任范围和追责条件、方式等方面的法律制度,包括监督制、考核制、奖惩制、追究制等。司法责任制改革本质上是为了更好地行使司法权,更好地回应人民群众和社会各界对严格规范公正文明司法的要求和期待。落实和完善司法责任制,落脚点在于推动执法司法权力规范高效行使。① 司法责任制改革增强了司法职业的荣誉感和责任感,提升了司法公信力。检察机关落实和完善司法责任制,不仅是落实宪法赋予神圣职责使命、更好维护公平正义的必然要求,也是坚持和发展中国特色社会主义检察制度、推进国家治理体系和治理能力现代化的重要途径。

一、时代背景:落实和完善司法责任制历史进程

司法责任制改革是司法体制改革的"牛鼻子"。有观点认为,"牛鼻子"就是事务、行动的关键,牵住"牛鼻子",就是抓住关键环节,抓住重点问题。② 为何司法责任制是"牛鼻子",为何要以司法责任制改革作为整个司法体制改革的牵引,从历史和发展角度观察,可以更深刻领悟党的二十届三中全会提出"落实"和"完善"的意义和内涵。事实上,作为司法体制改革关键和重点的司法责任制,其内在含义和外在要求并非不言自明。检察机关司法责任制改革也经历不同的历史阶段。严格说来,"司法责任制""检察机关司法责任制""检察官办案责任制""主任检察官办案责任制"等术语并非同一概念,而是范围由广到窄,呈现出递次包含关系(见下图)。检察机关的办案责任制经历了不同的发展阶段。

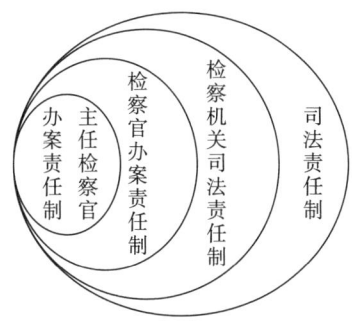

---

① 陈文清:《完善中国特色社会主义法治体系》,载《中共中央关于进一步全面深化改革、推进中国式现代化的决定辅导读本》,人民出版社 2024 年版,第 89 页。

② 张文显:《论司法责任制》,载《中州学刊》2017 年第 1 期。

（一）司法权性质决定以办案责任制探索为改革路径起点

司法权的运行有其自身规律。纯粹以司法行政化为由头批评以往司法工作存在的问题，不甚恰当。以往司法权行使的弊端不只是在于行政化因素，而在于责任的承担不明。因此，在司法责任制改革全面推开以前，检察机关就已经在探索办案责任认定和追究机制，并取得一定成效。自1993年开始，部分基层检察院陆续开展主诉检察官办案责任制改革探索，而这一状况随着1997年刑事诉讼法的大修有了新的变化。1997年刑事诉讼法修改后，不少地方检察机关因应法律的修改变化，立足实际探索符合检察权运行规律新的办案机制。比较典型的有河南检察机关在实践中探索主诉检察官制度（主诉制），上海在杨浦区开展等级公诉人制度试点，北京则在海淀区就"检控分离"改革进行试验。各地的实践形成了有益的改革探索，最高人民检察院在总结各地经验基础上，在修改后刑事诉讼法实施两年后即1999年就向全国检察机关下发了改革方案——关于试行主诉制的工作方案。主诉制改革成为当时检察机关颇具影响力的六大改革之一。经过一年多的改革实践，最高人民检察院在2000年向全国检察机关印发了关于检察改革的三年实施意见，推广主诉制改革经验。同时，检察机关先后制发了一系列文件，包括在审查起诉部门全面推行主诉制的工作方案、在民事行政检察部门推行主诉制的意见、在侦查部门开展主办制（主办检察官办案责任制）试点工作的意见等，大力推进检察官办案机制改革。经过几年的改革，截至2003年底，全国四级检察机关中有2897个单位实行了主诉（办）制，其中约12633名检察官被任命为主诉（办）检察官。又经过一年的时间，全国四级检察机关近90%的单位建立了主诉（办）制。[①] 聚焦主诉检察官办案责任制改革，很多观点大都从去行政化谈起。实际上，主诉制改革不仅是为了去行政化，更重要的是确保有权、有利、有责。由于受权责界定不彻底、配套政策支持不足等主客观因素的影响和制约，改革的预期目标并未完全实现，检察机关办案机制未发生实质性变化。虽然主诉检察官办案责任制改革探索没有延续下来，但总体上符合司法办案的独立性、亲历性、判断性等特征和规律，体现了改革的正确方向，为进一步探索科学合理的检察官办案责任制积累了宝贵的经验。[②]

---

① 邓思清：《主诉（办）检察官制度改革回顾及启示》，载《人民检察》2013年第14期。
② 贺恒扬：《新时代检察改革研究》，中国检察出版社2021年版，第50页。

(二) 全面深化改革背景下司法责任制改革向纵深推进

党的十八大以来特别是党的十八届三中、四中全会以来，在全面深化改革、全面依法治国背景下，党中央从更高层面、更深视野思考和谋划司法体制改革，持续向前推进司法责任制改革等重大司法体制改革部署。经过10余年持续努力，权责明晰、责权统一、监管有力、保障到位的司法责任体系逐步建立，这也为落实和完善司法责任制提供了历史视角和时代背景，从改革进程的梳理中更加深刻体会改革的脉络和要求。

1. 前期探索为司法责任制改革提供经验

2013年11月，党的十八届三中全会将完善司法责任制作为推进法治中国建设的重要内容。12月，最高人民检察院发布《检察官办案责任制改革试点方案》，提出建立以主任检察官制度为主要内容的检察官办案责任制，确定北京、上海、广东、重庆、四川等7个省市17个检察院作为首批试点单位。根据该方案要求，为主任检察官配备其他检察官和辅助人员若干名，组成办案组织——主任检察官办公室。作为办案组织的负责人，也即主任检察官办公室的领头人——主任检察官对整个主任检察官办公室办理的案件负责。主任检察官一般由在业务上有长期经验的资深检察官或业务骨干担当，享有相应的办案决定权。按照改革的方案设计，除法定的必须由检察长或检委会才能够行使的权力外，剩下的对案件的处理权力，主任检察官办公室均可独立行使。主任检察官行使的权力和有权作出的决定由其本人负责。改革推进过程中，有学者指出，主任检察官制度改革所要达到的目的，可以通过实施员额制实现或者在一定程度上实现；这种情况下，主任检察官制度建立的意义需要反思。[1] 也有学者指出，相比主任检察官制度在原有职务、职位基础上做加法的改革方式，检察官员额制明显在做减法，是要动"奶酪"的最难改革。[2] 在2014年上半年，中央有关部门部署了以司法责任制为核心的改革后，最高人民检察院要求主任检察官办案责任制统一明确为检察官办案责任制。修改人民检察院组织法前后，也有的建议改主办检察官为主任检察官。2014年10月，党的十八届四中全会要求"完善主审法官、合议庭、主任检察官、主办侦查员办案责任制，落实谁办案谁负责"。从改革场

---

[1] 龙宗智：《检察官办案责任制相关问题研究》，载《中国法学》2015年第1期。
[2] 林竹静：《独任检察官制度：理论框架与实证考察——以上海基层检察院的试点为例》，载《交大法学》2017年第2期。

景看,主任检察官制度有其历史缘由,也为今后的改革留下空间。为构建公正高效的检察权运行机制和公平合理的司法责任认定、追究机制,做到"谁办案谁负责、谁决定谁负责",最高人民检察院2015年9月下发《关于完善人民检察院司法责任制的若干意见》,省级检察院结合实际制定实施方案,司法责任制改革逐步全面推开。

2. 司法责任制改革的"落实"重在配套巩固

2017年10月,为确保司法责任制改革有规范明确的政策依据,中央有关部门印发了《关于加强法官检察官正规化专业化职业化建设全面落实司法责任制的意见》。该文件对改革后检察官的选和任、进和退,以及检察官的职权配置、检察权的运行和完善等提出了进一步要求,同时提出了内设机构改革、运用现代科技加强监督制约、强化职业保障等系列综合配套改革,系统整合了试点期间分散出台的改革政策。与此同时,最高人民检察院制定下发《2018—2022年检察改革工作规划》,要求全面落实司法责任制,健全与司法责任制相适应的检察权运行监督制约机制,突出检察官在司法办案中的主体地位,形成与"谁办案谁负责、谁决定谁负责"要求相适应的检察权运行体系。司法责任制改革进入全面精装修阶段。2018年,修订后的人民检察院组织法规定"人民检察院实行司法责任制,建立健全权责统一的司法权力运行机制",以法律形式确认和巩固司法责任制改革成果,为下一步继续深化改革打下法律基础。

3. 司法责任制改革的"完善"重在优化提升

党的二十大报告指出,"深化司法体制综合配套改革,全面准确落实司法责任制,加快建设公正高效权威的社会主义司法制度,努力让人民群众在每一个司法案件中感受到公平正义"。在"全面落实司法责任制"基础上增加"准确"二字,为不断深化此项改革提出了更高要求。为贯彻落实党的二十大精神,2023年最高人民检察院制定下发《2023—2027年检察改革工作规划》,针对当前存在的逐级遴选和初任检察官任职落实难、检察官助理职责定位不清晰、办案组织设置不规范、司法惩戒追究不平衡等问题,从各个层面提出了完善措施,包括对检察人员的管理必须优化,对司法办案的权力和责任必须进一步明确,对出现错案的司法责任如何进一步认定和追究,对内部监督制约机制必须深化完善,对检察人员权益必须更好地保障等。这些举措对"全面""准确"落实司法责任制,进而优化和深化司法体制改革都有很大助力。党的二十届三中全会进一步提出"落实和完善司法责任制"。最高人民检察院随即印发了经中央全面深化改革委员会审议通过的

《关于人民检察院全面准确落实司法责任制的若干意见》，从健全司法办案组织及运行机制、明确司法办案职权、明确检察辅助人员职责、完善检察权内部运行制约监督机制、完善司法责任认定和追究制度等入手抓好落实，对如何"完善"司法责任制进一步形成了制度性安排。

二、规律性总结：落实和完善司法责任制的经验梳理

司法责任制主要内容包括司法权运行机制的改革、司法人员依法履职的职业保障、司法人员职责和权限的明确、司法人员责任追究机制四个方面。[①] 从近些年的改革实践看，检察机关围绕这四个方面，紧紧抓住司法责任制改革这个关键和基础，通过"定人、确权、明责"等一系列措施，为落实和完善司法责任制奠定了基础。这些改革成效既是深化改革的前提，也是深化改革需要重点关注的问题。尤其是面对一些对改革产生的质疑和困惑，必须从改革成效中进一步形成规律性认识。

（一）检察人员分类管理是落实和完善司法责任制的前提

检察人员分类管理是检察队伍专业化以及职业化建设的一项重要基础性工作。这项改革本质上要求检察权由适合的检察人员行使，核心要素有两个："检察权""检察官"。这就内在地要求在改革中必须突出检察官的主体地位，以确保检察权的运行更加符合司法规律。[②] 按照中央统一部署，最高人民检察院会同中央组织部、中央政法委、最高人民法院等部门出台意见，把检察人员、审判人员等司法人员划分成三类：法官和检察官、审判辅助人员和检察辅助人员、司法行政人员。同时，意见对三类人员的比例结构、相应的单独职务序列以及管理的规范等都进行了明确。最高人民检察院还会同中央组织部出台关于检察官助理和书记员职级设置管理的规范性文件，会同最高人民法院出台关于招录法官助理、检察官助理的答复意见，建立便捷招录机制，为加强检察官人选储备提供政策支持。司法警察、技术人员管理均有了参照性规定。经过分类管理改革，基本上达到80%的检察力量配置到司法办案一线的要求。总体看，分类管理是符合历史趋势的改革要求。

[①] 王迎龙：《司法责任制理论问题探析——基于"两高"关于完善司法责任制的两份意见》，载《社会科学家》2016年第6期。

[②] 江国华、梅扬：《检察人员分类管理制度改革析论》，载《河北法学》2017年第5期。

（二）检察官员额制是落实和完善司法责任制的关键

审视司法责任制改革的最佳视角是员额制。员额制通过对公、检、法三家机关的职能进行深层次的确认，厘清了三家机关的司法权力主体界限。[①] 学界普遍认为，员额制是按司法规律配置司法人力资源，实现法官、检察官正规化、专业化、职业化的重要制度，是司法责任制的基石。检察官员额制改革，体现了检察官数量、比例的合理控制，反映了办案力量分配的科学要求。员额制改革后，检察官员额比例同比减少近一半。截至2022年底，全国实有检察官6.9万余名。检察官遴选制度进一步规范。中央和省级层面设立遴选司法官员的委员会即法官遴选委员会和检察官遴选委员会。中央层面负责对最高人民检察院检察官、最高人民法院法官人选的专业能力进行审核把关，而省一级层面负责对全省初任检察官、法官的专业能力进行审核把关。2019年《检察官法》以立法形式明确了检察官遴选委员会的法律地位。立法明确后，2020年《人民检察院检察官遴选办法》随之出台，检察官遴选工作迈上了更加规范和科学的轨道。同时，建立科学合理的员额退出机制。2019年修订后的《检察官法》规定了不得担任检察官的四种情形和应当免去检察官职务的八种情形。最高人民检察院出台的《人民检察院检察官员额退出办法》，明确检察官自然退出、应当退出及自愿申请退出的情形，进一步细化了因"不能胜任检察官职务"退出员额的五种情形，并规范了检察官退额程序、复核程序、转任程序等。员额制改革确有需要完善的地方，包括逐级遴选制度也需要健全完善等，而且员额比例是否调整，也可以根据时代的变化和司法实际需要进行重新衡量。但员额制的根基不能动摇。针对实践中提出取消员额制的观点，要从历史的、辩证的角度进行分析研判，从落实和完善司法责任制的角度进行思考，防止出现大的变化和波动。

（三）检察机关"谁办案谁负责、谁决定谁负责"的责任行使方式是落实和完善司法责任制的根本

司法责任制改革中，权责配套建设是改革重点。随着人民检察院组织法和"四大检察"（刑事检察、民事检察、行政检察、公益诉讼检察）规则的修订完善，在整个制度架构上形成了"组织法＋三大诉讼法＋四大检察规

[①] 陈晨：《刑事司法责任制改革再认识——以员额制改革为视角》，载《法学》2022年第8期。

则+各级检察院检察官权力清单"的检察权配置体系。各级检察院按照法律规定和"四大检察",较科学地划分了检察机关内部司法办案权限。目前,基层检察院大部分具体办案事项由检察官决定。同时,加强检察办案组织、办案团队建设,全面实行独任检察官或检察官办案组的基本办案组织形式,办案资源配置更加优化。各地特色化办案团队不断涌现,上海、北京、江苏等地率先探索设置金融、科技、知识产权、涉外、生态环境、税收和证券等特色办案组织;浙江等地借助专业领域人员辅助办理侵犯商业秘密等案件,促进提升案件质量。此外,领导干部带头办案、带头落实司法责任。2020—2022年,全国检察机关入额院领导分别办理案件60.4万、67.7万、70.4万余件,占办案总数的12.4%、12.1%、13.1%。

(四)内外部制约监督机制并重是落实和完善司法责任制的保障

检察机关加快推进司法责任体系建设,围绕内外部监督制约,构建完善覆盖刑事、民事、行政、公益诉讼检察各领域的监督链条。2019年3月,最高人民检察院联合中央政法委、最高人民法院印发《关于加强司法权力运行监督管理的意见》,统筹部署规范司法权力配置、完善案件内外部监管、健全司法监督制约机制等工作。同时,坚持放权与管权并重,探索新办案模式下的内部制约监督机制,努力做到放权不放任。程序监督方面,制定流程监控工作规定,完善条线监控要点,对办理程序是否合法、规范、及时、完备进行实时动态的监督、提示、防控;实体监督方面,通过检察官联席会议讨论、部门负责人审核、检察长决定、检察委员会决定、上级检察院指导履职以及案件质量评查等加强监督;此外,通过落实"三个规定"等进行司法办案廉政风险源头防控。有的检察机关专门梳理认罪认罚案件程序适用、起诉必要性审查和提出确定刑量刑建议等环节风险点,通过制度规范、跟踪管理、技术监测等手段约束规范检察官办案行为;部门负责人对重点案件起诉书进行核阅把关,帮助提升法律文书质量。同时,出台相关规范性文件,明确检察机关办案活动要接受人民监督员的监督,进一步扩大监督范围,常态监督办案活动;主动公开社会关注的重要案件信息和主要检察业务数据,督促检察人员不断提升办案质效。

(五)司法责任认定追究是落实和完善司法责任制的要害

2020年和2021年,在总结实践经验基础上,最高人民检察院先后出台了一系列规范性文件,包括司法责任追究条例、刑事错案责任追究和善后工作意见以及关于惩戒检察官的工作程序等，明确了司法责任追究情形、责任认定、责任豁免、追责惩戒的方式以及错案终身追责的原则、调查机制等问题。2024年7月，最高人民检察院发布了新修订的司法责任追究条例，进一步完善了司法责任追究制度机制。不仅如此，一些地方成立检察官惩戒委员会，有的充分发挥惩戒委员会作用，积极有序开展工作。从某种程度上说，关于司法责任的认定和追究的顶层设计有了基本的模型和框架。在实践中，与惩戒相关的是进一步落实案件质量终身负责制度，以及错案责任的倒查制度。检察机关坚持"纠错不能止于国家赔偿，追责必须落到责任主体"，对2018年以来经过人民法院再审后改判为无罪的案件逐一审查，325件刑事错案被认定为需要追究办案人员的责任，相关的500余名检察人员被追责问责。当然，在追责过程中，始终坚持主客观一致等原则，做到严肃精准追责与依法履职容错免责相结合，确保追责遵循司法规律，结果经得住检验，激励检察人员依法大胆履职。司法责任认定追究是要害，从某种程度上说，没有责任追究落实，也就没有司法责任制。

三、机制难题：落实和完善司法责任制的现实困境

任何制度都有自身的土壤，各国传统不一，自然发展路径各异。没有一个国家的法治是完美的，要实现依法治国的道路，每一个国家走的路都是不同的。司法责任制改革也如此，虽然改革形成了一些规律性认识，也抓住了制约司法实践的核心问题，逐步形成了更加符合司法规律的司法权行使模式，检察权运行更加符合时代和人民的要求，检察机关的社会形象和司法公信力有了新的提升，检察人员敢于担当、严格依法办案的主观能动性更强。但是，由于相应配套改革还不完善，加之近年来司法办案数量逐年上升，落实司法责任制的任务依然艰巨。

（一）办案权责划分需要进一步明确

早在改革试点之时，有学者通过调研发现，检察主体制度存在检察人员分类管理混乱、权力主体职责和责任不清等问题，直接影响了司法责任制的实现，使得司法责任追责困难，由此指出，检察主体制度问题是司法责任制

得以落实的前提。① 近年来的改革实践也证明，在检察长与检察官、主办检察官与普通检察官、检察官与检察官助理等职权关系方面往往存在认识分歧。对于检察长决定的重大案件范围，还需顶层设计进一步明确。一些办案组织内部分工不清、权责不明、运转不畅，有的检察官只行使决定权，将本应亲自承担的工作交由检察官助理完成。有的检察官"履职不到位"，不愿担当作为，办案依赖请示汇报，把办案责任上推给检察长、检察委员会。有的"名改实未改""放权不放心"，部门负责人仍然按照原来审批制模式直接审批案件。实际上，这就出现了学者指出的"反科层"的目标预期渗入了具有等级化色彩的变量因素，进而呈现"反科层的科层制"这一特异现象。② 当然，也有学者指出，彻底打破"三级审批制"束缚的学术主张，大多将其与强化检察长、部门负责人监管职责对立起来，并不符合我国检察权运行实际，故此难以提出符合我国检察规律、司法规律的改革意见建议。③ 这需要通过深化改革找好权力行使的平衡点。

检察辅助人员职业化建设还不完善，检察官助理成长路径需要进一步优化。一种现象是检察官助理角色定位模糊，办案面临"代为履行"与"代位履行"的两难处遇，"助理办案、检察官批案"俨然成为新的审批层级④；另一种现象是检察官助理"躺平"，按照目前有关规定，检察官助理可以履行的办案职责受到限制，导致有的检察官助理无事可做，检察官助理入额前不能得到全流程锻炼，即便遴选成为检察官后，面临经验欠缺、能力不足等问题。对此，有学者从完善制度角度提出很多解决的建议。有的认为，改变我国单一员额制，实行实任检察官、候补检察官与见习检察官并存的多元检察官制度。⑤ 而其中的候补检察官和见习检察官制度实际上就是解决目前检察官助理的发展问题。

（二）检察权内部监督和外部运行体系有待完善

有学者认为，司法责任制的根本目的并不是严厉的（事后）惩戒本身，

---

① 朱喆、高景峰：《检察主体制度改革与司法责任制的实现》，载《社会科学辑刊》2017 年第 2 期。

② 孙皓：《论反科层的科层制——基于 S 市检察员额选任的实证分析》，载《政法论坛》2018 年第 5 期。

③ 孙谦：《检察理论研究综述（2009～2023）》，中国检察出版社 2023 年版，第 519 页。

④ 李思远：《检察机关员额制改革的反思》，载《河南财经政法大学学报》2023 年第 1 期。

⑤ 龙宗智、吕川：《检察机关人员分类管理的问题、矛盾与应对》，载《国家检察官学院学报》2022 年第 4 期。

而是以制度威慑力有效防范损害当事人合法权益及司法公信力现象的出现。① 伴随着司法责任制的落实，责权利的统一，赋予权力之后如何监督的问题随之而来。特别是检察机关在实行"捕诉一体"办案机制、全面实施认罪认罚从宽制度后，检察官决定的办案事项增加，自由裁量空间拓宽，客观上也增加了被围猎的风险。有的检察人员在认罪认罚从宽制度适用中存在协商不透明、听取值班律师意见不够、办案公信力受到质疑等问题。与此同时，对构建新机制后对检察人员的监督管理还存在薄弱环节，尤其是相关配套监督制度构建不及时、机制建设还不完善，院领导、内设机构负责人、检察官等广义的"司法责任"区分还不明晰，强化监督与放权之间还没有找好平衡点，导致一些院领导、内设机构负责人等领导干部不敢、不会、不愿监管的问题依然存在，有的还比较严重。

与内部监督相关联的是外部运行机制或者是检察权的实现形式问题。有学者在改革之初就提出影响司法体制的原因从根本上讲还是司法的地方化、司法的行政化以及权力的割据化问题。其中，司法的地方化使司法机构受到地方对具体案件的干预较多，使司法机关成为地方权力的附庸……权力的割据化，则是指我国公、检、法、司之间的权力配置不科学，特别是公、检、法之间的权力配置不科学，使不同机关部门之间行使权力重相互配合多于相互制约，不利于发挥各自的职能，也不利于发挥权力分离的监督制约作用，并由此进一步提出从"夯实"的角度来看，需要继续对已经开展的体制改革进行进一步的深化改革，从"填空"的角度来讲，要对那些以往改革中提出但没有落实或者进展不大的改革完成"填空"作业。② 随着全面深化改革、全面从严治党的深入推进，这个问题已经得到了很大缓解。检察权的外部实现形式非本文探讨的重点，但其与司法责任制改革息息相关。司法机关也有从司法追责问责的角度来"倒逼"一线办案人员抵制外部干扰的考量。因此，从本质上讲，司法责任制改革与其他改革的深化息息相关。解决这个问题，要把司法责任制改革与深化跨区划法院、检察院改革等统一起来，通过全方位地深化司法体制改革来解决。

（三）司法责任的认定追究不够全面和准确

最高人民检察院《关于完善人民检察院司法责任制的若干意见》，对检

---

① 任颖：《司法责任制的功能定位与优化路径》，载《学习与实践》2019年第5期。
② 陈卫东：《司法体制综合配套改革若干问题研究》，载《法学》2020年第5期。

察人员的司法责任的认定和追究作了比较具体的规定。但立足司法实践，有观点就深刻指出，关于上述司法责任"认"和"追"等有关规定，从保障检察官秉持客观公正立场的视角来分析，有必要加以完善①。从实践运行情况看，以下几个方面比较突出：一是过错认定不够准确。实践中的问题主要是重大过失和一般过失在有些情况下难以区分，没有明确的判断标准，导致有的案件本该追责的不了了之，不该追责的追了责。二是主体认定不够准确。按照相关规定，司法责任包括了故意、重大过失、监督管理。但故意、重大过失、监督管理的划分标准明显不一致，三种责任是否属于同一逻辑层次值得思考。比如对检察官违法办案的行为没有发现、隐瞒不报的，应当负行政意义上的监督管理责任，还是司法责任意义上的监督管理责任，还有不同认识。三是司法追责惩戒与监察机关职务违法调查处理程序的衔接还不够紧密。司法追责惩戒与监察机关职务违法调查处理存在管辖竞合，司法追责惩戒也在纪检监察全覆盖范围内。实践中，大多数检察官职务违法亦即违反检察职责的案件由纪检监察机关调查处理。有学者明确提出，应该厘清检务督察部门（检察机关内部负责司法责任追究的部门）与监察委员会的组织机构关系，明晰二者督察（监察）对象范围，确定二者督察（监察）职能，以此形成监督合力，加强对检察机关及检察人员的监督②。不仅如此，囿于认识和工作开展程度的差异，各地对司法责任的认定和追究标准尺度把握还不一致。

四、机制功能的实践导向："高质效办好每一个案件"

最高人民检察院党组深刻领悟践行习近平总书记反复强调的"努力让人民群众在每一个司法案件中感受到公平正义"的重要指示精神，提出让"高质效办好每一个案件"成为新时代新征程检察履职办案的基本价值追求。司法责任认定、追究的重要目标在于促进实现高质效办好每一个案件的基本价值目标。检察机关司法责任制综合治理、惩防并举、标本兼治有机统一高质效办好每一个案件实践。

---

① 参见贾宇：《检察官客观公正立场研究》，中国检察出版社2022年版，第239页。
② 赵祖斌：《检务督察与监委会监察权力关系勘定及协调》，载《北京理工大学学报（社会科学版）》2021年第3期。

（一）在理论逻辑方面，"高质效办好每一个案件"是习近平法治思想检察篇章的原创性贡献

习近平总书记深刻指出，全面依法治国最广泛、最深厚的基础是人民，必须坚持为了人民、依靠人民；推进全面依法治国，根本目的是依法保障人民权益。① 基于对习近平总书记指示精神的坚决执行、法治建设规律的深刻把握、检察工作实践经验的科学总结，最高人民检察院党组与时俱进提出"高质效办好每一个案件"的贯彻落实要求和检察工作理念。

从解释规律的角度，"高质效办好每一个案件"不是解释一般现象，而是从根本上阐述检察机关如何落实"努力让人民群众在每一个司法案件中感受到公平正义"的价值追求和实践路径。全面准确落实司法责任制，应该以"高质效办好每一个案件"为标准，达到这个标准，就意味着全面落实司法责任制到位、符合党的要求、能够满足人民群众的司法需求，实现公平正义。从理论阐释的角度，"高质效"强调切实把习近平法治思想落实到司法责任制改革等检察工作中，这里的"质效"是质量、效率与公平正义的有机统一。② 检察工作必须正确把握司法责任制的内涵，在"质"和"量"的高要求上，深化司法责任制的理论创新和制度创新。从实践检验的角度，"高质效办好每一个案件"实际上是要求司法责任制服务于检察业务实际，从实践出发，再回归到制度设计上，为检察业务的提升创造良好的顶层设计，将习近平法治思想的精神和内涵融入司法责任制改革工作中。

（二）在时代逻辑方面，"高质效办好每一个案件"体现了检察工作司法理念、体系、机制、能力的高质量发展

党的十八大以来，中央对司法责任制作出了重要指示，党的二十大、二十届三中全会也提出了针对司法责任制的部署要求。对于检察机关而言，"高质效办好每一个案件"体现了司法理念、体系、机制和能力的高质量发展。司法责任制是制约平衡司法工作的一项重要制度，是检察工作的制度基石。在一定程度上，司法理念领导司法责任制的走向，司法体系包含司法责任制的脉络，司法机制促成司法责任制的完善，司法能力是对司法责任制

---

① 习近平：《论坚持全面依法治国》，中央文献出版社2020年版，第2页。
② 参见巩宸宇：《以高质效法律监督促进执法司法公正维护公平正义》，载《检察日报》2023年3月18日，第1版。

的实践检验，这些都对司法责任制的改革设计起着举足轻重的作用。检察机关要按照中央的部署和要求，持续抓好司法责任制的贯彻实施，坚持"高质效办好每一个案件"。

（三）在历史逻辑方面，"高质效办好每一个案件"是对中华优秀传统法律文化的检察传承

习近平总书记深刻指出，中华法系凝聚了中华民族的精神和智慧，有很多优秀的思想和理念值得传承。出礼入刑、隆礼重法的治国策略，民惟邦本、本固邦宁的民本理念，天下无讼、以和为贵的价值追求，德主刑辅、明德慎罚的慎刑思想，援法断罪、罚当其罪的平等观念，保护鳏寡孤独、老幼妇残的恤刑原则等，都彰显了中华优秀传统法律文化的智慧。①

作为习近平法治思想在检察环节的落实，"高质效办好每一个案件"从具体司法工作的角度彰显和体现了对中华优秀传统法律文化的继承和发展。全面准确落实司法责任制，是立足中国现代司法实际，挖掘传统历史、法律、司法文化的传承体现，司法责任制把握当代司法演进规律，面向未来司法发展方向，以具体的执法司法办案要求为基本逻辑起点，形成了对司法工作发展的整体规律性认识，体现继承性、民族性、原创性、时代性，实现了传统司法办案要求在新时代的创造性转化和创新性发展。

（四）在文明逻辑方面，"高质效办好每一个案件"是对域外法治文明成果的借鉴

习近平总书记指出，从世界历史看，国家强盛往往同法治相伴而生。②域外法治文明成果为我国执法司法提供了有益的指导和参考借鉴。

"高质效办好每一个案件"充分体现出对域外法治文明成果的借鉴，不同于西方的检察机关和检察制度，人民性是我国检察机关的根本属性。"高质效"意味着必须努力适应新时代人民群众对美好生活的向往，充分发挥检察职能作用，努力做实人民群众可感受、能体验、得实惠的检察为民。司法责任制也秉承着这个文明逻辑，充分吸收借鉴域外优秀法治成果。例如，关于检察机关的作用，列宁曾论及，检察长的责任是使任何地方政权机关的

---

① 习近平：《坚定不移走中国特色社会主义法治道路　为全面建设社会主义现代化国家提供有力法治保障》，载《求是》2021年第5期。

② 习近平：《论坚持全面依法治国》，中央文献出版社2020年版，第226页。

任何一项决定都不同法律抵触，对一切不合法律的决定提出异议。① 这其中就蕴含着司法责任制的设立理念。我国的司法责任制吸收借鉴苏联的检察制度，深刻认识党和人民提出的更高要求，从制度层面，致力于维护执法司法公正，保障国家法律统一正确实施。

（五）在发展逻辑方面，"高质效办好每一个案件"是坚持问题导向世界观和方法论的检察运用

坚持问题导向是习近平新时代中国特色社会主义思想世界观和方法论的重要内容。习近平总书记强调问题意识、坚持问题导向，就是承认矛盾的普遍性、客观性，就是要善于把认识和化解矛盾作为打开工作局面的突破口。② "高质效办好每一个案件"既起源于对问题的思考，更注重聚焦和解决检察工作面临的新情况新问题，找准制约检察工作高质量发展的主要矛盾和矛盾的主要方面。

在落实和完善司法责任制方面，"高质效办好每一个案件"引领司法责任制坚持问题导向世界观和方法论，司法责任制是严防司法腐败、维护司法公正的重要手段，也是加强法律监督的重要保障。目前检察队伍的办案能力尚不能满足我国全面依法治国的实践需求，在加强专业队伍和办案机构建设的同时，还应坚持全面准确落实司法责任制，切实把宪法和法律赋予检察机关的各项权力装进制度的笼子，准确行使办案权力，履行办案义务，找准问题，推进检察权的一体履职、综合履职、融合发展，有效提升检察办案质效。

五、路径设计：落实和完善司法责任制的思路举措

习近平总书记强调指出，完善司法制度、深化司法体制改革，要遵循司法活动的客观规律，体现权责统一、权力制约、公开公正、尊重程序的要求。③ 党的二十大报告强调的"全面准确落实司法责任制"，是对党的十八届三中全会以来以司法责任制为核心的司法体制综合配套改革的延续，更是

---

① 参见［苏］列宁：《列宁选集》（第4卷），中共中央马克思恩格斯列宁斯大林著作编译局编译，人民出版社1995年版，第701—705页。
② 习近平：《辩证唯物主义是中国共产党人的世界观和方法论》，载《求是》2019年第1期。
③ 习近平：《论坚持全面依法治国》，中央文献出版社2020年版，第148页。

对今后一个时期落实司法责任制的更高层次的要求。有观点认为，党的二十大报告在"全面落实司法责任制"的基础上增加了"准确"二字，不仅表明对司法权运行规律认识的深化，而且进一步明确了深化司法体制改革的重点领域和关键任务。① 党的二十届三中全会进一步提出落实和完善司法责任制的要求。权威解读明确指出，《中共中央关于进一步全面深化改革、推进中国式现代化的决定》在总结近年来改革经验的基础上，明确提出"落实和完善司法责任制"，既要坚持司法责任制改革的原则方向不动摇，又要加强对司法权力的内部监督制约，健全司法责任甄别、追究和惩戒制度，真正落实"由裁判者负责"。②

（一）精准把握"全面""准确"的本质内涵

遵循司法规律是深化司法责任制改革的基本原则。检察改革必须按照司法机关活动的规律要求进行。③ 全面准确落实司法责任制，本质上需要找到平衡点，在检察一体与检察官独立行使职权，在行使权力与承担责任之间找到均衡之处。正如有学者指出，构建和完善司法责任制，是司法公正的重要保障，是权力统一原则的必然要求，也是中西方司法文明共同的经验汇集；在进行制度构建时，应当遵循司法规律与中国实际相结合之指导原则。④ 人民检察院落实司法责任制的基本逻辑在于推动各类办案组织和检察人员按照职责权限办理案件，并对所办理的案件以及承担的办案事项负责，做到权责明晰、权责一致，强化检察人员的主体意识和责任意识，进而达到高质效办案的目的，从而最终实现"让人民群众在每一个司法案件中感受到公平正义"的价值目标。全面落实和准确落实是两个不同维度的要求。所谓"全面"，主要是对司法责任制外延和范围的要求。实施司法责任制有三个必不可少的重要环节，即主体、职权、责任。在主体方面，要覆盖各类办案组织和各类办案人员，既要考虑检察长和其他检察官，又要考虑检察辅助人员。有人认为司法责任制仅仅是检察官的责任。其实不然，司法责任制并不是要把责任集中到检察官身上，而是所有参与办案的人都要对自己的行为负责，那么参与办案的检察辅助人员自然要在职责范围内承担相应的司法责任。只

---

① 游劝荣：《习近平法治思想的司法理论》，载《中国法学》2023年第4期。
② 贺小荣：《健全公正执法司法体制机制》，载《中共中央关于进一步全面深化改革、推进中国式现代化的决定辅导读本》，人民出版社2024年版，第301页。
③ 童建明：《检察视角下的中外司法制度》，中国检察出版社2021年版，第97页。
④ 陈光中、王迎龙：《司法责任制若干问题之探讨》，载《中国政法大学学报》2016年第2期。

不过，由于检察辅助人员没有决定权，一般情况下在错案形成过程中作用不大，责任也相对较轻。在职权方面，"四大检察"各项业务都要覆盖并且细化。在责任落实方面，既要考虑司法办案责任，又要考虑监督管理责任。所谓"准确"，主要是对司法责任制内涵的要求。即必须处理好公正与效率、放权与管权，惩戒与保障，重大过失与一般过失等关系，以及检察长与检察官、检察官与检察官助理等关系，这些因素在很大程度上影响着司法责任制的价值导向和实践效果。有学者就指出，需要注重结合制度原理、制度现实环境、制度目标，同步跟进检察官助理发展与检察官培养制度建设、强化员额制检察官办案中的权责要求、合理调适员额制目标与科层制之间的张力，以及对诉讼制度改革等技术性配套方案的实施运行、推进理路予以统筹考量。①

（二）进一步明晰检察办案职责权限

办案职权的划分，实际上是决策权由谁行使，谁有权力决定案件。而制度设计的一大任务就是要避免把过多决策推给上级，减轻上级负担，提高决策效率。② 司法权的全部权能可以由一个办案主体行使，也可以由不同的办案主体行使，还可以由不同的办案主体分别行使。③ 因此，如何明确办案职责权限，是全面准确落实司法责任制的重要基础。有学者指出，检察权行使方式是建立司法责任制的基础，也是保障检察职权依法公正行使的根本措施。保证检察官按照司法规律行使办案职权，建立统一的检察官权力清单制度，使检察官成为真正的办案主体，对于完善人民检察院的司法办案责任制，有效推进检察改革，都具有重要意义。④

当然，检察官的办案职权与法官的办案职权有相同之处，也有明显不同。从《检察官法》《人民检察院组织法》角度看，检察机关的权力实际上集中体现于检察长的职权，这一点与法院和法官有着巨大的不同。《人民检察院组织法》第29条规定，检察官在检察长领导下开展工作，重大办案事项由检察长决定。检察长可以将部分职权委托检察官行使，可以授权检察官

---

① 曾翀、刘婵秀：《"后员额"改革时期的检察官员额制运行问题思考》，载《河北法学》2020年第6期。
② 兰小欢：《置身事内：中国政府与经济发展》，上海人民出版社2021年版，第15页。
③ 高景峰：《检察机关办案模式变革及理论基础》，载《国家检察官学院学报》2021年第5期。
④ 朱孝清、谢鹏程、邓思清：《新时代检察制度发展研究》，中国检察出版社2022年版，第206页。

签发法律文书。从三大诉讼法（刑事、民事、行政）的规定来看，并没有规定检察官（检察员）的职权，除了刑事诉讼法中规定了检察长决定检察人员回避、决定审查批准逮捕犯罪嫌疑人等两项职权外，检察职权的主体基本上是以人民检察院的形式出现的。因此，检察官的办案职权兼具法定性和意定性。所谓法定性，就是检察官独任办案抑或参加办案组办案，都是法律规定的形式。所谓意定性，就是检察官承办哪些案件，取决于检察长的授权，检察长的授权可以根据不同层级检察院有所不同，也可以在不同时期进行动态调整。而法官则有所不同，《人民法院组织法》第29条规定，人民法院审理案件，由合议庭或者法官一人独任审理。至于合议庭以及合议庭法官如何审理案件，案件的审理范围、审理程序、审理要求等则由其他法律规定。相应地，三大诉讼法均专门规定了审判组织的构成及运行，因此，法官职权的法定性特征更加明显。为了明确检察官职权，同时确保检察长授权更加规范，2015年印发的《关于完善人民检察院司法责任制的若干意见》提出建立检察官权力清单制度，要求"省级人民检察院结合本地实际，根据检察业务类别、办案组织形式，制定辖区内各级人民检察院检察官权力清单，可以将检察长的部分职权委托检察官行使"。检察机关内部的权力清单相当于检察长签发的一个概括式的委托书抑或授权书，以统一清单的形式放权给不特定的检察官，检察官自始才有了真正意义上的办案决定权。2024年印发的《关于人民检察院全面准确落实司法责任制的若干意见》，总结近年来检察办案实际，进一步明确了职权划分，也要求省级人民检察院可以结合本地实际，制定辖区内人民检察院检察官职权清单；省级人民检察院制定的检察官职权清单，应当报最高人民检察院备案。当然，对于权力清单和职权划分，有学者观点可以参考，其认为从检察官的分级角度，我国应当重新厘定上下级检察机关之间的管辖权下放问题，同时在完善检察官员额制的基础上，根据检察官的职级而非行政级别进行权力分配；从检察权的分类角度，我国应当在对检察权内涵类型化的基础上，明确检察权运行方式多样化的目标，以此形成行政性、司法性和督促性的权力运作模式与机制，并据此优化职权配置。①

1. 进一步明确检察委员会的职权

检察委员会是人民检察院的重大业务决策机构，也是重要的办案组织。

---

① 陈海锋：《检察官权力清单制定中的分级与分类》，载《国家检察官学院学报》2018年第5期。

《人民检察院组织法》第 31 条原则性规定了检察委员会的职能。《人民检察院检察委员会工作规则》第 8 条列举了应当提交检察委员会讨论决定的六类重大案件。从这些规定来看，检察委员会决定的案件总体上有两大类：第一类是根据情况需要集体决策的案件，比如涉及国家重大利益和严重影响社会稳定的案件，为了慎重起见，需要听取不同意见，集思广益作出决策；第二类是基于对应关系需要集体讨论的案件，特别是可能引起对应的法院审判委员会或者上级检察院检察委员会讨论的案件，比如拟层报最高人民检察院核准的案件，检察机关拟抗诉的案件（主要是重大、疑难、复杂的案件），以及下级检察院拟向上级院请示的敏感案件，等等。《关于人民检察院全面准确落实司法责任制的若干意见》进一步完善了检察委员会的职权，本质上就是达到有学者指出的"检察委员会制度的深化改革，应在检察一体原则下，构建符合司法规律、政治传统和基本国情的检察委员会与检察官的关系"。① 根据目前文件规定，提请检察委员会讨论决定的案件有：涉及国家安全、国家重大利益或者严重影响社会稳定的案件；拟层报最高人民检察院核准的案件；拟提请或者提出抗诉的重大、疑难、复杂案件；拟向上级人民检察院请示的案件；对检察委员会原决定进行复议的案件；根据《人民检察院刑事诉讼规则》《人民检察院民事诉讼监督规则》《人民检察院行政诉讼监督规则》《人民检察院公益诉讼办案规则》等的规定，其他需要提请检察委员会讨论决定的重大、疑难、复杂案件。再进一步深化改革，也可以考虑从程序上完善相关制度，包括完善重大、疑难案件的争议上报制度，上级检察机关在作出批复和决定时，应当进行合理解释和分析，充分发挥检察委员会的业务监督职能，比如通过制定发布"检察长任务清单"的方式，将检察长所办案件纳入会议讨论。②

2. 进一步明确检察长的职权

检察长与检察官之间是领导与被领导的关系，这一点与法院及其法官有明显不同。可以说，检察长就是行使检察权的集中代表。但检察长由于精力所限，不可能决定所有办案事项。因此人民检察院组织法采用了一种分权式的规定方式，即重大办案事项由检察长决定。一般的办案事项则可以授权检察官行使。这种分权式模式将检察长职权与检察官职权区分开来。实践中，

---

① 任涛、董玉庭：《国家治理现代化视角下的检察司法责任制》，载《行政论坛》2021 年第 2 期。

② 王新建：《准确把握检委会与检察官、检察长权力界限》，载《人民检察》2022 年第 7 期。

对于检察长对哪些案件行使决定权，也即什么是重大案件，则需要进一步廓清。重大案件被经常延展为重大疑难复杂案件以及敏感案件，对于重大案件的认识带有一定的主观色彩，每个人心目中的重大案件不一样，特别是每个层级、每个地区检察院的重大案件也不一样，那么从整体上制定一个重大案件的标准就尤为困难。但是不同层级的检察院对于重大案件的把握有一定规律可循：一是从所涉法益或者案件性质来判断，如将涉及国家利益、社会公共利益、国家安全等案件列为重大案件；再如将黑社会性质组织犯罪、金融犯罪以及新类型案件列为重大疑难案件。二是从社会危害和刑罚严重程度来判断，比如，有的将造成多人伤亡和重大损失作为重大案件；有的将犯罪嫌疑人、被告人被判处或可能被判处死刑的案件规定为省级院重大案件；有的将判处 10 年以上有期徒刑的规定为基层院重大案件。三是从争议大小来判断，比如将规定不明确导致适用法律上确有较大分歧的案件作为疑难案件。四是从涉案人员身份来判断，比如涉案人属人大代表、政协委员、处级以上人员或者涉外以及涉港、澳、台的案件。五是从案件社会影响及风险程度来判断，比如属社会关注度较高可能引发涉检涉诉信访等。六是从案件来源判断，比如属上级检察院交办、人大代表、政协委员反映或关注、下级检察院提请复议、公安机关提请复议复核的案件。[①]《关于人民检察院全面准确落实司法责任制的若干意见》进一步明确了下列案件或者办案事项，应当由检察长作出决定：涉及国家安全、国家利益、社会公共利益或者影响社会稳定的案件；涉及国防、外交等敏感案件；重大的职务犯罪、涉黑涉恶犯罪、金融犯罪案件；涉案人数众多，或者社会影响较大，或者危害后果严重的案件；新类型案件以及对于法律适用具有普遍指导意义的案件；上级人民检察院交办、下级人民检察院请示、公安机关要求复议和提请复核的案件；根据《人民检察院刑事诉讼规则》《人民检察院民事诉讼监督规则》《人民检察院行政诉讼监督规则》《人民检察院公益诉讼办案规则》等的规定，其他需要由检察长决定的办案事项。

3. 进一步明确检察官的职权

除法律等明确规定由检察官行使的权力外，从现有的检察制度和法律规定看，检察官的权力大都来自检察长的委托或者授权。对于法律或者检察权已经授权检察官行使的权力，检察官在职权范围内决定的事项，检察官实行全流程办案，检察官本人必须亲自传唤、讯问犯罪嫌疑人、被告人；组织收

---

① 许栋梁：《检察官权力清单制度的功能定位与发展》，载《人民检察》2023 年第 12 期。

集、调取、审核证据，开展调查核实工作；组织搜查、查封、扣押、冻结、勘验、检查；审查案件材料；出席法庭等；然后依法作出决定，并根据授权签发法律文书。办案事项由检察长行使决定权的，检察官办案组或者独任检察官也应当先按照上述程序办理案件，提出处理意见报检察长，由检察长作出决定并负责。《关于人民检察院全面准确落实司法责任制的若干意见》进一步明确了检察官依照法律、司法解释的规定和检察长的委托，依法行使下列职权：传唤、讯问犯罪嫌疑人、被告人；询问证人和对诉讼活动具有重要影响的其他诉讼参与人；组织收集、调取、审核证据，开展调查核实工作；组织搜查、查封、扣押、冻结、勘验、检查等；审查案件材料；主持案件听证会、公益诉讼磋商座谈会；出席法庭，宣读起诉书（上诉书、抗诉书、出庭意见书）、讯问被告人、对相关证据进行举证质证辩论、发表出庭意见等；查阅、调取人民法院案卷；临场监督死刑执行；检察长委托检察官负责的其他办案事项。同时，还明确了主办检察官除行使检察官办案职权外，负责检察官办案组办理案件的组织、指挥、协调；负责编入检察官办案组检察辅助人员的分工、提出考核建议等管理工作。

4. 进一步明确检察辅助人员等其他人员的职权

在改革过程中，不少人提出要明确检察辅助人员等的职责，以更好地为司法责任制推进提供基础。《关于人民检察院全面准确落实司法责任制的若干意见》作出了明确规定。首先，明确检察官助理在检察官的指导下，可以履行下列职责：讯问犯罪嫌疑人、被告人，询问证人和其他诉讼参与人；接待律师及案件相关人员；收集、调取、核实证据，协助开展调查核实工作；实施搜查、查封、扣押、冻结、勘验、检查等；审查案件材料，草拟法律文书；协助检察官出席法庭，经检察长批准，高阶段的检察官助理可以在检察官就主要事实和法律问题发言后，辅助进行举证质证、补充发表出庭意见、参与法庭辩论；检察官交办的其他办案事项。其次，明确检察技术人员受检察官的指派、委托，可以履行下列职责：对与犯罪有关的场所、物品、人身、尸体进行勘验或者检查；对案件中的专门性问题进行鉴定并出具鉴定意见；对案件中的技术性证据进行专门审查并出具审查意见；协助开展调查和收集证据；其他检察技术辅助工作。再次，明确书记员在检察官指导下，可以履行下列职责：案件受理、审查、宣告中的事务性准备工作；案件办理过程中的记录工作；案件收转、登记和法律文书的文印、送达；案件材料的录入、保管、整理和案卷装订、归档；检察官交办的其他事项。同时规定检察官可以指派书记员配合检察官助理开展工作。最后，明确了司法警察负责办案场所警戒、人民检察院直接立案侦查案件犯罪现场保护、人员押解和看管、保障调查核实顺利进行、维持听证秩序、参与检察官履职保护等警务事项，依法履行《人民检察院司法警察条例》规定的职责。知责、明责才能追责、问责，通过对其他检察人员职责的明确划分，为下一步司法责任制的进一步落实奠定基础。

（三）加强对检察办案的制约监督

没有监督的司法一定是任性的司法。习近平总书记特别强调，要加快构建系统完备、规范高效的执法司法制约监督体系，加强对立法权、执法权、监察权、司法权的监督，健全纪检监察机关、公安机关、检察机关、审判机关、司法行政机关各司其职，侦查权、检察权、审判权、执行权相互制约的体制机制，确保执法司法各环节、全过程在有效制约监督下进行。① 实际上，我国检察机关自 1978 年恢复重建以来，加强和改进检察权运行监督机制是完善中国特色社会主义检察制度的重要措施。② 有学者指出，作为司法责任制核心的员额制改革作为一项长期的人事改革措施，应做好长期发展的配套制度，既要让司法人员期待"入额"，提高工作积极性，又要完善监督体系，避免司法人员入额后，出现监督的"真空"地带。③ 有学者强调，要强化对司法活动制约监督，系统推进人大监督、检察机关的法律监督、司法机关内部监督、人民群众监督和社会监督等。④ 有的还突出强调要构建开放动态透明的阳光司法机制，依托信息技术，加强执法司法公开平台建设，统筹好向当事人公开和向社会公开的关系，主动及时公开案件信息、办案流程信息和执行信息等。鼓励群众对政法机关进行监督，保障群众监督权的实现。⑤

在审批制办案模式下，决定权与监督权往往混合交织于一体，对于检察长、部门负责人来讲，审批案件就是履行监督职责，正是这种"亦办案亦监督"的模糊状态，造成了在办案中定位不清、责任不清的问题。而在实

---

① 《习近平著作选读》（第二卷），人民出版社 2023 年版，第 571 页。
② 傅信平：《我国检察权运行监督机制规范化建设历程述评——以 1996 年至 2020 年检察工作发展历程为切入点》，载《贵州大学学报（社会科学版）》2021 年第 4 期。
③ 陈晨：《刑事司法责任制改革再认识——以员额制改革为视角》，载《法学》2022 年第 8 期。
④ 徐瑜璐：《法治中国建设的战略意蕴与实践路径》，载《理论视野》2023 年第 9 期。
⑤ 周尚君、高文杰：《新时代政法领域改革论纲——深刻把握习近平总书记关于政法领域改革的重要论述》，载《中共中央党校（国家行政学院）学报》2023 年第 4 期。

施司法责任制后,"谁决定谁负责"的要求使得办案责任紧紧跟随对案件作出最终决定的主体,激励办案主体认真履职。但不可否认,单纯以追究司法责任来促使检察官公正司法显然远远不够。因为追究司法责任具有明显滞后性,并且相当一部分案件尽管存在不规范司法的行为,但未必能够进入追究司法责任的环节。因此,对司法活动过程的制约监督就显得尤为重要。自由裁量权空间越大,廉政风险就越大,制约监督的必要性也就越大。近年来,在落实司法责任制"放权"要求的同时,检察机关落实认罪认罚从宽制度等,检察官裁量权进一步扩大,如何强化对权力运行的监督制约、构建完善的内外部制约监督体系迫在眉睫。

加强监督制约,要处理好放权与管权的辩证统一关系,实际上也就是处理好去行政化和加强审核把关的关系,找到一个最佳平衡点。虽然有学者指出,去行政化在未完成前仍然是我国司法体制改革需要深入推进的重要课题。① 但放权不是一放了之,要按照法律和"四大检察"规则的规定依法赋权给检察官,即在符合法律和司法解释规定的前提下,可以结合各地检察官实际和办案情况,放权给检察官,尊重检察官的亲历性和主观能动性。管权不能干涉办案,而是在检察官办案的同时,开展必要的审核、提醒和督促,帮助检察官规范行使检察权。要从程序和实体两个方面强化监督。在程序上,要进一步完善案件流程监控机制,形成"四大检察"流程监控制度体系建设。通过人工监控和智能监控的有机结合,完善常态化流程监控预警、提醒和定期通报督促制度,提升监控效果。有观点认为,应该依托大数据、信息化手段实现司法办案的全流程、动态化管理和监督。② 在实体上,要特别加强从事前、事中、事后三个阶段强化监督。事前监督,比如常态化落实好"三个规定"③,进一步厘清履行法定职责过问了解与违规过问或干预、插手司法办案的界限。事中监督,比如加强检察长、部门负责人的监督管理权。检察长(副检察长)可以对检察官职权范围内决定的案件或者办案事项,要求检察官在签发法律文书前送请审核。对检察官办理的案件可能受到

---

① 张建伟:《检察官管理:司法规律和制度功效》,载《人民检察》2023年第8期。
② 贾宇:《新时代检察理念研究》,中国检察出版社2021年版,第288页。
③ 2015年3月,中办、国办印发《领导干部干预司法活动、插手具体案件处理的记录、通报和责任追究规定》;2015年3月,中央政法委员会印发《司法机关内部人员过问案件的记录和责任追究规定》;2015年9月,最高人民法院、最高人民检察院、公安部、国家安全部、司法部联合印发《关于进一步规范司法人员与当事人、律师、特殊关系人、中介组织接触交往行为的若干规定》,简称"三个规定"。

不当过问、干预，当事人举报投诉检察官违法办案等情形，检察长（副检察长）可以要求检察官报告办案情况，等等。部门负责人可以针对某个案件或者案件中的一类问题组织研讨、召集检察官联席会议讨论。检察官联席会议讨论意见对于办案检察官来说虽是办案参考，但是对检察官的制约作用也不可忽视。实际上，在检察改革的"四梁八柱"体系中，检察官联席会议制度虽并不具有基础性支撑功能，但由于其处于检察官办案责任制和检察一体化原则的"边际区域"，联席会议制度的组织构建和实际运行情况足以反映出检察改革的实际方向和改革力度，对其进行重塑关系到整个检察官办案责任制改革的走向。① 事后监督，比如全面加强案件质量评查，推进"智能化评查""网上异地交叉评查"和"每案必评"试点工作，不断提升评查工作质效；对于典型错案和重大瑕疵案件坚持反向审视，等等。《关于人民检察院全面准确落实司法责任制的若干意见》进行制度设计，要求上级人民检察院应当加强对下级人民检察院司法办案工作的领导和监督；检察长可以对检察官职权范围内决定的案件或者办案事项进行审核。尤其明确要求业务部门负责人除作为检察官承办案件外，应当履行通过听取案件汇报、查看检察业务应用系统、抽查案卷材料等，对本部门检察官办理的案件进行常规检查等监督管理职责。当然，也明确规定了，业务部门负责人审核案件或者重要法律文书时，可以要求检察官对案件重新审查或者补充相关材料，但不得直接改变检察官意见或者要求检察官改变意见。业务部门负责人与检察官处理意见不一致时，可以召集检察官联席会议讨论，也可以将审核意见连同检察官处理意见一并报检察长决定。检察官处理意见与检察官联席会议多数检察官意见不一致的，业务部门负责人应当将案件报检察长决定。

司法实践中，有的对检察长、部门负责人的审核提出质疑，认为不符合司法责任制改革的要求。这其实是没有深刻认识到法律规定依法独立行使职权的含义。事实上，不论是个人还是司法机关整体，司法机关依法独立行使职权，不是司法独立于政治。有学者认为，司法机关依法独立行使职权，真正的含义是"具体案件判决的作出没有受到任何直接的外部干预"。② 检察长、部门负责人审核是不是对检察官办案决定权的干预和否定？从表象上

---

① 詹建红、崔玮：《检察官联席会议制度运行机制之检讨》，载《经贸法律评论》2022年第1期。
② ［美］马丁·夏皮罗：《法院：比较法上和政治学上的分析》，朱勇等译，中国政法大学出版社2005年版，第219页。

看，在司法责任制推行过程中，放权的幅度经历了适当收缩的过程，似乎显示了对司法人员群体的"信任危机"。实则不然，司法责任制实践的过程，本身就是对司法权运行规律不断深化认识的过程，是权力与行权主体匹配的过程，对权力的适当收放属于司法机关"自适应"的正常现象。全面准确落实司法责任制，坚持检察官履职的相对独立性和司法亲历性方向不能变动，这是司法机关提升办案质量的重要环节。检察官相对独立性原则是指检察官办案组内部应当尊重检察官的相对独立地位，无论是主任检察官还是业务部门负责人，都只能对检察官的决定进行内部审核，不能直接改变检察官的办案决定；而司法亲历性原则，是指检察官办案组办案仍应遵循承办检察官制度，从而确保承办检察官直接认定事实，进行证据调查，实现承办权与决定权的统一。① 与此同时，加强对案件的审核也是司法机关提升案件质量效果的"自适应"行为。而检察机关内部审核又与其一体化的属性密不可分。审核不同于审批，检察长、部门负责人审核案件时，不得直接改变检察官意见或要求检察官改变意见，但是可以要求检察官对案件进行重新审查，提示检察官办案中的不足和问题。因此，放权与管权统一于公正司法这个价值追求，可以并行不悖、相辅相成。这个问题实际上还涉及检察一体与检察官依法履职问题。在检察一体中科学审视与突出检察官主体地位，强调"上命下从是以各个检察机关、各个检察官的独立性为前提的，如果没有检察机关和检察官的独立性，检察一体化就失去了存在的基础"。② 当然，检察官独立是在检察一体化的大框架下的独立，因此只能是一种相对的独立。③ 实际上，司法责任制改革背景下"检察一体"改革的关键问题就是如何在"检察一体"和检察官独立地位之间寻求一个动态的平衡，使之既能够继续发挥"检察一体"的制度优势，同时又能突出检察官的办案主体地位，以实现公正、高效、权威的检察权运行目标④。

（四）严格司法责任认定和追究

检察官司法责任追究基于办案职权产生，针对的是检察官在办案过程中

---

① 张永进：《检察官办案组改革初探》，载《西部法学评论》2020年第4期。
② 张智辉：《论检察一体化》，载《中国法学》2023年第3期。
③ 崔永东：《检察人员司法责任制体系的构建及其与检察权属性之间的关系》，载《上海大学学报（社会科学版）》2017年第5期。
④ 张朝霞、张伟：《司法责任制改革背景下"检察一体"的改革和完善》，载《福建警察学院学报》2020年第3期。

产生的责任，本质上是一种办案责任追究，表现为纪律责任、民事责任、刑事责任等形态；检察官惩戒制度基于职业身份产生，受职业伦理的约束，本质上是一种职业责任惩戒，包括不当的职务行为与职业外行为。① 基于此，有学者认为，从统一规范及追责的角度看，应将司法人员违反职业道德规范的责任追究纳入司法人员监督管理体系范围，区分违纪责任与违法责任，分别由惩戒委员会提出意见，并交由有关机关作出处分决定；须追究刑事责任的，依法适用司法程序处理。② 实际上，广义司法责任，是人民检察院遵循"谁办案谁负责、谁决定谁负责"的要求，推动各类办案组织和检察人员按照职责权限办理案件，并对所办理的案件以及承担的办案事项负责。对违反法定职责办理案件的检察人员，应当追究相应司法责任。狭义司法责任，也就是责任追究意义上的司法责任。责任追究是全面准确落实司法责任制的最后一环，也是关键一步。近年来，检察机关追责惩戒的顶层设计逐步完善，检察官惩戒委员会审议工作有序开展，案件质量终身负责和错案责任倒查制得到有效落实。最高人民检察院已印发修订后的《人民检察院司法责任追究条例》，要求对应当承担司法责任的检察人员，根据其违反检察职责行为的性质、情节、后果，追究纪律责任或法律责任。

当然，司法责任是对司法机关内部责任的划分，不同于国家赔偿责任。前者是个人责任、过错责任；而后者是国家责任、严格责任。二者不可混为一谈。司法的基本内涵是判断，但由于司法实践错综复杂、有的司法标准尚不统一，判断难免出现失误，不能过于苛求。因此法院、检察院的司法责任只限于故意和重大过失两种，对于一般过失和司法瑕疵则不再追究司法责任。大部分学者都持有这个观点。有学者认为，对检察人员进行责任追究，应当同时满足四个方面的构成要件，即错案（不当行为）、因果关系、主体条件、主观要件；主观要件指主观方面存在故意或重大过失。③ 重大过失和一般过失的厘清十分重要，涉及坚持严肃追责与依法保护相统一原则的落实，即什么情况下该严肃追责、什么情况下要宽容失误。因此，必须细化完善检察办案环节司责任认定和豁免具体情形，积极探索开展失实检举控告澄清工作，切实保护检察人员依法履职积极性。对于检察人员在司法办案

---

① 李蓉、瞿目：《论监察体制改革背景下的检察官惩戒制度》，载《中南大学学报（社会科学版）》2020 年第 3 期。

② 任颖：《司法责任制的功能定位与优化路径》，载《学习与实践》2019 年第 5 期。

③ 万毅、杨炯：《检察官责任追究制：现状、解读与完善》，载《江苏行政学院学报》2020 年第 6 期。

中，虽有错误后果发生，但尽到必要注意义务，对错误后果发生仅有一般过失的，不承担司法责任。

《关于人民检察院全面准确落实司法责任制的若干意见》对责任追究的规定进行了完善。一是明确检察人员应当对其履行职责的行为终身负责。在司法办案工作中，检察人员故意违反职责，或者因重大过失违反职责造成严重后果的，应当承担司法责任。二是明确检察委员会的责任。检察委员会讨论的案件，检察官对其汇报的事实负责，检察委员会委员对本人发表的意见和表决负责。检察委员会作出错误决定的，检察委员会委员根据错误决定形成的具体情形和主观过错情况，承担相应的司法责任；没有故意或者重大过失的，不承担司法责任。三是明确检察长的责任。检察长对职权范围内就办案事项作出的决定负责；检察长对办案事项作出的决定，检察官应当执行。检察官执行检察长决定时，认为决定有错误的，可以提出异议；检察长不改变该决定，或者要求立即执行的，检察官应当执行，执行后果由检察长负责，检察官不承担司法责任。检察官执行检察长明显违法的决定且未提出异议的，应当承担相应的司法责任。四是明确检察官的责任。独任检察官办理并作出决定的案件，由独任检察官负责。检察官办案组办理的案件，由主办检察官和其他检察官共同负责。主办检察官对其职权范围内决定的事项负责，其他检察官对自己的行为负责。检察官故意隐瞒、歪曲事实，或者因重大过失遗漏重要事实、证据或者情节，导致检察委员会、检察长作出错误决定的，主要由检察官承担司法责任。独任检察官、检察官办案组根据检察长、副检察长、检察委员会专职委员、业务部门负责人对案件重新审查的要求，改变原决定从而作出错误决定，前述负有监督管理职责的人员存在故意或者重大过失的，承担监督管理责任；独任检察官、检察官办案组存在故意或者重大过失的，承担司法责任。五是明确检察辅助人员责任。检察辅助人员参与司法办案工作，对自己职责范围内的办案工作负责。对于检察官在职权范围内作出决定的事项，检察辅助人员不承担司法责任。检察辅助人员有故意或者重大过失行为，导致检察官作出错误决定的，应当承担相应的司法责任。检察官授意、指使检察辅助人员实施违反检察职责行为，由检察官承担司法责任。检察辅助人员执行明显违法的指令且未提出异议的，应当承担相应的司法责任。六是明确上下级检察院责任。上级人民检察院改变下级人民检察院意见的，由上级人民检察院有关人员就改变部分负责。下级人民检察院有关人员故意隐瞒、歪曲事实，或者因重大过失遗漏重要事实、证据或者情节，导致上级人民检察院作出错误命令、决定的，由下级人民检察院有关人员承担司法责任；上级人民检察院有关人员存在故意和重大过失的，应当承担相应的司法责任。七是明确不承担责任的情形。规定检察人员在履行职责过程中，虽有错误后果发生，但已经尽到必要注意义务，对后果发生仅有一般过失的，不承担司法责任。检察人员在事实认定、证据采信、法律适用、办案程序、文书制作等方面不符合法律和有关规定，但不影响案件结论的正确性和效力的，属司法瑕疵，不因此承担司法责任。检察人员能够主动纠错、说明情况，如实记录报告干预司法活动、插手具体案件处理、违规过问案件、不当接触交往等情况的，可以从宽处理。对抗、阻碍或者指使他人对抗、阻碍司法责任调查和追究的，应当从严处理。八是明确申诉和失实澄清要求。规定检察人员对处理决定不服的，可以申请复核，提出申诉。对检察人员检举控告失实需要澄清的，应当采取适当方式进行澄清。对检察人员诬告陷害的，应当依法予以追究。

司法是忠诚、善良和公正的艺术，司法人员应该是善良、有操守和德行的人，是客观理性、衡平如水地适用法律的人。[①] 司法责任制改革实际上就是为了提高司法能力水平，让司法成为忠诚、善良和公正的艺术，让司法人员成为善良、有操守和德行的人，让司法权符合公权力运行的基本规律，"把权力关进制度笼子"，让权力更好地为人民服务。司法责任制改革走过不平凡路程，要坚持一张蓝图绘到底，朝着"全面""准确"的方向不断落实和完善，正确处理好改革中不同主体、不同权力、不同责任之间的关系，让所有办案主体肩负责任感使命感，高质效办好每一个案件，努力让人民群众在每一个司法案件中感受到公平正义。

---

① 孙谦：《检察：法律守护人——以刑事法律监督为基点》，中国检察出版社2019年版，第428—429页。

大数据分析在法律监督中的应用研究[*]

翁跃强[**]

  党的二十大报告明确提出要加快建设数字中国，加快发展数字经济，促进数字经济和实体经济深度融合，打造具有国际竞争力的数字产业集群。党的二十届三中全会进一步要求健全促进数字经济和实体经济深度融合制度，加快构建促进数字经济发展体制机制，完善促进数字产业化和产业数字化政策体系。实施数字检察战略是检察机关深入学习贯彻习近平法治思想和习近平总书记关于大数据战略重要论述，适应数字时代发展新趋势，实现法律监督

---

[*] 本文系 2022 年度最高人民检察院检察理论研究课题（项目批准号：GJ2022B10）的研究成果。

[**] 课题主持人：翁跃强，最高人民检察院数字检察工作领导小组办公室副主任、案件管理办公室副主任（挂职）。课题组成员：刘品新，中国人民大学法学院教授、博士生导师，智慧检务创新研究院副院长，智慧法律科技创新研究中心主任；申云天，最高人民检察院数字检察工作领导小组办公室成员、案件管理办公室业务信息化管理处处长、二级高级检察官；王晓霞，浙江省人民检察院法律政策研究室主任；苏文玉，浙江省绍兴市人民检察院法律政策研究室主任；沈旸，浙江省杭州市余杭区人民检察院第七检察部主任；李圣洁，浙江省杭州市余杭区人民检察院驻良渚组团检察室主任；朱姗依，浙江省东阳市人民检察院检察官助理。

高质量发展、助力法治监督体系建设效能提升的重要举措。应勇检察长指出："数字检察是数字中国的重要组成部分，是数字中国在检察机关的具体体现，其根本是赋能检察机关法律监督，促进检察办案更加公正、检察管理更加科学、检察服务更加精准。"① 大数据之于新时代检察机关法律监督，既为监督质效提升释放出前所未有的动能，也为基层法治实践和社会治理提供了重要启示和路径。本文着重围绕"大数据分析在法律监督中的应用"开展深入研究，以期通过研究建构大数据分析在法律监督中应用的具体路径和长效机制，助力加快推进"数字检察战略"，实现法律监督模式变革重塑，推进检察工作高质量发展。

一、大数据分析在法律监督工作中的应用现状

2017年6月，最高人民检察院印发《检察大数据行动指南（2017—2020年）》，并正式提出"检察大数据战略"。2021年6月，"大数据"在《中共中央关于加强新时代检察机关法律监督工作的意见》（以下简称中央《意见》）中被赋予新时代法律监督路径方法的重要角色。2022年1月全国检察长（扩大）会议上，检察大数据战略在"以大数据法律监督赋能新时代检察工作高质量发展"的学习研讨中被提升到新的高度。同年11月，最高人民检察院成立数字检察工作领导小组及其办公室，推动实施"数字检察战略"。② 应勇检察长先后于2023年3月17日全国检察机关学习贯彻两会精神会议、4月21日调研北京市检察院第二分院、6月19日在北戴河与数字检察工作专题研修班学员座谈、7月19日大检察官研讨班、9月13日调研山西检察大数据中心等重要会议、场合，通过一系列的讲话释放数字检察战略走向纵深发展的强烈信号。应勇检察长在北戴河与数字检察工作专题研修班学员座谈时深刻指出：推进数字检察战略，重心是立好数字检察的"四梁八柱"，形成"业务主导、数据整合、技术支撑、重在应用"的工作机制；"重在应用"是目的。要聚焦检察中心任务，聚焦更好履行法律监督职能，聚焦"高质效办好每一个案件"，充分发挥数据要素效能，以数字检

---

① 参见巩宸宇：《应勇在北戴河与数字检察工作专题研修班学员座谈》，载《检察日报》2023年6月20日，第1版。

② 2022年11月最高人民检察院成立数字检察领导小组及其办公室后，"检察大数据战略"更名为"数字检察战略"。

察辅助监督办案、优化检务管理、助力检察为民,促进检察机关依法一体履职、综合履职。① 这深刻阐释了何谓数字检察战略、数字检察战略何为的具体思路。通过多年的实践探索,数字检察不再是个别先行地区的探索创新,大数据已深入检察业务工作的方方面面,"数字革命"已成为驱动新时代检察机关法律监督整体提质增效的关键变量,数字检察工作在全国检察机关各个业务领域广泛开展,并逐渐形成一套科学、成熟、高效的工作体系。

(一) 运用大数据开展法律监督的目标任务

运用大数据开展法律监督,大数据是手段,法律监督是目标,其核心价值就是通过大数据运用与检察办案的深度融合,实现法律监督模式的重塑变革。实现这一核心价值,需要三个层面的支撑。一是能够获取执法司法信息和第三方数据。运用大数据开展法律监督的基础是数据,如果信息共享不畅,大数据法律监督如"无源之水""无本之木"。因此,要通过建立健全司法各单位协同办案机制,打通部门间的数据壁垒,解决"数据孤岛"问题,实现检察业务数据、政法协同数据、行政协同数据、第三方公共数据的集纳与管理。二是要有"个案办理—类案监督—系统治理"的监督思维。大数据思维的核心内容,是在个案办理过程中发现典型性、规律性问题,通过特征梳理、归纳分析,从海量数据中筛选批量监督线索,开展类案监督,再从中发现制度机制、管理治理等方面的典型性、普遍性问题,从法律监督视角提出社会治理检察建议,办成一批案件,促进一域治理。三是贯通"四大检察"融合监督模式。通过建立审查、调查、侦查"三查融合"机制,大力推进"四大检察"之间的协调配合,有利于优化检察资源、完善内部制约、提升监督效果。"三查融合"机制是新时代数字检察战略背景下对"检察一体化"内涵的丰富与完善,通过推进检察权行使的统一性,提升法律监督的倍增效应,体现法律监督的刚性,也为开展大数据法律监督,实现系统内和系统外的多跨及重难点领域的穿透式、融合性监督提供了理论和实践依据。

(二) 运用大数据开展法律监督的客观基础

随着信息技术飞速发展和国家大数据战略深入实施,大数据在经济社会

---

① 参见巩宸宇:《应勇在北戴河与数字检察工作专题研修班学员座谈》,载《检察日报》2023年6月20日,第1版。

高质量发展中的作用愈加重要。新形势对检察机关也提出了新的更高要求，检察机关在推进法治体系建设、推进国家治理体系和治理能力现代化等方面的作用日益凸显。回顾我国检察机关大数据法律监督工作的历史沿革及工作依据变化，无不为今天的数字检察战略奠定了深厚底蕴。

一是技术基础。近年来，检察机关深入贯彻习近平法治思想，加快智慧检察建设，推动大数据管理与检察办案和服务平台建设，形成涵盖"四大检察"的数字化检察产品，基本构建了功能完备、便捷高效、线上线下相结合，具有普惠性、公益性、精准性、便捷性的公共检察服务体系，总体上使得内部流转更顺畅，外部参与更充分，满足了检察环节全过程不同人员角色的实际需求，用数字化方式进一步拉近检察机关与人民群众的距离。如部分检察机关通过微信、支付宝等软件打通与外部的交互通道，通过开发App、小程序等辅助检察技术开展线上服务等。与此同时，大数据、云计算、区块链等技术作为数字检察的重要手段，如政法一体化办案、律师网上阅卷、电子卷宗等系统的开发，成为推动检察工作改革发展的主要助力。

二是制度依据。党的二十大报告专门强调"加强检察机关法律监督工作"，中央《意见》为理解检察机关作为国家的法律监督机关的宪法定位提供了新场景，也赋予检察工作新的政治责任和历史责任。中央政法委《关于加强政法领域执法司法制约监督制度机制建设的意见》提出，健全完善智能化制约监督体系，全面建成政法各系统内网、电子政务外网为主干的政法网络格局，推进执法司法业务线上运行、线下流转，实现实时记录、全程留痕。中央政法委《关于充分运用智能化手段推进政法系统顽瘴痼疾常治长效的指导意见》也提出，探索建立检察大数据法律监督平台。充分发挥检察机关法律监督职能，围绕"四大检察"监督需求，畅通检察监督大数据归集调用，收集公安机关受立案数据、法院裁判文书和刑罚执行机关罪犯考核奖惩等执法司法办案数据，以业务应用场景为主导，打造专题监督模型，通过对海量数据的智能筛查、对比分析，发现异常线索，实现精准监督。检察机关法律监督必须适应数字时代发展的需要，既要抓本的提升，以求极致的精神强化法律监督，做到止于至善；又要抓质的嬗变，以"数字革命"驱动新时代法律监督整体提质增效。[①] 相关政策、要求对大数据法律监督提供了更明确的依据和更丰富的内涵，提出了更深层次的期许，不仅破解了大数据法律监督探索实践的依据争议，也与当前法律监督工作流程重塑

[①] 参见贾宇：《论数字检察》，载《中国法学》2023年第1期。

的逻辑相匹配，充分调动了检察机关的履职主动性，数字检察工作不断走深走实，开启了大数据法律监督更高质量发展的新阶段。

三是数据积累。构建大数据法律监督模型以数据为基础，检察机关通过信息技术开发、信息资源利用和合理化改造，在业务数据化的过程中逐步形成了检察大数据库。2014年检察业务应用系统1.0上线运行，全国检察院在"一张网"上完成全流程办案，开启了检察业务的大"数据"时代，截至2021年检察业务应用系统2.0上线前，全国检察机关共办理各类案件5100万余件，生成法律文书超过1亿份。[①] 检察业务应用系统2.0上线后，进一步实现了检察业务平台与政法平台、行政执法平台对接，巨大体量的业务数据仍在源源不断地进入数据库。2021年浙江省检察院启动检察大数据法律监督平台建设，对接内外部数据需求，目前"浙江检察数据应用平台"（以下简称数据应用平台）已上架80项2.54亿条标准化数据。[②] 这些数以亿计的检察机关内部数据、其他司法执法机关业务数据甚至是互联网开放数据，为开展大数据法律监督提供了充分的样本数据。

（三）运用大数据开展法律监督的实践探索

近年来，全国检察机关深入贯彻中央《意见》要求，以进一步加强检察机关法律监督为目标，积极探索构建大数据法律监督新体系，引领检察工作实现高水平飞跃，逐渐将数字检察优势转变为数字赋能检察工作胜势。

一是形成"数字赋能监督，监督促进治理"的监督路径。各地检察机关探索运用大数据推动类案监督线索的分析研判，逐步放大个案的办理效应，特别是着眼于司法执法权力运行及社会治理的难点堵点淤点，通过数据共享、场景多跨、工作协同，以高质量法律监督助力提升国家治理体系和治理能力现代化水平。如某基层院针对办案发现的随迁子女辍学失管、非法用工、违法犯罪等问题，构建"随迁子女权益保护"数字场景，发现辍学失管、非法用工、强制报告等线索100余条，开展融合监督，推动职能部门建章立制、协同处置，打造随迁子女权益综合保障体系，有效破解城市发展进程中特殊群体保护领域的社会治理难题。

---

① 参见史红美：《全新迭代，亮点满满！检察业务应用系统2.0来了》，载微信公众号"最高人民检察院"2021年11月3日。

② 参见吴帅帅：《数字检察如何磨砺法律监督之剑》，载《新华每日电讯》2023年5月6日，第3版。

二是架构"一域突破,全域共享"的监督格局。打通多级数据,避免重复建设,提升大数据法律监督规模效应。如山东省检察机关在本地部署应用一体运行的数据应用平台,为办案人员申请数据、构建模型、打造场景提供"一站式"平台支撑,全省检察机关已利用该平台建立近百个大数据法律监督模型,部分使用频次高、跨区域复用性强、监督成效显著的场景在该平台上线,实现全省贯通。

三是打造"办理一案,治理全域"的监督生态。充分发挥检察一体化优势,通过综合履职、一体履职、系统履职,实现"由案到治",最大限度履行好检察机关法律监督职责。如浙江省杭州市检察院打造的"全域数字法治监督应用",收录全市两级院各类大数据法律监督子场景。与数据应用平台更专注模型构建不同,该模式中,市级检察机关充分发挥市级层面数据需求、线索流转、机制共建、优化配置等方面的作用,实现数据集纳、线索下放、分析研判的全市统筹,解决了基层力量有限、监管手段落后、数据协同难度大、无法全面履职到位等问题,打造出持续有力、应用高频、良性互动的法律监督生态,办理出一批高质量的案件。

二、大数据分析在法律监督中的应用方法

大数据法律监督的落脚点是办案,如何让数据为监督说话,成为检察办案大数据运用的重要课题。实践中,办案人员一定程度上存在对大数据法律监督认识理解的盲区或方式方法的误区,以下通过业务逻辑、思路拓展、模型构建来系统解构大数据法律监督的工作方法。

(一)运用大数据开展法律监督的业务逻辑

作为刑事诉讼过程中承上启下的环节,捕诉职能决定了检察机关获取和掌握大量刑事案件数据及信息的能力,在数据的运用方面,检察机关自有数据始终是具有内生性动力的监督富矿,也是建立数据思维的基本支点。大数据法律监督作为数字检察的一部分,体现的是数字检察的工具性价值,自然不可脱离"业务规则的分析运用""监督模型的构建""违法犯罪行为的处理""社会治理效果的达成"等要素。

首先,立足个案办理,梳理类案监督规则。无论是发现了案件中的非典型性问题,还是通过同类案件办理归纳出典型性的特征和规律,实际运用中,一般都可以按照"发现问题—查找原因—解决方案"的法则,从某些

异常数据入手，一步步推断出关键线索，如组织卖淫案件中对犯罪嫌疑人的手机数据进行筛选，根据代收嫖资人员固定时段、固定金额、固定收款方式推算嫖资，根据固定分成比例、资金走向、结算金额推算卖淫团伙的合作模式，从而推导出组织卖淫的人员架构及上下链模型，对不在案的高频交易对象进行同类案件串并，从而发现遗漏的犯罪嫌疑人或犯罪事实。又如，在某一民事裁判监督案件中发现虚假诉讼线索，梳理出多个显著异常的特征点，以相关特征点为参照，在民事裁判文书库中摸排高度匹配的同类案件，进而发现批量虚假诉讼线索。

其次，了解字段信息，明确数据需求。对于办案人员来说，一是要善于分析案件问题、成因，梳理与线索高度关联的关键信息或高频字段，建立显著异常指标，进而锁定数据需求，解决要什么数据的问题。二是要提前调查了解所需数据由哪些行业或部门掌握，知悉这些数据在持有部门或行业的系统内以结构化还是非结构化类型展现，解决数据向谁要和要什么类型数据的问题。三是遵循数据最小化原则。大部分数据持有部门必然考虑数据安全和隐私保护问题，因此数据的敏感度、多维度、完整度一般与获取数据的阻力成正比。强调数据的"必要性""最小化"，既可以降低数据泄露的风险，也可以减少对海量数据或无价值数据进行审查的精力消耗。

由于不同工作网络之间的数据孤岛问题，难以避免工作网和互联网的数据交互，进而出现高密级向低密级网络传输数据的困扰，对此基层检察机关通过实践提出了相应的解决方案：一是对高密级数据的脱密。如某基层院建设"特定行业准入码"数字场景应用，特定从业人员在查询端口输入的身份信息经与犯罪记录库碰撞后，仅反馈准入、尚在禁入期限或终身禁入的结果，但不反馈或留存具体犯罪记录。二是对提取数据进行筛选。即把一条全量信息切割成零散片段，只留下用于数据比对的关键片段，往返于不同工作系统之间进行碰撞，直至线索符合精准度的目标要求，再基于有效线索获取符合监督最低需求标准的相对全量数据。如某基层院构建的"随迁子女控辍保学"监督模型，在对随迁子女基础人口信息数据和学籍数据进行碰撞时，仅以身份证号码作为碰撞点排查高度疑似辍学失管人员的线索，不提取全量信息，充分保障了数据安全和个人隐私。三是运用"隐私计算"技术。这项技术让数据"可用而不可见"，以软件或硬件方式实现。2022年，国内多部门密集出台一系列政策文件，提出支持隐私计算技术探索，随着相关产品的技术能力和应用模式的不断成熟，数据共享协同安全性将大大提升。

最后，开展数据清洗，筛选监督线索。对获取的数据进行"清洗"，即通过单独或复合运用筛选、碰撞、关联等监督模型构建方式，顺藤摸瓜，抽丝剥茧，使监督线索越来越清晰，证据体系越来越完整，并转化成监督成果。例如，非法占用耕地税费征收类案监督模型，通过非法占地行政处罚案件当事人数据与非法占地行政非诉执行案件当事人数据的比对碰撞，剔除案件名称不一致、当事人为自然人、企业已注销或破产的案件，形成正常经营且存在非法占地情形的企业及其他组织清单列表，再与税务部门税收征管系统检索出的企业、组织耕地占用税缴纳情况清单进行比对，最终确定非法占地未缴纳耕地占用税企业名单，线索在不断对比排查中逐步清晰明确。

（二）拓展大数据类案监督领域的有效思路

大数据法律监督的领域涵盖了"四大检察"，并且往往是切口越小精准性越强。如果把法律监督领域视为"面"，那么监督场景就是其中的"点"。结合现有的大数据监督实践，充分运用大数据思维是拓展监督领域的重要前提。与技术语言不同，办案人员的数据思维是可以通过了解、研究案例模型而习得的。以浙江检察机关为例，这项工作起步较早，但因各地重视程度不一、经济社会环境差异、对检察数字化存在不同理解等原因导致地区发展不平衡不充分。浙江省检察院通过定期发布数字监督办案指引等方式，指导地方检察机关开展同类监督，并鼓励举一反三、因地制宜，构建特色模型，再反哺其他检察机关创新办案模式。2021年3月至2023年8月，浙江省检察院已发布七批共计66个数字监督办案指引。

早期监督模型简单，数据碰撞步骤少，监督成效相对单一。后期则已实现多领域融合监督甚至是"四大检察"的全面融合监督。一个类案监督模型由多个子模型组成，形成庞大、整体、系统的业态治理场景，产生的数据效应大大增加，实际办案成效、社会治理价值、技术可行性、模型可复用性等都达到了较高水平，显示出基层检察机关对新生事物强大的吸收能力，涌现出一大批既懂业务又懂数字化的办案人才，也展示了检察机关在数字化改革、大数据理念上不断自我修正提升的过程。以某基层院"非标油"监督模型为例。办案人员通过调研，从用油企业通常需要抵扣税款这一行为特点，以税务部门抵扣发票数据作为切入口，筛查出购买使用"非标油"的企业，办理了一批案件。第二个阶段又以源头治理为目标，对监督模型进行了迭代，利用交通部门的油罐车行驶轨迹和卫星时空信息三方数据，得出危化品车运输的时间、起点和终点，比对加油站入库数量与税务申报数，测算出逃税额，进而挖掘出涉及逃税的行政、刑事案件和走私案件。该模型能够上升为更高版本,实际上是办案人员在"非标油"治理监督工作中找出了事物发展的基本规律,并随着思考的深入在初始模型上寻找新的切入点,利用轨迹信息将模型从扁平变为立体,数据画像也更为精准,为其他检察机关运用轨迹数据深挖水运、陆运相关违法犯罪行为,办理如危险废物、非法采矿等案件,打开了巨大的监督领域拓展空间。

(三)构建大数据法律监督模型的基本方法和路径

各地在探索运用大数据开展法律监督,构建监督模型的过程中,也逐步摸索出一套行之有效的方法和路径。

一是建立基础数据库。早期的大数据法律监督探索基本表现为"单兵作战",即先确认业务规则,后确定数据要素,再向外部调取数据,理想状态下通过一次数据调取,即可保证后续数据的筛选、碰撞、关联等操作。实践中,因前期对数据要素预判不全面或后期在数据比对过程中出现新的线索点等情形而延伸出的二次,甚至多次数据调取仍不可避免。不过,这种耗时费力的过程是任何创新的必经之路。中国搭上了全球大数据经济的时代快车,几乎所有行业、部门基于业务需要都拥有一套独立、完整的系统,也就是说,除了部门、系统之间形成的数据壁垒以外,获取数据的过程中还会遇到的问题包括但不限于以下情形:其一,或因双方对数据的表述或定义不同,或因需要通过关键字搜索等方式从非结构性数据中提取数据,数据需求与目标系统中的数据并非一一对应;其二,所需数据无法在目标系统中直接提取,而是要依靠现有数据先构建一次分析模型甚至是多次构建模型得到目标数据;其三,考虑公民个人信息保护、数据安全问题,遵循数据最小化原则,须考虑多方的数据安全需求以确定最小范围数据信息的迁移或者选择不需要迁移数据的方案。

伯努利的大数定律是统计学的重要理论。该定律表明,样本数量越多,结论就越接近真实的概率分布。同样,大数据监督模型建立在数据基础之上,数据类型越丰富数据体量越大,行为预测则越准确,数据匹配越精准,大数据法律监督模型的输出效率越高。对零散的、碎片化的数据源统筹分类后,导入法律监督"大数据中心",实现数据贯通和处置闭环,就形成了全域数字法律监督体系的基本构架。以开展大数据法律监督工作较早的浙江省检察机关为例,数据应用平台可以完成检察机关全部自有数据的查询,并接入一体化智能化公共数据平台、政法数据中心及浙江省数据局公共数据平台等,实现数据的统一归集、管理和应用,为"大数据中心"应当收集的外部目录清单梳理提供了实践经验和有益参考。

受限于数据壁垒、技术瓶颈等现实因素，针对未实现一体化协同的数据，构建导入式的"大数据中心"是现阶段开展法律监督的主要模式，即从第三方获取数据，形成数字资源，在本地网络中开展数据调用、分析及模型的构建。程序正当性要求数据使用应遵循合法公开、目的限制、数据安全、最小化、限期存储等原则，并兼顾数据质量、储存成本和使用效率。因此一体化平台建设同时应考虑提高数据活跃度（即实时、高质量的数据）、降低数据迁移风险、避免数据再次沉睡等问题。理想化的"大数据法律监督平台"，应该不再作存量数据导入，而是打通内外数据获取通道、实现依权限实时数据共享、开展监督模型演算、进行线索流转协同，但不留存数据的智能化、信息化、数字化的全流程平台。

二是确认数据规则及要素。大数据的核心是关系，建立模型的前提在于理解人与人、人与物、物与物之间的内在联系，这种联系包括语义的理解、事物的规律、行为的预测等，因此模型构建的实质在于揭示这些数据与数据背后的联系。在大数据法律监督模型中，可以把数据规则理解为一种数学公式或用于数据分析的统计学过程，数据规则将各个数据要素串联起来，单一或多个数据规则构成合理的逻辑，形成大数据法律监督模型的基础形态。实践中，常见的数据规则有数据碰撞、关联分析、异常统计、要素筛查等。如看守所刑拘人员数据与提请审查逮捕、起诉人员数据进行比对去重，可以得出"刑拘下行"案件的数据，这是数据碰撞；对"刑拘下行"案件进行统计，发现故意伤害案件占比最高，因此以该罪名为切入点进行溯源，这是异常统计；溯源时主要针对伤势鉴定、伤情检查报告等要素进行筛查，发现大量应当追究刑事责任但违法下行的伤害案件，这是要素筛查；再将其中的涉案人员与公安治安处罚案件行为人进行碰撞比对，进而发现涉案人员有多起殴打他人事实均以和解赔偿刑事结案，深入调查后又发现涉黑涉恶团伙案件和职务犯罪案件，这是关联分析。随着新线索的出现，数据规则层层递进，数据要素不断增加，实现了监督线索的精准研判和监督案件的类型拓展。

这种思维方式映射到工作中，实际上与侦查活动有相通之处。侦查人员基于办案经验，就已有线索预判侦查对象的心理活动、行为模式，进而确定突破方向、拟定侦查思路、制定应对预案，并视情实时调整，从小线索到破大案。由此可见，办案人员树立侦查意识对于大数据法律监督建模具有非常重要的作用。随着大数据法律监督实践的不断深化，数据规则将出现由少及多、传统向新型、单一向复合的转化。但是，数据规则的运用并不意味办案人员一旦构建出模型就可以"躺平"，更不是对实质审查的摒弃。大多数情况下，数据规则的运用效果体现在，从全量数据中把监督范围逐步缩小到一定范围，而这一定范围的线索仍需要进行人工甄别、验证以确保监督靶向精准、行之有效。因此，大数据法律监督更注重多维度、多层次、多方法的流程再造，以及多类型、多跨场景的数据共享和工具应用。

三是创建法律监督模型。目前，全国各级检察机关正在广泛开展"个案发现线索，运用数字建模，办理类案监督"①的大数据运用，检察工作步入数字化阶段，促使检察办案人员对于大数据法律监督的理解，已从建设数字化场景，转化为综合、充分、深度运用大数据实现法律监督流程重塑，而法律监督流程重塑的重要载体便是大数据法律监督模型。

监督规则侧重于推理，狭义上的数据建模是将这一过程用可表达可实现的方式架构出来，办案人员主要围绕监督场景、监督依据、数据来源、数据规则、案件支撑等方面进行阐述和论证，以确保检察监督有据可循、有法可依；数据来源有对象、易获取；数据规则逻辑严密、架构完整；案件支撑有个案验证、类案效果。

广义上来说，构建法律监督模型应涵盖大数据法律监督的全路径，横向上由单一监督模型向融合监督模型发展，纵向贯穿社会治理的前端和后端，即模型本身就是检察业务流程再造的雏形。如浙江省检察机关探索的"解析个案、梳理要素、构建模型、类案治理、融合监督"大数据法律监督路径②，走出了一条"以数字检察为牵引，以类案监督为核心，以促进社会治理为目标"的创新发展之路③。这种流程再造，把检察机关法律监督从静脉转移到动脉，从隔靴搔痒到对症下药，从浅表监督到穿透监督，在业务流程、全程监督、流转处置等方面形成点、线、面、立体的"多闭环"，从根本上优化数字检察监督办案，形成大数据法律监督的整体格局。

---

① 参见刘品新、翁跃强、李小东等：《检察大数据赋能法律监督三人谈》，载《人民检察》2022年第5期。

② 参见刘品新、翁跃强、李小东等：《检察大数据赋能法律监督三人谈》，载《人民检察》2022年第5期。

③ 参见方立华、张纯：《大数据检察监督的浙江探索》，载《民主与法制周刊》2021年第41期。

三、运用大数据开展法律监督面临的问题和挑战

信息社会，数据是至关重要的治理资源。① 谁掌握了大数据，谁就掌握了主动权。各地检察机关在长期的实践中，探索出"数字赋能监督，监督促进治理"的大数据法律监督路径，并在实践中不断发展完善。探索运用大数据开展法律监督的道路上，大量的经验成效有力证明了大数据对法律监督工作的放大、叠加、倍增作用，但不可否认，作为一项创新性工作，运用大数据开展法律监督也面临不少问题和挑战。

（一）对大数据法律监督的概念、意义、价值理解不到位

一是大数据法律监督基本概念辨析不清。实践中，部分办案人员认为只要在办案过程中运用了部分与大数据相关的元素，如分析在案电子数据、运用辅助电子取证手段、进行数据统计分析等，就是大数据法律监督。实际上，大数据法律监督是检察机关通过数字化智能化技术，在履行司法办案职能过程中，通过业务规则进行梳理分析，建立法律监督模型及配套系统，发现并对相关违法犯罪行为进行查处、纠正、监督，对社会治理机制进行系统完善的法律监督新模式，并不是跟数据有关工作都是大数据法律监督。二是大数据法律监督目标价值存在偏离。不少检察机关在开展大数据法律监督的过程中，与对大数据法律监督促进社会治理的价值目标发生偏离。有的地方对自身职责边界定位不清，监督职能越位，导致大数据法律监督的工作效果不佳；或者把融合监督理解为刑事、民事、行政、公益诉讼检察监督的简单叠加，追求监督类型多、模型大而全，而不考虑前端治理、治未病的深层次目标；或者将监督重点放在执法司法过失和瑕疵问题上，对监管漏洞、治理盲区等关键领域鲜有作为，甚至出现"耕了别人的田，荒了自己的地"的尴尬境地。三是对传统监督模式的地位作用认识不足。有些办案人员认为，传统法律监督与当前数字化改革进程中各行政机关、各行业部门的数字化工作不相适应，偶发式、碎片化监督与检察工作质效提升的要求不相适应，与我国治理体系与治理能力现代化的目标不相适应，已无法应对法律监督工作的新要求、新挑战，将传统监督与大数据法律监督割裂开来，甚至认为传统

---

① 参见贾宇：《深入学习贯彻习近平法治思想 以赶考姿态打造法律监督最有力示范省份》，载《民主与法制周刊》2021年第41期。

监督是大数据法律监督的附庸。这种对法律监督方法不全面不充分的理解，导致大数据法律监督模型构建过程中，过度强调模型的标新立异，过度关注数据的产出效能，脱离了模型建设应为检察业务工作服务的基本定位。

（二）数据建模优化路径不足

全国检察机关的大数据法律监督工作开展如火如荼，各类监督模型如雨后春笋，但效果参差不齐。主要反映在以下几个方面：一是获取的数据质量不符合预期目的。任何违法犯罪都有构成要件，都有一个信息链条，特别是以多次、多起为特征的犯罪，孤立看链条上的信息点很难发现异常，但运用大数据筛查、比对、碰撞，信息点之间就有了交集、串联，问题线索就能暴露出来。而数据质量直接决定了以此为基础开展的一系列筛选规则的运用结果是否真实、有效、精准。高质量的数据可以从完整性、规范性、准确性、唯一性、关联性几个指标进行评估，有助于准确提炼行为的特征、事物的规律，进而辅助对线索的判断和决策。办案人员在没有提前了解所需数据的特点、与数据持有方协调沟通不畅或获取的数据不能精准匹配模型等情况下，往往会产生数据质量问题进而影响监督质效。二是数据治理成本大于数据治理成效。数据建模是一项长期工作，真正投入成本之前需要充分论证，实践中不乏为建模型而建模型的情形，导致一些模型匆匆上马，但落地后面临数据梳理困难、数据碰撞无效等各种实际问题，建好的模型不仅没有提升线索发现的效率和能力，反而占用了大量的人力、物力和精力，背离了大数据法律监督最基本的价值取向。三是照搬模型导致复用性、推广性不强。法律监督模型的构建大多由基层检察机关作最初探索，模型成效往往通过线索移送成案、实际办案数量、制发检察建议等方面进行量化，并结合社会治理效果、监督持续期间、应用便捷程度等方面进行综合评估。由于各地经济社会发展特点、区域产业结构、政治生态等存在差异，在本地运行效果很好的模型，却无法在异地发挥作用的情况较为普遍。模型难以复制，不是模型本身的问题，检察机关在复用模型的过程中有必要结合本地实际，进行改造、优化、创新，形成具有自身特色、数据交互频次高、可产生规模效应的大数据法律监督模式。

（三）数据共享带来安全和隐私顾虑

在大数据法律监督应用场景中，数据流动是"常态"，法律监督模型中往往需要对不同来源的数据执行至少一次碰撞分析。数据共享意味着数据被赋予多源性和开放性，多源数据的融合导致信息泄露风险大大增加，甚至涉及公民个人信息和企业商业秘密。因此，数据安全不仅仅是网络安全的一个下位概念，更是网络信息安全的核心内容，是需要独立加以研究和管理的内容。

在我国的立法语境下，"数据"和"信息"并不是通用的①，信息相较于数据而言，具有单独或结合其他数据的可识别特征，这种可识别特征意味着信息具有隐私权利。目前，我国隐私保护的关键技术不完善，法律法规不健全，保护意识不充分②，数据利用过程中对于个人隐私信息的保障、数据保管使用的监管均存在不足。大数据法律监督以数据为基础，其数据来源相当广泛，其中不乏"共享""开放"数据，且比重不断增大。数字社会带来了以效率为核心的"群组正义观"③，为满足公共决策、公共安全、公共秩序等公域需求，个人权利作出有限让渡，并仅限于特定时期、环境及条件。随着涉及隐私保护相关法律法规的不断健全，未来检察机关大数据法律监督必须正视信息共享与隐私保护的关系，平衡个体权利的独立性与沟通社会的兼容性，进而解决由此带来隐私让渡边界、期限、用途等一系列新的问题。

2023年3月，经济与合作发展组织（OECD）发布了《新兴的隐私增强技术：当前的监管和政策方法》报告④，该报告对隐私增强技术（PETs）的种类进行了梳理：以匿名化、合成数据、差分隐私、零知识证明为关键技术的数据混淆工具（data obfuscation），以同态加密、多方计算、可信执行环境为关键技术的加密数据处理工具（encrypted data processing），以联邦学习、分布式分析为关键技术的联邦和分布式分析（federated and distributed analytics），以及以问责系统、阈值密钥分享、个人数据存储为关键技术的数据问责工具（data accountability）。以上技术成熟度、优势和限制各有不同，被应用于不同的领域和场景。当前，我国在数据流通环节的隐私计算技术水平和工具产业化专业化水平尚待提升，而数据逆向分析等技术又给数据脱敏清洗带来新的挑战，加之法律体系不完善、安全防护关键技术不成熟等

---

① 李海英：《大数据的法律挑战和建议》，载《大数据》2016年第2期。
② 张峰：《大数据时代隐私保护的伦理困境及对策》，载《人民论坛·学术前沿》2019年第15期。
③ 郑智航：《人工智能算法的伦理危机与法律规制》，载《法律科学（西北政法大学学报）》2021年第1期。
④ 载http：//www.oecd.org/publications/emerging-privacy-enhancing-technologies-bf121be4-en.htm。

问题,随着大数据法律监督工作的不断深化,未来会有更多的"开放""公共"数据进入法律监督视野,数据共享和隐私保护、数据安全的冲突平衡问题也将更加突出。

四、大数据赋能法律监督的改革路径

党的二十届三中全会吹响了新时代进一步全面深化改革、推进中国式现代化的冲锋号,大数据赋能法律监督机遇和挑战并存,检察机关应当全面贯彻落实党的二十大报告和二十届三中全会精神,从加强理念引领、顶层设计和制度机制建设等方面,不断深化数字检察改革。

(一)注重理念引导

大数据法律监督带来了检察机关司法办案模式和流程的重塑,其背后实质是办案人员监督理念和思维模式的更新,尤其是大数据意识的逐渐树立与不断强化。"理念一变天地宽",当前,要通过培训、座谈、研讨等多种方式,引导检察机关的领导和检察官树立正确的数字检察理念,在司法办案过程中自觉运用大数据开展法律监督、参与社会治理。

首先,正确理解大数据及提升数据意识。大数据是通过获取、存储、分析,从大量数据中挖掘价值的一种技术架构。在检察业务活动中,这种价值体现为通过对海量数据进行高效处理来挖掘法律监督线索,这也是大数据法律监督的核心要义。不了解大数据,缺乏数据意识,不习惯通过数据进行分析、研判和决策,那么数据就只是数据,无法被识别、发现,更毋论安全、可信、合规地使用数据资源,通过规则把分散的数据进行融合共享,并充分挖掘其中的应用价值。大数据意识本身是个复杂的体系,包括数据开放共享、数字化管理、大数据应用、大数据治理等理念。数字检察要始终贯彻"业务主导,数据服务,技术支撑,重在应用"的理念,把业务需求放到第一位,引导、依靠业务部门的一线检察官在司法办案中树立正确检察理念和大数据思维,注意总结和提炼类案监督点和监督规则。具体到检察工作中,一要不断提升侦查意识、线索意识、数据意识,强化线索研判的能力、调查核实的能力、启动数据的能力。二要不断增强问题意识、需求意识、治理意识,遵循"个案办理—类案监督—系统治理"的办案思路,提高站位,把着眼点放在破解社会治理难题、构建社会治理体系上。这既是大数据法律监督的底层逻辑,也是顶层设计的出发点。三要不断增强全局意识、共享意识、协作意识，让检察监督既有法律威严又有人文关怀，以双赢多赢共赢的理念获得各方的尊重和认同。

其次，正确理解法律监督机关的准确定位。职能的价值与定位需要具备目的性、结果性和唯一性。检察机关开展监督的出发点，是促进职权主体更好地履行职责。数字检察的目的是通过大数据、人工智能等新技术破解检察机关履行法律监督职能过程中的难题，发现与推动解决执法司法权力运行及社会治理中的深层次问题，不断深化和加强检察机关的法律监督工作，助推提高国家治理体系和治理能力现代化水平。大数据法律监督既有主动作为的监督形态，也需要合理把握权力的谦抑性，而这一尺度的把握始终建立在检察机关是国家的法律监督机关的宪法定位上。由此，才能有的放矢、有所作为，实现"监督促进治理""以我管促多管"的价值目标。同时，检察机关在司法办案过程中，也要紧扣服务中心大局、执法司法突出问题、社会治理薄弱地带和公共利益弱项短板，通过履行法律监督职责促进某一类堵点难点痛点问题的系统治理，为党委政府打好"法治补丁"。模型建设最终是为检察业务工作服务，为发现法律监督线索、完善治理体系服务，必须防范为建模型而建模型的形式主义，损害检察机关的法律威严。

最后，正确理解不同监督模式的作用关系。必须认识到，检察机关在维护法律统一正确实施的要求下进行价值衡量，体现人的主体性与司法的权威性。数字检察是法律监督活动的高级形态，本质仍然是法律监督活动，必然包含但不限于传统监督、大数据运用等手段方法，且具体到个案需要具体问题具体分析，两者适时进行补位。大数据法律监督模型的最后一步，往往以调查取证核实作为落脚点，因此大数据运用在从海量数据中发现监督线索的前端，传统监督的作用则发挥在甄别、验证以发现精准线索的后端，两者相辅相成，不可或缺。未来检察机关除了在数据分析方法上要实现从平面数据比对到立体综合分析的转变，更需要具体问题具体分析，灵活选择有效的监督模式，以达到大数据法律监督的高效性、精准性。

（二）加强顶层设计

大数据法律监督经过几年的探索实践，已经在全国检察机关"开花结果"，显示出强大的生命力。下一步，最高人民检察院和省级检察院应当总结实践经验，"自上而下"做好顶层设计。

首先，加强制度建设，确保数字检察工作行稳致远。一是制定数字检察工作相关规范性文件。比如，制定数字检察工作指引和具体规则，明确数字检察工作的总体要求和规范；适时出台加强数字检察工作的意见，指导各地工作开展；出台模型管理办法，对模型的管理与使用、冠名与保护、评审与竞赛进行规范；出台线索管理办法和数字检察办案规则，加强类案监督线索的管理；针对数据共享的协同方式、技术要求、接口规范等研究制定数据安全标准；针对数据采集、存储、处理、传输、使用全过程制定操作规范；等等。二是建立科学合理的数据责权制度。明确数据主管部门及监管职责，建立健全数据安全监管机制和责任体系；明确数据安全管理的主体责任对第三方运营主体进行准入安全审查，如配套网络安全、数据安全技术；明晰数据所有者、调取者、管理者的权责范围，保证数据在获取、使用、储存、管理等各个环节中权责清晰，防止数据滥用和泄露。三是建立公民个人信息查询分级授权制度。中共中央、国务院《关于构建数据基础制度更好发挥数据要素作用的意见》中提出建立公共数据、企业数据、个人数据的分类分级确权授权使用和市场化流通交易制度。在大数据法律监督的应用中，有必要细化不同数据类型、程序环节、对象内容的查询权限、具体义务和法律责任，如针对公民个人信息区分一般个人信息、特殊个人信息、敏感个人信息等。四是创新数据共享安全管理技术手段。加强数据共享安全评估，加快研发安全多方计算、同态加密、隐私计算等技术，形成物理分散、管控可信、标准统一的共享协同体系，做好对数据共享协同的风险控制。五是强化全过程人民民主监督。坚持以人民为中心的发展思想，构建公众参与和监督体系，探索大数据检察监督过程的人民监督员制度，拓宽群众有序、分类、阶段参与和监督司法的渠道。[①]

其次，加强数据管理，实现数据融合兼顾风险防范。开展大数据法律监督工作所需的共享数据，由于在共享范围、数据管理、数据安全等多方面没有配套的法律法规或完备的法律体系，理论界和实务界存在不同认识。有的认为检察监督应属于个案监督，有的认为数据共享应有文件依据，还有的基于数据保密相关要求认为数据共享会带来泄露风险。因此，亟待从制度层面对数据共享范围、协同程序要求、检察监督方式等予以明确和细化，不仅要考虑数据权力的赋予和克制，也应关心数据权利的合理让渡与合法保护。一是启动未来相关法律修订的前期研究。结合当前数字检察实践，从数据共享、线索筛查、调查核实、监督管理、法律责任等贯穿大数据法律监督全过

[①] 参见孙风娟：《推进全过程人民民主监督，检察实践持续发力》，载微信公众号"最高人民检察院"2022年2月24日。

程的各个环节，提供法律法规依据，有条件有限制地赋予检察机关对其他政法机关办案数据、政务数据、网络信息企业数据的共享权力，以解决检察监督数据赋权不明确和数据需求日益增长的矛盾。二是出台促进数据共享开放的标准规范。强调分级分类、应用先行、安全并重，以满足合理目的、合理方式、信息主体未受不合理侵害①为要件开展数据应用，实现数据共享合法、有序、规范，促进政务数据、司法数据、公共数据的融合应用。三是完善法律监督场景下的配套规定。针对法律监督、公共区域监控等场景下的数据安全与个人信息保护，进一步细化、完善配套的法律法规，严格检察机关向互联网企业调取个人信息的报批程序，杜绝违规收集及恶意利用等行为，保障国家、组织和个人的数据安全和隐私信息。

最后，统筹数据协同，打造数据全域共享体系。"四大检察"融合发展大大拓宽了检察监督的领域，但也不乏数据调取周期较长，监督成效无法迅速转化，甚至延误监督最佳时机的情况发生。因此，高效的数据协同是提升监督质效的利器。本文认为，宜由最高人民检察院统筹数据协同工作，采用"四级一体系"模式，打造贯穿四级检察机关的全国法律监督大数据管理平台，汇聚可复制、可推广、多元化的各类大数据法律监督模型，供四级检察机关使用。同时，鼓励各省级检察院建设本地的法律监督大数据管理平台，建设内容涵盖检察机关履行法律监督职能的数据中心、情报中心、知识中心和线索管理中心②，避免各级检察机关重复投入、重复建设。在制度层面，需要研究制定大数据管理基础规则、数据交换共享基础规则，建立科学的数据库和数字资源目录，细化数据分类分级规定，建立适应数字检察的数据权限体系。在软件层面，组织研发大数据检察一体化信息系统，打造大数据法律监督平台。

（三）构建协同体系

大数据法律监督是数据的"炼金术"，他突破了个案监督的局限和类案监督的瓶颈，其核心是利用数据规则在海量数据中挖掘、提炼有效线索，以线索引导侦查、调查、审查，在"三查"融合、"四大检察"融合监督以及外部协同上实现跨部门联动场景。在检察数字化改革的背景下，各业务部

---

① 参见吴国喆、王文文：《数据共享视域下个人信息"合理使用"的场景化判定》，载《西安交通大学学报（社会科学版）》2023年第3期。

② 参见翁跃强、申云天：《数字检察工作中的十个关系》，载《人民检察》2023年第1期。

门、前后环节、上下条线之间融合不深、协同不强的矛盾逐渐凸显，除了在理念上打破思维的"墙"，在共享上打破数据的"墙"，我们更需要打破"业务墙""部门墙"，为大数据法律监督构建内外部协同生态体系。

一是构建数据的多跨协同体系。数据集纳管理主要是数据源的获取和管理，是数字检察工作顺利开展的前提和基础。与数字检察工作密切相关的主要有三类数据：其一，内部数据，包括检察业务数据、办公数据等。其二，政法协同数据、行政协同数据，如公安机关的立案、撤案、刑拘数据，审判机关的裁判、调解、执行数据，行政机关的许可、处罚等已经作出终结性结论的基础数据。其三，第三方提供的公共数据，如12345举报记录、信访、电子政务、企业登记等信息。对内部数据要加强数据治理，共享数据要不断拓展范围和内容，公共数据要提升数据价值。当然，数据集纳管理不是数字检察部门一家的事，而是全局性的工作，需要各业务部门、技术信息部门在检察长的直接带领下，由数字检察部门牵头协调共同推进、规划和使用。①

二是构建上下与内外协同体系。有必要建立外部之间、上下之间、区域之间的一体协同体系，在场景共建、机制共建、制度共建、工作联动上与其他部门的协同，与上下层级的贯通，与区域之间的协作，真正构建合力、效能、融合最大化的一体协同体系。最高人民检察院和省级检察院应成立数字检察专家咨询委员会，聘请各个行业的专家学者，通过到院挂职、定向联系、专家咨询等方式多元化发挥外脑的作用。同时，可以通过签订战略合作协议等方式整合外部数据和技术资源，保障相关经费，为开展大数据法律监督提供专业支持服务。② 对于基层检察机关而言，对内应构建"四大检察"线索快速移送机制，多部门数字办案单元办理机制、"三查"融合案件办理机制等，以机制促内部良性循环，充分挖掘检察人才潜力；对外应建立线索流转处置机制、联合办理事项磋商机制、全流程人民民主监督机制等，充分调用"外智""外力"，打通社会治理的"最后一公里"，实现大数据法律监督的终极目标。

此外，应加强与高校、科研院所、科技企业等广泛合作，高频、深度、共同开展理论研究、科技攻关、人才培养等。③ 以人工智能和大数据为核心的"第四次产业革命"为数据这一重要生产要素架构了新的舞台，数字产

---

① 参见翁跃强、申云天：《数字检察工作中的十个关系》，载《人民检察》2023年第1期。
② 参见翁跃强、申云天：《数字检察工作中的十个关系》，载《人民检察》2023年第1期。
③ 参见翁跃强、申云天：《数字检察工作中的十个关系》，载《人民检察》2023年第1期。

业、产业数字化、数字安全等领域随之滋生出大量新型经济产业。经过多年的深耕，数字信息科技企业在数据分析、运用、安全等方面，与政府及其他职能部门相比，具备数据质量更好，经验更加丰富，技术更加先进等优势。不可否认，大数据法律监督的公权力属性决定了其数据获取的"扩张性"和数据运用的"内生性"，也即在数据共享上，公权力机关与企业之间的关系并不平等。基于这种现状，一方面有必要通过相关规范、制度来对前述的权力扩张加以规制，另一方面，可以探索"购买服务"模式，对于检察机关在大数据运用过程中需要企业数据参与的部分分析决策，向企业提供数据规则，利用企业的技术手段在其自有的数据平台中辅助开展数据筛查，提高数据分析效能，减少数据迁移风险，以平衡企业社会责任和隐私保护义务的关系。

三是构建科学的绩效评价体系。数字检察工作必须依靠基层、为了基层，模型建设的主体应当是市县两级检察院。① 特别是大数据法律监督模型的监督点和业务规则，绝大多数是一线检察人员在办案中总结提炼的，模型研发完成后还需要到异地基层进行验证。科学的绩效评价体系能够推动数字检察工作提质增效，有必要全面收集基层检察机关在检察监督权运行过程中的难点痛点堵点问题，充分征求意见并严格论证，制定、修正、完善大数据法律监督的质效评价体系。比如在针对基层检察院的考核规则中，大幅增加数据检察创新和大数据法律监督模型验证工作的分值②，鼓励基层单位通过大数据建模发现异地监督线索并对线索移送环节适当赋分，对由检察长牵头全院数字检察工作的基层院单独赋分；考虑、尊重被监督对象的感受，吸收相关意见建议，鼓励"磋商监督""口头监督""柔性监督"，并增加该类监督类型的赋分指标、放宽监督成效的核定标准，将社会治理类检察建议纳入绩效评价范围等，鼓励检察机关采用多元、综合、灵活方式开展大数据法律监督，切实发挥考核指挥棒的作用，以大数据法律监督实践推动评价体系的完善，以科学合理的评价体系促进大数据法律监督反映"监督促进治理"的核心旨意，以双赢多赢共赢实现检察监督的良性循环。

（四）重塑业务流程

从我国未成年人检察、知识产权检察的综合履职探索来看，"四大检

---

① 参见翁跃强、申云天：《数字检察工作中的十个关系》，载《人民检察》2023年第1期。
② 参见翁跃强、申云天：《数字检察工作中的十个关系》，载《人民检察》2023年第1期。

察"职能充分融合,深度融入未成年人检察综合保护、知识产权保护格局,无疑是推进检察一体化、现代化建设的优秀范式。未来大数据法律监督应更加强调数据整合,更加注重综合履职,更加强化一体协同。大数据法律监督流程重塑的优化方向也会是刑事、民事、行政、公益诉讼检察的融合履职。

广义的法律监督数据建模应涵盖大数据法律监督的全路径,由单一监督模型向融合监督模型发展,贯穿社会治理的前端和后端,即模型本身就是检察业务流程再造的雏形。如浙江探索的大数据法律监督路径,走出了一条"以数字检察为牵引,以类案监督为核心,以促进社会治理为目标"的发展之路。① 这种流程再造,把法律监督从隔靴搔痒到对症下药,从浅表监督到穿透监督,在业务流程、全程监督、流转处置等方面形成点、线、面、立体的"多闭环",从根本上优化数字检察监督办案,形成大数据法律监督的整体格局。

随着数据协同的拓展、监督模型的优化、综合履职机制的完善以及上级指导统筹的深化,检察机关在大数据分析过程中发现越来越多跨部门、跨层级、跨区域的监督线索,如何对这些线索进行梳理整合、分类移送、闭环处置,及时跟进后续治理环节,在横向、纵向上形成一体协同,以实现监督效能最大化,成为大数据法律监督实践中的重大挑战。基层检察机关也在不断探索诸如数字检察办案组模式、多部门协同办案模式、两级院联合办案模式、特邀检察员或特约检察官助理参与办案制度、检察环节全过程人民民主法律监督机制等一系列业务流程改造。这种流程再造,目标是更高水平协同履职和更有效的社会治理。业务流程再造与数字监督办案相互促进,通过优化"数据流"再造"业务流"、优化"数据规则"再造"业务规则"、优化"监督模型"再造"办案流程",数字监督办案质效反过来推动流程进一步的完善和优化,两者互相促进,实现检察办案、法律监督、社会治理的路径融合。

---

① 参见方立华、张纯:《大数据检察监督的浙江探索——贾宇谈如何加强类案监督促进社会治理》,载《民主与法制周刊》2021年第41期。

省级院检察案例库的建设与应用研究

——以天津市检察案例库的建设为研究样本[*]

黄祖帅[**]

案例，是判例法国家的主要法律渊源，相较于以概念为基础发展而成的成文法，其在规则产生、规则适用和社会一般预防方面都有着独特特征和效用。如今，在成文法和判例法相互融合的全球化趋势中，案例在成文法国家的发展如同成文法在判例法国家的发展一样方兴未艾。2011年我国宣布中国特色社会主义法律体系已经形成，这标志着我国成文法律规则供给和体系构建达到了前所未有的新高度。几乎在此前后，最高人民检察院与最高人民法院先后确立了案例指导制度。这既是全球判例法与成文法相互融合趋势的

---

[*] 本文系2022年度最高人民检察院检察理论研究课题（项目批准号：GJ2022C36）的研究成果。

[**] 课题主持人：黄祖帅，天津市人民检察院检察委员会专职委员、二级高级检察官。课题组成员：张建伟，清华大学法学院教授、博士生导师；王磊，天津市人民检察院检察技术部主任；王魁，天津市人民检察院法律政策研究室主任、三级高级检察官；常俊朋，天津市人民检察院法律政策研究室四级高级检察官；李天虹，天津市人民检察院法律政策研究室三级检察官助理。

体现，也是我国法治建设，特别是成文法律规则体系发展到一定阶段的历史必然。检察案例指导制度确立以来，最高人民检察院发布的指导性案例，在案件事实认定、证据运用、法律适用、政策把握、办案方法等方面起到了重要作用，有效推进了检察机关法律统一适用和公平正义维护。然而，我们也应当看到，具有"应当参照"效力的指导性案例只是检察机关案例指导制度王冠上的一颗"明珠"，其背后的案例培育、报送、遴选、应用等管理体系是检察案例指导制度有效运行的重要保障。在案例运行结构中，省级检察院处于其中关键节点，在案例从"设计"到"生产"，从"流通"到"消费"的过程中发挥着无可替代的基础性作用。建立完善以省级检察院为核心节点的案例管理体系，对我国检察案例在司法活动中的作用发挥和发展繁荣至关重要。

一、案例管理体系对我国检察案例制度发展繁荣的重要意义

检察机关案例指导制度确立以来，在最高人民检察院层面已经形成了分工相对明确、运行相对顺畅的指导性案例遴选、审议、发布、宣传、培训的工作机制，但在省级院以下，案例前端的培育、撰写、报送和后端的应用等方面工作仍显薄弱和无序，指导性案例整体运行链条呈现"中间热两端凉"的状况。进一步完善案例管理机制，特别是对案例运行过程中前端产生和后端应用进行更加科学的管理和统筹，将不仅有利于产生更具指导性的检察案例，也更有利于指导性案例在检察实践中的应用，夯实案例指导制度根基，推进案例在我国司法活动中发挥更大作用。

（一）我国检察案例指导制度的运行现状

2010年，按照当时中央司法体制改革统一部署，最高人民检察院和最高人民法院分别开始探索建立案例指导制度。2010年7月最高人民检察院印发《关于案例指导工作的规定》（以下简称《规定》），标志着我国正式确立了案例指导制度。最高人民检察院分别于2015年和2019年对《规定》进行了修订。2018年修订的《人民检察院组织法》第23条规定："最高人民检察院可以对属于检察工作中具体应用法律的问题进行解释。最高人民检察院可以发布指导性案例。"这是案例指导制度相关内容第一次写入法律，为案例指导制度在法律层面奠定了基础。从2010年《规定》发布起，最高

人民检察院开始陆续发布指导性案例，2010年至2017年，共发布9批38件检察指导性案例。2018年开始，检察指导性案例的发布进入快车道，2018年1月至2022年9月，共发布32批128件检察指导性案例。在案件类型分布上不仅覆盖了刑事、民事、行政、公益诉讼四大检察，也涵盖至一些细分罪名（如第17批的非法吸收公众存款主题，第37批的新型毒品犯罪主题），或专项工作（如第19批加强刑罚变更执行监督主题，第22批检察机关适用认罪认罚从宽制度主题，第39批刑事申诉公开听证主题），或者法律适用争议较多工作领域（如第12批正当防卫主题）。经过近几年的发展，检察指导性案例在体例结构、要旨提炼、方法总结、规则指引、政策传导等方面日益成熟和完善。但客观讲，在实践应用方面，检察指导性案例不仅与自身制度预期有差距，与最高人民法院指导性案例的应用有一定差距。根据最高人民法院指导性案例相关的司法应用报告，截至2020年12月31日，最高人民法院共发布了26批147例指导性案例，已被应用于司法实践的指导性案例共有113例，法院判决中援引指导性案例的案例共有7319例。[①] 2018年最高人民检察院法律政策研究室有关同志对指导性案例应用对特定地方样本以问卷调查、个别访谈的方式进行了调查，调查结果显示，该地方样本的法律文书均未对指导性案例进行过"明示援引"或"隐性援引"。[②] 截至目前，尽管没有检索到相关更新、更权威的统计，但根据工作实际，在检察机关法律文书中对指导性案例的直接援引屈指可数。

（二）案例在我国司法活动中的效力与功能

作为成文法国家，我国在司法活动中对案例作用的重视，源于对司法实践中"同案不同判"问题的解决，这是人们"同案同判"基本公平正义的朴素追求与判例在司法活动中价值的高度契合，是我国对判例法国家判例在司法过程中作用之借鉴。当将以类比推理为主要逻辑法则的案例适用嵌入至以演绎推理为主要逻辑法则且日益精细化的成文法适用体系中时，其效力和功能是我们进行研究和应用所绕不开的逻辑起点。

关于指导性案例的效力，主要集中在2019年《规定》第15条的内容

[①] 参见郭叶、孙妹：《最高人民法院指导性案例2020年度司法应用报告》，载《中国应用法学》2021年第5期。

[②] 参见张杰、苏金基：《检察指导案例的实践应用效果》，载《国家检察官学院学报》2018年第4期。

中,"各级人民检察院应当参照指导性案例办理类似案件,可以引述相关指导性案例进行释法说理,但不得代替法律或者司法解释作为案件处理决定的直接依据"。从该条款的内容看,我国指导性案例的法律效力集中体现在"应当参照"的表述上,如何理解"应当参照",各方意见并不统一,最高人民法院原审判委员会专职委员胡云腾大法官曾指出,"应当就是必须。当法官在审理类似案件时,应当参照指导性案例而未参照的,必须有能够令人信服的理由;否则,既不参照指导性案例又不说明理由,导致裁判与指导性案例大相径庭,显失司法公正的,就可能是一个不公正的判决,当事人有权利提出上诉、申诉"。① 该表述应当是指导性案例在效力层面最贴近制度设计原意的解释,即指导性案例对其发布后的案件办理具有法律意义上的约束力,这是其他案例与指导性案例的根本区别。同时该条款还明确了我国指导性案例不具有法律渊源属性,不能作为案件处理的直接依据,这是我国指导性案例与判例法国家判例的根本不同。

在案例的作用机理和功能上,指导性案例与判例法国家的判例有明显不同。判例法国家的判例是直接的法律渊源,法官作出判决的过程也是"造法"的过程,判例可以直接作为作出判决的依据。其在司法过程中的适用依赖经验法则,即待决案件与判例的情形、条件具有相同点的前提下,对相同点及不同点重要程度进行识别,经类比推理判例的判决结果适用或排除适用于待决案件。成文法国家的法律规范的适用主要依赖演绎推理,最常用的就是"三段论推理",即法律条文是大前提,案件事实是小前提,据此推出判决结果。根据制度设计,我国的指导性案例的适用过程在案情对比阶段与判例法国家的判例并无二致,均需要将待决案件和判例或指导性案例的相同点和不同点进行对比,但在推出结论的过程中,指导性案例的判决结果并不能像判例那样,直接适用于待决案件,而是要与指导性案例适用同样的法律条文,从而得出相应的判决,即指导性案例为待决案件提供了法律规范适用指引,这种具有法律约束力的法律规范适用指引正是指导性案例的核心功能。除此之外,实践中,检察指导性案例还在证据采信、释法说理、政策传导、经验推广、普法宣传等方面发挥着重要作用,这些都是指导性案例的功能范畴。

---

① 参见胡云腾、罗东川、王艳彬、刘少阳:《〈关于案例指导工作的规定〉的理解与适用》,载《人民司法》2011年第3期。

（三）科学有效的案例管理体系是案例制度繁荣发展的必要条件

《规定》明确，只有最高人民检察院可以发布检察指导性案例，也只有指导性案例具有"应当参照"的效力，"指导性案例"和"案例指导制度"目前在我国已经发展成为具有固定内涵外延的确定性概念。检察实践中，除指导性案例外，最高人民检察院还同时发布了一定数量的典型案例，各级检察机关也在发布不同层级的案例，这些案例与其他一切由检察官从已决案件或已办理案件中经规范提炼加工而成的所有案例一起，形成了具有多层级、覆盖多领域、典型性各不相同且呈金字塔结构的检察案例体系。我们可将其统称为非指导性案例，有学者将其称为自发性案例①，也有学者将指导性案例之外的案例又分为示范性案例和一般性案例②。前文中我们将指导性案例的效力和其在司法过程中的功能作用进行了区分，这是现有多数研究所忽略甚至是混为一谈的内容，对二者不加区分地进行研究会导致人们只注重指导性案例的应用而忽略数量庞大的非指导性案例的应用。实践中，非指导性案例虽然不具备指导性案例的效力，即基于案情相同而产生的具有约束力的成文法适用指引，但其具有指导性案例的所有经验范畴的功能和作用，可以在司法过程中发挥非法律效力层面的实质影响，而且这种影响贯穿于检察人员办案过程。因此，在省级院以下建立更加完善的检察案例管理体系，将各级各类、纷繁复杂的案例统筹起来，畅通案例的培育、报送、遴选通道，规范相关程序，建立完善有效的案例应用机制，培养检察人员案例意识，既形成指导性案例的"培育—生产—流通—应用"的"大循环闭环"，也形成非指导性案例在本区域内高效运转的"小循环闭环"，激发更多办案人员参与检察案例创造和应用的热情，既可对最高人民检察院指导性案例的供给形成更有力支撑，也可以促进包括指导性案例在内的所有案例功能的充分发挥，让案例意识深入人心，奠定案例制度繁荣发展的基础，更好推进法律统一适用，维护社会公平正义。

二、省级院在案例管理体系中的特殊价值

按照《规定》要求，具有检察指导性案例备选案例推荐权力和义务的

---

① 参见于同志：《案例指导研究：理论与应用》，法律出版社2018年版，第5页。
② 参见顾培东：《我国成文法体制下不同属性判例的功能定位》，载《中国法学》2021年第4期。

主体是各省级院各检察部和法律政策研究室。虽然《规定》也明确了人大代表、政协委员、人民监督员、专家咨询委员以及社会各界人士,可以向办理案件的人民检察院或者其上级人民检察院推荐备选指导性案例,但实际运行中,绝大多数为省级院各检察部和法律政策研究室在工作中发现后报送,或经专项征集后报送。可见,在检察系统并不丰满的案例管理体系中,各省级院地位特殊,是整个案例管理体系的关键节点,是四级检察机关中既能贯彻传导中央指令又能充分体现地方特色和工作灵活性的层级。由各省级院牵头建设本地区检察案例库,完善案例管理体系,统筹负责本地区各类案例的培育、撰写、遴选、应用工作,将更有利于检察案例体系迅速充实和案例在司法活动中的价值实现。

(一) 省级院检察案例库在检察案例体系构建方面的价值

检察机关在案例体系构建中具有得天独厚的条件:一是检察工作业务类型繁多,如羁押必要性审查、立案、侦查监督,刑罚变更执行监督,民事、行政诉讼监督,公益诉讼检察等方方面面,实践中均可以产生大量典型案例。二是与审判机关不同,检察机关上下级为领导与被领导关系,奉行"检察一体",可更有效调动下级检察机关和检察人员去培育、生成更多检察案例。在我国四级检察机关中,省级院是各项法律、政策的具体实施与执行的关键层级,实践中,多数规范性文件和相关政策都由省级院或省级院会同同级相关机关结合本地情况共同研究制定。同时,省级院的各业务部门承担着检察业务指导职能,对本地区实际工作中的疑难复杂、新型案件掌握较为全面,对哪些案件能够成为种子案例心中有数。因此,在省级院层面建设本区域内案例库,完善案例常态化、便利化的报送、遴选工作机制,定期收集、遴选相关案例,或在工作中发现种子案例及时安排人员对相关案件进行加工,生成案例,是最符合当前我国检察机关层级特点、最具经济性且能迅速充实、发展检察案例的选择。同时,省级院案例库也是最高人民检察院指导性案例备选案例的重要来源,来源持续、数量可观的省级院案例库也必将为最高人民检察院指导性案例提供坚实的支撑。

(二) 省级院检察案例库在检察案例应用方面的价值

在法律统一适用方面,由于我国为单一制国家,法制统一是单一制国家的重要特点,这就要求地方在司法过程中必须统一适用国家法律,但我国地域辽阔,各地经济状况、人文环境、社情风俗各具特色,某些案件的办理在全国完全遵照统一标准不同地区人民群众接受程度各不相同，同时，不同地区不同类别案件发案率也不相同，有些地区此类案件较为集中，有些地区彼类案件较为集中，特定情况下某些案件是某一地区特有。因此，以省级院为主体建设案例库，将具有代表性的案件提炼、加工为更具本地引导意义的案例，在实际案件办理过程中实质发挥案例的各项功能，引导本地区类似案件办理，在法律适用、政策把握、办案程序等方面针对本地特色"对症下药"，既可统一执行国家法律，又可兼顾本地实际情况，可更好实现政治效果、法律效果和社会效果的有机统一。在制度方面，省级院基于层级特殊性，可以就各类案例的应用制定适用于本区域的具体制度，对案例的应用进行更为明确的规范。在技术层面，案例库中的案例首先应达到相当数量，且能覆盖所有业务类型，使案例库"可用""有用"，这点仅靠检察机关的指导性案例和相关典型案例显然难以支撑。因此，在迅速充实本地案例库的同时，还需对法院相关案例和中国裁判文书网的相关判决进行整合，同时，对海量案例的检索、智能推送、撰写案例时的智能辅助等便利化技术手段，都需要相应的信息技术、AI 技术支撑，特别是要将相关数据和模块嵌入至检察业务应用系统，这些工作地市级院和基层院人力财力显然都难以承担。

（三）省级院检察案例库在案例意识培养方面的价值

案例在司法实践中应用得不理想，与司法办案人员案例意识淡薄不无关系。我国是传统的成文法国家，司法办案人员的固定思维是在认定事实后按照相应法律体系进行寻找法律条文进行适用，用三段论的演绎推理得出结果。我国对案例的重视时间还不长，无论是案例培育、撰写方面的意识，还是办案中对案例进行应用的意识都不太高，特别是检察机关，案例体系构建和对案例应用的重视相比法院都更晚一些，仍然处于起步探索阶段。早在 2018 年最高人民检察院法律政策研究室相关同志对某地区指导性案例应用情况进行调查时，某地检察机关 383 名员额检察官在问卷中就表示，在办案中都没有与指导性案例进行类似性对比，同时也没有律师向检察官提出过要参照检察院或法院指导性案例适用法律，甚至有检察官表示，即便会在办案过程中"阅读"有关指导性案例，只会在汇报案件时提及，不会在相关文书中记载。[①] 尽管近几年检察指导性案例发布的频次和数量在飞速上涨，但

---

① 参见张杰、苏金基：《检察指导案例的实践应用效果》，载《国家检察官学院学报》2018 年第 4 期。

案例应用的意识并未有太大改观。在推进案例应用的具体操作层面，省级院有能力组织各业务条线发布各自领域法律文书援引相关指导性案例的范例，引导检察人员在办案中有效适用案例。相较于地市级院和基层院，省级院有条件组织开展检察人员对案例应用方法、技巧进行针对性的相关培训。此外，省级院能有效建立各项激励机制、考评机制，鼓励一线人员在工作中发现种子案例，提炼加工更多案例产品，使案例的培育、撰写、遴选、应用，形成良性循环。

三、省级院检察案例库建设与应用的具体路径

建设检察案例库并推广应用是完善案例管理体系的重要途径，在信息化和智能化的技术背景下，省级院检察案例库应当是平台、数据和机制的综合体，其建设应当坚持"问题导向、系统观念"，其应用应当以极致"用户体验"为目标，确保案例库"有用""好用"。本文以天津市正在建设的检察案例库为研究样本，对其建设和应用的具体路径进行深入探究，既总结经验查找问题，也为我国检察案例制度发展贡献"天津智慧"。

近年来，天津在检察案例研究方面进行了多方面的探索，于2018年9月成立"案例研究中心"，组建专门的案例研究中心研究员队伍和案例研究专家库，选取不同分院和基层院建立了类案研究分中心，就醉驾型危险驾驶罪、轻伤害案件、知识产权保护等类案进行专门研讨，共征集各类案例1500余件，发布典型案例95件，出版《检察案例集》两部，入选最高人民检察院指导性案例、典型案例57件，为建立省级院案例库，完善案例管理体系奠定了坚实基础。2021年12月，天津市人民检察院开始启动案例库建设，建设过程中，主要从以下方面进行考虑和构建。

（一）案例库平台建设

目前，全国检察业务应用系统2.0（以下简称2.0系统）已经成为检察人员办理案件、处理业务的主要工作系统，将案例库平台嵌入2.0系统，既可以基于系统内案件相关信息在案例生成时提供智能辅助，也可以基于案例库数据在案件办理时提供检索应用便利。天津市检察案例库平台建设坚持以检察人员的"用户体验"为核心，从案例培育、撰写、报送、审批、发布、检索、推送等环节对各级各类检察人员进行深入调研，由一线检察人员提出"用户需求"，并多次组织研讨会，细化、完善需求列表，追求平台便利化、

智能化，目前该平台模块已开发完毕，并已嵌入 2.0 系统中的智慧检察官栏目中，极大提升了检察人员使用的便利度。该平台主要包括案例撰写报送、案例审批、案例检索、法条释义、同案智推等模块。在案例撰写和报送模块，参照最高人民检察院指导性案例的体例和结构，对案例的题目、关键词、要旨、基本案情、检察机关履职过程、指导意义、相关规定等分别设定填充栏，并对每部分撰写要求和示例进行引导，确保撰写的案例更加规范，撰写完毕后可直接在系统内进行报送和审批，经相关审批后便可在系统内进行发布并入库。平台将继续在智能化程度上进行开发，比如可辅助检察人员直接从案件的审结报告、法律文书中直接提取相关信息和内容，根据关键词、要旨等内容从案例库中推送相关案例作参考；检索模块将设置不同的检索选项，可分别对类案、关键词、要旨、业务类别、案例来源等选项进行检索，也可以同时选取不同选项进行组合检索，方便检察人员更快更有效地检索到目标案例；实现在案件办理界面可根据需要直接推送相关案例，根据提取的关键词直接进行类案检索，即同案智推功能；法条释义模块将对相关法条进行整合，增加案例撰写时相关法条的直接查阅和智能推送。

(二) 案例库数据充实

在我国案例制度下，案例特指相关人员对已判决或已办理的案件经专业加工，具备一定制式，可为今后司法办案提供借鉴的经验性成果。其属于再加工产品，加工的目的是使其指导性、典型性更为突出，检索更为便利，甚至在某些需要的时候，为增强其指导性和典型性，还可以对案例事实和法律适用进行一定程度的人为拟制。已判决或已办理的案件虽未经再加工的过程，但其本身也是法官、检察官按照案件事实和相关法律，经由法律思维和法学方法推理而成的司法成果，对于司法活动也具有很高的参考价值。因此，在充实案例库数据时，最高人民检察院和最高人民法院相关的指导性案例处于最高层级，其次是"两高"的典型案例，以及最高人民法院的各类案例出版物中的案例，条件允许时，也可将地方法院、检察院发布的典型案例纳入其中。处于最底层的数据量最大，是以中国裁判文书网为基础的法院相关判决，这些判决都可以作为未加工的案例进行参考，优势是内容全面、覆盖面广，缺点是精准检索难。市场上已经具有类似的第三方已开发产品，技术上可直接导入案例库平台。目前，天津正在试用市场反响较好的某第三方产品，效果良好。省级院检察案例库数据中，最重要和工作难度最大的是本地相关案例的生成，本地案例更具本地特色，参考意义更大。在将已有案例整合入库的同时，还需要督促本地检察人员在办案过程中不断加工、生成新的案例，为案例库数据源源不断注入新鲜血液。

（三）相关配套机制构建

如果说平台和数据是案例库硬件，相关配套机制就是案例库的软件，是确保各硬件可以有效运行的关键。在配套机制中，应重点构建案例生成、遴选和应用机制。案例生成方面，天津检察案例研究中心成立以来，逐步形成了以研究中心为核心，以部分分院、基层院类案研究分中心为两翼的案例研究矩阵，组建了以一线检察官为主体的案例研究员队伍和指导专家库。目前，各分中心和研究员已能常态化产出相应的类案研究成果和典型案例，该研究产出机制已经全面实现"线上"运行，下一步，案例库平台将继续完善相应设置，加强对各分中心和研究员队伍的"线上"管理，促进产出更多优秀产品。此外，天津市人民检察院制定了检察人员研修制度，要求检察人员在一定时期内必须进行相关研修，案例的撰写已被列为研修成果之一。同时，在对各分院、基层院的综合评价中，完善了关于案例报送的评价细则，发挥考评指挥棒作用，促进案例产出。在案例遴选方面，目前除了向最高人民检察院报送指导性案例和典型案例的备选案例外，天津市人民检察院各条线建立了典型案例的评选机制，定期发布典型案例，在每年举办的天津检察论坛专门设立了案例奖项，对年度优秀案例予以表彰，形成激励机制。案例应用方面，天津市人民检察院出台了《关于进一步推进案例运用加强类案检索的规定（试行）》，要求在办理法律、司法解释规定不明确的疑难或者新类型案件，拟提请检察委员会审议或者提交检察官联席会议讨论的案件，检察长（分管副检察长）或者业务部门负责人依办案管理权限要求检索的案件时，必须对最高人民检察院、最高人民法院发布的指导性案例、典型案例，天津市人民检察院发布的典型案例以及本院已办理的类案进行检索，并对不同级别案例的作用进行了不同规定。下一步，将继续加强技术升级，提升案例库平台智能化水平，为检察人员在系统上办理案件时更加精准、更加便利地适用案例提供支持。逐步增设引用指导性案例进行释法说理的法律文书板块，为检察人员如何适用案例作出示范。在普法宣传方面，建立典型案例宣传转化机制，对具有普法价值的案例进行宣传加工，形成人民群众喜闻乐见的图文、视频等普法产品，深挖案例在普法领域的应用价值。

第二部分
刑事检察研究

认罪认罚案件量刑建议精准化研究[*]

刘　辰[**]

党的二十大报告指出，"必须更好发挥法治固根本、稳预期、利长远的保障作用，在法治轨道上全面建设社会主义现代化国家"。完善刑事诉讼认罪认罚从宽制度，是党的十八届四中全会作出的一项重大改革部署。从2014年全国人大常委会授权北京等18个城市开展刑事案件速裁程序试点，到2016年9月全国人大常委会授权北京等18个城市开展认罪认罚从宽制度试点，再到2018年10月《刑事诉讼法》修订，认罪认罚从宽制度在充分研究论证和试点探索后，正式成为我国刑事诉讼重要制度。全面实施后，相关部门出台《关于适用认罪认罚从宽制度的指导意见》《人民检察院办理认罪认罚案件开展量刑建议工作的指导意见》《人民检察院办理认罪认罚案件听取意见同步录音录像规定》《关于常见犯罪的量刑指导意见（试行）》等

---

[*] 本文系2019年度最高人民检察院检察理论研究课题（项目批准号：GJ2019B10）的研究成果。

[**] 课题主持人：刘辰，最高人民检察院第一检察厅主办检察官、全国检察业务专家。课题组成员：周健，上海市人民检察院第一检察部副主任；朱峰，上海市人民检察院第一分院第三检察部副主任；唐斌，四川省仁寿县人民检察院副检察长；任楚翘，最高人民检察院办公厅干部。

规范性文件，对实践中呈现的争议问题、热点难点、新情况新困难等作出一一回应，通过自上而下的扎实推进、不断深化，制度建构日趋完善。截至2022年底，认罪认罚从宽制度适用率稳定保持在85%以上，量刑建议采纳率达90%以上，上诉率、抗诉率均大幅下降，稳定保持在3.8%和0.5%左右的水平，比非认罪认罚案件低15个百分点左右，认罪认罚案件速裁程序、简易程序适用率逐年上升，二者占比达75%左右。认罪认罚从宽制度在夯实证据体系、有效惩治犯罪、缩短办案时间提升诉讼效率、鼓励认罪悔罪化解社会矛盾以及促进赔偿谅解有利于社会和谐等制度初衷、制度效果均得到充分实现。认罪认罚从宽制度的广泛适用和成熟定型，也促使我国刑事诉讼模式发生重大转型，逐渐由对抗型司法模式向协商型司法模式转变。

认罪认罚从宽制度的确立，对量刑建议赋予了新的价值、新的内涵、新的功能，也提出了新的要求。提出量刑建议是适用认罪认罚从宽制度的前提条件，是检察机关听取意见与辩方进行量刑协商的核心，构成了认罪认罚从宽制度有效运转的支点，促进量刑公正的作用进一步加强。回顾量刑建议的历史，经历了从无到有、从粗放到精细的发展过程，特别是随着认罪认罚从宽制度被法律所确立，使量刑建议发生了前所未有的重大变化。

尽管实践层面认罪认罚从宽制度适用效果显著，量刑建议的采纳率保持在很高水平，然而，理论层面的构建和进一步深入研究仍十分必要。一些理论困惑与质疑仍有待厘清，困惑着司法实践，如为何认罪认罚量刑建议的确定刑方向是制度发展的要求；对确定刑量刑建议一般应当采纳的要求有无违背审判权独立行使原则；以量刑建议为代表的控辩协商塑造了以审查起诉为主导的诉讼模式，是否与以审判为中心的诉讼制度改革相冲突；等等。这些质疑关系到认罪认罚从宽制度乃至我国刑事诉讼模式的发展，如果不能从理论上厘清，认罪认罚从宽制度将是跛脚走路。与此同时，认罪认罚案件量刑建议还面临着诸多实践难题：如何保障犯罪嫌疑人、被告人认罪认罚的自愿性，保障辩护权的有效行使；辩护人的无罪辩护又如何与认罪认罚制度相耦合；以及认罪认罚从宽制度带来的侦诉关系、诉审关系、诉辩关系的调整，以及如何破解由此产生的龃龉不适；量刑建议的提出方法与如何准确把握各量刑情节；量刑建议的采纳标准与调整程序，以及是否抗诉又如何抗诉等问题，关系程序流转、衔接，直接影响制度效果。

一、认罪认罚量刑建议的基本属性

根据《刑事诉讼法》的规定，犯罪嫌疑人同意量刑建议是适用认罪认罚从宽制度的条件，认罪认罚案件中，人民法院一般应当采纳人民检察院指控的罪名和量刑建议。由认罪认罚从宽制度的公力协商性质所决定，量刑建议地位愈发重要，构成了认罪认罚从宽制度适用的前提与基础。同时，认罪认罚从宽制度也深刻重塑了量刑建议制度，量刑建议从检察机关单方意见变为多方合意，从检察机关依职权提出变为听取多方意见、控辩协商一致。不仅如此，由合意性质和协商过程所决定，以往的幅度刑量刑建议已经不能适应认罪认罚从宽制度适用的要求，以确定刑为代表的认罪认罚量刑建议精准化，是检察机关量刑建议方式的重大发展。这种形式上的变化之所以成为可能，并进而成为认罪认罚从宽制度发展的必须，是由认罪认罚量刑建议的基本属性决定的。

（一）认罪认罚量刑建议的法律属性

1. 量刑建议权是公诉权的基本内容

司法实践中长期存在着"重定罪、轻量刑"的倾向。检察官也不自觉地满足了成功定罪，将量刑作为公诉的附带。[1]但刑事诉讼中被告人认罪的案件占绝大多数，被告人主要关注的问题是量刑。我国传统的量刑裁量公开性与透明度明显不足，"法官采取的'办公室作业'模式中，法官对量刑事实的认定和量刑证据的取舍，都是通过阅卷和单方面调查的方式完成的"。[2]程序上的不完善使公众对量刑公正不无忧虑，而致力于推动量刑从实体和程序上更为规范与透明的量刑规范化改革，正是在这种背景下开启的。检察机关也从20世纪末这场改革开始，推动量刑建议制度推广，更积极地发挥职能作用，参与量刑活动。虽然量刑建议在实践探索多年后才被立法确认，但检察机关的量刑请求权作为国家赋予检察机关的一项权能却是始终存在的，是国家刑罚权的重要组成部分，是检察机关公诉权的下位权能，与定罪请求权一起共同构成完整意义上的起诉权。[3]在很长一段时间内量刑请求权与量

---

[1] 周新：《论检察机关的公诉模式转型》，载《政治与法律》2020年第1期。
[2] 陈瑞华：《量刑程序改革的困境与出路》，载《当代法学》2010年第1期。
[3] 朱孝清：《论量刑建议》，载《中国法学》2010年第3期。

刑程序一样受到忽视，但其权力基础却不容否认。近年来，随着刑事司法的法治化、民主化、精细化，定罪请求权与量刑请求权并重已经成为刑事公诉的新变化。① 作为量刑请求权最重要的载体，量刑建议在这一背景下产生、发展，成为量刑程序不可分割的一部分，发挥着规范量刑的重要作用。

2. 量刑建议兼具控诉与制约属性

追诉犯罪，不仅要解决定罪问题，更要解决有罪被告人的刑事责任也就是刑罚问题，以实现保护社会、预防犯罪的目的。量刑建议是公诉权的组成部分，从内容上看，旨在请求审判机关在认定犯罪的基础上对被告人处以特定的刑罚，从效果上看，能够启动量刑程序，当然具有控诉属性。同时，量刑建议还具有制约属性，发挥着制约法院的量刑裁判权的重要作用。检察机关基于诉讼职权，依据法律提出量刑建议，具有提供量刑依据、限定量刑范围的意义。"以权力制约权力"，抑制法官刑事裁判的裁量过大，有助于解决量刑畸轻畸重、类案不同判等问题。通过量刑建议启动具有相对独立性的量刑程序，为控辩双方发表意见提供了机制渠道，规范了量刑裁判的形成机制。"以程序制约权力"，解决了量刑程序不公开、不透明的问题，有助于提升刑罚裁判的公信力。

认罪认罚案件中，控辩双方在审前开展协商，形成的量刑建议不仅是司法机关的专业判断，也是多方合意的产物，具有契约性质，应当得到充分的尊重与重视。因此，《刑事诉讼法》明确规定，对于认罪认罚量刑建议，法院一般应当采纳。检察建议刚性增强，对检察官的办案能力提出了更高要求。《关于适用认罪认罚从宽制度的指导意见》明确指出，提出量刑建议与量刑裁量，都要确保罚当其罪，避免罪刑失衡。以审判标准要求量刑建议，这是量刑建议的正当性基础，也是量刑建议能够为审判机关采纳的前提。检察官不能满足于案件诉得出、判得了，还要在客观认定量刑事实，准确适用法律规定的基础上提出精准科学的量刑建议，进行有效的量刑说理，促使量刑合意经法院审查确认成为量刑裁判。

3. 量刑建议权与刑罚裁判权

认罪认罚量刑建议作为量刑建议的一种，其法律定位并未超出传统量刑建议的范畴，但在认罪认罚从宽特殊的制度安排下，量刑建议对刑罚裁量权、审判中心主义的影响需要重新审视。量刑建议甫一诞生就因介入量刑活动这一审判机关长期自主的领域而备受争议，对其侵犯刑罚裁判权的批评早

---

① 孙谦：《全面依法治国背景下的刑事公诉》，载《法学研究》2017年第3期。

已有之。认罪认罚从宽制度背景下，这一问题因量刑建议的效力增强而再度引起关注。但揆诸法理，无论是立法中对法院采纳量刑建议的规定，还是《关于适用认罪认罚从宽制度的指导意见》中确定刑量刑建议的原则要求，都不构成对刑罚裁判权的侵犯，法官拥有最终裁决权这是毋庸置疑的。虽然量刑建议对裁判拘束力的增强，并未改变量刑建议的基本性质，也不涉及刑事诉讼的权力配置。量刑建议的本质依然是检察机关就量刑问题提出的意见，不是实体处分。"'建议'这一概念就表明其并非决定权。"① 检察机关对量刑建议的定位仍然是制约而非取代法官的自由裁量权。不仅《刑事诉讼法》规定了法院不采纳量刑建议的具体情形，《关于适用认罪认罚从宽制度的指导意见》更进一步明确法院对于量刑建议应当依法进行审查并享有否决权。刑罚请求权范畴内的量刑建议，与法院裁判权始终遵循分工负责、互相制约的原则。精准的量刑建议并未改变法官在量刑问题上的最终裁判者地位。《刑事诉讼法》规定，法院经审理认为量刑建议明显不当，人民检察院可以调整量刑建议。人民检察院不调整量刑建议或者调整量刑建议后仍然明显不当的，人民法院应当依法作出判决。否决权的设置表明法官为量刑是否恰当的最终裁决者与底线守护者，对明显不当的量刑建议有否定与纠正的裁判决定权。认罪认罚案件控辩双方就定罪量刑已经达成合意，法官接受代表控辩合意的量刑建议，即是对控辩合意的尊重，原则上采纳这种尊重合意本身也是刑罚裁量态度的体现。

认罪认罚量刑问题上的检察主导不是背离"以审判为中心"的要求，相反却有着服务审判中心的独特作用。概念关系上，"以审判为中心"是属概念，而认罪认罚从宽是种概念，二者系包含关系。② "'以审判为中心'是诉讼规律的必然要求，它不因所适用的是何种程序而受影响。"③ 因此，量刑建议作为认罪认罚从宽制度的有机组成部分，是在"以审判为中心"的前提下进行的。宏观层面看，"以审判为中心"与认罪认罚量刑建议具有目的与手段的关系。通过量刑建议启动认罪认罚程序，实现案件分流，保证了司法资源集中投向疑难、复杂、不认罪案件，是以审判为中心真正实现的重要保障。④ 可以说，量刑建议是推进庭审实质化的重要举措。具体分析量

---

① 张建伟：《检察机关主导作用论》，载《中国刑事法杂志》2019年第6期。
② 顾永忠：《一场未完成的讨论：关于"以审判为中心"的几个问题》，载《法治研究》2020年第1期。
③ 朱孝清：《认罪认罚从宽制度中的几个理论问题》，载《法学杂志》2017年第9期。
④ 杨立新：《认罪认罚从宽制度理解与适用》，载《国家检察官学院学报》2019年第1期。

建议对庭审的影响,也不能得出其影响审判中心的结论。认罪认罚案件中法院仍然需要对案件进行全面审查,根据量刑建议适当性决定是否采纳,庭审的决定权并未受到影响。以审判为中心关键在于实现控辩有效对抗和当庭质证。① 而认罪认罚程序中控辩关系由对抗转向合作,量刑建议作为控辩意见充分表达、信息充分交换的结果,反映了控辩互动的新形态,是诉讼参与和质证规则在认罪认罚案件中的具体体现。

(二) 认罪认罚量刑建议的制度功能

检察官主导下的量刑协商是我国的认罪认罚从宽制度重要的制度创设。② 作为协商的结果呈现,认罪认罚量刑建议不再是传统意义上的控方意见,而是"凝聚控辩双方乃至被害方意见在内的多方合意的结果"。从形成过程看,多方协商成为量刑建议的法定生成机制。根据《刑事诉讼法》第173条第2款规定,听取辩方及被害人意见是提出量刑建议的法定程序。《关于适用认罪认罚从宽制度的指导意见》进一步明确,量刑建议的提出应与辩方"尽量协商一致"。虽然完整的协商程序还需进一步完善,但检察官以开放、中立的心态,充分听取包括辩方在内的多方意见,根据合理意见修正量刑建议,促成合意达成,已经明显具有了平等协商的性质,统一的量刑意见也在此基础上形成。从生成依据看,量刑建议虽然由检察机关主导生成,但作为刑罚结果的合理预判,当然以正确反映被追诉人罪责、实现刑罚正义为目标,其证据标准、裁判依据与法院裁判标准无异。检察官提出量刑建议要站在裁判者的立场上审视量刑问题,这既是检察官客观中立义务的要求,也是争取法院审查认可、提高量刑建议采纳率的客观需要。因此,量刑建议不是也不可能是检察机关自说自话,而是检、法机关对刑罚裁量的高度共识。

虽然量刑建议形式上仍由检察机关单方提出,但实质上已从单方的求刑意见变为"融合了控辩审三方合意的量刑判断"。③ 这是认罪认罚从宽制度下量刑建议最深刻的变化,也是其最重要的制度功能。量刑建议具有了合意性这一深刻变化,不仅构成了认罪认罚量刑建议刚性效力的正当性基础,也

---

① 卞建林:《刑事诉讼模式的演化与流变——以海峡两岸刑事司法改革为线索》,载《政法论坛》2019年第1期。
② 陈瑞华:《刑事诉讼的公力合作模式——量刑协商制度在中国的兴起》,载《法学论坛》2019年第4期。
③ 吴宏耀:《凝聚控辩审共识 优化量刑建议质量》,载《检察日报》2019年6月10日。

是认罪认罚从宽制度持续运转的条件。对于认罪认罚量刑建议的各种理论与实践探索，理应基于量刑建议这种新的深刻变化而展开。

一是助推诉讼效率。优化司法资源配置，实现简案快审是认罪认罚从宽制度初衷与价值取向。控辩双方对定罪无争议，诉讼程序围绕量刑问题展开，而量刑建议作为量刑程序的核心，是实现公正基础上的效率优先的关键。"量刑建议越具体，犯罪嫌疑人及其辩护律师与检察机关协商的动力越大，达成一致的可能性也越大。"① 因为对刑罚的清楚、确定的预期，能够打消被告人的侥幸心理，促使其尽早认罪认罚，尽快作出程序选择，从而尽早实现案件分流。而刑罚不确定，则会严重影响被告人的认罪动机，导致其在程序选择上犹豫观望，甚至选择"放手一搏""负隅顽抗"。量刑建议实现精准化，法官审查重点更为集中，在保证公平公正的前提下实现了诉讼提速。

二是保障被告人选择的自愿性。被告人的自愿选择，是适用认罪认罚从宽制度，简化诉讼流程的主要依据。"除非被告同意，否则，简易程序即有违反听审原则之虞。"② 被告人在充分了解认罪认罚的程序及实体后果的基础之上作出的意思表示，才能反映被告人真实意愿，体现被告人的自主选择。量刑建议如果不能明确、具体，被告人的最终处遇就处于不确定状态，"认罚"价值就会大打折扣。"罚"先明确，"认"才能真实，只有充分知晓认罪的实体法律后果，被告人的认罚，才能真正反映其主观态度，才具有程序意义。否则，即使被告人在形式上自认有罪、签署了具结书，其同意也是有瑕疵的，而建立在瑕疵同意之上的程序分流、实体处理难以面对程序正义的叩问。确定刑量刑建议还是有效辩护的前提。制约刑事案件辩护质量的一个关键因素是辩诉双方的信息不对称，量刑程序中这一问题尤其突出。记载量刑事实与理由的量刑建议，不仅应当而且可以起到提供量刑信息的作用。概括的量刑建议会让辩护方的量刑答辩失去明确目标，影响辩护效果。③

三是保证制度稳定适用。我国认罪认罚从宽制度不允许就罪名、罪数等进行协商，实体从宽必须且只能通过量刑减让来实现。"一个人身陷囹圄而

---

① 陈国庆：《刑事诉讼法修改与刑事检察工作的新发展》，载《国家检察官学院学报》2019年第1期。
② 林钰雄：《刑事诉讼法》（下册），中国人民大学出版社2005年版，第198页。
③ 陈光中、彭新林：《我国公诉制度改革若干问题探讨》，载《法学研究》2011年第4期。

脱罪无望，自然希望落在自己头上的刑罚能轻则轻，这构成了认罪认罚从宽处理程序的心理基础。"① 量刑建议不够具体，留有余地，固然更容易为审判机关接受，但也让被告人享受量刑优惠缺少保障。在起诉阶段被告人未得到精确的量刑承诺，审判阶段乃至判决后其反悔的可能性大大增加，会给制度运行带来不稳定因素。而在精准化量刑建议基础上形成的判决，保证了被告人通过参与量刑过程有效影响量刑结果，体现了平等互利与契约精神的体现，无疑可以强化被告人对判决的认同，减少刑事案件信访申诉率。② 被告人从接受"他律的判决"变为"接受和服从自己参与确定的判决内容"，将"对判决的服从就从他律的外在强制转换为自律的内在服从"，③ 有利于刑罚执行与教育改造，也能减少因量刑导致的上诉、程序回转，在更高层次上实现了案结事了，保证认罪认罚从宽制度平稳顺利运行。

（三）认罪认罚量刑建议的深刻变化

一是量刑建议从"可以提出"到"应当提出"的转变。在2018年《刑事诉讼法》修订前，量刑建议被定位于人民法院量刑规范化改革的配套机制，要求人民检察院"可以"提出量刑建议，即可以提出量刑建议，也可以不提出量刑建议，量刑建议不是提起公诉的必然要求。量刑建议主要是制约法官量刑裁量权的一项机制安排。随着认罪认罚从宽制度的确立，《刑事诉讼法》明确规定，犯罪嫌疑人、被告人认罪认罚的，人民检察院应当就主刑、附加刑、是否适用缓刑等提出量刑建议。没有量刑建议，犯罪嫌疑人、被告人则无法进行认罪认罚具结，也就无法适用认罪认罚从宽制度，量刑建议成为"必须的制度性要求"，也是检察机关的基本职责所在。量刑建议经历了从"可提可不提"到"必须提出"的转变。

二是量刑建议从"控方立场"到"合意立场"的转变。在认罪认罚案件中，量刑建议的形成过程和内涵意义，相较于传统量刑建议模式发生了巨大变化。以往量刑建议是检察官基于对案件事实和证据的审查，主要从追诉犯罪立场出发，提出的刑罚建议。其形成过程是基于检察官单方对犯罪事实、情节的认知。但认罪认罚从宽制度的设置是控辩双方量刑沟通后协商一

---

① 张建伟：《认罪认罚从宽处理：内涵解读与技术分析》，载《法律适用》2016年第5期。
② 陈卫东：《认罪认罚从宽制度研究》，载《中国法学》2016年第2期。
③ 魏晓娜：《完善认罪认罚从宽制度：中国语境下的关键词展开》，载《法学研究》2016年第4期。

致、达成合意，并以量刑建议作为合意的具体体现形式。这就表明，认罪认罚案件中量刑建议是凝聚双方意见，甚至多方意见的合意结果。量刑建议不仅代表检察机关意见，也代表了控辩合意，更是国家兑现对犯罪嫌疑人、被告人从宽承诺的集中体现。

三是量刑建议从"以幅度刑为原则"到"以确定刑为原则"的转变。传统量刑建议的提出以幅度刑为主、确定刑为辅。认罪认罚从宽制度实施以来，则提出了不同的量刑建议要求——"人民检察院一般应当提出确定刑量刑建议。对新类型、不常见犯罪案件，量刑情节复杂的重罪案件等，也可以提出幅度刑量刑建议"。即认罪认罚案件原则上应当提出确定刑量刑建议，少部分尚未形成统一量刑标准，或者不宜提出确定刑量刑建议的案件，可以提出幅度刑量刑建议。确定刑量刑建议更有助于达成控辩协商一致，并增强认罪认罚从宽制度适用的稳定性。确定刑量刑建议不仅是工作层面的要求，而且更符合认罪认罚从宽制度的制度属性，是促进认罪认罚从宽制度稳定顺畅运行的必然要求。

四是量刑建议从"量刑参考"到"量刑制约"的转变。长期以来，由于法律并未赋予量刑建议制约量刑裁判的效力，又囿于过去量刑建议本身存在过于宽泛、流于形式等问题，量刑建议对裁判的约束力不强、制约性不够。认罪认罚从宽制度适用中，《刑事诉讼法》明确要求法院"一般应当"采纳检察机关提出的量刑建议。对于法院经审理认为量刑建议明显不当或者被告人、辩护人对量刑建议提出异议时，设置了调整量刑建议前置程序，由人民法院告知人民检察院进行调整，在人民检察院不调整或者调整量刑建议后仍然明显不当时，人民法院方才依法作出判决。从法律层面直接赋予了量刑建议实体和程序制约效力，使得检察机关的量刑建议具有了相当程度的刚性。量刑建议实现了从"参考"到"制约"的转变，这是量刑建议在法律效力上发生的巨大变化，是协商型诉讼模式的顶层制度设计。

五是量刑建议从"程序虚化"到"程序规范"的转变。传统量刑建议主要是检察机关根据案件事实和量刑情节等的单方决定，不需要和犯罪嫌疑人及其辩护人沟通、协商，也不必然听取被害方意见，所以在量刑建议的程序规范上，主要侧重于提出量刑建议的形式、方式问题，对于检察官如何听取意见、开展协商，如何提出量刑建议、调整量刑建议等并没有程序规范。认罪认罚从宽制度要求，提出量刑建议的前提是听取意见、控辩协商，不仅要与辩方进行协商，还需要听取被害方的意见，这就涉及控辩协商、听取意见的程序要求。如何进行协商、程序怎么设置、被告人和被害人有哪些权利、如何保障辩护权,以及值班律师如何提供有效法律帮助等问题,成为量刑建议程序规范亟须解决的新问题。2021年《人民检察院办理认罪认罚案件开展量刑建议工作的指导意见》则围绕上述程序要求完善了制度设计,使量刑建议的形成过程发生了从"程序虚化"到"程序规范"的转变。

二、完善量刑建议程序规范

(一)完善值班律师参与机制

保障被追诉人在自愿的前提下认罪认罚,是认罪认罚从宽制度能否取得实效的关键。然而,被追诉人作为被公安司法机关追究刑事责任的对象处于天然的弱势地位,在选择认罪认罚争取从宽处理的过程中很难与控方处于平等的地位。现实中,犯罪嫌疑人、被告人往往文化程度不高,更是缺乏法律知识和诉讼经历、经验,容易出现对认罪认罚从宽制度理解上的偏差,能否与控方展开有效协商很大程度上依赖于律师的帮助。《刑事诉讼法》在认罪认罚从宽制度试点基础上,确立了我国值班律师制度,构建了对被追诉人最必要的保障机制。

1. 值班律师的职责定位

2014年《关于在部分地区开展刑事案件速裁程序试点工作的办法》,首次明确提出在刑事速裁程序中建立值班律师制度,并规定"犯罪嫌疑人、被告人申请提供法律援助的,应当为其指派法律援助值班律师"。2016年《关于在部分地区开展刑事案件认罪认罚从宽制度试点工作的办法》进一步丰富了值班律师制度的内涵,规定"犯罪嫌疑人、被告人自愿认罪认罚,没有辩护人的,人民法院、人民检察院、公安机关应当通知值班律师为其提供法律咨询、程序选择、申请变更强制措施等法律帮助"。值班律师从之前的可选项到必选项,成为认罪认罚从宽制度中不可缺少的重要参与主体。2018年的《刑事诉讼法》总结并确认了认罪认罚从宽制度试点工作经验做法,规定"犯罪嫌疑人、被告人没有委托辩护人,法律援助机构没有指派律师为其提供辩护的,由值班律师为犯罪嫌疑人、被告人提供法律咨询、程序选择建议、申请变更强制措施、对案件处理提出意见等法律帮助"。值班律师的适用范围也从认罪认罚案件扩展至所有的刑事案件。从探索到试点再到立法确认,值班律师制度的内涵也在不断地变化,也反映了对值班律师制度的认识逐步深入。概言之,值班律师制度是法律援助制度的重要组成部分,也是认罪认罚从宽制度的重要配套机制,是完善以审判为中心刑事诉讼制度的顶层设计。值班律师是犯罪嫌疑人或者被告人诉讼权益的"最低保障"机制,充当着"准辩护人"的角色。

"应急性"是值班律师制度的最大特点,因为如果按部就班地办理常规法律援助的手续,无法满足犯罪嫌疑人及时获取法律帮助的需求。通过在看守所、检察机关和人民法院建立值班律师工作站,就可以随时向当事人提供法律援助,既不要求具备什么特殊条件,也不需要办理复杂的手续。从目前全国各地的律师资源看,律师资源相对紧缺,且分布不均衡。值班律师法律帮助的方式较为灵活,基本能够满足大多数犯罪嫌疑人或者被告人的需求。2014 年速裁程序试点中仅服务于适用速裁程序案件的被告人,并且主要限于法律咨询服务,2016 年认罪认罚从宽制度试点时值班律师可以"提供法律咨询、程序选择、申请变更强制措施等"。2019 年《关于适用认罪认罚从宽制度的指导意见》进一步明确值班律师可以查阅案卷材料,虽然和辩护律师的权利有一定的差别,但已经基本覆盖刑事诉讼各阶段和各环节。可以说值班律师是"准辩护人"的制度定位,也是未来向全面强制辩护制度发展的过渡阶段。因此,在立法、司法解释、规范性文件等层面,已构建认罪认罚案件值班律师实质性参与的机制。

2. 完善值班律师实质化参与的意见和建议

有效的法律帮助是认罪认罚从宽制度程序正当性的核心问题,也是量刑建议获得公平性和真实性的重要制度保障。认罪认罚从宽制度对值班律师的需求明显上升,但目前值班律师面临着供给不足、参与性不足、经费保障不足以及定位、职能不清等问题,实践中法律帮助的形式化、无效化问题仍较为突出,对认罪协商量刑建议的达成客观上造成不利影响。

一是严格落实《刑事诉讼法》关于司法机关的告知义务。检察机关要通过各种方式让犯罪嫌疑人或者被告人了解值班律师制度、值班律师的职责和权利、值班律师提供法律帮助的方式、内容及程序等。在审查逮捕和审查起诉办案环节,在履行权利义务告知的同时,充分阐释值班律师制度的内容,确保犯罪嫌疑人了解和熟悉值班律师制度。检察机关也可以通过制作专题宣传片或者宣传单页等方式,在羁押场所以及司法办案区对犯罪嫌疑人或者社会公众开展宣传,确保这项制度深入人心。

二是依法保障所有犯罪嫌疑人或者被告人获取法律帮助的权利。《法律援助值班律师工作办法》规定,法律援助机构应当在看守所、人民检察院、人民法院等场所设立法律援助工作站,通过派驻或安排的方式,为没有辩护人的犯罪嫌疑人、被告人提供法律帮助的律师。也即只要犯罪嫌疑人或者被告人没有委托辩护人，无论羁押与否、罪名轻重、认罪与否，都有获取值班律师法律帮助的权利。因此，检察机关不仅要确保认罪认罚的犯罪嫌疑人或者被告人获得有效的法律帮助，也要确保不认罪认罚的犯罪嫌疑人或者被告人法律帮助权利得到保障。随着刑事案件律师辩护全覆盖试点工作在全国推广，审判阶段被告人的辩护权得到了充分的保障，审前阶段确保犯罪嫌疑人得到有效的法律帮助检察机关责无旁贷。对于侦查机关没有充分保障犯罪嫌疑人获取法律帮助的，检察机关应当及时加以监督。域外许多国家和地区设置值班律师主要是一种紧急状况下的临时安排，也是服务于审前阶段确保犯罪嫌疑人及时获得法律帮助。因此，唯有将值班律师制度和刑事案件辩护律师全覆盖紧密结合，才能充分保障犯罪嫌疑人的辩护权，也是符合当前国情的制度安排。

三是完善值班律师提供法律帮助的保障机制。《关于适用认罪认罚从宽制度的指导意见》明确了值班律师可以查阅案卷和会见犯罪嫌疑人。但实践中由于值班律师系按照值班时间确定其津贴，且值班律师的值班安排是由法律援助机构随即安排，为犯罪嫌疑人提供法律咨询、见证具结书等法律帮助的值班律师，大多情况下并非同一名律师，如何进行有效衔接是实践操作的难点和堵点。一方面，可以充分发挥数字化的优势，在相应的值班律师工作站设置数据终端，确保值班律师可以及时查阅相关案件的电子卷宗，在为犯罪嫌疑人提供法律帮助的同时了解案情，提供更加有效的法律帮助。另一方面，要丰富值班律师的工作方式，采用线上和线下相结合的方式，在羁押场所设置值班律师专线，设置值班律师服务热线，既能为犯罪嫌疑人或者当事人提供快捷方便的法律帮助，也能有效缓解值班律师资源紧张的难题。

四是构建科学合理的值班律师工作绩效评价和考评机制。《法律援助值班律师工作办法》的出台对于值班律师制度具有里程碑的意义，但对于规范值班律师的执业仍远远不够。值班律师虽然具有应急性和临时性的特征，其权利和义务与辩护律师也存在差异，但毕竟充当了准辩护人的角色，提供法律帮助活动也应当受律师的执业规范和职业伦理约束。《律师执业行为规范（试行）》中要求律师应当履行勤勉尽责义务，值班律师同样也应当受到律师职业规范的约束。一方面，要建立合理准入机制，通过激励机制吸收职业道德水准和业务水平较高的律师进入值班律师队伍，结合律师制度改革吸引更优质的律师资源进入值班律师库。另一方面，协同司法行政机关、律师协会探索合理的考核和激励机制，让值班律师的勤勉尽责有内在动力。比如将值班律师的履职情况与津贴水平直接挂钩，对于咨询类的法律帮助按照次数或天数计算，对提出案件处理意见或者其他法律帮助意见的，根据案件的复杂程度提高津贴标准等。再比如对于工作业绩突出的值班律师可以给予一定的荣誉激励，激发值班律师对法律援助工作的认同感。

（二）规范量刑协商程序

1. 量刑协商的主体

一方面，检察官是认罪认罚从宽制度的主导者、主责者。认罪认罚从宽制度深刻改变了我国的刑事诉讼体系，对各司法机关的权力运作都产生了深远的影响。制度定位与法律监督属性决定了检察机关与该制度的联系最为紧密，处于制度适用的中心地位，首先，检察官是量刑协商的主导者。检察官的程序主导地位是由公权力机关属性和诉讼职责所决定，由认罪认罚从宽制度自身特点赋予的。作为合作型司法模式的一种，认罪认罚从宽制度肇始于控辩双方为了诉讼利益放弃对抗、开展合作。"国家以平等的姿态与被告人协商，以法律许可范围内的特定利益来换取被告人的认罪，这是认罪认罚从宽制度的重心。"[1] 在大控方格局下，理论上控辩协商的主体应当包括侦查机关。但是，侦查环节证据收集不完整、犯罪事实不清晰等阶段性特点和侦查权强烈的追诉倾向与扩张性，使得侦查机关在适用认罪认罚从宽时动机不足、障碍过多。不仅如此，侦查阶段适用认罪认罚还会导致侦查机关消极办案、强迫认罪等风险。[2] 相较而言，检察官是"依法言法，客观公正的守护人"[3]，负有中立审查案件的责任，其在刑事诉讼中的客观公正义务与认罪认罚从宽制度所承载的宽严相济、司法宽容、以合作取代对抗的精神内核最契合。且审查起诉阶段，犯罪事实基本清楚，证据已经比较完善，这时的认罪认罚是建立在有证据证明的客观的犯罪事实之上的，避免了侦查阶段的弊端，检察机关应然地在认罪认罚协商中扮演中心角色。修改后的《刑事诉讼法》也明确规定了，认罪认罚协商在犯罪嫌疑人与检察机关之间开展。其次，检察官是量刑合意的凝聚者。审查起诉阶段是最适宜进行认罪认罚协商的阶段，检察官主导认罪认罚协商，体现在协商启动的决定权、协商合意

---

[1] 魏晓娜：《完善认罪认罚从宽制度：中国语境下的关键词展开》，载《法学研究》2016年第4期。
[2] 陈卫东：《认罪认罚从宽制度研究》，载《中国法学》2016年第2期。
[3] 林钰雄：《检察官论》，法律出版社2008年版，第8页。

的审查权等职责。检察官在充分审查证据,全面分析案情的基础上,通过讯问犯罪嫌疑人、听取辩护人意见的方式了解犯罪嫌疑人认罪认罚的意愿。在确保犯罪嫌疑人充分知晓认罪认罚法律意义并自愿选择认罪认罚的前提下,通过协商程序与犯罪嫌疑人、辩护人就特定认罪认罚事项达成协议。从生成依据看,量刑建议虽然由检察机关主导生成,但作为刑罚结果的合理预判,当然以正确反映被追诉人罪责、实现刑罚正义为目标,其证据标准、裁判依据与法院裁判标准无异。因此,量刑建议不是也不可能是检察机关自说自话,而是诉讼各方对刑罚裁量的共识,检察官必须以促进共识、凝聚合意为方向,做共识的凝聚者。最后,检察官是量刑公正的监督者。与持追诉立场单方提出量刑意见不同,检察官提出量刑建议要站在裁判者的立场上审视量刑问题,监督案件的实体、程序处理。为维护制度正当性,既要保障犯罪嫌疑人权利不受侵犯,防止诱骗、强迫认罪,又要杜绝制度异化与权力寻租,防范"花钱买刑""权钱交易",必须强化对认罪认罚案件办理全过程的监督制约。尤其应当对犯罪嫌疑人认罪认罚的自愿性、犯罪嫌疑人程序选择的自愿性、法院量刑的适当性等重点环节加强监督。这既是检察官客观中立义务的要求,也是争取法院审查认可、提高量刑建议采纳率的客观需要。任何不顾被告方协商意见的"我说了算",或迁就被告方不合理要求的"过分从宽",都是公正职责的失守。

另一方面,应当充分保障被告人量刑协商的主体地位。与辩诉交易等西方国家"认罪协商程序在被告人放弃律师帮助时允许检察官与被告人进行答辩协商"① 不同,我国认罪认罚从宽制度强制要求辩护律师或者值班律师参与,为被告人提供法律帮助,就量刑发表意见,见证具结书签署,律师参与是认罪认罚程序的必要条件。在我国司法协商制度刚刚起步的情况下设置更严密的司法保障,是避免冤假错案与错误认罪的必要设置。同时,"律师有效参与是保持控辩双方力量平衡之重要举措"②。但不应忽视被告人主体地位丧失的风险。其一,协商应当保障被告人的到场参与权,这是直接言词、自白任意原则在协商程序中的体现,检察官不能撇开被告人单独与辩护人"协商"。其二,不能为了促成协商而罔顾被告人利益。通常而言,被告

---

① 《美国联邦刑事诉讼规则》第 11 条(c)款答辩协商程序第(1)项规定,检察官与辩护律师之间,或者与被告人之间(当被告自行辩护时)可以进行讨论以达成协议,法庭不得参与此讨论。《世界各国刑事诉讼法》编辑委员会:《世界各国刑事诉讼法·美洲卷》,中国检察出版社 2016 年版,第 622 页。

② 陈伟、黄泽敏:《认罪认罚量刑建议的权力制衡机制构建》,载《时代法学》2019 年第 3 期。

人自愿原则与律师参与构成了对被告人的双重保护,但双保险失灵也并非不可能。辩护人、值班律师都有可能出于自利,促使被告人接受对其不利的协商结果。因为值班律师、指定辩护律师"对于被告被判有罪或无罪并无特别的利害关系,但工作负担则是现实问题",而被告人自行委托的辩护人"在节省成本支出(时间与精力)的考虑下,也有高度的协商动机"。[①] 因此,在开展量刑协商前,检察官应当对被告人认罪认罚、程序选择的自愿性进行充分审查确认。

此外,要明确辩护律师较之值班律师具有优先性。认罪认罚从宽制度创设了我国值班律师制度,形成值班律师、法律援助律师、委托律师三种类型律师并存的局面。但在被告人已经委托律师的情况下,不能由值班律师进行量刑协商并见证具结书签署。《关于适用认罪认罚从宽制度的指导意见》和《法律援助值班律师工作办法》中规定,犯罪嫌疑人、被告人没有委托辩护人,要求约见值班律师的,应当通知值班律师为其提供法律咨询、程序选择建议、申请变更强措等法律帮助。可见,值班律师属于补充、补缺的定位,当被告人存在委托律师时必然应当优先由委托律师履行职责。从维护被告人诉讼权益的角度,值班律师的权利范围小于委托律师,无论从诉讼的全程参与度抑或对被告人委托意见的了解程度,委托律师都更有利于对被告人权利的维护。同时,这一优先次序的明确,可以避免检察官为了追求认罪认罚适用率和委托律师的不同意见而绕开委托律师,也可以避免绕开委托律师而由值班律师见证签署具结书带来的后续辩护意见分歧的风险。"认罪认罚案件签署具结书时,犯罪嫌疑人有辩护人的,应当由辩护人在场见证具结,严禁绕开辩护人,安排值班律师代为具结见证。"[②]

要充分保障被害人的诉讼权利。认罪认罚从宽制度为了有效节约司法资源、提升办案效率,吸引更多的被追诉人"认罪""认罚",以及保障认罪认罚的自愿性成为各方关注的焦点,被追诉人的权利得到了前所未有的强化。但在实现上述改革初衷的同时对于被害人的权益保护也不能忽略。被害人通常有两个方面的诉讼关注点:一是对司法机关定罪量刑过程的诉讼参与和意见表达;二是对民事赔偿问题的诉求。我国刑事诉讼架构中,通过确立定罪与量刑相对分离的程序设计让被害人参与到量刑审理程序之中,具有了

---

① 林钰雄:《干预处分与刑事证据》,北京大学出版社2010年版,第147页。
② 《关于认真学习贯彻十三届全国人大常委会第二十二次会议对〈最高人民检察院关于人民检察院适用认罪认罚从宽制度情况的报告〉的审议意见的通知》第7条。

充分表达量刑意见的机会；而通过确立刑事和解和附带民事赔偿制度，使得被害人可以参与到与被追诉人的协商、对话之中，促使被追诉人在认罪悔罪和提供赔偿的基础上，与被害方达成和解，取得谅解，进而争取较为宽大的刑事处理。在有被害人的刑事案件中适用认罪认罚从宽制度，司法机关如果漠视被害人上述权益的维护和诉讼请求的表达，那么，被害人往往认为自己是刑事司法程序中的"受害者"而走上申诉和信访之路，或者与被追诉人发生更大、更进一步的冲突，影响社会的和谐稳定，也违背制度修复社会关系的设计初衷和价值追求。申诉上访的出现也使认罪认罚从宽制度难以真正达到节约司法资源的目的。因此，司法机关在适用认罪认罚从宽制度的过程中，应当通过一系列的制度设计来顾及被害人及社会公众的情感接受，避免社会公众产生认罪认罚从宽等同于花钱买刑、权钱交易的误解。① 从权利角度，保障被害人参与主要是要保障其权利。（1）知情权，即被害人了解犯罪嫌疑人、被告人基本信息、案件情况及认罪认罚案件程序适用的权利。这是被害人行使其他权利，实质参与认罪认罚从宽程序的基础。（2）发表意见权。作为刑法裁量的利益攸关方，被害人可以针对以下问题发表意见：一是对犯罪嫌疑人、被告人是否真实认罪认罚发表意见。被害人掌握犯罪嫌疑人、被告人赔礼道歉、赔偿损失等情况，可以从其视角认罪、悔罪真实性发表意见，提供材料。二是对认罪认罚从宽制度适用与否发表意见。虽然被害人没有独立的程序选择权，但是适用该制度所带来的程序从简、实体从宽效果势必影响被害人诉讼利益。检察机关在履行主导责任，决定具体案件是否适用认罪认罚从宽制度时，有义务将被害人意见纳入考量。三是对量刑建议内容发表意见。犯罪发生后，被害人通常有满足报应心理和声索经济补偿两方面诉求，而这两方面诉求的满足均由具体刑罚来实现。允许被害人对量刑建议发表意见，满足其心理需要，防止对被害人的二次伤害，是程序正义的要求。量刑建议听取被害人意见，有助于实现认罪认罚从宽制度修复社会关系的作用。在对犯罪嫌疑人、被告人给予较大从宽幅度时，如果获得被害人同意、认可，制度适用的效果也能得到充分保证。检察机关可以在听取意见过程中告知被害人拟提出的量刑建议，并给予被害人对量刑建议发表意见的机会，允许其提出新的量刑情节，尤其是被追诉人对被害人所造成的侵害行为、侵害后果以及由此所带来的危害情形等发表意见，并对检察机关的量刑建议提出意见。检察机关在确定量刑建议时，应充分考虑被害人提出的意见

---

① 叶青：《认罪认罚从宽制度的逻辑展开》，载《国家检察官学院学报》2017年第1期。

建议，视情况考虑调整拟提出的量刑建议，从而充分保障被害人在刑事诉讼环节的利益诉求。当然，要正确对待被害方异议。程序适用和量刑建议获得被害方认同是认罪认罚案件办理的理想状态，但实践中众口难调，诉求各异，被害方对程序、实体处理提出异议也是办案常态。不能因被害人缠访闹访、负面舆情等外部压力，就剥夺犯罪嫌疑人、被告人享有程序、实体从宽的权利。在被害方提出异议的情况下，量刑建议应当考虑其感受，严格把握从宽幅度。

2. 量刑协商的程序

以认同量刑建议为实质要件、以签署具结书为形式要件的"认罚"，必然要求检察机关在正式提出量刑建议前，与辩方就量刑进行沟通、协商，以便达成一致。认罪认罚量刑建议不仅要实现量刑结果的公正、均衡，还要在程序上为平等协商、控辩博弈提供保障。这就需要构建量刑协商程序，以保障量刑建议形成过程的客观性、规范性、参与性与权威性。量刑建议从形成到协商再到正式提出的过程，反映着量刑建议从检察官个人意见成为诉讼合意的发展演变。认罪认罚量刑建议的协商合意性质，不仅是被追诉人主体性的体现，也形塑了一种多方参与式的量刑协商程序新样态。

量刑协商，是认罪认罚从宽制度的核心环节，是量刑建议形成的关键所在。在量刑协商基础上的控辩妥协，能够实现检察官、被告人、法官、被害人等多方利益的最大化，也符合"实质的程序正义"要求。量刑协商为控辩双方平等对话创造了可能，是对犯罪嫌疑人、被告人诉讼主体地位的关注，是犯罪嫌疑人、被告人诉讼参与度和诉讼话语权的重大发展，是化解诉讼矛盾的核心环节，标志着我国协商型司法时代的到来。此外，效率问题也应在程序设计时予以考虑，成本过高的量刑建议程序增加检察官负担，会成为制度适用的障碍。

有鉴于此，形成量刑建议可考虑分三步走。第一步即按照量刑方法，通过依次确定量刑起点、基准刑、宣告刑，形成协商基准的初步量刑建议。这里的宣告刑是法院量刑方法中的统一称谓，在检察环节量刑建议的形成过程中，是指拟向被告人进行量刑协商的基准，初步的量刑建议。第二步由检察官向辩方告知初步量刑建议，说明理由，必要时开示部分证据，听取辩方反馈的量刑意见。第三步进行量刑协商，促成协商一致，采纳被告人提出的量刑意见的，在不超过底线从宽幅度的基础上对量刑进行二次调整，被告人签署具结书，检察机关向法院正式提出量刑建议。三个步骤，层次递进，形成有机整体，同时每个步骤又有特定的根据和方法。

3. 量刑建议的说理

随着认罪认罚从宽制度的确立，量刑建议说理制度已不可或缺，是推动认罪认罚从宽制度更高质量、更好效果适用，提升认罪认罚案件质效的关键所在。最高人民检察院《关于认真学习贯彻十三届全国人大常委会第二十二次会议对〈最高人民检察院关于人民检察院适用认罪认罚从宽制度情况的报告〉的审议意见的通知》中，强调要加强量刑建议说理，根据不同案件情况，在起诉书、具结书、量刑建议书等文书中加强量刑建议说理，体现认定的犯罪事实、罪名，量刑的依据、理由，主要的量刑情节及其对应从宽幅度等内容。但现有的量刑建议说理探索仍存有完善的空间和必要，不管是说理的全面性，还是说理的充分性、准确性，与老百姓期待的司法公正还有很大的差距。

量刑建议说理侧重在阐明查明检察机关量刑建议的依据及理由。从量刑的步骤看，首先根据量刑证据认定量刑事实，再根据量刑事实明确量刑情节，最后综合犯罪事实和量刑情节根据量刑原理和方法得出量刑结果。量刑建议说理一般应当包括量刑证据采信、量刑情节认定、量刑步骤方法及量刑裁量选择四大主要因素。

一是量刑证据采信。由于犯罪嫌疑人认罪认罚，一般来说量刑证据不存在较大的争议，但在实践中犯罪嫌疑人及其家属或者辩护人为使犯罪嫌疑人获得更大的从宽，会提交不少与量刑相关的证据材料，虽然绝大部分不影响到法定量刑情节的认定，但有时也会影响到司法机关对其从宽的幅度、刑罚执行方式选择的判断。不少检察官对于辩方提交的量刑证据材料不够重视，有的置之不理，有的疏于审查。量刑与定罪不同，核心特征在于裁量性，影响量刑的除了法定量刑情节，还有多方面的酌定量刑情节，检察官应当高度重视量刑证据，当然包括公安机关收集的与量刑相关的证据，也包括辩方提交的量刑证据材料，要仔细加以甄别，必要时加以调查核实，准确认定各类情节，才能实现精准量刑建议。

二是量刑情节认定。实践中仅有少部分认罪认罚案件法定量刑情节存在争议，譬如常见的自首量刑情节，团伙犯罪从犯量刑情节等，如果存在争议的，量刑建议说理时应当结合法律规定予以释明。对于酌定量刑情节，司法人员普遍不够重视，除了常见的退赃退赔、认罪认罚外，不少司法解释都有酌定量刑情节的规定，譬如，针对老年人、残疾人等特殊群体的盗窃、诈骗、故意伤害等情节。检察机关在提出量刑建议和说理过程中，应当全面衡量与量刑相关的情节，并予以准确认定，只有准确、全面认定与量刑相关的情节，量刑建议才能合法合理，才能得到诉讼各方当事人的理解和认可，真正实现案结事了人和。

三是量刑步骤方法。近年来随着量刑规范化改革的不断推进，越来越多的司法人员摒弃传统的估堆量刑方法，接纳和运用定性分析为主、定量分析为辅的量刑原理。各地检察机关探索的量刑建议理由说明书和量刑计算表等说理文书都着重在展示量刑原理、步骤和方法的具体应用，对于提升量刑建议说理起到了重要的推动作用。但需要注意的是，各地的量刑说理文书过于侧重量刑的计算步骤，忽视了定性分析方法的运用，不免让公众对于量刑原理和方法有所误解，认为量刑方法就是算术题，把量刑协商变成了讨价还价。量刑建议说理要将定性分析与定量分析相结合，每一步骤中都需要体现定性分析的原理和思维，也就是量刑裁量的选择。

四是量刑裁量选择。"两高"《关于常见犯罪的量刑指导意见（试行）》赋予了司法机关较大的自由裁量空间，不管是起点刑的选择，抑或基准刑的确定，还是量刑情节对基准刑的调节等环节，司法人员都需要结合定性分析原理，充分结合个案准确行使裁量权。检察机关在量刑建议说理时，对于每一量刑环节的裁量权行使都应当结合证据、事实和情节等适当说明理由，而不能直接给出"有期徒刑6个月作为量刑起点""增加基准刑3个月""减少基准刑的10%"等简单结论。充分的说理既是加强对检察机关量刑建议活动监督制约的重要渠道，也是充分保障犯罪嫌疑人、被告人诉讼权利，确保其充分行使量刑辩护权的重要方式。

三、量刑事实的证明标准

"事实清楚，证据确实、充分"是我国刑事诉讼的证明标准，《刑事诉讼法》第55条规定："证据确实、充分，应当符合以下条件：（一）定罪量刑的事实都有证据证明；（二）据以定案的证据均经法定程序查证属实；（三）综合全案证据，对所认定事实已排除合理怀疑。"《关于适用认罪认罚从宽制度的指导意见》在基本原则部分明确规定，坚持证据裁判原则，办理认罪认罚案件，应当以事实为根据，以法律为准绳，严格按照证据裁判要求，全面收集、固定、审查和认定证据；坚持法定证明标准，侦查终结、提起公诉、作出有罪裁判应当做到犯罪事实清楚，证据确实、充分。从上述条款看，量刑事实的证明标准和定罪事实的证明标准似乎一样，都必须达到事实清楚，证据确实、充分，排除合理怀疑的程度。

从域外实践看，大陆法系和英美法系的审判程序对定罪与量刑模式设置不同，对量刑事实的证明标准也有较大差别。英美法系国家，定罪与量刑程序相分离，总体上量刑事实的证明标准采纳优势证明标准，即当证据显示待证事实存在的可能性明显大于不存在的可能性，即可据此进行合理判断以排除疑问，但对于不利于被告人的量刑事实则例外，仍要求适用排除合理怀疑的证明标准。① 大陆法系国家与我国相近，定罪与量刑程序合二为一，量刑依附于定罪程序，理论上量刑与定罪持相同的证明标准，但在实践中，对有利于被告人的量刑事实则普遍确立了较低的证明标准，而对于那些不利于被告人的量刑事实，则普遍采用严格证明方式，确立较高的证明标准。② 在日本，通说认为量刑情节只通过自由证明即可，但是倾向于加重被告人刑罚的情节事实需要严格证明；判例也认为，判断有无缓刑的情节，不需要经过调查的证据，但是作为加重处罚累犯事由的前科是法定加重事由，实质上相当于犯罪构成要件，因此必须严格证明。③ 由此可见，不论大陆法系还是英美法系国家，对定罪事实和量刑事实的证明标准都并不完全一致，量刑事实的证明标准往往低于定罪事实，只是不同国家对量刑事实又因情进行了区分。

从我国法律、司法解释以及相关规范性文件的表述看，仅从原则性、概括性角度确立了证明标准，并没有对量刑事实的证明标准加以专门区别界定。逻辑上似应理解为量刑事实与定罪事实证明标准一致，但经过多年的量刑规范化改革以及理论与实践的探索，我国法学理论界和司法实务界普遍认为量刑事实与定罪事实的证明标准有所不同。有必要对量刑事实的证明标准予以区别界定。

（一）从重量刑事实应当坚持严格证明标准

最高人民法院《关于适用〈中华人民共和国刑事诉讼法〉的解释》（以下简称《最高法院刑诉法解释》）第72条第2款规定"认定被告人有罪和对被告人从重处罚，适用证据确实、充分的证明标准"，该解释对被告人从重处罚适用与认定被告人有罪相同的证明标准。之所以从重量刑应坚持证据确实、充分的严格证明标准，一是从有利于被告人的人权保障角度出发，对不利于被告人的认定应当以严格的标准衡量之；二是从无罪推定理念出发，

---

① 何家弘、刘品新：《证据法学》，法律出版社2013年版，第325页。
② 周颖佳：《浅论量刑事实的证明标准》，载《人民法院报》2014年4月2日，第6版。
③ 参见［日］田口守一：《刑事诉讼法》，刘迪等译，法律出版社2000年版，第221页。

没有确切充分的证据证实被告人具有法定从重处罚情节的，就不能对其从重处罚；三是从控辩平等理念出发，量刑事实的证明责任同样在检察机关，和辩方相比，公权力身份的检察机关呈现出天然强势，若不适用最严格的证明标准，可能导致司法权力的滥用，直接损害被告人的合法权益，甚至引发冤假错案。

（二）从宽量刑事实适用优势证明标准

从规范层面上，我国对于从宽量刑采用何种证明标准未有明确规定，但结合《最高法院刑诉法解释》第72条的规定，以体系解释的逻辑分析，可以反向推论从宽量刑事实可以不适用严格证明标准。"从宽"具体包括从轻、减轻或者免除处罚等，是对被告人有利的事实和情节，该量刑证明标准是否可以比照一般证明标准予以降低？有观点认为，在量刑事实的证明问题上，一方面检察官和被告方可以就量刑幅度进行必要的协商，降低量刑幅度可以达到30%左右；另一方面检察官在特定量刑情节上享有一定程度的自由裁量权，而不必严格遵守法律所设定的标准和幅度。因此检察官对量刑事实的证明不需要达到法定的最高证明标准。[①] 司法实践中，对于有利于被告人的量刑情节，通常由被告方提出，相应地被告方通常会承担一定的证明责任，即提出证据的责任，提出证据的责任只需达到优势证明程度即可。这既和被告人的取证能力有关，更是人权保障理念使然。如果对有利于被告人的量刑事实也要求严格证明标准，则可能导致取证能力较弱的被告方手足无措，不利于对被告人合法权益的保障。另外，根据存疑有利于被告人的刑事基本原则，在立法并不排斥适用较低证明标准的前提下，认定有利于被告人的量刑事实应采优势证据标准也是应有之义。最为典型的例证莫过于未成年人刑事责任年龄的证明标准，最高人民法院《关于审理未成年人刑事案件具体应用法律若干问题的解释》第4条规定，"对于没有充分证据证明被告人实施被指控的犯罪时已经达到法定刑事责任年龄且确实无法查明的，应当推定其没有达到相应法定刑事责任年龄"。

本质上说，无论是从重量刑情节的排除合理怀疑标准还是从轻量刑情节的优势证据标准，蕴含的价值取向均是对被告人权利的保障。因此，适当降低从宽量刑情节的证明标准，采用优势证明标准，符合证明规律，有利于被告人的人权保障，避免冤假错案的产生，有利于案件公平公正办理。

---

① 陈瑞华：《认罪认罚从宽制度的若干争议问题》，载《中国法学》2017年第1期。

我国民事诉讼对事实认定问题适用优势证据标准。这是我国长期以来的民事审判实践积累的优势证据标准适用经验，可以在刑事诉讼中予以借鉴。优势证据规则的心证逻辑与现有的刑事诉讼事实认定的心证逻辑并无太多差异，刑事诉讼事实认定的心证逻辑的核心在于对待证事实寻找各方面证据的印证，形成闭合式的证据锁链，使得司法人员有充足的理由相信案件的事实已经查清，排除了其他合理的怀疑。而优势证据标准对心证的要求仍然着眼于证据本身，通过比较或分析的方法，考量证据的证明力是否使得法官可以合理地相信待证事实存在的可能性大于不存在，在逻辑判断上并不存在很大分歧。当然，刑事诉讼中举证责任系在控方，也即检察机关负有证明被告人有罪、罪重和罪轻的责任，因此采用存疑有利于被告人的原则，其优势证据的证明标准与民事诉讼仍有一定的差别。适用关键不在于比较控辩双方出示证据的证明力大小，而是综合控辩双方出示的证据，衡量现有证据有无达到排除合理怀疑的标准，如果没有达到，则应当采纳辩方的意见，从有利于被告人的角度予以认定。证据的"优势"既不是单纯的证据数量的多寡，也不局限于相反证据间的比较优势，而是指证据的证明力足以使司法人员对待证事实产生合理的确信，使其相信待证事实存在的可能性大于不存在的"优势"。

（三）量刑事实的证据收集

量刑情节的准确认定有赖于量刑证据的全面收集，而司法实践中，司法机关长期以来重定罪轻量刑，往往忽视对量刑证据的收集。2020年新修订的《关于规范量刑程序若干问题的意见》第2条着重对量刑证据的收集、审查、移送工作作了明确规定，要求侦查机关和检察机关应当全面收集、审查、移送与定罪、量刑相关的证据材料，并且特别强调了财产刑相关证据的收集和审查工作。司法机关要充分重视财产刑在刑罚体系中的地位和作用。随着经济的迅猛发展，人民群众的私有财产积累逐渐增多，而侵害公民财产、涉及经济类的犯罪也呈现逐年递增的趋势，譬如近年来电信网络诈骗、非法吸收公众存款、集资诈骗等涉众性财产犯罪高发。财产刑是以罚没犯罪分子财产为内容的刑罚，包括罚金和没收财产，地位上虽然属于附加刑，但重要性越发凸显。在现行刑法中，财产刑的适用范围很广泛，一半以上的罪名规定了财产刑，而且不少罪名的财产刑也从限额修订为无限额罚金刑。设置财产刑的目的，旨在弥补刑罚的不足，利用财产刑特有的惩罚手段，剥夺犯罪分子的犯罪资本，予以经济上的处罚，从客观上达到预防重新犯罪的目的。但在实践中，司法机关对于财产刑普遍重视不够。认罪认罚从宽制度确立以后，《刑事诉讼法》明确提出，量刑建议既包括主刑，也包括附加刑和刑罚执行方式，附加刑实践中应用最广泛的就是财产刑。如何提出精准的财产刑量刑建议是今后一段时间必须面临的难点之一。

当然，犯罪嫌疑人财产状况的调查应以侦查机关为主。2000年最高人民法院《关于适用财产刑若干问题的规定》明确，刑法规定"可以并处"没收财产或者罚金的犯罪，应当根据案件具体情况及犯罪分子的财产状况，决定是否适用财产刑，人民法院需要综合考虑犯罪分子缴纳罚金的能力，依法判处罚金。2021年修订后的"两高"《关于常见犯罪的量刑指导意见（试行）》中也重申了这一规定精神，判处罚金刑，应当以犯罪情节为根据，并综合考虑被告人缴纳罚金的能力，依法决定罚金数额。也即犯罪嫌疑人或者被告人的财产状况是判处罚金与否、多少的重要前提，要提出明确的财产刑，就必须首先调查犯罪嫌疑人或者被告人的财产状况。考虑到检察机关的调查手段有限，调查时间较短，且财产状况的调查难度大，由侦查机关予以调查更为合适。《关于规范量刑程序若干问题的意见》第2条第2款明确规定，侦查机关应当对财产状况进行调查，并及时移送人民检察院。但侦查机关的主要职责是打击追诉犯罪，天然带有重打击轻保护、重定罪轻量刑、重罪重证据轻罪轻证据的倾向，检察官在办案时要加强引导。特别是要发挥审查逮捕的"一退功能"，也就是在决定批准逮捕的同时，从定罪量刑的需要出发，制作详细的补充侦查提纲，引导侦查人员及时收集与量刑相关的证据。审查起诉阶段，仍有重要的量刑证据未能收集的，特别是可能影响量刑的法定情节，包括立功、自首、刑事和解等，自行侦查存在困难的，仍应当退回侦查机关加以收集。

四、量刑建议的调整与采纳

（一）量刑建议的调整

《刑事诉讼法》第201条第2款规定，"人民法院经审理认为量刑建议明显不当，或者被告人、辩护人对量刑建议提出异议的，人民检察院可以调整量刑建议。人民检察院不调整量刑建议或者调整量刑建议后仍然明显不当的，人民法院应当依法作出判决"。在认罪认罚从宽制度适用中，对于如何调整量刑建议，调整量刑建议的程序规范等问题存在一定争议，实践的做法也存在不统一的现象。

1. 量刑建议调整的情形

从《刑事诉讼法》第 201 条第 2 款来看，检察机关调整量刑建议的条件主要有二：一是法院认为量刑建议明显不当；二是被告人、辩护人对量刑建议提出异议。在实践中量刑建议调整主要是针对人民法院认为量刑建议明显不当的情形，基于对控辩双方主体地位的尊重，充分发挥认罪认罚从宽制度功能的考量，从法律的本意看，在法院认为量刑建议明显不当或者被告人、辩护人对量刑建议提出异议的情形之下，检察机关有一个前置的调整程序，即检察机关可以调整量刑建议，只有检察机关不调整或者调整后仍然明显不当的，法院才可以依法作出判决，也就是说法院不能未经检察机关调整而径行作出判决。

《关于适用认罪认罚从宽制度的指导意见》针对量刑建议调整的程序，在刑事诉讼法的基础上，延续法律精神作了细化规定，"人民法院经审理，认为量刑建议明显不当，或者被告人、辩护人对量刑建议有异议且有理有据的，人民法院应当告知人民检察院，人民检察院可以调整量刑建议。人民法院认为调整后的量刑建议适当的，应当予以采纳；人民检察院不调整量刑建议或者调整后仍然明显不当的，人民法院应当依法作出判决"。这一规定非常明确地表明了量刑建议的调整前置程序。实际上，在认罪认罚从宽制度试点阶段，量刑建议的调整也曾有规定，即人民法院经审理认为，人民检察院的量刑建议明显不当，或者被告人、辩护人对量刑建议提出异议的，人民法院可以建议人民检察院调整量刑建议，人民检察院不同意调整量刑建议或者调整量刑建议后被告人、辩护人仍有异议的，人民法院应当依法作出判决。《关于适用认罪认罚从宽制度的指导意见》第 41 条，相较于认罪认罚从宽制度试点时期的规定，从"可以建议"到"应当告知"，足见这一规定延续了试点期间的做法并进一步增强了刚性，增设人民法院应当告知程序，旨在限制人民法院无合理理由不采纳量刑建议径行判决。前置调整程序既是认罪认罚从宽制度的应有之义，也是保障制度稳定适用的法定程序，更体现出对认罪认罚具结合意的应有尊重，有利于促进和谐顺畅的司法审判效果。为落实好法律精神、深化司法共识，《人民检察院办理认罪认罚案件开展量刑建议工作的指导意见》第 37 条规定，人民法院违反《刑事诉讼法》第 201 条第 2 款规定，未告知人民检察院调整量刑建议而直接作出判决的，人民检察院一般应当以违反法定程序为由依法提出抗诉。对于人民法院未告知检察机关调整量刑建议而未采纳量刑建议径行判决的，系庭审程序错误，检察机关可以依法开展监督，从而更好保障被告人的合法权益，保障法律统一正确实施。

2. 量刑建议调整的方式和程序

现阶段检察官量刑的能力和水平同法官相比还有一定的差距，在实践中难免会有量刑建议不当的情形，而且量刑情节在提起公诉后发生变化情形也不鲜见，因此，实践中量刑建议的调整常有发生。为避免诉讼效率因量刑建议调整受到较大影响，对于量刑建议的调整方式和程序，要秉持依法、方便、快捷的原则，程序设置不宜过于复杂。对于能够在庭审中口头予以调整的，直接在庭审中调整；对于确有必要提交书面调整意见的，可以提交量刑建议调整书。既然认罪认罚量刑建议是控辩合意的体现，量刑建议的调整理应听取被告人及其辩护人的意见。实践中对于量刑建议调整是否需要和被告人重新签署具结也有争议和不同做法。为充分保障当事人权益，重新听取被告人的意见并签署具结书更为妥当，但由于大部分案件事实清楚、证据确实充分，仅仅是量刑情节变化或者量刑意见分歧，若控辩双方无异议，重新开展量刑协商程序烦琐，且还涉及与人民法院及羁押场所的工作衔接等，势必影响诉讼效率。因此，《人民检察院办理认罪认罚案件开展量刑建议工作的指导意见》明确规定，"庭审中调整量刑建议，被告人及其辩护人没有异议的，人民检察院可以当庭调整量刑建议并记录在案"，"适用速裁程序审理认罪认罚案件，需要调整量刑建议的，应当在庭前或者当庭作出调整"。《关于适用认罪认罚从宽制度的指导意见》也规定，"适用速裁程序审理的，人民检察院调整量刑建议应当在庭前或者当庭提出。调整量刑建议后，被告人同意继续适用速裁程序的，不需要转换程序处理"。也即只要被告人对量刑建议调整没有异议的，认罪认罚从宽制度继续适用，诉讼程序无须变更，控辩双方也无须再重新签署具结书，因为在法庭的主持下，检察机关重新提出量刑建议，被告人在充分了解认罪认罚的法律后果后，同意新的量刑建议，本质上控辩双方就是达成了新的量刑合意，只要法庭将此过程记录在案即可。

3. 量刑建议调整的权限

有观点认为变更量刑建议等同于变更起诉，依照《人民检察院刑事诉讼规则》应当由检察长决定。但起诉书载明的事实和法律适用是核心内容，只有涉及指控事实和法律适用的变化才能认定为起诉变更，才需要经检察长决定。量刑建议并非起诉书的必要载明事项，是认罪认罚从宽制度下的特殊规定，并非起诉书的核心要素，因此，量刑建议的调整并不能简单等同于起诉变更，并非一定需要检察长审批。司法责任制改革已经在全国范围内展开,"谁办案、谁决定、谁负责"是基本原则。《人民检察院办理认罪认罚案件监督管理办法》第 7 条规定,"案件提起公诉后,出现新的量刑情节,或者法官经审理认为量刑建议明显不当建议检察官作出调整的,或者被告人、辩护人对量刑建议提出异议的,检察官可以视情作出调整。若原量刑建议由检察官提出的,检察官调整量刑建议后应当向部门负责人报告备案;若原量刑建议由检察长(分管副检察长)决定的,由检察官报请检察长(分管副检察长)决定"。《人民检察院办理认罪认罚案件开展量刑建议工作的指导意见》第 36 条亦规定,"检察官应当在职责权限范围内调整量刑建议。根据本意见第二十一条规定,属于检察官职责权限范围内的,可以由检察官调整量刑建议并向部门负责人报告备案;属于检察长或者检察委员会职责权限范围内的,应当由检察长或者检察委员会决定调整"。由此可见,量刑建议的调整与起诉决定的权限基本一致,这样既符合司法责任制的要求,也是保障诉讼效率的必要要求。

(二)量刑建议的采纳

认罪认罚从宽制度中由检察机关承担着听取诉讼各方意见力求达成量刑合意的重要职能。检察机关根据犯罪嫌疑人认罪认罚表现并综合全案情况提出的量刑建议,是代表国家对认罪认罚犯罪嫌疑人作出从宽处罚的承诺,这种承诺能否得以实现关涉到司法权威和公信,也事关认罪认罚从宽制度能否行稳致远。然而,根据诉讼职权划分,最终裁判主体是人民法院,而非检察机关,实现检察机关量刑建议与审判机关量刑裁判一致性的最大化是体现认罪认罚从宽制度成效的关键。《刑事诉讼法》第 201 条规定,对于认罪认罚案件,人民法院依法作出判决时,一般应当采纳人民检察院指控的罪名和量刑建议。法律对采纳量刑建议作出相对强制性的规定,改变了传统量刑建议单纯建议权的制度安排,进而赋予量刑建议权一定程度的制度刚性,这样的顶层设计本质是将法官自由裁量权部分让渡给检察官,实现司法资源的优化配置,提升诉讼效率[1],一方面是人民法院对控辩合意和司法承诺的尊重,另一方面更是对认罪认罚从宽制度健康可持续发展的保障。但实践中对于"一般应当采纳"的理解和适用仍存有争议,少部分案件由于人民法院未采

---

[1] 陈国庆:《量刑建议的若干问题》,载《中国刑事法杂志》2019 年第 5 期。

纳量刑建议导致检察机关提起抗诉的案例，引发热议。①

1. "一般应当采纳"的理解

《刑事诉讼法》第 201 条第 1 款规定，对于认罪认罚案件，人民法院依法作出判决时，一般应当采纳人民检察院指控的罪名和量刑建议，但有下列情形的除外：（1）被告人的行为不构成犯罪或者不应当追究其刑事责任的；（2）被告人违背意愿认罪认罚的；（3）被告人否认指控的犯罪事实的；（4）起诉指控的罪名与审理认定的罪名不一致的；（5）其他可能影响公正审判的情形。从顶层设计上确立了"采纳为原则，不采纳为例外"的制度安排。正如前述，如此制度安排核心是为保障认罪认罚从宽制度的稳定持续发展，是制度存续的基本保证。从上下文体系解释，"一般应当采纳"对应的 5 种例外情形均不符合认罪认罚从宽制度适用条件，应当不予采纳。第（1）种情形是因为不构成犯罪或者不应当追究刑事责任，彻底排除认罪认罚从宽制度的适用；第（2）（3）种情形是因为犯罪嫌疑人非自愿认罪认罚，当然也不应当适用认罪认罚从宽制度；第（4）种情形是因为检察机关错误适用法律，导致认罪认罚的基础不在，当然也不应当适用认罪认罚从宽制度；第（5）种情形则是兜底规定。

由此可见，《刑事诉讼法》规定的"一般应当采纳"是要求人民法院充分尊重控辩双方达成的量刑合意，尊重检察机关的量刑建议。由于量刑与定罪原理不同，具有一定的自由裁量空间，如果人民法院仍基于自由裁量权的差异随意不采纳，势必很容易引发检法量刑分歧，导致制度适用不稳定，影响认罪认罚从宽制度的实施效果。总体来看，绝大部分量刑意见得到了法官的采纳，恰恰说明这样的制度安排具有合理性，虽然仍有极少部分案件人民法院未采纳量刑建议，但检察机关绝大部分均未提出抗诉，体现出互相制约配合的良好态势。

鉴于各方对于认罪认罚从宽制度的认识仍有部分分歧，特别是对量刑建议的精准化以及量刑采纳的标准等关键问题，尚未完全达成统一认识，在司

---

① 如 2019 年 9 月，浙江省仙居县人民检察院办理的一起危险驾驶认罪认罚案件，检察机关量刑建议为拘役 2 个月 15 天，罚金人民币 6000 元，一审法院在事实证据没有变化的情况下未采纳量刑建议，判处拘役 3 个月 10 天，罚金人民币 8000 元，该判决一出，检察机关即提出抗诉。台州市中级法院作出二审判决，采纳检察机关抗诉意见，撤销原判，依法改判采纳检察机关的量刑建议，判处被告人蔡某拘役 2 个月 15 天，并处罚金 6000 元。该案是浙江省首例对认罪认罚案件法院未采纳检察机关量刑建议抗诉后予以改判的案件。载 http://legal.people.com.cn/GB/n1/2019/0921/c42510-31365726.html，最后访问时间：2019 年 12 月 29 日。

法实践中难免会有一些争议案件，这也是制度践行中不可避免的现象。检察机关应充分尊重法院在量刑活动中的自由裁量权，对法院不采纳量刑建议的情形要区别对待：对于未采纳量刑建议导致量刑畸轻畸重的，依法提出抗诉；对于未采纳量刑建议但尚未出现量刑畸轻畸重的，要在尊重法院量刑裁量权的前提下，加强与法院的沟通，如通过联席会议、列席审判委员会会议、制发检察建议等，消弭误解和抵触情绪，促使检法两家达成共识，共同推动认罪认罚从宽制度的贯彻落实。

2."量刑建议明显不当"与"量刑建议适当"的理解

《刑事诉讼法》第201条第2款规定，"人民法院经审理认为量刑建议明显不当，或者被告人、辩护人对量刑建议提出异议的，人民检察院可以调整量刑建议。人民检察院不调整量刑建议或者调整量刑建议后仍然明显不当的，人民法院应当依法作出判决"。《关于适用认罪认罚从宽制度的指导意见》第40条规定，"对于人民检察院提出的量刑建议，人民法院应当依法进行审查。对于事实清楚，证据确实、充分，指控的罪名准确，量刑建议适当的，人民法院应当采纳。具有下列情形之一的，不予采纳：（一）被告人的行为不构成犯罪或者不应当追究刑事责任的；（二）被告人违背意愿认罪认罚的；（三）被告人否认指控的犯罪事实的；（四）起诉指控的罪名与审理认定的罪名不一致的；（五）其他可能影响公正审判的情形"。《刑事诉讼法》与《关于适用认罪认罚从宽制度的指导意见》的表述略有区别，容易引起误解，应当说司法解释并没有改变刑事诉讼法规定的"以采纳为原则，不采纳为例外"原则要求。"量刑建议适当"要结合《刑事诉讼法》"量刑建议明显不当"来理解，也即除非属于"量刑建议明显不当"，否则都应当认定为"量刑建议适当"，不能简单地认为，"量刑建议适当"是以法官的自由裁量标准为标尺，否则就会消解立法的精神，势必导致检法量刑分歧增多，不利于认罪认罚从宽制度的贯彻实施。

由于法律及司法解释均未对"量刑建议明显不当"的标准或者情形作明确，因此司法实践也常存在争议。应当说，"明显"描述的是不当的程度，应当从一般人的正常认知角度进行判断，具体可以从量刑建议有无违反罪刑相适应基本原则、与同类案件处理是否明显不一致、是否明显有违一般司法认知等方面把握。量刑建议明显不当主要表现为刑种不当、同一刑种内量刑偏离度过大、刑罚执行方式不当三种情况。刑种不当主要是主刑选择错误、法定刑档次选择不当、附加刑不当等，刑罚执行方式不当主要是指缓刑适用有误，量刑偏离过度则指量刑建议与类案的量刑结果存在显著差异。相较于前两者，偏离过度的判断涉及检察官、法官的个体差异，最容易引起检法之间的龃龉。如何把握量刑建议的轻微不当与明显畸轻畸重值得总结。随着大数据技术的深入运用，可以对量刑偏离度进行大数据分析，逐步建立起"量刑建议明显不当"的预警机制及判断规则。

（三）量刑活动的法律监督

量刑活动兼具定性分析和定量分析，其与定罪最大的差异在于裁量性，这就决定了诉讼各方对量刑的接受度容易产生分歧意见。在量刑建议提出前听取意见过程中，犯罪嫌疑人及其辩护人倾向于争取量刑的最大化从宽，被害方往往提出要求对犯罪嫌疑人予以从严惩处等。在量刑建议采纳环节，检察官和法官也会对量刑产生分歧意见，特别是对所涉量刑情节的从宽、从重幅度的选择上有不同意见。检察机关一方面需要听取被追诉方、被害方等诉讼当事人的意见，寻求最大共识；另一方面需要对法院量刑裁判开展监督，如何把握好监督的度是难点。

1. 被告人无理由上诉的应对

一般情形下被告人自愿认罪认罚并在审查起诉阶段签署认罪认罚具结书，在人民法院采纳量刑建议后，不会提出上诉。但实践中仍有极少部分被告人在人民法院按照认罪认罚具结书的内容裁判后提出上诉。上诉的原因既有为了留所服刑的需要，也有寄望上诉博取更宽的量刑，有观点认为，认罪认罚被告人无理由上诉，是对"上诉不加刑"原则的滥用，如不提出抗诉，势必破坏了认罪认罚从宽制度的有效贯彻落实。对此，检察机关应当客观理性地分析，对被告人上诉的原因结合个案加以具体分析和判断。

一方面，在认罪认罚从宽制度的贯彻实施中，运行不规范的问题仍一定程度上存在。比如《人民检察院办理认罪认罚案件开展量刑建议工作的指导意见》第 25 条规定，"人民检察院应当充分说明量刑建议的理由和依据，听取犯罪嫌疑人及其辩护人或者值班律师对量刑建议的意见"。也即检察官在提出量刑建议前应当充分释法说理、全面听取犯罪嫌疑人及其辩护人或者值班律师的意见。《人民检察院办理认罪认罚案件开展量刑建议工作的指导意见》第 5 条也明确规定，"人民检察院办理认罪认罚案件提出量刑建议，应当按照有关规定对听取意见情况进行同步录音录像"。同步录音录像旨在督促检察官有效贯彻听取意见的程序要求，但在实践中，检察官释法说理的能力仍有欠缺，提出量刑建议前并未充分阐明量刑起点、基准刑、量刑情节的适用等环节，导致犯罪嫌疑人对量刑建议的理由一知半解。再如，认罪认罚从宽制度要求为犯罪嫌疑人提供有效的法律帮助，但实践中值班律师很少会见犯罪嫌疑人、查阅案卷材料，仅是在认罪认罚具结过程中担负见证人角色，客观上也难以对案件的量刑建议提出建设性的意见。这也可能导致检察官在量刑建议的提出过程中遗漏对犯罪嫌疑人的有利的酌情量刑情节。其他诸如此类的适用程序不规范和权益保障不到位的还一定程度存在，都可能导致犯罪嫌疑人在裁判后反悔等，但这些并非犯罪嫌疑人自身不再认罪认罚，而是对"罚"的期待产生了分歧，如果简单地提出抗诉要求取消从宽处罚，则背离了认罪认罚从宽制度的本意。

另一方面，被告人利用认罪认罚从宽制度博取利益最大化的情形也一定程度存在。对此，检察机关也应当理性对待，维持刑罚谦抑的态度。认罪认罚从宽制度最佳的效果是被告人真诚认罪悔罪、修复社会关系、维护社会和谐，但对于被告人真诚悔罪的判断往往基于其客观行为，不可避免存在极少部分被告人在行为上表现为认罪悔罪，但在内心并不认罪认罚的情形，这是认罪认罚从宽制度不得不面对的"世界难题"。比如《关于适用认罪认罚从宽制度的指导意见》规定，"认罚"考察的重点是犯罪嫌疑人、被告人的悔罪态度和悔罪表现，应当结合退赃退赔、赔偿损失、赔礼道歉等因素来考量。在认罪认罚从宽制度试行和确立后，各界也曾提出建议取消认罪认罚被告人的上诉权，但立法者并未采纳，因此，如果对于被告人上诉的情形一律抗诉，一定程度上消解了《刑事诉讼法》赋予被告人的上诉权，与立法的精神相违背。

《人民检察院办理认罪认罚案件开展量刑建议工作的指导意见》对此也持客观理性的态度，第39条对这一"世界难题"作出回应："认罪认罚案件中，人民法院采纳人民检察院提出的量刑建议作出判决、裁定，被告人仅以量刑过重为由提出上诉，因被告人反悔不再认罪认罚致从宽量刑明显不当的，人民检察院应当依法提出抗诉。"也即只有因被告人反悔体现出其认罪悔罪的变化，并导致罪责刑不相适应的情形，才应当予以提出抗诉。如被告人除了提出上诉申请外，还暗中串供、干扰证人作证、毁灭、伪造证据或者隐匿、转移财产，有赔偿能力而不赔偿损失，外在客观行为证明被告人实质上不再认罪悔罪，此前对其从宽处罚的基础不复存在，而且导致了此前的判罚违背罪责刑相适应的原则。

对被告人仅仅基于"留所服刑"等目的，或者基于投机心理博取更宽处罚而上诉的，检察机关原则上不宜不抗诉，应当由人民法院依照二审程序依法作出裁判。对于留所服刑这些技术问题应当通过与相关部门协调解决服刑期限执行场所等来解决。对于上诉影响诉讼效率的问题，可以通过简化二审程序，最大限度保障诉讼效率。

2. 人民法院不采纳量刑建议的监督

《刑事诉讼法》确立了认罪认罚案件量刑建议人民法院一般应当采纳的原则，司法实践中认罪认罚案件量刑建议的采纳率也维持在95%以上，认罪认罚从宽制度取得了良好的效果。但由于部分法官对于认罪认罚从宽制度的理解仍存分歧，有的案件未通知检察机关调整径行判决，有的案件量刑建议无明显不当情形仍不予采纳，尽管此类案件数量不大，但往往影响较大，并且对认罪认罚从宽制度的贯彻实施产生了负面影响，社会效果不佳。

一方面，对人民法院未经量刑建议调整径行判决的监督。《人民检察院办理认罪认罚案件开展量刑建议工作的指导意见》第37条规定，"人民法院违反刑事诉讼法第二百零一条第二款规定，未告知人民检察院调整量刑建议而直接作出判决的，人民检察院一般应当以违反法定程序为由依法提出抗诉"。部分法官对此仍存在不同意见，认为未通知检察机关量刑建议调整并非程序违法。如最高人民法院《刑事审判参考》第1409号案例，一审法院认为检察机关量刑建议明显不当，但并未通知检察机关，而是直接作出裁判，在检察机关提出抗诉后，二审法院在裁判理由中提出，《刑事诉讼法》规定量刑建议调整的目的，本质在于缓和检察机关量刑建议准确性欠缺和司法裁判量刑公平性要求之间的差距，人民法院在庭审中已就量刑充分听取控辩双方意见，并在此基础上依法径行作出判决的，不属于程序违法，符合确保裁判形成在法庭的庭审实质化要求，同时还避免了因量刑建议调整造成审判周期的延长和司法资源的浪费，不应以程序违法为由发回重审。法官对上述案例的解读误读了《刑事诉讼法》第201条第2款的内涵，观点值得商榷。立法者之所以规定人民法院认为量刑建议明显不当，检察机关可以调整量刑建议，是因为认罪认罚案件量刑建议是控辩合意的结果，是认罪认罚从宽制度适用的前提，是司法从宽处遇的基础。如果人民法院认为量刑建议明显不当，应当通知检察机关，给予控辩双方再次沟通达成合意的机会，如果直接不适用认罪认罚从宽制度径行判决，本质上等于变相剥夺了被告人认罪认罚从宽的权利。在此种情形下，法律赋予检察机关量刑建议调整的权力，前提是人民法院将量刑建议明显不当的理由告知检察机关，否则检察机关无法知晓人民法院的意见，不通知检察机关径行判决本质上也剥夺了法律赋予检察机关的权力。在审理阶段被告人及其辩护人对量刑建议有异议，实质上是对认罪认罚具结的反悔，由于被告人享有无理由反悔的权利，这就意味着认罪认罚从宽制度不再具有适用的基础，此前的从宽处理意见就可能不再符合罪责刑相适应的要求，人民法院理应告知检察机关。因此，人民法院未通知检察机关调整量刑建议径行判决，违反了《刑事诉讼法》第201条的规定，违背了认罪认罚从宽制度的本意，严重侵犯了被告人的诉讼权益，理应予以监督。

另一方面，对量刑建议无明显不当人民法院不予采纳的监督。有观点提出，《刑事诉讼法》第201条规定，如量刑建议无明显不当，人民法院一般应当采纳，如人民法院以量刑建议明显不当为由不采纳量刑建议，但判决、裁定量刑与量刑建议无重大差异的，检察机关应当提出抗诉。对此，应当准确把握检察机关抗诉的条件。

首先，人民法院在量刑建议无明显不当不予采纳的情形确违反《刑事诉讼法》的规定。正如前述，法律确立了认罪认罚案件量刑建议"以采纳为原则，不采纳为例外"的原则，人民法院只有在不符合认罪认罚从宽制度或者检察机关量刑建议明显不当的前提下，才可以不采纳量刑建议。如果人民法院未采纳量刑建议，但最终量刑结果与原量刑建议偏离度较小，或者只是罚金刑的小幅调整等，显然是与法律的精神相违背。

其次，要准确把握抗诉必要性，灵活运用法律监督手段寻求社会效果的最大化。抗诉是法律赋予检察机关的重要职权，通过抗诉纠正确有错误的裁判，是人民检察院履行法律监督职能的最严厉手段。办理刑事抗诉案件，应当坚持依法、准确、及时、有效的基本要求，提出或者支持抗诉应当充分考虑抗诉的必要性。为此，最高人民检察院印发《人民检察院刑事抗诉工作指引》，专门对抗诉的必要性予以规定。原审判决或裁定适用法律确有错误的，既包括定罪错误也包括量刑错误，量刑错误是指适用刑罚与犯罪的事实、性质、情节和社会危害程度不相适应，重罪轻判或者轻罪重判，导致量刑明显不当。也即只有量刑明显不当的情形下，才有抗诉的必要，《人民检察院办理认罪认罚案件开展量刑建议工作的指导意见》第38条明确，"认罪认罚案件审理中，人民法院认为量刑建议明显不当建议人民检察院调整，人民检察院不予调整或者调整后人民法院不予采纳，人民检察院认为判决、裁定量刑确有错误的，应当依法提出抗诉"。因此，对于检察机关量刑建议并无明显不当，人民法院不予采纳的情形，如果最终量刑明显偏离罪责刑相适应原则的，才有抗诉的必要，否则不宜抗诉，可以根据案件情况，通过提出检察建议或者发出纠正违法通知书等进行监督。

总之，检察机关应当慎重适用抗诉监督手段，尽量采用沟通、协调的方式化解检法分歧，积极提高自身量刑建议能力水平，增强量刑建议的说理性，减少"硬碰硬"的方式，但对于确有错误的判决，或者需要引领法律适用导向情形，则应当敢于提出抗诉，当好司法公正的守护人。必要时也可以通过列席审判委员会会议，向同级党委、人大报告等多种形式予以监督，积极推动认罪认罚从宽制度的有效贯彻实施。

认罪认罚从宽制度贯彻实施以来，司法机关对认罪认罚从宽制度的着力推动、深化完善，这项制度成为撬动我国刑事诉讼模式转型的关键所在。党的二十大进一步强调，"深化司法体制改革，加快建设公正高效权威的社会主义司法制度，努力让人民群众在每一个司法案件中感受到公平正义"。刑事案件量刑公正，是增强人民群众对司法公正"获得感"的关键所在，随着认罪认罚从宽制度的深化落实，规范量刑建议是落实完善这项制度最核心、最复杂的领域，本文围绕量刑建议的实体和程序等重点、难点问题从理论和实践层面全面论述，为规范量刑建议制度和完善认罪认罚从宽制度献计献策。

认罪认罚案件抗诉制度研究*

王 刚 周绪平**

一、问题的缘起

认罪认罚案件一审程序的核心问题是量刑建议规范化。二审启动和审理的核心问题集中在抗诉机制中,因为上诉人可能因抗诉而撤诉,即使没有撤诉也可能被法院驳回①;但若检察机关抗诉,则必然会启动二审程序,二审

---

* 本文系 2023 年度最高人民检察院检察理论研究课题(项目批准号:GJ2023D04)的研究成果。

** 课题主持人:王刚,南京审计大学法学院(纪检监察学院)教授;周绪平,江苏省人民检察院第一检察部主任。课题组成员:李晓明,江苏省镇江市金山地区人民检察院分党组书记、检察长;靳宁,南京审计大学法学院(纪检监察学院)刑法教研室主任;夏玉山,江苏省镇江市金山地区人民检察院刑事执行检察部主任;徐霞,江苏大学教师;宋同鑫,江苏省镇江市京口区人民检察院第一检察部主任。

① 有学者对 508 件认罪认罚上诉案件进行分析,检察机关针对上诉提起抗诉的案件占比 12.40%,被法院驳回上诉的案件占比 73.62%。参见汪海燕:《认罪认罚案件上诉问题实证研究——基于 B 市 508 件案例的分析》,载《中国应用法学》2023 年第 3 期。

法院还会开庭对案件进行实质审理。可见，认罪认罚案件抗诉机制蕴含复杂的司法关系和诸多争议问题：量刑建议是否达成和被采纳涉及控辩审三方对立统一的司法关系，量刑建议的法律效果是抗诉的重要事由，抗诉机制聚集了控辩审的核心利益；检察机关担负着指控犯罪和量刑协商的双重任务，抗诉理论和抗诉事由均有别于非认罪认罚程序。

我国《刑事诉讼法》没有规定认罪认罚从宽制度抗诉问题，理论界尚无系统讨论。认罪认罚从宽制度形塑了不同于传统刑事诉讼制度的"双向复合型"诉讼结构，从结构视角探索认罪认罚案件抗诉机制具有方法论上的科学性和结论上的妥当性。结构主义方法论强调整体性，认为整体对于部分来说具有逻辑上优先的重要性。因为任何事物都是复杂的统一整体，其中任何一个组成部分的性质都不能孤立地被理解，只有和其他部分联系起来才能被理解。① 引申至认罪认罚从宽制度，则应当重构该制度的诉讼结构，阐释新的诉讼结构的功能特征和价值目标，在此框架内分析被告人上诉、检察机关抗诉、法院是否采纳量刑建议等具体问题。基于此，本文以认罪认罚从宽制度中的控辩冲突、控审冲突为观察对象，梳理认罪认罚案件抗诉机制涉及的司法关系及争议焦点，构建认罪认罚案件抗诉理论和抗诉标准，提出修改《刑事诉讼法》的建议，以期理顺认罪认罚案件抗诉机制的内在逻辑，提高认罪认罚从宽制度的实施质效。

二、认罪认罚案件抗诉问题的实践争议与学理述评

理论界和实务部门关于认罪认罚从宽制度的许多疑难问题业已形成共识，目前尚未得到充分讨论的争议焦点是检察机关抗诉权行使问题。检察机关提出抗诉的事由主要是被告人上诉和法院不采纳量刑建议，由此会出现控辩冲突、控审冲突和辩审冲突。②

（一）控辩冲突：针对被告人上诉而提起抗诉的争议与评析

被告人认罪认罚后可能反悔并上诉，上诉类型大致包括反悔型上诉（不愿认罪认罚）、误解型上诉（认为量刑过重）、技术型上诉（为了留所服

---

① 参见杨善解：《结构主义的方法及其哲学倾向》，载《江淮论坛》1990年第1期。
② 参见魏晓娜：《冲突与融合：认罪认罚从宽制度的本土化》，载《中外法学》2020年第5期。由于辩审冲突相对缓和，且往往蕴含于控辩冲突、控审冲突之中，下文对其不再展开论述。

刑）和暴露型上诉（恶意利用上诉不加刑原则）等情形。① 检察机关如何应对被告人上诉，主要形成全面抗诉说、限制抗诉说和消极抗诉说三种观点。

其一，全面抗诉说主张，检察机关应当提起抗诉，建议二审法院取消对被告人的处罚"优惠"。② 实践中检察机关多采取这种观点，形成了以抗诉应对上诉的共识与行动。③ 其二，限制抗诉说主张，对于反悔型上诉、误解型上诉和技术性上诉一般不宜抗诉；对于暴露型上诉应当抗诉，因为一审判决建立在错误判断之上。④ 其三，消极抗诉说主张，被追诉人签署认罪认罚具结书后可以反悔和上诉⑤，禁止检察机关针对上诉而提起"技术性抗诉"。⑥ 还有学者主张废止《刑事诉讼法》第201条第1款，因其缺乏法理上的正当性和现实的合理性。⑦ 以上分歧源于思考抗诉问题的立场和角度之差异，虽然这些观点都有一定的合理性，但因为研究视野的局限，未能深入认罪认罚从宽制度的内部结构，不免存在片面之处。

全面抗诉说基于检察机关立场，侧重于保护控诉方利益，忽略了辩护方利益，失之公允，不切实际。理由包括：（1）《刑事诉讼法》并未将被告人上诉规定为抗诉事由，"跟进式"抗诉缺乏法律依据。（2）认罪认罚从宽制度中的量刑协商并非真正的协商，这种"协商性司法存在'信息不对称'和'资源不对等'等特征"⑧，本质上是单方听取意见式的刑罚确认，不能简单套用"契约"的话语体系，"跟进式"抗诉缺乏正当根据。"被告人和检察官基本上没有一种平等协商的机制以及实际展开过程，被告人通过沟通交流使检察官下调原有的量刑建议的概率和幅度都不大。"⑨（3）上诉和抗诉分属公民权利和检察职权，权利可自主行使，职权却要依法履行，认罪认

---

① 参见闫召华：《认罪认罚后"反悔"的保障与规制》，载《中国刑事法杂志》2021年第4期。
② 参见王瑞君、翟宇航：《量刑建议的文本解读及规范适用研究——基于91份规范性文件的分析》，载《北京科技大学学报（社会科学版）》2021年第2期。
③ 参见魏晓娜：《认罪认罚从宽制度中的诉辩关系》，载《中国刑事法杂志》2021年第6期。
④ 参见闫召华：《认罪认罚后"反悔"的保障与规制》，载《中国刑事法杂志》2021年第4期。
⑤ 参见李松杰：《论认罪认罚具结书的效力》，载《法治现代化研究》2021年第3期；盛豪杰、行江：《认罪认罚从宽制度下量刑建议的契约化：架构、展开及限制》，载《昆明理工大学学报（社会科学版）》2021年第6期。
⑥ 参见肖沛权：《认罪认罚案件上诉问题探讨》，载《政法论坛》2021年第2期。
⑦ 参见孙长永、田文军：《认罪认罚案件量刑建议机制实证研究——以A市两级法院适用认罪认罚从宽制度审结的案件为样本》，载《西南政法大学学报》2021年第5期。
⑧ 龙宗智：《完善认罪认罚从宽制度的关键是控辩平衡》，载《环球法律评论》2020年第2期。
⑨ 左卫民：《量刑建议的实践机制：实证研究与理论反思》，载《当代法学》2020年第4期。

罚协议对检察机关的约束力远大于对被追诉人的约束。① 况且，如果被告人撤诉，"跟进式"抗诉将陷入抗诉事由消失或"跟进式"撤诉的二难境地。

限制抗诉说相对中立，主要以抗诉的法理基础为标准对应否抗诉问题作二分处理，主张应对基于错误判断的暴露型上诉进行抗诉。② 该观点存在以下不足：（1）四种上诉类型的划分不太科学，上诉动因可能存在交叉之处，例如反悔型上诉和误解型上诉均可能因案件事实发生变化而提起。（2）即使不是暴露型上诉，在案件事实发生变化的情况下，或者认罪认罚协议对行为性质或共犯类型的评价发生偏差时，如此罪被认定为彼罪、轻罪被认定为重罪、从犯被认定为主犯等，一审判决系建立在错误判断的基础上，按照该说也应当提起抗诉。（3）对于反悔型上诉、误解型上诉和技术型上诉，如果被告人恶意为之也减损了认罪认罚从宽制度的效率目标，但限制抗诉说没有提出解决方案。

消极抗诉说基于被告人立场，侧重于保护辩护方利益，忽略了认罪认罚从宽制度的构建目标和内部逻辑，不利于维护司法权威和实现制度目标。理由包括：（1）认罪认罚从宽制度旨在保障基本公正的前提下提高诉讼效率，如果任由被告人反悔和上诉，则易造成程序回转或增加二审程序，导致效率目标的落空。（2）认罪认罚从宽制度具有协商司法的性质，其规范运行的基本条件是协议的有效性，被告人签署具结书后反悔会动摇该制度赖以存在的基础。（3）认罪认罚从宽制度有其独特的诉讼结构，需要构建与之相应的抗诉理论，进而探讨抗诉标准问题，沿用传统刑事抗诉理论分析认罪认罚案件的抗诉问题是"刻舟求剑"的固化思维。

（二）控审冲突：针对法院不采纳量刑建议而提起抗诉的争议与评析

控辩双方达成认罪认罚协议后，法院不采纳量刑建议将导致其失效。检察机关如何应对，理论上有不同观点。现有研究没有像讨论控辩冲突那样提出明确观点，但大多隐晦地表达了倾向性意见。

其一，法院的代表性观点是，应坚持以审判为中心，确保每一起认罪认

---

① 参见陈国庆：《认罪认罚从宽制度若干程序问题探析》，载《人民检察》2017年第23期。
② 参见闫召华：《认罪认罚后"反悔"的保障与规制》，载《中国刑事法杂志》2021年第4期。

罚案件得到公正审判①；检察机关应正确对待法院的依法裁判权，不能以"乱抗诉"来应对②。以上观点表达的是，法院有权建议调整甚至不采纳量刑建议，对此检察机关不宜随意抗诉。其二，检察机关的代表性观点是，应注重分析量刑建议不被采纳的原因，强化对法庭审判活动和法官滥用自由裁量权的监督③；检察人员要严格依据《刑事诉讼法》的规定，既不能简单地一抗了之，也不能被动地全盘接受④。以上观点表达的是，法院要审慎调整量刑建议和不采纳量刑建议，检察机关要审慎行使抗诉权。其三，要加强检法沟通，审判人员可以提前介入审查起诉程序，为检察官确定罪名和提出量刑建议提供咨询。⑤

理论界对控审冲突的研究相对较少，代表性观点包括：法院对被告人的罪行与刑责问题具有独立判断并作出裁决的权力，其并不因案件采取了认罪认罚程序而有所消减⑥；如果法院明显偏离量刑建议进行量刑，控辩双方理应行使上诉权或抗诉权，少许偏差的情况下不应当允许上诉或抗诉⑦。

上述观点都有折中色彩，但因立场之别而各有侧重。《刑事诉讼法》第201条和第228条是处理认罪认罚案件抗诉标准的法律依据，但这两条都很抽象，而且没有多少关联性。基于此进行教义学分析，上述观点大致可以接受。但问题在于，这些解释并没有提出行之有效的处理方案，对司法实践的指导作用非常有限，此其一；其二，认罪认罚从宽制度中的控审冲突以及引发的抗诉争议，本质上源于诉讼结构的变化，如果不阐明这些深层问题并据此思考解决方案，则无法提出系统、科学的应对之策；其三，认罪认罚从宽制度是在原有刑事诉讼生态系统中新植入的子系统，其会逐渐形成包括抗诉

---

① 参见陈学勇：《尊重认罪认罚量刑协商 坚持以审判为中心》，载《人民法院报》2021年7月29日，第2版。

② 参见胡云腾：《正确把握认罪认罚从宽 保证严格公正高效司法》，载《人民法院报》2019年10月24日，第5版。

③ 参见钱地虎：《对法院不采纳认罪认罚量刑建议的实践考察》，载《中国检察官》2021年第9期。

④ 参见曹坚：《调整量刑建议须审慎处理》，载《检察日报》2021年9月8日，第3版。

⑤ 参见胡云腾：《完善认罪认罚从宽制度改革的几个问题》，载《中国法律评论》2020年第3期。

⑥ 参见刘少军：《性质、内容及效力：完善认罪认罚具结书的三个维度》，载《政法论坛》2020年第5期。

⑦ 参见盛豪杰、行江：《认罪认罚从宽制度下量刑建议的契约化：架构、展开及限制》，载《昆明理工大学学报（社会科学版）》2021年第6期。

机制在内的新生态①，抗诉理论和抗诉标准之构建应置于这个子系统内探讨。虽然有观点提出加强检法沟通的建议，但审判人员介入审查起诉程序没有法律依据，存在合法性和正当性危机。检法过分沟通与控审分离原则相悖，必然会对审判中立、庭审实质化等造成冲击。②申言之，检法可以在审前就量刑建议的一般规则或类案量刑建议规则进行沟通，但不宜商讨个案的刑罚裁量问题。

综上所述，认罪认罚从宽制度具有不同于传统刑事诉讼制度的生成机理和诉讼结构，只有全面分析各诉讼主体之间的权力（利）义务关系，厘清两种诉讼制度的共性与差异，才能构建合理的抗诉理论和抗诉标准体系，为当前司法实践和未来修改立法提供理论参考。

三、认罪认罚从宽制度的诉讼结构及其抗诉理论

刑事诉讼结构亦可称为刑事诉讼构造，系指由一定诉讼目的所决定的控诉、辩护、裁判三方的法律地位和相互关系。③认罪认罚从宽制度的诉讼构造发生改变，基于结构的视角分析各诉讼主体的地位和权能，可以建立科学的抗诉理论。

结构主义是20世纪60年代以后在法国出现的一种极有影响力的人文科学思潮，本质上是一种具有浓厚辩证色彩的方法论。④对物质结构进行分析源于自然科学，例如同一种元素因不同分子结构而形成同素异形体（如石墨和金刚石）。当结构分析思维被应用于社会科学时就形成了结构主义方法论，"结构主义者认为，社会现象是杂乱无章的，如欲达到有秩序的认识，就必须掌握现象的结构"。⑤在社会制度的建构和实施过程中，基本的结构在很大程度上制约和决定着人们的行动和思想，进而影响制度的外在功能。⑥

当代国家制度是由一系列承担相应职责的子制度构成的结构体系，每一项子制度又是由相关元素及其特定关系形成的结构体系。国家目标依赖于这

---

① 参见魏晓娜：《认罪认罚从宽制度中的诉辩关系》，载《中国刑事法杂志》2021年第6期。
② 参见叶青：《程序正义视角下认罪认罚从宽制度中的检察机关沟通之维》，载《政治与法律》2021年第12期。
③ 参见李心鉴：《刑事诉讼构造论》，中国政法大学出版社1993年版，第7页。
④ 参见杜声锋：《什么是"结构主义"？》，载《哲学研究》1988年第10期。
⑤ 无岂零：《结构主义与唯物辩证法的结构范畴》，载《理论战线》1985年第16期。
⑥ 参见魏晓娜：《结构视角下的认罪认罚从宽制度》，载《法学家》2019年第2期。

些不同层级制度的有效运行,各种制度的运行状况共同决定了国家目标的实现程度。以刑事司法为对象进行回溯考察,在纵向上形成了国家制度—法律制度—司法制度—刑事司法制度四个层级的制度体系,四种制度之间是属种关系。刑事诉讼作为一种多方主体参与并相互博弈的制度结构,结构主义对刑事诉讼结构相关问题具有重要的指导意义。

（一）两种刑事司法制度中的诉讼结构

刑事诉讼构造分为横向构造和纵向构造,前者是指控诉、辩护、裁判三方在侦查、起诉和审判等具体诉讼阶段上的法律关系,后者是指侦查、起诉和裁判机构在整个刑事诉讼过程中的法律关系。① 认罪认罚从宽制度的诉讼构造明显有别于传统刑事诉讼制度。

1. 传统刑事诉讼制度的诉讼结构

在横向诉讼构造方面,传统刑事诉讼制度表现为"单向分立型"结构（见图1）。检察机关履行控诉犯罪的职责,被告人行使辩护权利,双方是单向的对抗关系；法院居中裁判,根据案件事实作出公正裁判,控审之间、辩审之间是单向的控告与审查、辩护与审查的关系。在纵向诉讼构造方面,传统刑事诉讼制度以法院的审判职能为主导,检察机关的控诉职能次之,被告人的辩护权利薄弱。

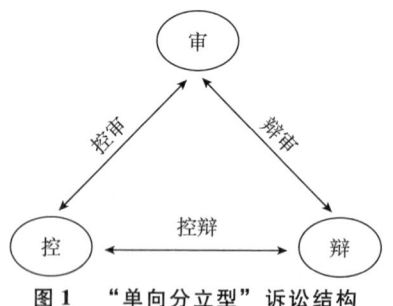

图1 "单向分立型"诉讼结构

2. 认罪认罚从宽制度的诉讼结构

有观点认为,对抗式诉讼的构造是"控辩平等对抗,法官居中裁判"结构,但在认罪认罚从宽制度中合作取代了对抗。② 笔者不赞成这种观点,理由如下。在横向构造方面,认罪认罚从宽制度表现出"双向复合型"结

---

① 参见陈瑞华：《刑事诉讼的前沿问题》,中国人民大学出版社2013年版,第64页。
② 参见朱孝清：《刑事正当程序视野下的认罪认罚从宽制度》,载《法学》2020年第8期。

构（见图2）。(1) 保留了传统刑事诉讼制度中的对抗式结构，即控辩双方本质上仍是矛盾关系，二者控诉和辩护的基本角色未变，辩方是"带着镣铐"与控方进行协商的；形式上法院依然要对案件事实进行全面审查，不能对认罪认罚具结书的内容"照单全收"。《关于适用认罪认罚从宽制度的指导意见》规定，"量刑建议适当的，人民法院应当采纳"。反之，量刑建议不适当的，则法院不应采纳。实践中，检察机关以抗诉应对被告人上诉和法院不采纳量刑建议即是对抗性的表现。(2) 衍生了认罪认罚从宽制度特有的协商式结构，控辩双方进行认罪认罚协商，二者因利益趋同而形成诉讼同盟关系；法院放弃对部分案件事实的全面审查以及对大多数量刑建议的实质评判，主要进行认罪认罚自愿性审查，完成对量刑建议的司法确认。① 实践中，法院一般都会采纳量刑建议即是协商性的表现。在这种诉讼结构中，控辩协商大于控辩对抗，法院成为控辩协商指涉的对象。在纵向构造方面，认罪认罚从宽制度以检察机关的控诉职能为主导，刑事诉讼表现为检察主导的诉讼结构。

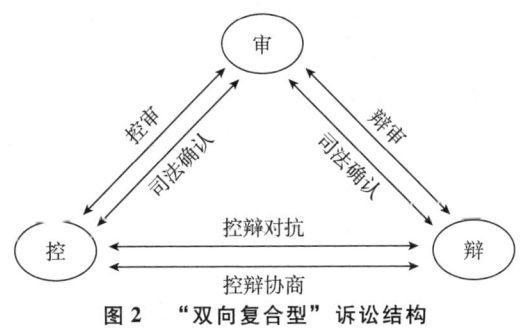

图2 "双向复合型"诉讼结构

刑事诉讼制度的根本目标是准确、及时地查明犯罪事实，正确、适当地追究犯罪人的刑事责任，有罪者逍遥法外或无罪者枉受冤屈都与此目标相悖。但是，实践中犯罪黑数和冤假错案都是不可避免的，刑事诉讼天然地存在打击犯罪和保障人权的矛盾，刑事诉讼制度的设计要在二者之间保持相对平衡。各国刑事诉讼在主体的地位与权力（利）、证明标准与证据规则等方面的差异塑造了不同的诉讼结构，产生不同的刑事司法效果，如当事人主义模式和职权主义模式。我国传统刑事诉讼是以侦查为中心的职权主义模式，

---

① 参见李奋飞：《以审查起诉为重心：认罪认罚从宽案件的程序格局》，载《环球法律评论》2020年第4期。

认罪认罚从宽制度引发刑事诉讼结构的变异和重组，形塑了"双向复合型"的诉讼结构：在审查起诉阶段，控辩双方是对抗与协商的辩证关系，表现为以审查起诉为中心的职权主义特征；在审判阶段，控辩双方的上述辩证关系延续，并且深刻影响了审判权的属性及其行使。认罪认罚从宽制度改革目标的实现依赖于厘清各诉讼主体的权力（利）和义务以及相互关系，如果诉讼主体角色错位、权力（利）义务失衡将会导致认罪认罚从宽系统的功能紊乱，难以实现预期目标。例如，如果刑事诉讼制度不能明确被追诉人的地位及权利，无法为其提供充分的辩护权、量刑协商权保障，则可能导致被追诉人违心认罪、被动认罚，必然损害司法公正；如果被告人可以任意上诉，法院对量刑建议不予以足够尊重，则诉讼效率很难提高；如果法院不具有独立的审判权，只能对量刑建议"照单全收"，则会冲击刑事司法的根基。因此，如欲发挥认罪认罚从宽制度的功能，即应当证成各诉讼主体的角色定位、权力（利）边界及诉讼行为效果，并通过修改《刑事诉讼法》予以制度化，促使该诉讼结构内部达致动态平衡。

在"双向复合型"诉讼结构中，控诉、辩护、审判三个诉讼主体之间都存在辩证关系：控辩之间存在指控犯罪与辩护的对立关系和达成认罪认罚协议的统一关系，控审之间存在提出量刑建议与实质审查的对立关系和主张量刑建议与采纳量刑建议的统一关系，辩审之间存在量刑辩护与实质审查的对立关系和主张量刑建议与采纳量刑建议的统一关系。所有引发二审程序的认罪认罚案件，无不体现了控辩审之间不同形式的对立统一关系。例如，在余某平交通肇事案中，控辩双方利益趋同，产生控审冲突和辩审冲突；在杨某然贩卖毒品案中，辩审双方意见相近，产生控辩冲突和控审冲突[1]；在大部分被驳回上诉的案件中，控审双方观点一致，产生控辩冲突和辩审冲突。

以检察机关为中心，如果控辩双方达成认罪认罚协议，法院采纳了量刑建议，则控辩关系、控审关系和辩审关系呈现为和谐圆满状态。如果被告人上诉，就会出现控辩冲突；如果法院不采纳量刑建议，就会同时出现控审冲突和辩审冲突。对于这些冲突的态度是：一方面，要理性看待冲突的不可避免性，这是由量刑建议与量刑判决形成过程中蕴含的案件事实复杂性和刑罚裁量主观性之本质特征决定的。另一方面，认罪认罚从宽制度的特殊性和一般性要求，必须寻求解决三种冲突的合理方案。首先，该制度赖以生存的基

---

[1] 参见最高人民法院刑事审判第一、二、三、四、五庭编：《刑事审判参考》（第127辑），人民法院出版社2021年版，第43页。

础是认罪认罚协议的有效性，无论被告人上诉还是法院不采纳量刑建议，都会导致认罪认罚程序的失败。因此，在横向诉讼构造方面，若要规范、持久地推进认罪认罚从宽制度，就应当维护认罪认罚协议的法律效力。其次，在纵向诉讼构造方面，认罪认罚从宽制度仍属刑事司法制度的范畴，被告人的辩护权和法院的独立审判权不容被忽视和消解，尤其是在审判阶段要注意维护以审判为中心的基本定位，检察机关应当尊重被告人上诉和法院不采纳量刑建议两种结果。

（二）两种诉讼结构的抗诉理论及其关系

关于检察机关以抗诉应对控辩冲突和控审冲突的常规操作，对其客观公允评价应当回溯至认罪认罚从宽制度抗诉理论这个本源问题，这包含三个层面的问题：其一，传统刑事诉讼制度的抗诉理论是什么？其二，认罪认罚从宽制度的抗诉理论是什么？其三，两种抗诉理论之间存在什么关系？

1. 传统刑事诉讼制度的抗诉理论

检察机关是法律监督机关，《刑事诉讼法》第228条规定了抗诉权的行使条件，《人民检察院刑事抗诉工作指引》（以下简称《工作指引》）第1条重申了刑事抗诉是法律监督职能的体现。然而，《刑事诉讼法》第227条却确立了与此不同的"无因上诉"机制，这体现了抗诉理论与上诉理论的差异。实际上，我国民事诉讼法、行政诉讼法的抗诉理论也都是纠正法院错误的判决、裁定。所以，在三大诉讼制度的抗诉机制中，检察机关的角色都是法律监督者，只是在刑事诉讼中形成了法律监督者和诉讼参与人相重合的状态。因此，我国传统刑事诉讼制度的抗诉理论是纠正法院的错误判决、裁定。

2. 认罪认罚从宽制度的抗诉理论

基于法律监督权的本质，原则上认罪认罚案件中法院的错误判决都可以成为抗诉对象。但是，这种抽象结论遭遇了法律和事实上的障碍：一是被告人上诉不是基于法院的错误判决，并非法定的抗诉事由；二是法院不采纳量刑建议是定量判断，未必属于错误的判决。因此，"跟进式"抗诉招致诸如于法无据、违反"上诉不加刑"原理、容易诱发报复性抗诉等批判。[①]那么，检察机关到底能否抗诉，抗诉的理论根据和法律依据何在？如果不抗

[①] 参见郭烁：《二审上诉问题重述：以认罪认罚案件为例》，载《中国法学》2020年第3期；谢小剑：《认罪认罚从宽案件中以抗诉应对量刑上诉之质疑》，载《环球法律评论》2023年第2期。

诉，如何应对被告人上诉和法院不采纳量刑建议？

在"双向复合型"诉讼结构中，假定对抗式诉讼结构的抗诉理论是纠正法院的错误判决、裁定，协商式诉讼结构的抗诉理论则要重新审视。（1）在对抗式诉讼结构中，事实认定和罪名确定由检察机关主导，站在检察机关立场一般不会出现错误。此外的错误判决、裁定主要是量刑畸重或畸轻，法院在量刑建议以下判处刑罚的相对较少。① 量刑畸重、畸轻表现为法院不采纳量刑建议并在确定刑量刑建议以上或以下判处差异较大的刑罚，对此检察机关倾向于提起抗诉，这事实上回归到了协商式诉讼结构的抗诉理论之中。当然，如果法院因为事实认定错误而不采纳量刑建议的，抗诉根据即为《刑事诉讼法》第 228 条。至此可见，对抗式诉讼结构的抗诉理论同时蕴含传统抗诉理论和协商式诉讼结构的抗诉理论，这会引发抗诉理论偏差和抗诉机制混乱。（2）在协商式诉讼结构中，只要事实认定和罪名定性没有错误，允许控辩双方在较大程度上进行量刑协商。为了充分保障被告人的辩护权，应当赋予其签署认罪认罚具结书后完全的反悔权和上诉权；但为了确保认罪认罚从宽制度的顺利实施，又要对此作出适当限制。在自由与限制之间，应确立自由为主、限制为辅原则。故而，在控审关系和辩审关系上，法院既应尊重控辩双方达成的量刑协议，又要基于客观立场进行全面审查和实质判断，防止控辩双方过度合作而损害公共利益或被害人利益。实践中有的法官存在"重形式审查，轻实质审查"的办案倾向②，这是需要着力纠偏的。因此，在协商式诉讼结构中，检察机关的抗诉理论应当是维护认罪认罚具结书的司法效力，制约被告人任意反悔、上诉以及法院无正当理由不采纳量刑建议。当然，如果法院判决出现事实认定或罪名适用错误，则应遵从传统抗诉理论。

综上所述，两种刑事诉讼制度蕴含的抗诉理论存在交叉，二者既非互斥又非重合关系。认罪认罚从宽制度的抗诉理论具有二元结构：若案件事实认定或罪名适用错误，则遵循传统抗诉理论；若仅因量刑问题产生分歧，则应是维护认罪认罚具结书的司法效力。

---

① 法院在量刑建议以下判处刑罚的也有实例，例如"苏某花开设赌场案"，参见最高人民法院刑事审判第一、二、三、四、五庭编：《刑事审判参考》（第 127 辑），人民法院出版社 2021 年版，第 26 页。

② 参见最高人民法院咨询委员会第八调研组：《完善认罪认罚从宽制度研究的调研报告》，载《中国应用法学》2024 年第 2 期。

四、双向复合型诉讼结构指导下抗诉标准的理论阐释

《刑事诉讼法》、《人民检察院刑事诉讼规则》（以下简称《规则》）和《工作指引》都未规定认罪认罚案件抗诉问题，《人民检察院办理认罪认罚案件开展量刑建议工作的指导意见》（以下简称《指导意见》）第 39 条对两种抗诉事由分别确立了全面抗诉原则和有限抗诉原则。2020 年最高人民检察院的工作报告对抗诉的态度有所缓和，主张要依法审慎抗诉。[①] 由于《指导意见》的法律位阶较低，"依法慎诉抗诉"的法律依据缺失，有必要对认罪认罚案件抗诉标准进行理论构建。目前理论研究表现为分而讨论、侧重前者的状态，认罪认罚从宽制度的诉讼结构决定了应对抗诉事由进行类型分析，根据不同抗诉理论构建相应的抗诉标准。

在讨论抗诉标准之前，首先要确定被告人签署认罪认罚具结书后能否上诉以及能否无因上诉、法院能否不采纳量刑建议？现阶段被告人不具有平等的协商地位和实质的协商能力，诉讼过程中案件事实和法律评价的变化亦是常态，应当肯定被告人的无因上诉权。实证分析显示，上诉案件的平均改判率为 18.21%，说明上诉人提出的质疑并非全部无理。[②] 认罪认罚从宽制度不应冲击法院的裁判地位，《刑事诉讼法》没有完全禁止法院不采纳量刑建议，应当肯定法院有不采纳量刑建议的权力。由此，抗诉标准理论研究中的关键问题在于，构建符合认罪认罚从宽制度的诉讼结构与诉讼规律、有效平衡控辩审三方利益的抗诉标准体系及二审配套机制，在保障被告人上诉权和维护法院裁判权的同时，限制非理性上诉和无正当理由不采纳量刑建议，从而兼顾检察机关的利益诉求，促进认罪认罚从宽制度的规范、高效运行。

以是否有明确的事实根据或法律依据为标准，被告人上诉和法院不采纳量刑建议分为有因和无因两种类型。这里的"无因"不同于非认罪认罚案件中的"无因上诉"，是指仅仅以量刑过重为由而上诉或者仅因量刑建议不当而不采纳量刑建议，没有提出实质性影响上诉或不采纳量刑建议的新的事实根据或刑法评价变化。下文以双向复合型诉讼结构理论为指导，分别探讨

[①] 参见张军：《最高人民检察院关于人民检察院适用认罪认罚从宽制度情况的报告》，载《检察日报》2020 年 10 月 17 日，第 2 版。

[②] 参见张琦：《认罪认罚从宽案件二审程序分流机制研究——以 1340 份认罪认罚上诉案件裁判文书为样本》，载《河南财经政法大学学报》2023 年第 1 期。

两种情形下的抗诉标准及二审配套机制问题。

（一）对抗式诉讼结构中的抗诉标准

被告人上诉或法院不采纳量刑建议系因事实认定错误或法律适用错误的，应根据对抗式诉讼结构的抗诉理论构建抗诉标准。

1. 被告人有因上诉

这主要有两种情形：（1）被告人签署认罪认罚具结书后，案件出现新的事实导致原定罪不准确或量刑不适当，或者辩护方对案件的刑法评价发生改变而认为影响定罪的，这些意见没有被认罪认罚具结书吸收；（2）一审宣判以后出现上述情形，被告人认为一审判决存在事实认定错误或法律适用错误。上述情形导致认罪认罚具结书因失去协议基础而归于无效，应回归传统抗诉理论。根据对抗式诉讼结构的抗诉理论和《刑事诉讼法》的规定，被告人上诉不属于法院的错误判决、裁定，检察机关不应提起抗诉。

需要注意的是，不能对有因或无因单纯地作形式判断，有些案件应当进行实质判断。上诉人提出一些似是而非的上诉理由，表面上看是有因上诉，但经过简单分析即可排除这种理由的成立，本质上仍属于无因上诉，应以协商式诉讼结构的抗诉理论加以处理。例如，在罗某、王某伦等盗窃案中，罗某以"原判认定盗窃陈某家 1000 元与事实不符，实际金额不到 650 元；盗窃韦某家 1000 元与事实不符，实际盗得 400 元"等理由提起上诉，但该理由既无新的证据支撑，且已经包括罗某及同案犯供述、被害人陈述在内的证据充分证伪[①]，故不排除上诉人恶意利用上诉不加刑原则撕毁认罪认罚协议的动机，可以认为本案是无因上诉。

2. 法院有因不采纳量刑建议

这主要有三种情形：（1）被告人在庭审中提出新的量刑事实，主张在量刑建议以下量刑，法院采纳的；（2）法院认为认罪认罚具结书认定的量刑事实不妥当而不予认可，在量刑建议以上量刑的；（3）法院认为认罪认罚具结书认定的犯罪事实不妥当或者对犯罪性质评价不准确，变更起诉罪名的。以上情形是法院基于重新认定事实或变更定性评价作出的，符合客观事实变化和认知构造理论。认知构造理论对检察官的量刑建议和法官的量刑判决之冲突现象具有较强的解释力，检察官提出的量刑建议是"一级认知"

---

① 参见贵州省黔西南布依族苗族自治州中级人民法院（2021）黔 23 刑终 125 号刑事判决书。

或"准二级认知",法官对其作出的判断是"二级认知"。① 法官根据案件事实的变化或者自身关于规范的理解及其对案件的评价,作出不同于检察官认知的"二级认知"存在合理性空间。因为案件事实是法律评价的基础,刑罚裁量是司法者的主观判断,认知对象或认知主体的变化当然可能形成不同的认知结果。上述情形导致认罪认罚具结书归于无效的,应回归传统抗诉理论。根据对抗式诉讼结构的抗诉理论和《刑事诉讼法》的规定,应以判决、裁定是否存在错误为标准决定是否抗诉。换言之,检察机关应当对判决书的事实认定和刑法适用进行实质评价,只有存在这两方面错误导致不采纳量刑建议是错误判决的才能提起抗诉,不能单纯因为不采纳量刑建议而抗诉。

(二)协商式诉讼结构的抗诉标准

如果没有出现新的案件事实或者改变案件的刑法定性,被告人上诉或法院不采纳量刑建议单纯因为量刑评价发生变化的,应根据协商式诉讼结构的抗诉理论构建抗诉标准。

1. 被告人无因上诉

被告人无因上诉,是指被告人在没有新的量刑事实或者改变案件刑法定性的情况下仅以量刑过重②为由或者为留所服刑而提出上诉。

被告人在没有新的量刑事实的情况下提起上诉的,因认罪认罚具结书有效而的确可以视为"违约行为"。但也不尽然如此,因为存在控诉方不当承诺现象,如控诉方利用优势地位作出虚假承诺,实质上并没有给予量刑优惠。③为了平衡被告人上诉权与认罪认罚具结书的权威性,应当在允许无因上诉的前提下对其进行必要且适当的程序性制裁。若一味以抗诉压制上诉,则面临着合法性与正当性的危机。一是于法无据,被告人上诉并非刑事诉讼法规定的抗诉事由;二是于理不足,诸种因素决定了认罪认罚具结书的契约属性较弱,隐藏着非自愿性和实体错误等风险④,不能完全根据违反契约精神进行抗诉。

为化解以上危机,首先要根据协商式诉讼结构的抗诉理论确定抗诉的正

---

① 参见谢澍:《刑事诉讼构造之理论传承与知识延拓——以认知科学为视角》,载《政治与法律》2022年第2期。

② 这里的量刑过重是指法院采纳量刑建议或者在量刑建议的范围内量刑的,被告人认为量刑结果过重。如果法院不采纳量刑建议,被告人认为量刑过重而上诉的,属于有因上诉。

③ 虚假承诺严重损害被追诉人的利益,极易导致被追诉人反悔。参见刘泊宁:《认罪认罚从宽制度中司法承诺之考察》,载《法学》2020年第12期。

④ 参见史立梅:《认罪认罚从宽程序中的潜在风险及其防范》,载《当代法学》2017年第5期。

当性和必要性，明确有限抗诉的司法观念，不能一概以抗诉压制上诉。其次，为摆脱传统抗诉理论的桎梏和现行立法的局限，应在《刑事诉讼法》中增加这种抗诉事由，为检察机关提起抗诉提供法律依据。如果提起抗诉，检察人员可以发表取消一审量刑优惠、对上诉人加重处罚的意见。此外，二审机制对抗诉机制起到补充作用：如果立法上不赋予检察机关抗诉权，二审法院可以迅速驳回无因上诉。① 对于上诉和抗诉并存的认罪认罚案件，二审法院应当在全面审查案件事实后作出裁决，"不能仅仅因为被告人上诉、检察机关就此抗诉，就认为一审判决确有错误、量刑不当而改判加重刑罚"。② 例如，最高人民检察院发布的第 83 号指导性案例"琚某忠盗窃案"，被告人通过认罪认罚获得量刑从宽后，在没有新事实、新证据的情况下，违背具结承诺以量刑过重为由提出上诉。检察机关提起抗诉，建议法院取消基于认罪认罚给予被告人的从宽量刑。对此，二审法院应当客观评估上诉意见是否成立，若成立则可以改判从轻处罚，若不成立则可以改判从重处罚。③ 其深层法理在于：其一，权力性质的变化。传统上刑事抗诉是具有实质拘束力的法律监督权，但认罪认罚从宽制度中检察权在协商式诉讼结构中抗诉权应修正为诉权④，以维持辩护权与检察权的平衡。如有学者指出，"检察机关的传统法律监督职能在认罪认罚案件中应有所'褪色'，同时糅合了一些'准当事人'的色彩"。⑤ 其二，利益关系的变化。根据《刑事诉讼法》的规定，抗诉的主观条件具有利益无涉性⑥，而在协商式诉讼结构中检察机关对无因上诉的抗诉具有利益相关性。因此，检察机关可以对无因上诉提起抗诉，但抗诉意见及理由是否成立的判断权在法院，法院应不受抗诉意见的束缚独立作出公允裁判。⑦

---

① 参见刘泊宁：《司法诚信视野下的认罪认罚从宽制度》，载《政法论坛》2018 年第 3 期。
② 沈亮：《凝聚共识　推进认罪认罚从宽制度深入有效实施》，载《人民法院报》2021 年 7 月 22 日，第 5 版。
③ 参见《最高人民检察院第二十二批指导性案例》，载最高人民检察院网，https://www.spp.gov.cn/xwfbh/wsfbt/202012/t20201208_488360.shtml#2，最后访问时间：2024 年 5 月 5 日。
④ 主要法治国家将检察官的刑事上诉权一般定性为一种诉权，参见闫召华：《"实质错误"论：认罪认罚案件抗诉的功能澄清与标准优化》，载《中国刑事法杂志》2024 年第 1 期。
⑤ 汪海燕：《认罪认罚案件再审问题研究——以 541 份裁判文书为分析对象》，载《比较法研究》2023 年第 5 期。
⑥ 参见田夫：《审判监督概念能成立吗？》，载《华东政法大学学报》2022 年第 2 期。
⑦ 参见刘计划：《抗诉的效力与上诉不加刑原则的适用——基于余金平交通肇事案二审改判的分析》，载《法学》2021 年第 6 期。

对于第二种上诉,被告人并未否认认罪认罚协议的有效性,故不能以协商式诉讼结构的抗诉理论加以解释,即检察机关不应提起抗诉,而应由二审法院裁定驳回上诉、维持原判。事实上,被告人以程序瑕疵或留所服刑等程序性事由提出上诉时,二审法院几乎都是维持原判的。①

2. 法院无因不采纳量刑建议

法院无因不采纳量刑建议,是指在没有出现新的量刑事实或者改变刑法评价的情况下,法院仅以量刑不当为由对被告人判处不同于量刑建议或超出量刑建议范围的刑罚。根据《刑事诉讼法》第201条的规定,法院不采纳量刑建议会形成控审冲突,这由检察权和审判权相互独立之宪法地位和法检之间相互分工、相互制约之诉讼原则决定,此其一;其二,在实质上缺乏真正合意的前提下,以控辩双方存在合意为由限制法院审判权缺乏正当根据②;其三,量刑建议是定量型价值判断,在以经验量刑方法为主导的司法语境中检察官与法官产生认识偏差是不可避免的。

鉴于上述理由,应当采取科学的理念和方法化解控审冲突,逻辑上包含以下三层思路。

第一,检法之间应当树立一种妥协观念,适当容忍对方不同于己的量刑判断。认罪认罚案件量刑建议部分体现了控辩合意,法官应当容忍一定偏差范围内的量刑建议。③ 出于对审判权的尊重,检察官对量刑建议的微调应当保持必要的克制。从高达96%以上的量刑建议采纳率来看,目前法官对量刑建议的尊重程度极高,说明检察机关需要作出更多的妥协,不宜将量刑建议采纳率作为硬性考核标准。

第二,对无因不采纳量刑建议,检察机关应当确立有限抗诉理念,抗诉标准是两个"明显不当"。一是量刑建议明显不当,《刑事诉讼法》第201条赋予了法官不采纳明显不当的量刑建议的权力。如果无此限制,法官的量刑裁量权就被完全剥夺。检察机关应当全面、深入地分析判决书不采纳量刑建议的原因,客观评估量刑建议是否明显不当。量刑建议的确明显不当的,应当坦然接受法院不采纳量刑建议的结局。二是量刑判决明显不当,这是前

---

① 参见刘宇:《认罪认罚从宽程序中的上诉理由审查制研究——以100份认罪认罚二审裁判文书为分析样本》,载《福建警察学院学报》2021年第5期。

② 参见杜磊:《认罪认罚从宽制度适用中的职权性逻辑和协商性逻辑》,载《中国法学》2020年第4期。

③ 参见陈兴良:《程序与实体双重视野下认罪认罚从宽制度的教义学反思》,载《政法论坛》2023年第5期。

述学理分析得出的结论。如果无此限制，控审冲突将无法化解。对于与量刑建议差距不大的量刑判决，检察机关应当适度容忍。一般而言，当量刑建议明显不当而需要法院修正时，但法院作出的量刑判决明显不当的，应当抗诉；如果量刑建议基本适当，量刑判决一般不当的，可以抗诉。只要法官不采纳量刑建议，检察官就应当全面、客观地再次评估所提之量刑建议是否适当，不固守原有观点，并以此评估量刑判决是否明显不当。《规则》《工作指引》针对量刑判决规定的抗诉标准分别是"适用刑罚明显不当""量刑明显不当"，《指导意见》的规定是"量刑确有错误"。应当参照上述规定理解"量刑确有错误"，不能仅因法院不采纳量刑建议而提起抗诉。

第三，弥合检法观点分歧以及准确判断两个"明显不当"的路径是促进量刑/量刑建议规范化和强化量刑/量刑建议说理。量刑建议规范化和量刑规范化遵循相同的思路和方法，量刑建议规范化是认罪认罚从宽制度实施中的核心问题。"实现认罪认罚案件量刑建议规范化，必须构建理性的量刑建议机制，解决量刑建议形成过程中的具体难题。"① 只有量刑建议规范化和量刑规范化同频共振，才能通过技术路径促进检法形成量刑共识，在同一话语体系中判断两个"明显不当"。最高人民法院的调研报告亦提出，要"统一量刑方法与裁量幅度，形成法检共同遵循的量刑规则"。② 只有加强量刑建议说理和量刑说理，法官和检察官才能有理有据地判断量刑建议、量刑判决是否明显不当。检察官向法官释明主要包括量刑建议计算依据和方法、与被告人达成合意的过程两方面内容③，法官向检察官释明主要包括不采纳量刑建议的事实和理由以及作出量刑判决的事实和理由。

关于两个"明显不当"，还需进一步研讨。观点一认为，"常见量刑建议明显不当通常表现为适用主刑不当、适用附加刑不当、执行方式（适用缓刑）等明显偏轻或偏重"。④ 观点二认为，量刑建议明显不当包括基础事实证据不足、审理阶段量刑事实出现新变化、法律适用错误、缓免刑适用错

---

① 王刚：《认罪认罚案件量刑建议规范化研究》，载《环球法律评论》2021 年第 2 期。
② 最高人民法院咨询委员会第八调研组：《完善认罪认罚从宽制度研究的调研报告》，载《中国应用法学》2024 年第 2 期。
③ 参见秦宗文：《检察官在量刑建议制度中的角色定位探究》，载《法商研究》2022 年第 2 期。
④ 吴岩、葛二磊：《量刑建议明显不当之辨析与完善》，载《检察日报》2021 年 4 月 13 日，第 5 版。

误、与类案处理不均衡等情形。① 对于量刑明显不当，目前学界尚未述及。笔者认为，量刑建议明显不当和量刑明显不当是包含定性判断和定量判断的综合性评判结果，本质上都是对被告人如何适用刑罚的问题，可以一并讨论。上述观点一不够全面，例如遗漏了刑罚轻重问题；观点二范围过广，例如证据问题和类案问题不宜纳入考量范畴。根据我国《刑法》关于刑罚制度的设计，两个"明显不当"包括以下几种情形：（1）主刑适用错误。被告人所涉罪名有两个以上主刑刑种的，量刑建议或量刑判决错误选择刑种的属于明显不当。（2）法定刑幅度选择错误。被告人所涉罪名有两个以上法定刑幅度的，量刑建议或量刑判决错误选择法定刑幅度的属于明显不当。例如，在类似"手机麻将 App"的非典型网络开设赌场案中，由于法定量刑标准缺失，犯罪的恶害性与传统开设赌场罪和"赌博网站型"开设赌场罪相去甚远，不能沿用传统的开设赌场罪的量刑思维来思考此类案件的量刑问题，不能轻易地将这类犯罪认定为"情节严重"②，所以在 5—10 年有期徒刑内量刑属于明显不当。（3）刑罚执行方式适用错误。被告人被（建议）判处 3 年以下有期徒刑，量刑建议或量刑判决错误地适用实刑或缓刑的属于明显不当。例如，在黄某某虚开增值税专用发票案中，被告人在有真实货物交易的情况下，因为销售方无法提供增值税专用发票而让第三方虚开了与交易金额相当的 2000 万余元增值税专用发票。被告人具有自首、立功、认罪认罚、补缴全部税款等法定从宽量刑情节和初犯、民营企业家、慈善家等酌定从宽量刑情节，检察机关建议判处 3 年有期徒刑并适用缓刑是适当的，一审法院无因不采纳量刑建议并判处 4 年有期徒刑属于明显不当③，检察机关应当提出抗诉。（4）量刑建议或量刑判决畸重、畸轻。被告人被（建议）判处有期徒刑的，量刑建议或量刑判决畸重、畸轻的属于明显不当。量刑建议或量刑判决畸重、畸轻没有明确标准。有学者引入数理化评价方法，指出，"'同一刑档内量刑是否明显不当'是定量判断，取决于'量刑判决'对'适当刑值'的偏离度大小和两者之间的绝对差值大小"。④ 有观点认为，量刑建

---

① 参见李琴：《认罪认罚案件量刑建议"明显不当"的司法认定》，载《犯罪研究》2020 年第 6 期。

② 参见王刚：《非典型网络开设赌场行为的刑法适用》，载《山东警察学院学报》2019 年第 6 期。

③ 参见江苏省镇江市润州区人民法院（2020）苏 1111 刑初 251 号刑事判决书。

④ 孙长永、冯科臻：《认罪认罚案件抗诉问题实证研究——基于 102 份裁判文书的分析》，载《西南政法大学学报》2020 年第 4 期。

议明显不当的判断标准可以20%作为界分点，即法官拟判处的刑量超过精准量刑建议上下20%或者超过幅度量刑建议上限、下限20%的，属于量刑建议明显不当；有的法定刑幅度大，有必要在20%的幅度区间基础上增设1年有期徒刑的绝对差值。① 法院系统也基本确立了这种方法，主张对拟宣告刑与量刑建议的刑期进行比较，既要考虑二者相差的绝对值，又要考虑差值所占的比例。② 笔者赞成上述思路，但建议将偏离度和绝对差值分别设定为40%和两年，赋予检法之间更大的容忍度。例如，在浙江省的首例对认罪认罚案件法院未采纳量刑建议抗诉案中，量刑建议是拘役2个月15日，量刑判决是拘役3个月10日③，量刑判决与量刑建议的偏差值约为33%。检察机关认为量刑不当，本文认为尚未达到明显不当的程度，检察机关不应提起抗诉。

综上所述，笔者认为，我国应确立被告人全面上诉、检察机关有限抗诉、法院客观审理的理念。应对抗诉事由进行类型化分析，形成相应的抗诉标准体系：对有因上诉不应抗诉，对有因不采纳量刑建议一般不应抗诉，如是错误判决可以抗诉；对无因上诉可以抗诉，对无因不采纳量刑建议要通过评判量刑建议、量刑判决是否明显不当决定是否抗诉。以追求胜诉为目标的抗诉体制，与检察机关"维护国家法律的正确实施"之诉讼监督职能是背道而驰的。④ 在认罪认罚案件中，片面追求量刑建议接受率和采纳率而提起的抗诉也存在同样问题。作为对控诉权和辩护权的平衡，法院不应有厚此薄彼的裁判思维。唯有如此，才能有效减少被告人滥用上诉权和检察机关"跟进式"抗诉实质性剥夺上诉权两种不规范的诉讼现象。

以上观点虽可为上诉权、抗诉权、二审裁判权的行使提供参考，但最终要通过修改《刑事诉讼法》来消弭分歧、凝聚共识，为认罪认罚从宽制度的规范化运行提供法律依据。

五、《刑事诉讼法》相关条文的修改建议

认罪认罚从宽制度的诉讼结构变化及其引发的各种冲突表明，"中国刑

---

① 参见陈峰：《认罪认罚案件量刑建议明显不当的司法认定》，载《人民检察》2021年第5期。
② 参见最高人民法院刑事审判第一、二、三、四、五庭编：《刑事审判参考》（第127辑），人民法院出版社2021年版，第26页。
③ 参见范跃红：《认罪认罚了，量刑从宽建议为何未采纳》，载《检察日报》2019年9月21日，第1版。
④ 参见陈瑞华：《诉讼监督制度改革的若干思路》，载《国家检察官学院学报》2009年第3期。

事诉讼制度的发展面临守正与革新的冲突"。① 我国检察权在保持法律监督权基本属性的前提下,应根据时代变迁不断调整其权力外延和权力运行方式。② 在对抗式诉讼结构中,抗诉权是法律监督权,以维护法律的公正、统一实施为目标;在协商式诉讼结构中,抗诉权是实质处断权的保障性权力,以维护妥当的量刑建议的司法效力为目标。

我国《刑事诉讼法》在增设认罪认罚从宽制度时没有认识到其中权力属性和权力结构的变化,没有对二审制度进行同步改革,在现行立法条件下无法彻底解决控辩冲突、控审冲突和辩审冲突。对于涉及公民权利的诉讼制度问题,修改《刑事诉讼法》是根本解决之道。本文就《刑事诉讼法》关于认罪认罚案件抗诉制度的规定提出以下修改建议:

(1) 在《刑事诉讼法》第 228 条后面增加两款规定,作为该条的第 2 款和第 3 款:"(第 2 款)适用认罪认罚从宽制度的案件,被告人无正当理由上诉的,地方各级人民检察院可以向上一级人民法院提出抗诉。""(第 3 款)适用认罪认罚从宽制度的案件,一审法院无正当理由不采纳量刑建议,量刑判决明显失当的,地方各级人民检察院可以向上一级人民法院提出抗诉。"

(2) 在《刑事诉讼法》第 233 条第 1 款后面增加一款规定,作为该条的第 2 款,即"人民法院审理适用认罪认罚从宽制度的二审案件,不受上诉理由或抗诉理由的限制,应当在全面审查后依法作出判决、裁定"。

(3) 在《刑事诉讼法》第 234 条第 2 款后面增加一款规定,作为该条的第 3 款,即"适用认罪认罚从宽制度的案件,被告人上诉的,经过审理后认为无正当理由的,应当裁定驳回上诉,维持原判;如果上诉理由成立,应当改判"。

(4) 在《刑事诉讼法》第 236 条第 1 款第 3 项后面增加一项规定,作为该款的第 4 项,即"适用认罪认罚从宽制度的案件,原判决未采纳量刑建议,但量刑没有明显不当的,应当裁定驳回抗诉,维持原判;如果量刑明显不当,应当改判"。

---

① 刘计划:《抗诉的效力与上诉不加刑原则的适用——基于余金平交通肇事案二审改判的分析》,载《法学》2021 年第 6 期。

② 参见周新:《论我国检察权的新发展》,载《中国社会科学》2020 年第 8 期。

检察机关退回补充侦查与自行补充侦查规范化研究[*]

万 毅[**]

  随着我国司法领域制度改革的深入推进，尤其是伴随监察委员会的设立而对检察职能的调整，如何重新认识并积极发挥检察机关自行补充侦查的制度功能，成为检察制度改革不得不直面的一个现实问题。然而，长期以来由于理论和实务对于检察机关自行补充侦查制度重视不够、研究阙如，刑事诉讼中检察机关自行补充侦查的职能启用较少，案件退回公安机关补充侦查成为实务中的常态，基于此，有人认为检察机关自行补充侦查的设定可有可

---

[*] 本文系 2021 年度最高人民检察院检察理论研究课题（项目批准号：GJ2021C17）的研究成果。
[**] 课题主持人：万毅，四川大学法学院教授、博士生导师。课题组成员：刘星辰，中国社会科学院大学法学院博士研究生；吕川，四川大学法学院博士研究生；钟宇晴，成都理工大学文法学院讲师。

无。① 但笔者认为，一个国家的法律体系，本身是一个综合平衡、功能互补的有机体，简单地否定其中一项制度设计，可能破坏法律体系内部微妙的功能平衡。故而，绝不能因为当前检察机关自行补充侦查运用存在问题，就"因噎废食"、全盘否定该制度存在的必要性。应当理性地审视自行补充侦查的制度价值，正确评估其功能，并从文义上澄清其本质内涵，校正理论认识上的偏差，通过程序微调的方式推动自行补充侦查的制度完善与有效运作。

一、检察机关补充侦查制度运行的现状与问题

寻求制度的优化首先应当正视实践中存在的问题。为此，笔者以审查起诉阶段与审判阶段为划分，以近年来全国检察机关的办案数据为依托，对不同类型的补充侦查在实践中的运用情况进行了总体分析。笔者选取了 S 省 P 县检察机关近年来补充侦查制度的运行状况作为比照对象，从微观层面对宏观分析进行补充说明，同时印证宏观数据结论的准确性，从而更客观地反映出检察机关自行补充侦查运行的实际状况与症结所在。

（一）审查起诉阶段补充侦查的运行状况

根据全国检察机关公布的法律文书（含起诉书和不起诉书）反映的情况来看②，2019 年至 2021 年，全国检察机关所办理案件的补充侦查率分别为 20.31%、18.4%、9%，呈现出逐年走低的趋势且下降幅度明显。但同时也应当注意到，仍有部分案件存在质量瑕疵而确有补充侦查的必要，此种情形下，唯有加大检察机关自行补充侦查的运用，发挥其既能补充完善证据同时又能避免程序反复的制度特性，方能进一步提升办案质效。

尽管检察机关自行补充侦查在制度层面被寄予高度期望，然而，实践运行却远未达到预期，需要补证的案件主要被退回公安机关补充侦查。从统计数据来看，2019 年至 2021 年检察机关自行补充侦查的案件虽逐年增加，共计达到 465 件，但与补充侦查的案件总数相比，情况仍不容乐观，占比仅为 0.09%。此外，另有两则事例可以印证上述情况，一是 2020 年 12 月最高人

---

① 王小光、米卿：《完善检察机关自行补充侦查制度的思考》，载《河南财经政法大学学报》2018 年第 6 期。

② 数据来自中国检察网，https：//www.12309.gov.cn/12309/zjxflws/index.shtml，最后访问时间：2022 年 4 月 12 日。

民检察院发布的 8 起检察机关补充侦查典型案例中,主要是退回补充侦查、介入引导侦查等情形,并无检察机关自行或主导开展补充侦查的案例①,二是截至 2021 年 7 月某县级检察院才有首例自行补充侦查案件②,再次表明,检察机关自行补充侦查的运用确实不够。"无论是案件实体方面存在问题,还是程序方面存在瑕疵,公诉部门往往都习惯于退回补充侦查"③,检察机关怠于自行补充侦查较为常见。

另外,审查起诉过程中不仅退回公安机关补充侦查的比率高,同时补充侦查效率低、效果差,亦是刑事司法工作中常见的顽疾。④ 具体而言,问题表现为两个方面:其一,案件的"二退率"高。即案件经过一次退回补充侦查不能取得良好效果,导致二次退回补查的问题突出。2019 年至 2021 年全国检察机关二次退回补充侦查的案件分别占当年补充侦查案件数的 28.33%、28.52%、23.48%,换言之,有四分之一左右案件"一退"之后又被"二退",导致程序往复循环。其二,案件退回公安机关补充侦查后得不到有效的监管,补充侦查质效低。实务中,公安机关并未确立案件专人办理机制,案件在退回补充侦查之后变更侦查人员的情况十分普遍,导致检察机关通过"人盯人"战术监管退回补充侦查过程的机制失效,这又可能进一步延宕补充侦查的时效性。此外,退回补充侦查效果不好还表现为,案件经退查后最终仍被作不起诉处理的情况大量存在,根据近年来检察机关公布的不起诉文书反映的情况来看,经退查后仍有一定比例的案件是以不起诉的方式处理。

从微观层面来看,笔者调研的 S 省 P 县检察机关的办案数据显示,2019 年至 2021 年,审查起诉阶段案件的补充侦查率分别为 26.57%、18.49%、9.5%,案件的补充侦查率在不断下降。另外,该检察机关也存在自行补充侦查运用少的问题,需补充侦查的案件中大部分以退回公安机关补充侦查的方式处理,真正以侦查方式自行补充收集证据的案件平均每年只有 1 件⑤,自行补充

---

① 参见史兆琨:《最高检下发 8 起检察机关补充侦查典型案例》,载正义网,http://news.jcrb.com/jsxw/2020/202011/t20201130_2228356.html,最后访问时间:2022 年 4 月 12 日。
② 参见《宜川县人民检察院办理首例自行补充侦查刑事案件》,载陕西法制网,https://baijiahao.baidu.com/s?id=1705997130754379322&wfr=spider&for=pc,最后访问时间:2022 年 4 月 12 日。
③ 叶炼、吴功等:《审查起诉环节退回补充侦查应重点解决六个问题》,载《人民检察》2013 年第 21 期。
④ 参见陈煜星:《退回补充侦查应完善四项机制》,载《人民检察》2017 年第 15 期。
⑤ 调研中发现 S 省 P 县检察机关存在误将"要求公安机关补充移送证据""要求公安机关对证据合法性进行说明"等视为自行补充侦查的情况,但实际上此类行为并非侦查取证,因此笔者未将其作为自行补充侦查的案件进行统计。

侦查的作用难以有效发挥。同时，案件退回公安机关补充侦查质效不高的问题亦同样存在，具体表现为，P县检察机关将案件退回后，公安机关补充侦查的平均耗时为27天，不但用时较长而且一次退回公安机关补充侦查的案件中又有将近1/3的案件被再次退回补查。

（二）审判阶段补充侦查的运行状况

以笔者对公开判决书的统计、分析情况来看，审判阶段的补充侦查也与审查起诉阶段一样，呈现出逐年减少的趋势，如表1所示，2019年至2021年全国法院审理的刑事案件中在审判阶段进行过补充侦查的案件占比分别为0.98%、0.90%、0.40%。[①] 上述数据反映出刑事办案的质效在不断提升，但不可忽视的是，每年仍有数以千计的刑事案件在审判阶段进行过补充侦查，这表明，即使到了审判阶段部分案件仍然存在质量瑕疵、确有补充侦查之必要。

表1 2019—2021年刑事公诉案件审判阶段补充侦查概况

年份	案件总数	审判阶段补充侦查案件数（件）
2019年	1015516	9944
2020年	851961	7633
2021年	421211	1666

从微观视角来看，2019年至2021年，S省P县检察机关所办理的案件在审判环节的补充侦查率分别为1.14%、0.92%、0.42%，与全国的情况大抵相当，但需要注意的是，P县检察机关在审判阶段对案件的补充侦查几乎都是直接退给公安机关进行。根据《人民检察院刑事诉讼规则》（以下简称《刑诉规则》）第422条的规定："在审判过程中，对于需要补充提供法庭审判所必需的证据或者补充侦查的，人民检察院应当自行收集证据和进行侦查，必要时可以要求监察机关或者公安机关提供协助；……"由此可见，审判阶段的补充侦查应当由检察机关自行进行，补充侦查的主体只能是检察机关，只有在必要的情况下才能要求公安机关提供协助，公安机关即使参与也只能是应要求而提供协助，并非取代检察机关直接进行补充侦查。是故，解释论上不能偷换概念，将"提供协助"解释为直接退给公安机关进行补充侦查。

[①] 数据来自中国裁判文书网，http://wenshu.court.gov.cn/，最后访问时间：2022年4月12日。

综上，数据分析和实践情况表明，审查起诉阶段以及审判阶段的补充侦查运用出现了两个相互关联的问题：一方面，补充侦查对公安机关过度依赖、检察机关自行补充侦查运用少，未能发挥检察机关自行补充侦查的职能作用；另一方面，又存在案件退回公安机关补充侦查取证效果差、效率不高的问题，这些问题反过来又进一步造成检察机关办案环节退查次数增多，进而阻碍办案质效的进一步提升。

二、检察机关自行补充侦查典型案件分析

虽然检察机关自行补充侦查的案件总体上较少，但实践中仍然涌现出一些典型案例。从这些案例的实际效果来看，自行补充侦查并非不能发挥实效，而且，在某些案例中检察机关通过自行补充侦查的运用，展现出弥补前期侦查取证不足、提升办案效率以及维护司法公正等重要制度作用。另外，检察机关在自行补充侦查过程中也暴露出诸多问题，对这些具体案例进行剖析，能够为解决当前制度运行难的问题提供一定指引。

（一）审查起诉阶段检察机关自行补充侦查的案例分析

审查起诉阶段，检察官通过自行补充侦查收集、获取证据材料，可以对案件事实有更为立体和全面地把握，有利于检察官准确认定事实、适用法律，同时自行补充侦查避免了退回补充侦查造成的程序反复，从而缩短办案流程，提升了办案质效；另外，案例也反映出检察机关补充侦查措施、手段运用不足等制度配套上的问题。

表2 审查起诉阶段检察机关自行补充侦查案例

基本案情	补充侦查措施与内容	作用	强制措施
1. 方某盗窃一案。① 2018年方某在家中以搭接电线的方式盗窃电力，公安机关认定窃电金额为8553.6元，方某对鉴定意见存在异议	检察官自行补充侦查，调取了方某近3年的用电记录、实地勘查核算其家中电器耗电区间，推算出所盗电力价值2600.45元	避免了退回公安机关补充侦查造成的程序反复，提升了办案效率，同时让方某心服口服地认罪认罚	否

---

① 刘鑫、姚卫东：《自行补充侦查补强证据》，载《检察日报》2020年12月22日，第6版。

续表

基本案情	补充侦查措施与内容	作用	强制措施
2. 董民刚案。① 刁某某在夜间私自翻墙进入董民刚家中，并用车钥匙攻击董民刚进行滋事。董民刚在反抗过程中用剪刀将刁某某杀死	检察官补充侦查过程中采取复勘现场、询问新的证人等手段获悉刁某某长期与董民刚妻子存在不正当关系，刁某某经常羞辱董民刚，附近邻居均视刁某某为村霸	通过自行补充侦查，检察机关改变公安机关对案件的定性，准确地认定董民刚的行为属于正当防卫	否
3. 刘某等人盗窃案。② 侦查机关提供的材料载明："现场有编织袋339个，装原油总重量26.7吨。"由此计算，每个编织袋装油78.8公斤，远超查获编织袋的实际装油量。同时侦查机关对证据合法性未能合理说明	检察官自行补充侦查中采取侦查实验的方式查明现场单个编织袋装油约53公斤，总被盗原油应为18吨。并查明之前案卷中记载原油重量的证据来源不合法，应当排除	通过自行补充侦查，检察官运用侦查实验将非法证据予以排除	否
4. 范某销售私自配制的假药一案。③ 尽管范某认罪，但其供述与药品包装上的产地、联系电话等均不同。范某是否为该假药的真正生产者存在疑问，但经两次退回公安机关补查，侦查人员仍称无法查证	检察官假扮成"微商"开展自行补查，通过拨打假药包装上印刷的电话，以做代理为由取得对方信任。得此线索，检察官与侦查人员找到该批药品的生产者沈某，排除假药为范某生产的可能	在两次退查无果的情况下，检察官利用自行补充侦查的最后机会，查明案件事实，从而弥补前期侦查之不足	否

---

① 参见《又一正当防卫，最高检披露详细案情》，载 https：//baijiahao. baidu. com/s？id = 1636586832206966683&wfr = spider&for = pc，最后访问时间：2022年4月12日。

② 参见付四全、付海鹏：《完善自行侦查工作办法，发挥公诉诉前主导作用》，载《检察日报》2018年12月28日，第10版。

③ 参见潘芳芳、卢志坚：《徐海涛：激活自行补充侦查》，载《检察日报》2018年10月21日，第4版。

续表

基本案情	补充侦查措施与内容	作用	强制措施
5.刘某贩毒案。①侦查机关在刘某入住房间搜出的毒品包装精细,克数均等,凭手工无法做到。而现场却没有找到称量工具,不合常理,检察官因此决定自行补充侦查	检察官对刘某曾入住的房间重新搜查,在电脑机箱中搜出称重砝码和许多已分装的毒品。这些毒品与之前查获毒品的包装等相同,有100余克	检察官自行补充侦查避免了退查手续烦琐所导致的时间拖延,避免了因取证不及时导致的证据灭失	是

1. 审查起诉阶段检察机关自行补充侦查的积极作用

（1）提升效率。实践中，许多补充侦查的情形表现为调取资料、询问证人等，这些情形对办案人数、侦查设备以及侦查技能并无特别要求，补充侦查的难度并不大，检察官通过自行补充侦查同样可以实现补充收集证据的目的，且能够规避退回公安补充侦查的程序反复和手续烦琐，充分利用办案时间。如表2案例1，检察官自行补充侦查中，通过相对简单的侦查措施便查明了盗窃数额，不仅避免了退回补充侦查造成程序反复，同时使犯罪嫌疑人自愿地签署认罪认罚具结书，提升了认罪认罚案件的质量。

（2）查漏补缺。一般而言，公安机关实施侦查具有人员与设备配置上的优势，侦查取证的质效比检察机关更高。但实践中两次补充侦查手段已用尽，在此情况下检察机关通过自行补充侦查可以查证案件是否有补充侦查的余地，必要时能够及时收集证据、查明事实，从而弥补案件退回后公安机关怠于履行补充侦查所造成的不当后果。如表2案例4所示，案件在已经二次退回补充侦查无法再次退查的情况下，疑点仍无法排除，如果检察机关不进行自行补充侦查则案件很可能被"带病起诉"，最终酿成冤假错案。在此情况下，检察机关针对案件疑点开展自行补充侦查，最终排除了犯罪为本案嫌疑人实施的可能。可见自行补充侦查是侦查的最后防线，具有弥补前期侦查不彻底、"查漏补缺"的重要作用。

（3）排非补证。刑事诉讼制度构造上将检察机关塑造为审前程序的主导，主要目的之一就在于实现对警察权的制约，防止警察权的不当行使对公民基本权利造成侵害。本文视角下，审查起诉阶段检察机关自行补充侦查的

---

① 参见范跃红、胡志元等：《无意中说到的毒品，到底存不存在》，载《检察日报》2017年11月27日，第4版。

实质就是对警察权制约的制度外化：检察机关通过自行补充侦查取证，一方面可以纠正公安机关之前的违法取证行为，及时排除非法证据，避免证据"带病"进入后续程序；另一方面可以弥补非法证据被排除后的证据缺失，完善证据锁链。如表2案例3中，公安机关无法对其所取证据的合法性作出合理解释，此时若将案件再退回该公安机关补充侦查，也难以改变原先的结论，而检察机关通过自行补充侦查，及时查明了案件事实，有效地将该案非法证据予以排除，同时取得了真实证据，完善了证据锁链。

（4）促进公正司法。检察官通过自行补充侦查，可以亲历性地接触并收集证据，因此能够有效克服书面审查证据的局限性和片面性，掌握更多案卷以外的细节，了解案件最为真实的样态，从而更准确地认定事实和适用法律。比如，有关正当防卫的案件往往涉及罪与非罪的重大问题，此类案件不仅仅是单纯地查明事实，还关乎对事件进行准确的法律定性。检察官通过自行补充侦查，可以基于对法律的透彻理解，尽可能地细化分解法律要件内容，有针对性地补充收集证据并还原案件细节，使法律运用与证据收集紧密结合，从而对防卫时机、手段必要性等进行充分把握，作出客观公正的处理决定。如表2案例2中，公安机关对案件事实和情节的定性不够准确，经两次退回补充侦查后仍坚持认为应当对董民刚进行追诉。在此情况下，检察官开展自行补充侦查，以亲历性的方式补充收集证据，形成内心确信，最终改变了公安机关对案件的定性，认定董民刚的行为为正当防卫。

2. 审查起诉阶段检察机关自行补充侦查存在的问题

（1）自行补充侦查中措施与手段运用有限。结合具体案例来看，检察机关自行补充侦查主要采取调取材料、询问等较为简单的调查措施，对于勘验、搜查等带有技术性、专业性且需要调配一定人力协作的侦查措施运用较少。尽管检察机关进行侦查具有程序合法性等方面的优势，但仍表现出取证措施与手段不够多样化、侦查技巧（谋略）运用少等问题。随着犯罪手法的不断翻新，侦查取证变得越来越困难，取证手段的匮乏无疑会对取证质量和效率等带来不利影响。

（2）自行补充侦查缺乏启动程序，实践中运用较为随意。司法责任制改革以后，检察官享有补充侦查的决定权，可以根据实际情况选择适用自行补充侦查或退回公安机关补充侦查，办案效率因此得以提升，表2中的案例即反映出此情况，但将两种补充侦查的启动方式进行对比，可以发现自行补充侦查运用存在程序监管不够的问题。比如，当前全国检察机关业务应用系统中，退回公安机关补充侦查设置有启动程序，需要制作、印发《退回补充侦查决定书》《退回补充侦查提纲》等文书后方能退回公安机关并实施补充侦查,可见程序启动较为审慎并且对退回后补充侦查范围进行了限制,但检察官自行补充侦查则没有类似环节,这就导致自行补充侦查的启动较为随意,程序上缺乏对补充侦查范围和侦查措施的必要监管和限制。

(二) 审判阶段检察机关补充侦查的案例分析

审判阶段,补充侦查同样是检察机关的重要职能,实践案例也表现出补充侦查的重要作用。但与审查起诉阶段不同的是,由于诉讼结构以及案件系属关系的变化,检察机关补充侦查受到审判权的节制,补充侦查也应当在审判权监督下运行。

表3 审判阶段检察机关补充侦查案例

基本案情	补充侦查措施与内容	作用	强制措施
1. 蔡某欣伤害蔡某涛案。① 蔡某欣与辩护人在审判阶段提出案发后蔡某涛自行体检资料不能作为鉴定人身损害的依据。不能排除蔡某涛二次受伤的可能,因此无法确定蔡某欣致蔡某涛受伤	检察官补充侦查中调取了蔡某涛入院检查的资料,将其自行体检资料与其最初出院时检查资料进行对比。后认定蔡某涛骨折由蔡某欣造成	检察官将补充侦查收集的资料交鉴定机构重新鉴定,鉴定机构认可检察官意见并认定被害人损伤为轻伤二级	否
2. 李某故意伤害案。② 李某有多次犯罪前科,后再次故意伤害他人并造成轻伤的后果。李某在庭审中拒不认罪,并提出揭发他人犯罪的线索,认为自己有立功情节	检察官补充侦查查明李某检举揭发的对象是其"狱友",李某口中的立功材料也是非法购买的	检察官以相反的证据证实李某所提供的检举线索为非法获得,不能认定为立功	否

---

① 参见陈红、杨永刚:《贵州检察机关运用检察技术为疑案提供关键证据》,载正义网,http://www.jcrb.com/procuratorate/jcpd/201711/t20171114_1815639.html,最后访问时间:2022年4月12日。

② 参见范伟义、王士超、于英杰:《"买"狱友! 惯犯花钱"立功"妄想轻判》,载《扬子晚报》2014年11月25日,第3版。

续表

基本案情	补充侦查措施与内容	作用	强制措施
3. 刘某贩卖毒品案。① 审判阶段，刘某辩护人提出核实是否存在刑讯逼供的申请。检察官审查后要求公安机关对取证过程合法性作出说明，但公安机关没有回应	检察官启动补充侦查，到看守所发现刘某手指存在损伤，同时检察官调取刘某入所时的体检报告和有关监控。最后查明侦查人员对刘某实施过刑讯逼供	检察官将刘某进入看守所之前的供述作为非法证据予以排除，同时向公安机关发出纠正违法通知书	否
4. 王某贩卖毒品案。② 2020年3月，王某因多次贩卖、运输毒品被判处死刑，王某上诉。二审期间，检察官发现在案证据比较单薄且王某翻供，因此决定自行补充侦查	检察官赴公安机关调取通话录音，经过反复听取通话录音、提取信息，弥补了被告人供述中缺乏毒品交易、流转细节等证据上的缺陷	通过自行补充侦查，查明被告人翻供的理由不成立，并进一步补强证据，避免了翻供对证据的削弱	是

1. 审判阶段检察机关补充侦查的积极作用

（1）便于应对庭审中出现的新情况。庭审中检察官负有证明犯罪的举证责任，面对被告人或辩护人提出的"新证据"，如果检察官不进行调查核实、补充收集相应的证据，则有可能因举证不足而难以有力回应，进而影响公诉的质量。比如，司法实务中，有些辩护律师即使掌握了有利于犯罪嫌疑人的证据，或者发现了侦查的漏洞，不仅不向检察机关提出，反而将这些证据与辩护意见留作庭审时的"秘密武器"、进行"证据突袭"。③ 因此，检察官通过补充侦查，对庭审中出现的新情况进行调查核实、补充收集证据，可以有效避免被告人或辩护人以"证据突袭"的方式造成指控不力的问题。如表3案例2中，针对被告人提出的假立功材料，检察官通过补充侦查收集

---

① 参见潘芳芳、卢志坚：《徐海涛：激活自行补充侦查》，载《检察日报》2018年10月21日，第4版。
② 范跃红、史隽：《从一起特大贩毒案中挖出三条线索》，载《检察日报》2022年1月25日，第6版。
③ 参见李辞：《审判阶段补充侦查的理论反思》，载《中国石油大学学报（社会科学版）》2018年第5期。

新的证据材料对所谓的立功进行了有力的驳斥。此外，审判阶段被告人翻供、证人翻证等亦是实务中比较常见的情形，面对此类情况，检察官通过补充侦查可以进一步补充收集证据，核实翻供或翻证的理由是否具有合理性，进而判别前后不同供述或证言的真实性。比如表3案例4中，王某的翻供导致指控证据被削弱，检察官通过自行补充侦查证明了其翻供理由不实，并有效地完善和补强了证据锁链。

（2）有助于非法证据排除，确保公正司法。审判阶段，排除非法证据仍然是检察机关的重要职责，通过补充侦查检察机关能够查明公安机关是否确实存在刑讯逼供等非法取证行为，有效地对非法证据予以排除。如表3案例3中，检察官通过自行补充侦查查明公安机关在前期取证过程中确有刑讯逼供行为，并对相关非法证据予以排除，有力地保障了法院判决结果的客观公正。

2. 审判阶段补充侦查存在的问题

（1）审判机关对启动补充侦查的审查不严、制约不足。根据《刑事诉讼法》第204条的规定："在法庭审判过程中，遇有下列情形之一，影响审判进行的，可以延期审理：……（二）检察人员发现提起公诉的案件需要补充侦查，提出建议的……"由此可见，审判阶段检察人员认为需要补充侦查的可以向法院提出建议，经法院审查批准后方可以延期并实施补充侦查。但由于2012年最高人民法院《关于适用〈中华人民共和国刑事诉讼法〉的解释》（以下简称《刑诉法解释》）将刑事诉讼法规定的"可以延期审理"解释为"应当延期审理"[①]，使得长期以来审判机关对检察机关的补充侦查建议审查不足、把关不严，公诉人一旦建议延期审理，"不需要任何审查，法院径直做出延期审理决定"[②]，这可能让审判阶段的补充侦查变成法、检机关"延审限""借时间"的工具，进而导致"隐形超期"等系列问题的产生。尽管2020年12月最新修订的《刑诉法解释》已经注意到这一问题，并对条文进行了修改，但由于制度的运行具有惯性特征，长期以来形成的办案思维很难在短期内发生改变，因此当前仍需要对审判阶段补充侦查启动较为随意的问题高度重视。

---

① 2012年最高人民法院《关于适用〈中华人民共和国刑事诉讼法〉的解释》第223条规定："审判期间，公诉人发现案件需要补充侦查，建议延期审理的，合议庭应当同意……"

② 陈小炜、吴高飞：《监察体制改革背景下自行补充侦查和退回补充调查关系论纲》，载《西南政法大学学报》2019年第3期。

（2）审判阶段补充侦查的启动没有结合审查起诉阶段的退回补充侦查情况进行连贯审查。问题表现为，司法实践中，在审查起诉阶段已经两次退回公安机关补充侦查的案件，审判阶段检察机关还能以"事实不清，证据不足，需补充侦查"为由向法院提出延期审理建议，并进行补充侦查。此种操作虽然表面符合法律规定，但实则是隐形违法。原因在于，审查起诉阶段已经两次退回公安机关补充侦查的案件在审判阶段仍然"事实不清、证据不足"，说明案件存疑，本不应当提起公诉却"带病起诉"，审判阶段再次补充侦查不过是利用制度漏洞来借用审判期限、浪费司法资源的隐形违法行为。

通过具体案例分析可得出结论：检察机关自行补充侦查运用少并非制度本身支撑不足，无法发挥作用，而在于制度的积极功能、诸如排除非法证据以及精准适用法律等未被广泛认知，使得检察机关内部缺乏主动启动自行补充侦查程序的动力。加上现行制度设计上自行补充侦查存在配套机制不完善、程序启动规定不完善导致较为随意等问题，又增加了检察机关启动自行补充侦查的重重顾虑，阻碍了制度在实务中的适用。

三、检察机关退回补充侦查的总体实践特征总结

自国家监察体制改革以来，实践中检察机关行使侦查权的类别在退回补充侦查与自行补充侦查中尤为集中。二者在其功能目的上具有一致性，均为对原侦查行为之补充。但是二者在其制度运行、程序设计上又有很大的差异性。有学者认为退回补充侦查权应为检察机关检察监督权之行使而不属于一般侦查权，对此本文持相同意见。但是这也绝不会影响检察机关退回补充侦查权之重要地位。退回补充侦查权的优势与实践中所存在的现实问题均应给予必要的关注，从而更好地发挥其查明犯罪事实、惩罚犯罪的积极作用。

（一）监察体制改革以来检察机关的退侦率呈下降趋势

退回补充侦查程序属于程序之回转，故而其存在应为诉讼程序中非常态化情形。从以下数据可知，全国范围内检察机关退回补充侦查权之总数量从2018年开始逐步呈下降趋势。（数据来自最高人民检察院数据及聚法案例数据库，数据统计时间截至2023年3月。）

表4 2018—2022年检察机关办理案件退回补充侦查情况

时间（年）	2018	2019	2020	2021	2022（不完全统计）
案件办结数量	1180724	1058877	381156	682316	47739
案件退侦数	259789	196902	56984	32199	1704
案件退侦比例	22%	18.6%	14.94%	4.7%	3.5%

结合上述数据可知，从2015年开始，检察机关退回补充侦查绝对数量开始逐年攀升，其中2015年、2016年、2017年相邻年度之间上升率基本相当约为2.3%，与例外之回转理论相悖，其上升趋势一直持续到2018年有所变化。自2018年，检察机关之退侦案件数量及退侦率均开始呈现下降趋势。自2018年至2020年检察机关退回补充侦查权之比例大幅下降，直至2022年，其比例从14.95%下降至3.5%。本文认为，这与我国2020年最高人民检察院提出《检察机关案件质量主要评价指标》有重要关联，该《评价指标》要求减少不必要诉讼环节、提升案件质效作为对案件质量评价之核心。由表4可知，2020年初至2022年末，由于社会因素及国家政策等多方面影响，检察机关的办案量有所减少，共审查起诉终结案件38万余件，与此同时其退侦率也相较之前几年大幅下跌，来到第一个拐点——14.94%。自2020年开始，检察机关的案件办结数持续走低，2021年案件办结数为682316件，2022年数量为47739件（不完全统计），退侦率在各种因素之影响之下达到最低值4.7%与3.5%。由此可见，我国退侦率随政策的变化呈下降趋势。

（二）我国退侦率之地域性特征明显

在我国，退侦率的地域差异非常明显，其与地区的经济发展水平、司法配置与能力方面亦有紧密联系。自2019年底到2022年底，受大环境影响，检察机关整体案件侦查数量大幅降低。此3年之数据虽然在退侦率整体走向上看更具有一定意义，但是整体数据大幅下降，考虑到数据数量、所涉罪名情况的复杂性，本文选取退侦案件量最高的2019年之数据情况作为本文之实践材料来源。从全国范围来看，退回补充侦查之绝对数量排名前十的地区包括：广东、浙江、江苏、湖南、福建、四川、河北、河南、云南、贵州，其数量排名的原因主要在于这些地区案件数量之基数较大，故而其退侦之绝对数量依然较大。我国退回补充侦查权之行使存有一定的地域性特征，该特征与这些地区的经济发展水平、司法效能等方面不无关系。不可否认，在经济水平更高、司法能力更强的地区，其法治化水平在某种程度上看相对更高，这一结论可从同年 GDP 的省份排序就可见一斑。即便是案件绝对数量靠前的广东、浙江、江苏，其退侦案件之数量依旧相对较低，这与退侦程序的"非必要不适用"之定位有很强的关系。而案件数量较少的部分地区，其退侦率反而高于全国平均水平。

（三）退侦率与案件类型有较强关联

退侦率的高低除了与地区经济水平、司法能力等因素有关外，还与案件类型有很强的关系。对于不同的案件类型来说，其与退侦率有极大的关联，通过对相关案件之退侦率排序可得如下规律：聚焦于 30 种常见犯罪案件的统计，其罪名涉及"破坏社会主义市场经济秩序罪"的共有 20 个之多，占比达 66.5%，其余的几种罪名包括"妨害社会管理秩序罪""贪污贿赂罪"以及"侵犯财产罪"的占比 27%，在对排名前三十的退侦案件进行梳理后，该 30 种罪行除"聚众扰乱社会秩序"以外，与经济活动均有相近关系。如有关职务犯罪的案件、黑社会性质组织的相关犯罪、套路贷等案件等退侦率均居高不下，这些案件均与当地发展情况直接挂钩。我国退侦案件之类型随着地域有所侧重，例如云南省，其涉及毒品之犯罪类型猛增，故而其毒品案件的退侦数量占该省退侦数量的比例较高，云南省涉毒品类案件的退侦率为 28.3%，远远高于全国的平均水平。

（四）二次退侦率较高

在退回补充侦查权的运行中，二次退回补充侦查相对较多，这在一定程度上有违制度建立之初衷。在调查走访中，检察官对退回补充调查权之运行实际情况有负面反映，认为退回补充侦查权之质效有待提升。结合最高人民检察院公开发布的数据显示，2018—2022 年涉及退回补充侦查权的案件中，二次退侦率占据退回补充侦查案件的 33.38%，其中省级检察院的二次退侦比例达 67.8%，市级检察院与基层院的二次退侦比例分别为 54.3% 与 38.2%。在省级检察院的案件二次退侦比例相比市级检察院和基层检察院更高。因案件数量较大，本文采用抽样统计的方式对 S 省 C 市 C 区的检察院办理的 1000 个案件进行整合分析，其中涉及退回补充侦查的案件总量达到 434 件，而第二次退回补充侦查对第一次的退回补充侦查事项中的相似事项达 232 件，数量超过 50%。其中，还有 17.1% 的案件中退回补充侦查事项是以情况说明的形式再次报给检察院，而检察院再次以同样的事项二次退回，要求侦查机关再次补充侦查。由此可见，目前检察机关办案中，存在第二次退回补充侦查的数量一直偏高，即便在第一次补充侦查时向公安机关声请相关侦查事项之要求，但大量案件中存在着公安机关的补充侦查结果依然无法得到检察机关认可的情况，此亦为造成二次补充侦查再次启动的主要原因。

（五）退查周期时间耗费较长

在退侦周期的问题上，S省的检察实践中，其退侦之平均用时超过27天，其大部分案件均穷尽退侦时间。在二次退侦案件中，退查重报时间为29天，其穷尽期限的比例更是高达95%。通过走访与调研，虽然案件的退侦时间与二次退侦时间均几乎达到上限，但是其退回补充侦查的质量却不容乐观。退侦后，侦查人员会以各类理由对该案件的侦查提出无法查明的理由，例如，与当事人无法取得直接联络、时间过分久远抑或虽然对需要侦查的内容进行侦查，但是侦查实质性进展不足等问题较为普遍。

四、补充侦查制度之理论正名

当前理论研究对检察机关自行补充侦查的属性、内涵等认识还存有分歧。除了认为自行补充侦查属于侦查权的观点以外[1]，有学者认为，检察机关的一切权力实质上都是法律监督职能的体现，补充侦查也不能例外。[2] 还有观点认为，补充侦查来源于检察机关的补充侦查权，是具有独立内涵的权力属性。[3] 对检察机关补充侦查属性认识分歧较大的情况下，制度运行的原理不明晰，导致实践中检察官对补充侦查所能采取的措施和手段等认识不充分，对选择哪种侦查措施、如何使用都存有疑虑。因此有必要对补充侦查的属性、内涵等进行校正，从而为制度完善奠定理论基础。

（一）补充侦查本质上仍然是侦查

法解释学视角下，法律解释适用首先应当以文义解释结果为基准。"补

---

[1] 参见张智辉：《检察侦查权的回顾、反思与重构》，载《国家检察官学院学报》2018年第3期。

[2] 参见周欣：《侦查权与检察权、审判权关系解析》，载《法学杂志》2007年第3期。

[3] 参见代姗姗、陈群辉：《公诉环节自行侦查权的性质、保障和完善》，载《长江大学学报（社会科学版）》2018年第4期。

充侦查""自行（退回）补充侦查"的落脚点都是"侦查"，因而，这些概念最为直接的文义便是"侦查"，系"侦查"活动或行为之一种或一部分，而非其他。"补充侦查"，相较于"侦查"，虽受到"补充"二字之限制，但在语言结构上，"补充"作为修饰语只能是对"侦查"起到限制作用，而不能改变"侦查"之实质。在我国，由于检察机关的宪法定位系法律监督机关，因而往往将补充侦查列为法律监督的手段和方式之一。基于此，本文并不否认补充侦查具有法律监督的功能，因为，法律授权由检察机关自行补充侦查，确实可以发挥对原侦查机关的法律监督功能。但也并不能因此就否定补充侦查作为侦查的本质，功能与本质切不可混淆。换言之，补充侦查仍然是侦查，补充侦查权仍然是侦查权，但检察机关依托补充侦查权，可以发挥监督侦查的功能。再则，体系解释要求法律概念在整个法律体系中的理解适用应当保持一致。"侦查"同样应当遵循体系性解释要求，侦查就是侦查，不能因为侦查出现在补充侦查条款中就作出不同的解释。同时也不能因为侦查主体不同就将退回补充侦查与自行补充侦查的性质作不同理解，否则内涵的不确定将导致法律概念乃至整个成文法丧失其赖以存在的确定性、统一性特征。最后，从实质角度来看，侦查的目的在于收集证据、查清事实以及抓获犯罪嫌疑人，而无论是退回补充侦查还是自行补充侦查，都同样是使用多种侦查措施获取证据、进一步查明案情的过程，就其所起到的作用而言补充侦查亦与侦查无本质区别。

（二）补充侦查之"补充"的理解

所谓"补充"，也就是增加或完善的意思，其词性色彩暗含了对原物肯定的态度，表示是对原物的增益，亦即，补充物与原物之间具有同质性和同构性。"补充"之于"侦查"亦应如是，"补充侦查"系基于同样的法定程序和诉讼原则在"侦查"的基础上所做的同向"加法"，是同质性的契合与叠加。即补充侦查的目的在于弥补前期侦查疏漏，完善案件事实和证据。[①]因此，应当认为，补充侦查是出于客观需要而对原有侦查进行同质、同向的延续。基于这种延续性，补充侦查在程序上又表现出如下特征：其一，补充侦查受法律的特别授权，检察机关认为有必要补查时即可以启动补充侦查程序，无须重新取得案件管辖权限或立案等；其二，补充侦查中强制措施具有延续性，未出现妨碍侦查、影响诉讼进程的情况下，为避免强制措施的重复

---

① 王贞会：《审判阶段补充侦查制度反思与改革》，载《浙江工商大学学报》2022年第1期。

适用，补充侦查中对犯罪嫌疑人的强制措施应当与原侦查保持不变；其三，补充侦查与侦查并非对立排斥关系，两者的指向具有同一性，检察机关应当重视与公安机关的协作配合，可由检察机关引导、公安机关协助共同开展补查更能实现制度目的；其四，补充侦查是在原案基础上展开的侦查，"补充"也就意味着受到范围上的限制，须遵循案件单位原则，不允许借补充侦查之名实施与犯罪嫌疑人（被告人）无关联的其他犯罪调查。

（三）补充侦查制度的诉讼构造基础

按照我国主流刑事诉讼理论所主张的诉讼阶段论，刑事诉讼程序细分为立案、侦查、审查起诉、审判、执行等若干阶段，各个阶段前后相继但在诉讼职能和业务内容上又相对独立，形式上就表现为公、检、法等国家专门机关"分工负责、互相配合、互相制约"。正因为受刑事诉讼阶段论理论之影响，实务中一旦在审查起诉或审判阶段出现需要补充侦查的情形，检察机关习惯上都采取退回公安机关补充侦查的方式处理，而殊少自行进行补充侦查。

按照传统大陆法系职权主义诉讼理论，刑事诉讼仅大致分为侦查、审判以及执行三个阶段，我国刑事诉讼法上之立案、侦查和审查起诉等程序皆应隶属于刑事诉讼"大侦查"之阶段与范畴。因而，在侦查与审查起诉程序之间的阶段划分只是相对的，其诉讼职能和业务内容也存在一定的交叉，检察机关在审查起诉环节仍可进行证据收集和事实查明等侦查活动。亦正基于此，根据《刑事诉讼法》的规定，侦查机关侦查终结后应当将案件移送检察机关审查起诉，这里的"侦查终结"只能作限缩解释，即仅仅是公安机关环节侦查终结，而不代表整个诉讼过程的侦查终结；且检察官在审查案件时根据需要仍可以再次展开补充性侦查，包括自行补充侦查。而在审判阶段检察机关建议补充侦查的案件，虽然案件已经系属于法院，处于审判阶段，但法院既然已经同意补充侦查，则相当于程序倒流回审查起诉环节，检察机关自可按照上述原理展开补充侦查。

五、我国检察机关补充侦查制度的完善路径

解决补充侦查的基本理论问题后，就应当以理论为导向，根据不同的诉讼阶段特征，围绕制度运行中存在的问题，建立切实可行、符合规范的自行补充侦查具体制度措施，从而完善自行补充侦查制度，推动其全面运作、发挥实效。

（一）审查起诉阶段的自行补充侦查的制度完善

1. 自行补充侦查与退回公安机关补充侦查的划分

尽管最高人民检察院、公安部联合发布的《关于加强和规范补充侦查工作的指导意见》（以下简称《补充侦查指导意见》）第 11 条①对检察机关自行补充侦查的范围作了一些规定，但其中列举的由检察机关自行补查的情形较为有限；另外，该条文并非强制性规定，其中使用的"可以""有条件的情况下"等表述意味着，即使出现适合自行补充侦查的情形，检察官仍有较大的选择空间，自行补充侦查恐难以有效贯彻落实。因此，检察机关自行补充侦查的范围不应当局限于《补充侦查指导意见》所列举的情形，而应当在以下原则的指导下，更合理、有效地运用自行补充侦查制度。

（1）"二次性"原则。属于法律性、弥补性的补充侦查，一般都应当由检察机关进行。原因在于，侦查阶段的侦查，是事实关系尚未查清阶段的侦查，所以这种侦查是事实性的、技术性的、有目的性的侦查。而审查起诉阶段的补充侦查是以公安机关侦查为基础的法律性的、规范性的、规制性的侦查。② 也即"检察官属于补正性、补充性的二次侦查机关"③，是基于案件审查结果而对前期侦查进行法律化的弥补、完善，其在补充侦查中的重要作用就是对法律的理解和运用。如前述董民刚案，需要的不仅是单个证据的堆砌，还需要从正当防卫法定要件的视角下对证据进行整体、连贯的把握。因此，审查起诉阶段的补充侦查就应当充分发挥检察机关作为司法机关在法律层面的知识优势。比如，与正当防卫相类似，对自首、立功、和解等量刑事实的补充侦查取证等都涉及对法律的理解、运用。这些涉及法律适用上的"二次性"补充侦查，由检察机关自行补充侦查更为适宜。

（2）公正性原则。在具有矫正性、纠错性的情形下应当由检察机关自行补充侦查。这是因为，存在刑讯逼供等违法取证的情况时，公安机关很难

---

① 《补充侦查指导意见》第 11 条规定："人民检察院在审查起诉过程中，具有下列情形之一，自行补充侦查更为适宜的，可以依法自行开展侦查工作：（一）影响定罪量刑的关键证据存在灭失风险，需要及时收集和固定证据，人民检察院有条件自行侦查的；（二）经退回补充侦查未达到要求，自行侦查具有可行性的；（三）有证据证明或者有迹象表明侦查人员可能存在利用侦查活动插手民事、经济纠纷、实施报复陷害等违法行为和刑讯逼供、非法取证等违法行为，不宜退回补充侦查的；（四）其他需要自行侦查的。"

② ［日］田口守一：《刑事诉讼法》，张凌、于秀峰译，中国政法大学出版社 2010 年版，第 119—120 页。

③ 参见刘兰秋：《日本检察制度简介（上）》，载《国家检察官学院学报》2006 年第 5 期。

"自证违法",难以真正实现非法证据排除。以刑讯逼供取得的供述为例,法律规定非法获取的供述应当排除,但如果供述被排除后需要补充侦查时,再由原办案机关(即使更换办案人)进行补充侦查,仍可能会因为之前刑讯的"余威"而给当事人继续造成心理强制,从而迫使当事人再次作出不真实的供述。因此,当前期侦查中存在刑讯等非法取证的情况时,由检察机关开展自行补查更有利于有效排除非法证据,进而矫正、纠正之前的侦查违法行为。

(3)效率性原则。在案件第一次退回公安机关补充侦查无果的情况下,检察机关应当及时开展自行补充侦查,从而避免程序反复并提升办案效率。原因在于,案件第一次退回补查后,经公安机关补充移送证据仍达不到起诉标准时,自行补充侦查可以帮助检察官核实有关证据是确实无法取得,还是公安机关怠于履行补充侦查义务导致证据未补充收集。如果系公安机关怠于补充侦查职责,那么检察机关可以及时采取措施对证据保全和收集,避免证据灭失;如果确实无法补充收集相关证据,那么检察机关可以在一次退回公安机关补充侦查后认定没有再次补充侦查的必要而直接作出不起诉决定,从而避免二次退查造成程序延宕、反复。

(4)可行性原则。实务中检察机关对单个证据、简单证据的补充侦查收集可以有效地节约时间、缩减办案流程,特别是犯罪嫌疑人比较配合的情况下,检察机关自行补充侦查能够实现取证效率与取证质量之间的平衡,充分展现自行补充侦查的优势。因此,简单证据或事实的缺失,应当由检察机关自行补充侦查。反之,补充侦查中可能涉及较多犯罪嫌疑人或证据时,囿于人力、物力资源限制,检察机关并不具备大规模侦查作业的条件,遇此情况应当及时退回公安机关进行补充侦查。

2. 建立检察机关自行补充侦查的启动程序

检察官决定自行补充侦查时应当切实按照《补充侦查指导意见》第 4 条的规定[1],制作补充侦查提纲,载明补查内容、拟采取的侦查措施等,以此作为自行补充侦查的启动要件,提升制度运行的规范性、严肃性。原因在于,自行补充侦查期间,检察官既要开展补充侦查又要进行案件审查起诉,这就造成公诉人与侦查人员的角色重叠。在缺乏补充侦查启动程序的情况下,习惯于独自审查办案方式的公诉人可能会忽略侦查取证程序规范,导致取证

---

[1] 《补充侦查指导意见》第 4 条规定:"人民检察院开展补充侦查工作,应当书面列出补充侦查提纲。补充侦查提纲应当分别归入检察内卷、侦查内卷。"

行为不规范甚至程序违法,造成所获取"材料"成为瑕疵证据或非法证据。

3. 自行补充侦查措施的运用与限制

实践中检察机关自行补充侦查主要采取询问、调取材料等措施,强制性、有"技术"含量的侦查措施总体运用较少。而在补充侦查本质上就是侦查,检察机关自行补充侦查中不仅可以运用非强制性侦查措施,同时也可以使用各种法定的强制性侦查措施。这一点在《刑诉规则》第337条、第354条规定的"经检察长决定后可逮捕犯罪嫌疑人""审查起诉阶段检察机关可以使用本规则规定的侦查措施"中得到印证,表明立法对检察机关运用强制性措施持肯定态度。

需要注意的是,检察机关自行补充侦查中的强制性措施运用同样受到"案件单位原则"的限制。所谓案件单位原则,是指侦查行为的实施必须以案件为单位和单元展开,对同一案件禁止重复侦查、禁止另案侦查。① 重复侦查的危害不仅在于公民无法通过法律预测获得安定,导致法律形同虚设,同时侦查中的强制性措施反复实施对公民权益更是具有直接且严重的危害。因此,在自行补充侦查中检察机关可以使用各种法定强制性措施的情况下,有必要通过强调案件单位原则防止补充侦查中的重复侦查行为。具体包括:其一,对于已经拘留、逮捕的犯罪嫌疑人,自行补充侦查中不能再次进行拘留、逮捕等。而对于已经取保候审、监视居住的犯罪嫌疑人,需要变更强制措施的,亦只能以违反管理规定或基于新的事实为由变更。原因在于,移送审查起诉时检察机关对案件已经审查并决定延续或者改变之前的强制措施,属于启动了一次强制措施程序。在犯罪嫌疑人没有违反规定等情况下,再次启动强制措施程序必然是违背案件单位原则的程序重复启动。其二,前期侦查已经采取过搜查、扣押等措施的,自行补充侦查期间除非基于新的事实和理由,否则不能再对同一对象采取同样的强制性侦查措施。

(二)审判阶段检察机关补充侦查的制度完善

尽管在审查起诉阶段以及审判阶段检察机关都可以进行补充侦查,但由于诉讼阶段不同,案件系属关系的变化,两个阶段的补充侦查存在诸多差异,检察机关自行补充侦查时应当注意到其中的不同,特别是侦查主体、措施运用、程序启动等方面的区别。

---

① 万毅:《论案件单位原则》,载《政治与法律》2008年第4期。

1. 审判阶段补充侦查的主体为检察机关

根据《刑诉规则》第422条规定："在审判过程中……人民检察院应当自行收集证据和进行侦查，必要时可以要求监察机关或者公安机关提供协助。"可见，审判阶段只能由检察机关作为主体对案件进行补充侦查，而不能将案件再退回公安机关补充侦查。法理基础在于，侦查具有造成人权侵害的潜在威胁，无论前期侦查还是补充侦查，公民权益都有可能受到不同程度的影响，因此基于法律保留原则，补充侦查的主体确定需要法律的明确授权。既然法律或司法解释没有明确授权公安机关可以直接进行补充侦查，那么就不能将"提供协助"作扩大解释，误将公安机关作为补充侦查主体，进而将案件退回公安机关补充侦查。

2. 审查起诉阶段与审判阶段补充侦查的措施区分

对于审判阶段检察机关的权限空间，理论上一直存在争议。有观点认为，刑事公诉案件一旦经检察机关起诉，案件即系属于法院，程序主导权便随之转移至法院，在此之后不应允许检察机关自行强制取证。① 但这种观点未能意识到补充侦查制度的特殊性，一概否定检察机关在审判阶段自行强制取证的合理性，显然并不符合补充侦查制度的立法目的。如前所述，审判阶段案件虽已系属于法院，但法院既然已经同意补充侦查，那么程序自然倒流至审查起诉环节，此时，检察机关自可按照审查起诉阶段补充侦查之原则采取包括强制取证在内的多种法定侦查措施进行补充侦查。另外，虽然程序因为补充侦查而倒流至审查起诉环节，但案件毕竟已系属于法院，被告人也已移交法院，针对被告人的强制措施决定权业已转属法院，"此时如果允许检察机关继续保留针对被告人的强制取证权，则难免会造成对审判权的侵蚀，从而引发检、法两院权力之冲突"。② 因此，审判阶段的补充侦查中需要对被告人采取强制性措施的，"就要由检察官向法院提出申请，作为审判的准备或者庭审中的证据调查来实施"。③

3. 强化审判阶段补充侦查程序启动的审核把关

根据2012年的《刑诉法解释》，审判阶段只要公诉人以补充侦查为由

---

① 纵博、郝爱军：《对起诉后检察机关自行强制取证的质疑》，载《山东科技大学学报（社会科学版）》2009年第6期。

② 孙远：《论检察官审判阶段强制取证权的废除——兼论法庭审判阶段的补充侦查》，载《烟台大学学报（哲学社会科学版）》2007年第3期。

③ [日]松尾浩也：《日本刑事诉讼法》（上卷），丁相顺译，中国人民大学出版社2005年版，第201页。

提出延期审理建议，合议庭都应当同意并对案件延期，补充侦查程序的启动十分随意。而 2020 年《刑诉法解释》第 274 条第 1 款①将以往"合议庭应当同意公诉人延期审理建议"修改为"合议庭可以同意公诉人延期审理建议"。其中"可以"二字表明审判阶段只有在确有必要的情况下才能启动补充侦查程序，合议庭应当对公诉人提出的以补充侦查为由的延期审理建议进行实质性的审查，从而避免过于随意地启动补充侦查造成程序拖沓以及对被告人权利的侵害。

审判阶段之补充侦查是否启动，除了审查比较显见的补充侦查理由是否充分外，还应当结合审查起诉阶段的退回补查情况进行连贯审查。也就是说，审查起诉阶段已经两次退回公安机关补充侦查的案件，审判阶段检察机关不能再以"事实不清、证据不足"为由要求进行补充侦查。因为，审查起诉阶段已经两次退回补充侦查的案件在审判阶段仍"事实不清、证据不足"，则说明案件事实或证据仍有疑问，案件本不应提起公诉。此种情况下，审判阶段再次补充侦查本质上是审查起诉阶段延续而来的"三次"乃至"四次"补充侦查，有违反补充侦查之"二次退查存疑则不起诉原则"的嫌疑。

基于此，笔者认为，审判机关应当对检察机关提出的补充侦查建议进行实质审查，将审查起诉阶段的补充侦查情况与审判阶段结合进行连贯审查，对法条坚持体系性、实质性的理解。对于审查起诉阶段已经二次退回公安机关补充侦查的案件，审判阶段再以"事实不清、证据不足"为由建议补充侦查的，应当将其认定为已经两次退查仍然证据不足的存疑案件。

---

① 2020 年《刑诉法解释》第 274 条第 1 款规定："审判期间，公诉人发现案件需要补充侦查，建议延期审理的，合议庭可以同意，但建议延期审理不得超过两次。"

检察机关依法精准有力惩治行贿犯罪研究

——未定罪行贿所得没收质素的理论阐释与规则构建*

姚俊峰　孙志煜**

一、问题的提出

习近平总书记在党的十九大报告中提出反腐败要"坚持受贿行贿一起查"。2021年，中央纪委国家监委与中央组织部、中央统战部、中央政法

---

* 本文系2023年度最高人民检察院检察理论研究课题（项目批准号：GJ2023C13）的研究成果。

** 课题主持人：姚俊峰，贵州省人民检察院办公室主任；孙志煜，贵州大学法学院副院长、博士生导师。课题组成员：杜娟，贵州省人民检察院职务犯罪检察部副主任、四级高级检察官；洪一帆，贵州大学博士研究生。

委、最高人民法院、最高人民检察院联合印发了《关于进一步推进受贿行贿一起查的意见》。2023 年 12 月 29 日，十四届全国人大常委会第七次会议表决通过《刑法修正案（十二）》，进一步修改完善行贿犯罪规定，加大对行贿犯罪惩治力度。在法律源头上进一步落实"零容忍""强震慑"，为斩断"围猎"链条提供法律武器。但长期以来，对于已经暴露的行贿案件，监察机关基于监察策略和查办受贿犯罪效率的考虑，对部分行贿人并未立案追诉。①

腐蚀国家工作人员的行贿犯罪分子没有得到应有处罚的还大有人在，很多行贿者获取巨额利益及众多荣誉却没有被追究，有的还异常活跃，招摇过市。② 进一步检视我国目前没收制度后发现，无论是特别没收制度抑或违法所得没收程序皆难以对未定罪行贿人获利的行为予以有效规制。因此，有必要思考能否在监察机关财物没收程序之外，创设一种对未定罪行贿人违法所得进行单独没收的诉讼程序。即使行贿人未被移送审查起诉，人民法院仍可对行贿人的行贿所得进行单独评价和处置。通过审判机关权威地确定行贿所得的范围，对审判前处置行贿所得的行为产生有效约束，确保审判中心主义改革理念的实现。同时，在严格的司法审查程序中，围绕相关证据进行举证质证、调查和辩论，并在案后给予救济途径，保障未定罪行贿人的合法财产权利。③

综观国内学界，针对特别没收的研究，多集中于"不在案未定罪的没收"（违法所得没收程序）、"不在案定罪的没收"（缺席审判中的没收）及"在案定罪的没收"（普通刑事诉讼中的没收），而对于"在案不定罪的没收"（如未定罪行贿人获利的没收）缺乏应有的关注。正如陈瑞华教授所言："在被告人到场的案件中构建违法所得没收程序，可能是完善涉案财物追缴制度的必由之路。"④ 因此，本文尝试在特别没收制度框架下构建一个专门的诉讼程序——"未定罪行贿违法所得没收之诉"。⑤ 铺陈开来，本文

---

① 温益华：《如何准确界定行贿违法所得》，载中央纪委国家监委网 2022 年 1 月 20 日，https：//www.ccdi.gov.cn/hdjln/nwwd/202201/t20220121_166207.html.。

② 王晓东：《贪污贿赂、渎职犯罪司法实务疑难问题解析》，人民法院出版社 2020 年版，第 149 页。

③ 单成林：《行贿罪违法所得的认定》，载中央纪委国家监委网 2023 年 3 月 15 日，https：//www.ccdi.gov.cn/zaowenn/202303/t20230315_252701.html.。

④ 陈瑞华：《刑事对物之诉的初步研究》，载《中国法学》2019 年第 1 期。

⑤ 需要指出的是，本文"行贿所得"特指行贿人通过行贿行为所得的不正当财产性利益，"行贿行为"既包括行贿犯罪行为也包括行贿违法行为。

首先对没收未定罪行贿所得的困境从制度层面和理论层面进行了反思，并探寻对物没收的历史逻辑、现实逻辑和发展逻辑，进而对未定罪行贿所得没收之诉的规则进行了初步构建。

二、没收未定罪行贿人所得的困境反思

在制度缺失的背后，可以追溯至理论上的痛点。为剖析没收未定罪行贿人所得的困境成因，有必要审视既有的刑事没收制度并反思制度背后的法理。

（一）刑事没收制度供给不足

1979年我国颁布了第一部《刑法》，特别没收制度被规定在刑法总则第四章"刑罚的具体运用"第一节"量刑"之中，这意味着特别没收制度的适用前提是定罪量刑。但面对大量贪官携款潜逃不得不中止刑事诉讼程序时，该制度遭遇尴尬局面。[①] 加之，国际追缴司法合作以及与《联合国反腐败公约》对接的需求日益强烈，2012年《刑事诉讼法》在特别程序中增加"犯罪嫌疑人、被告人逃匿、死亡案件违法所得的没收程序"，在一定程度上弥补了我国未定罪没收程序的不足。该程序将定罪问题与犯罪资产没收问题分开处理，首开新中国未定罪没收程序之先河。相较于德国客观刑事诉讼程序、美国民事没收程序[②]，"违法所得没收程序是未定罪没收程序在我国的制度缩影"[③]。

然而，基于刑事政策的考量，违法所得没收程序的适用受到了案件范围和案件对象的严格限制。从本质上来说，违法所得没收是特别没收的特殊形式，是一种具有相对独立性的刑事诉讼程序。[④] 但两者仍然存在区别，特别没收具有实体无限性（对案件范围没有任何限制）和程序依附性（因未定罪而面临财产处置困难）。违法所得没收程序则具有实体有限性（对案件范围严格限制）与程序独立性（未定罪仍可处置财产）。相较之下，违法所得没收程序的制度功能无法充分满足特别没收条款的规范意旨。缘此，实体法

[①] 毛兴勤：《违法所得特别没收程序研究》，中国检察出版社2014年版，第74页。
[②] 吴光升：《论未定罪没收利害关系人的抗辩事由》，载《政治与法律》2015年第8期。
[③] 在我国学术界，违法所得没收程序也称为"特别没收程序"。初殿清：《特别没收程序中的抗辩——兼论〈两高特别没收程序规定〉相关制度》，载《中国政法大学学报》2018年第2期。
[④] 谢丽珍：《违法所得没收特别程序研究》，法律出版社2016年版，第15页。

与程序法的不衔接可能导致我国刑事没收制度涵摄范围的不严密，给未定罪行贿人保有违法所得提供理论上的空间，继而影响刑事没收制度一般预防价值的实现。

（二）刑事没收理论存在难题

对物之诉的法理根基薄弱导致其难以摆脱对人之诉的附庸地位，以违法所得没收程序为代表的"对物之诉"的制度"繁衍"受到了抑制。对人之诉（actio in personam）与对物之诉（actio in rem）的区分，实际上在《十二表法》以前的誓金诉讼中已经存在。① 罗马法上诉的概念以及"对物之诉"与"对人之诉"的区分，更是极大地影响了德国民法体系的债权物权区分说的形成。② 而在我国，"对物之诉"最早可追溯至占善刚教授《美国民事没收法与正当程序的冲突与衡平》一文，本文指出政府可以用于非法用途的财产为被告提起诉讼而无须对财产所有者定罪。③ 刑事没收领域中，"对物之诉"是与刑事对人之诉相并列的概念，指"检察机关代表国家对被告人违法犯罪所得提起的追缴之诉"。④ 然而，以财产本身为被告的对物之诉，其法理基础仍然研究不足，难以为未定罪行贿违法所得没收之诉的构建提供法理支持。我国学者大多仅从权利保障、权力制约等角度进行正当性论证继而展开程序构造，对"对物之诉"的背后理论渊源缺乏探究和梳理。⑤

三、未定罪行贿所得没收之诉的法理阐释

未定罪行贿所得没收之诉的构建基点在于，所有权人未被定罪的前提下，以物为被告，对物进行单独没收的内在逻辑。因此，有必要对未定罪行贿所得没收之诉背后的法律逻辑进行梳理，从而为后续制度构建奠定基础。

---

① 金可可：《简论罗马法上对人之诉与对物之诉的区分》，载《学海》2007年第4期。
② 正如萨维尼在《现代罗马法体系》中指出，"对物之诉和对人之诉的存在是区分债权与物权的可靠标志"。See Friedrich Carl von Savigny, System des heutigen römischen Rechts, Erster Band, Berlin 1840, S. 373.
③ 占善刚：《美国民事没收法与正当程序的冲突与平衡》，载《法商研究》1999年第3期。
④ 陈瑞华：《刑事对物之诉的初步研究》，载《中国法学》2019年第1期。
⑤ 方柏兴：《论刑事诉讼中的'对物之诉'——一种以涉案财产处置为中心的裁判理论》，载《华东政法大学学报》2017年第5期；高洁：《刑事对物之诉的程序构造》，载《法学论坛》2020年第5期。

（一）现实逻辑：禁止任何人因其不法行为获益

美国学者对民事没收蕴含的"有罪之物"假设进行了严厉抨击。如Mary M. Cheh认为："从历史上看，没收是建立在非理性和迷信的观念之上的，即造成损害的财产是有罪的，应该被销毁。"① Kevin Cole更是直言："有罪之物的假定，作为没收财产的历史理由并不能与当代人的思想发生共鸣。"② 我国学者同样认为，财产本身因为有罪而被惩罚是荒谬的，财产也不存在会忍受所有权从一方转移到另一方的痛苦。③

相较于物本身有罪的假定，"任何人不得从其不法行为中获得利益"的法理似乎更有解释力。④ 现今，我国行贿涉案财产没收的逻辑起点更多地建立在该原则之上。有观点认为："随着扫黑除恶、反腐败、打击网络金融犯罪等专项工作的持续开展，财产没收法治建设的重要性日渐显现，有必要在认真对待'任何人不因不法行为获利'法理的基础上，构建符合我国刑事法治要求的财产没收立法体系。"⑤ 该法理是启动和运行刑事法机制的价值主线，改变因违法行为而获益的状态是发自每个人内心对社会公平的基本诉求，是没收行贿违法所得的直接依据。⑥ 德国"准不当得利"说在某种程度上与之异构同源。我国台湾地区同样将没收犯罪所得视为一种"准不当得利"的衡平措施。⑦ 无论行贿人借何人之手获取利益，攫取的是个人、集体

---

① Mary M. Cheh, "Can Something This Easy, Quick, and Profitable Also be Fair: Runaway Civil Forfeiture Stumbles on the Constitution," New York Law School Law Review 39, no. Issues 1 & 2 (1994): 1-48.

② Kevin Cole, "Civilizing Civil Forfeiture," Journal of Contemporary Legal Issues 7, no. 1 (1996): 249-270.

③ 熊秋红：《从特别没收程序的性质看制度完善》，载《法学》2013年第9期。

④ 这句罗马法时代流传至今的法谚在埃尔默继承案中得到了进一步运用。1882年，埃尔默杀害祖父以试图获得遗产。在当时纽约州的法律并未规定遗产继承人杀害立遗嘱人不得继承遗产。厄尔法官认为，若埃尔默获得遗产将违反了法律的普遍正义原则。因此他在此案中强调："任何人不能从其错误行为中获得利益"。此案之后，该法律原则得到了世界各国法律界的广泛认同。[美] 德沃金：《法律帝国》，李常青译，中国大百科全书出版社1996年版，第18—19页。

⑤ 姜涛：《"任何人不因不法行为获利"新解》，载最高人民检察院网2021年3月31日，https://www.spp.gov.cn/spp/llyj/202103/t20210331_514459.shtml.

⑥ 李鹏飞：《制度反腐视野下行贿获利的没收》，西南政法大学2020年博士学位论文。

⑦ 之所以称为"准不当得利"，是因为现实上出现了一个需要平衡的不当得利状态，但是利得衡平的效果却不是建立在民事制度之上，而是以已经发生的犯罪行为为基础。林钰雄：《利得没收新法之审查体系与解释使用》，载《月旦法学杂志》2016年第4期；恽纯良：《连带没收浅介——德国实务经典裁判分析》，载《月旦法学杂志》2016年第12期。

还是国家利益，人们的道义直觉认为这样做是违法的，违法获益是不被容忍的。若未定罪行贿人能够从自己的行贿行为中获得利益而不被事后没收，使其违法的成本小于违法获取的利益，那么实质上是在变相地纵容违法行为，损害法律的权威性。反之，若将行贿人因不法行为所获得的利益予以剥夺，可以在社会上形成一种示范效应，即不法行为将无利可图，从而使行为人在对是否进行不法行为甚至犯罪行为的决断时，能够根据理性人的趋利避害的本性，作出放弃不法行为或者犯罪行为的选择，由此达到阻却不法行为及犯罪行为的效果。

禁止违法获益原则立足于行贿人的不法行为，物的没收根据在于此物被刑事不法行为之"恶"所侵染。这种观察路径具有更强的解释力和时代生命力，但是仍然存在一定的局限性。首先，"不法行为"的外延过广，不法行为与违法行为、犯罪行为是何种关系并不明确，若不法行为属于前述两者的上位概念，可能将引发人们对于打击范围过大的担忧。其次，"不法行为"的归属存在限制。任何人不得因可归属于自身的违法行为而获利，这并没有包含因他人不法行为而获利的情形。最后，"不法行为"的判断标准存在疑问。"未经人民法院依法判决，对任何人不得确定有罪"，在判决前认定其行为不法，可能与无罪推定原则相悖。正因如此，造成我国司法实践中，仍然存在有罪物说"复辟"的现象。而禁止违法获益原则一般在执法中得到较多地出现。

（二）发展逻辑：禁止任何人处于违法获益的状态

从"物罪一体"到物被不法行为沾染罪性的转向，体现了"物"与"罪"的相对剥离，具有进步意义。"任何人不能从其错误行为中获得利益"原则立足于不法行为，而非物的有罪性。物的没收根据在于此物被刑事不法行为之"恶"所侵染。该观点一方面方便了法官的说理论证，在行为人不具有责性时，仍可明确表示行为人所实施的行为有害于社会，违反了相应的刑法规范，其他民众不能模仿，从而起到宣示效果。在另一方面能够使我国《刑法》第64条特别没收条款[1]，同《刑事诉讼法》中"违法所得没收程序"得到较好契合，为该程序的适用提供实体法基础。但是，物的没收离

---

[1] 参见《刑法》第64条："犯罪分子违法所得的一切财物，应当予以追缴或者责令退赔；对被害人的合法财产，应当及时返还；违禁品和供犯罪所用的本人财物，应当予以没收。没收的财物和罚金，一律上缴国库，不得挪用和自行处理。"

不开刑事不法行为。刑事没收制度是对与犯罪密切相关的财物予以剥夺的刑事制裁措施，适用刑事没收时，还需要对行为人的行为进行评价。① 若证据不足以证明刑事不法行为的存在，则难以在无法要求行为人承担刑事责任的情况下，进而要求将现实存在的违法所得及其他涉案财物纳入没收的范围。

因此，有必要将"物"与"罪"的牵连进一步分离。"正义是使人人各得其所的永恒的坚定的意志"②，让每个人各得其所是正义的一个面向，而剥夺一个人不应当得到的部分则是正义的另一个面向。因此，将违法获益人回复至原有资产水平是追求正义的要求。③ "任何人不能从其错误行为中获得利益"的法律原则一方面立足于不法行为，另一方面则阐释了一种违法获益的状态，这种状态是不自然的，违反了公平正义，他得到了不应得的利益。在行贿犯罪因种种原因未予移送司法追究时，把眼光聚焦于禁止违法获益状态出现，可以摆脱行贿行为未予认定有罪的掣肘。因此，禁止"行贿人"处于违法获益状态的发展逻辑能够展现更为强大的适应力。在该逻辑的指导下，对于未定罪行贿人所得的没收注重改变行贿人因违法获益的状态，以恢复受害方原有所得。在未定罪的情况下，只要有证据证明其所得来源违法或犯罪，则可依据其处于违法获益的状态而提起诉讼。"行贿人"可对其财产来源合法性的辩解进行举证。由此，在经历过物本身有罪、物被违法行为沾染罪性的阶段后，应当进入"物"与"罪"完全分离的阶段。只有两者分离，对物之诉才能摆脱对人之诉的附属地位，继而实现完全独立。

四、未定罪行贿所得没收之诉的构建路径

未定罪行贿所得没收之诉的法理基础在于"禁止任何人处于不法获益的状态"，而无须考察不法行为应归属于谁。缘此，其独立性可得到解放。综合而言，未定罪行贿所得没收之诉应当定位于独立的涉案财物处理诉讼。

---

① 我国学界通说认为，在阶层论视野下，当行为人实施的行为满足违法构成要件时，即存在了没收的法理基础，能够将刑事不法行为所获取的财物予以没收，而不要求是有责的行为。参见张明楷：《论刑法中的没收》，载《法学家》2012年第3期；胡成胜、王莉：《论特别没收的本质属性》，载《湖北社会科学》2017年第11期；尹振国、方明：《我国刑事特别没收手段的反思与重构——兼论〈刑法〉第64条的完善》，载《法律适用》2019年第5期。

② 周枏：《罗马法原论》，商务印书馆1994年版，第82页。

③ 尹振国、方明：《我国刑事特别没收手段的反思与重构——兼论〈刑法〉第64条的完善》，载《法律适用》2019年第5期。

并围绕该诉讼的对物性、独立性来构建具体规则。

(一) 独立的涉案财物处理诉讼

未定罪行贿所得没收之诉的性质应当定位于一种独立的涉案财物处理诉讼。《刑法》第 64 条规定,"犯罪分子违法所得的一切财物,应当予以追缴或者责令退赔"。该规定的另一个面向是:"任何人不得保有犯罪分子的违法所得(Crimedoesn't pay)"。据此解释路径,特别没收条款可为未定罪行贿所得没收之诉提供实体法依据。即使难以证明未定罪贿人刑事不法行为的存在,为避免其保有违法所得,针对行贿人或他人违法获益的状态仍可提起诉讼予以没收。

基于此,未定罪行贿所得没收之诉的性质定位,在很大程度上需要考虑特别没收的性质。目前,我国学界针对特别没收的性质,主要存在"刑罚说""保安处分说"及"独立法律效果说"。持"刑罚说"的学者认为,将特别没收视为与一般没收一样,属于附加刑的财产刑。[①]《刑法》第 64 条适用之客体对于行为人而言,同样付出了相应物质成本与劳动成本,其与没收财产刑同样具有惩罚的属性,甚至更有可感受性。[②] 但是,未定罪行贿所得没收之诉显然不是一种刑罚。因为该诉讼并不以行贿人定罪为前提,而"刑罚说"要求行为人必须同时满足"不法"和"有责"时才能适用特别没收。持"保安处分说"的学者认为,我国《刑法》第 64 条主要是为了防止犯罪分子对与犯罪密切相关之特定物品加以利用,从而再次实施犯罪。[③] 对违禁品、供犯罪所用之物与犯罪所得是为了防止不法分子利用上述物品或财物继续实施犯罪。[④] 值得肯定的是,持该说的学者意识到了"刑罚说"有责性前提的局限性,切断了特定没收与罪责的直接关系。并且,没收"供犯罪所用之物"和"违禁品"确实具有危险防御的规范保护目的和社会防卫的功效,填补了"刑罚说"固有的缺陷。但没收未定罪行贿人"违法所得"则不然,没收其违法所得是为了干预由不法行为带来的经济上不平衡的结果,未定罪行贿人客观上的财产增值性结果并不会带来任何危险,不是保安处分的对象。对此仅需剥夺以回复政策的财产秩序即可,将其定位为保

[①] 王文轩:《论刑法中的追缴》,载《人民检察》2002 年第 5 期。
[②] 杨彩霞:《没收财产刑的困境与出路》,载《华东政法学院学报》2001 年第 4 期。
[③] 万志鹏:《比较法视野中的保安没收——兼论我国刑法中保安没收的缺陷及其改正》,载《海南大学学报(人文社会科学版)》2011 年第 3 期。
[④] 时延安:《隐性双轨制:刑法中保安处分的教义学阐释》,载《法学研究》2013 年第 3 期。

安处分有失妥当。①持"独立法律效果说"的学者认为，无论是刑罚还是保安处分都无法完整涵盖刑事没收在处理不同客体时所展现出的法律性质，其兼具保安处分、刑罚等多重属性，因此应当赋予特别没收以独立的法律效果。②该说恰当地对特别没收的独立效果予以提倡，但遗憾的是，其认为特别没收兼具保安处分、刑罚等多种属性的观点，反而与特别没收的独立性相悖。综合而言，将未定罪行贿所得没收之诉界定为一种独立的涉案财物处理诉讼较为妥当，但是背后原因并不在于其兼具刑罚、保安处分等多种属性，而在于其既不是刑罚也不是保安处分，而是一种独立的恢复性司法措施。

（二）未定罪行贿所得没收之诉的内部结构

作为一种独立的涉案财产处理诉讼，未定罪行贿所得没收之诉具体规则的设计，可以在一定程度上与刑事普通诉讼程序不一致。其规则构建大体上可参照附带民事诉讼的相应程序规定。研究发现，《刑事诉讼法》第101条第2款的规范意旨与未定罪行贿所得没收之诉有契合之处。该条第2款规定："如果是国家财产、集体财产遭受损失的，人民检察院在提起公诉的时候，可以提起附带民事诉讼。"行贿犯罪的本质在于"权钱交易"，而通过行贿所得的财物某种程度上也可以视为"权力交换"生成的产品。通过国家权力产生的财物应当属于国家的财产，无论其权力使用是否不当。在此意义上，未定罪行贿人的违法所得是窃取了国家的财产，使国家财产蒙受了损失，应当由检察机关提起未定罪行贿所得没收之诉。

检察机关作为反腐败的重要力量和法律监督机关，在行贿犯罪惩治中应当发挥更加重要的职能作用，在检察机关精准有效惩治行贿犯罪方面，行贿违法所得的没收可以成为一个良好的着力点。行贿所得不正当利益处置涉及法律对权利的剥夺和处置，应当在司法程序下予以完成，检察机关作为案件进入司法程序的第一道关口，承担重要的职责和使命。针对实践中，部分行贿犯罪未予移送司法机关的情况，提出行贿犯罪"案中处置"和"案外处置"两套方案，并相应地对处置方法、处置机构和处置程序进行建议。其中，"案中处置"针对已移送司法机关的行贿犯罪，主要针对各职能部门在处置上的衔接配合进行讨论；"案外处置"针对未移送的、有证据证实涉嫌

---

① 金燚：《"特殊没收"的理论反思与司法适用——以"供犯罪所用的本人财物"之没收为视角》，载《东北大学学报（社会科学版）》2019年第1期。
② 屈舒阳：《刑事没收制度研究》，法律出版社2023年版，第49页。

行贿犯罪的不正当利益，可适用未定罪行贿所得没收之诉。因"案中处置"已有实践方案，以下就"案外处置"进行重点讨论。

在启动方式上，可设置检察机关依职权主动启动和被动启动两种方式。申言之，依职权主动启动，可设置为检察机关在办理职务犯罪中，经审查发现未定罪行贿人具有违法行为，并因此获取违法所得，在征求监察机关意见后，依职权提出申请，经司法程序予以没收。被动启动，则可设置为由监察机关向检察机关提出启动没收之诉建议，并移送行贿人违法所得的线索及相关证据，由检察机关审查后提出申请，再经司法程序予以没收。

在证明责任分配方面，建议由检察机关承担初步证明责任，而未定罪行贿人对自己持有的不明财产承担合法性证明的责任。具体到未定罪行贿所得没收之诉中，证明责任的分配既要考虑到刑事结构设计中控辩双方举证能力的强弱，还要考虑实践中诉讼的顺利进行、证明要求的实现。一般而言，证明对象决定证明责任的负担。未定罪行贿所得没收之诉的证明对象主要是未定罪行贿人是否处于不法获益的状态。而因为未定罪行贿所得没收之诉是独立性的对物之诉，因此不受无罪推定原则的限制。加之行贿案件证据的隐秘性、困难性，理应由检察机关承担初步证明的责任，之后由未定罪行贿人就其获益状态合法性的辩解进行举证。

在我国刑事诉讼中，一般适用"排除合理怀疑"的证明标准，针对未定罪行贿所得没收之诉，建议同样采取"排除合理怀疑"的证明标准。即要求检察机关通过举证证明未定罪行贿人违法获益状态的存在，达到"排除合理怀疑"的证明标准，使违法行为、违法所得及二者因果关系达到"事实清楚，证据确实、充分"的证明要求。而对于后续未定罪行贿人证明自己所得来源合法，同于"排除合理怀疑"的证明标准。如此设置符合利益均衡原则并契合"公民合法的私有财产不受侵犯"的宪法规定。

在案后救济方面，我国《刑事诉讼法》第301条规定了违法所得没收程序没收错误时的救济，可参照该条款为未定罪行贿所得没收之诉的救济提供依据。但是该条款过于原则，对具体的救济程序没有作出规定，也未明确何谓"错误"及如何返还，很难为实践提供指引。后续最高人民法院的司法解释对具体的救济措施作了明确规定，但更多是针对违法所得没收程序来量身打造，注重未到案犯罪嫌疑人、被告人到案后的异议权等。相比之下，未定罪行贿所得没收之诉更多情况是被告人能够到案但是因多种原因而未被追诉的，所以救济程序方面可能有所不同。未定罪行贿所得没收之诉是一种独立的涉案财产处理诉讼，不涉及刑事责任的追究。所以，当该诉裁判确有错误的，可以参照民事诉讼法的相关规定提起上诉或再审。若处于执行过程中，案外人对执行标的提出确有理由的异议的，人民法院应当裁定中止执行。"执行回转"作为一种民事诉讼的执行救济制度，在我国《民事诉讼法》第267条和最高人民法院《关于人民法院执行工作若干问题的规定（试行）》中有相关规定。虽然我国刑事诉讼法律中没有类似规定，但司法实践刑民交叉问题比较普遍，而未定罪行贿所得没收之诉针对的是财物的处理，一旦没收裁判错误，的确会给相关财物所有人造成损失。为保障利害关系人的合法财产权，可以借鉴民事诉讼中"执行回转"制度的相关内容，以完善救济程序。

（三）未定罪行贿所得没收之诉的外部衔接

首先，要处理好未定罪行贿所得没收之诉与监察涉案财物处理程序之间的衔接。根据《监察法》规定，违法所得被区分为一般违法所得与犯罪所得。针对涉嫌犯罪取得的财物，随案移送人民检察院。而一般违法所得的财物，则由监察机关依法予以没收、追缴或者责令退赔，形成了"二元财物处理模式"。《监察法实施条例》第207条，针对未定罪行贿所得进行了专门规定。对于涉嫌行贿等犯罪的非监察对象，综合考虑行为性质、手段、后果等情况，对于情节较轻，经审查可不予移送起诉。同时该条第3款规定，对于涉案单位和人员通过行贿等非法手段取得的财物及孳息，应当依法予以没收、追缴或者责令退赔。考察前后法条的脉络关联，第3款中的"涉案单位和人员"应当包括第1款中"涉嫌行贿等犯罪的非监察对象"。因此，即使非监察对象未被移送起诉，但其通过非法手段取得的财物及孳息，监察机关当然有权依法予以没收。对此，未定罪行贿所得没收之诉与现有的监察涉案财物处理程序之间存在交叠区域，有必要厘清两种程序之间的关系。我们认为，未定罪行贿所得没收之诉是监察涉案财物处理程序的后置程序，发挥着补充性功能。从查处行贿违法所得角度，若监察机关能够对未定罪行贿人的违法所得予以没收，则直接由监察机关实施；若由于其他原因，行贿人既未移送检察机关起诉，监察机关又未对其违法所得进行没收，则由检察机关代表国家对其提起违法所得没收之诉。在衔接程序设置时，可以通过监察机关提出没收之诉建议，经检察机关审查后提出；亦可以设置为检察机关办案中依职权审查发现，并经过征求监察机关意见后提起违法所得没收之诉，形成反腐败合力。从未定罪行贿人及其他利害关系人的财产权利救济角度，其财物被监察机关直接予以没收的，若不服可向作出决定的监察机关申请复审。若仍不服的,可以向上一级监察机关申请复核。其财物被检察机关提起诉讼,经法院裁判予以没收的,若不服可以提起上诉、再审等程序进行救济。未定罪行贿所得没收之诉可视为监察没收的候补程序,这样既不与现行监察法及相关规范冲突又能凸显司法的"维护社会公平正义的最后一道防线"的定位。所以,司法机关介入其中并非对监察机关没收权的僭取,而是补充。

其次,需要处理未定罪行贿所得没收之诉与违法所得没收程序之间的衔接。违法所得没收程序是未定罪没收程序的中国模式,首次将人的定罪与物的没收分开进行,为对物之诉的发展提供了立法例的支持。违法所得没收程序的适用范围同样包括了贪污贿赂案件,但是需要满足"逃匿""通缉一年后不能到案"或"死亡"的限制性条件。因此,若未定罪行贿人满足上述条件,则优先适用犯罪嫌疑人、被告人逃匿、死亡案件违法所得没收程序。但是,如未定罪行贿人并不满足上诉条件,而违法所得没收程序无法适用时,则由检察机关提起未定罪行贿所得没收之诉。就行贿案件违法所得的没收而言,未定罪行贿所得没收之诉是"一般"程序,而违法所得没收程序是"特殊"程序。两种程序"竞合"时,依照"特殊优于一般"的规律,优先适用违法所得没收程序。但是,无论是违法所得没收程序抑或未定罪行贿所得没收之诉,二者系出同源,其实体法依据均是《刑法》第64条特别没收条款。

涉网知识产权犯罪追诉标准研究[*]

倪朱亮　蔡红卫[**]

网络知识产权犯罪问题是随着网络技术的发展而逐步兴起的一项交叉性、边缘性的研究领域。当下侵犯网络知识产权案件呈现出高科技、高速度、侵害数额巨大、损害严重等特点,严重影响了网络世界的正常秩序,严重侵害了知识产权人的合法权益。我国现行刑法体系对于知识产权犯罪的规制,在定位上受到了传统观念的影响,在罪名上仍仅着眼于对知识产权早期发展状况的回应。从实践中看,现行刑法关于数字化时代复杂多样的侵犯知识产权犯罪的规定仍不完善。2018年习近平总书记在博鳌亚洲论坛上指出,

---

[*] 本文系2021年度最高人民检察院检察理论研究课题(项目批准号:GJ2021B13)的研究成果。

[**] 课题主持人:倪朱亮,西南政法大学民商法学院副教授、硕士生导师;蔡红卫,江苏省泰州市人民检察院二级高级检察官。课题组成员:郑银,重庆科技大学讲师;毋爱斌,西南政法大学法学院副院长、教授、博士生导师;叶晓燕,江苏省泰州市人民检察院第四检察部副主任。

知识产权保护是产权保护制度的重要内容，要充分发挥法律的威慑作用。① 国家知识产权局于 2021 年 4 月 25 日发布的《二〇二〇年中国知识产权保护状况》白皮书中指出，"剑网 2020"专项行动中，严厉打击视听作品、电商平台、社交平台、在线教育等领域侵权盗版行为，2020 年共删除侵权盗版链接 323.94 万条，关闭侵权盗版网站（App）2884 个，查办网络侵权盗版案件 724 件；其中，刑事案件 177 件，涉案金额 3.01 亿元，调解网络版权纠纷案件 925 件。② 涉网知识产权违法甚至犯罪，有时在鼠标点击间即发生、完成。在这种情况下，亟须对新出现的网络知识产权刑法保护问题特别是追诉标准问题进行研究，结合网络技术的发展提出应对之策。

一、涉网知识产权犯罪追诉之现状

（一）涉网知识产权刑法保护形态有限

从涉网知识产权犯罪的刑事立法角度，现行刑法体系在规制网络环境下的知识产权犯罪时，存在着罪状单一性严重、保护范围过窄、刑法保护弱化、刑法配置缺乏合理性等问题。③ 同时，在知识产权犯罪数额、概念等方面存在不明晰，各要素间关系混乱、数额体系不完备、适用规则不清晰等问题。

我国刑法分则第三章第七节专设侵犯知识产权犯罪条款，规定了假冒注册商标罪（第 213 条），销售假冒注册商标的商品罪（第 214 条），非法制造、销售非法制造的注册商标标识罪（第 215 条），假冒专利罪（第 216 条），侵犯著作权罪（第 217 条），销售侵权复制品罪（第 218 条），侵犯商业秘密罪（第 219 条）7 个罪名。以上罪名主要规范对商标权、著作权、专利权、商业秘密这四种传统的知识产权形态。但随着数字化时代的发展，知识产权成果已经从原先物理空间内的作品、产品等发展到网络空间内的数字作品、产品，甚至是知识产权与网络技术相融合产生的新生产物。2020 年

---

① 参见习近平在博鳌亚洲论坛 2018 年年会开幕式上的主旨演讲：开放共创繁荣，创新引领未来，载 http://www.xinhuanet.com/2018-04/10/c_1122659873.htm，最后访问时间：2021 年 10 月 2 日。

② 《2020 年中国知识产权保护状况白皮书》，载中国政府网，最后访问时间：2021 年 10 月 30 日。

③ 陈敬华：《我国知识产权刑法保护现存问题分析与完善》，载《法制博览》2019 年第 25 期。

12月公布的《刑法修正案（十一）》基于当前形势的变化适当拓宽了刑法关于著作权作品形式的保护范围，由原先的"未经著作权人许可，复制发行其文字作品、音乐、电影、电视、录像作品、计算机软件及其他作品"修改为"未经著作权人许可，复制发行、通过信息网络向公众传播其文字作品、音乐、美术、视听作品、计算机软件及法律、行政法规规定的其他作品"。在立法上实现了刑法保护的作品范围与《著作权法》基本一致的目标。但是对一些技术性很强的新型的知识产权成果仍未涉及，如算法技术发展产生的算法模型、网络环境下的域名权、利用电脑软件将照片串联制作的"延时摄影"作品、技术措施、数据库等。这些法益仍然处于模糊地带，但具有刑法保护的重要意义。比如互联网域名，域名是互联网络上识别和定位计算机的层次结构式的字符标识，与该计算机的互联网协议（IP）地址相对应。① 1997年《中国互联网域名注册暂行管理办法》是目前我国域名管理和保护的较早的法律依据。该办法中禁止使用他人已在中国注册过的企业名称或商标名称作为域名，同时注册的域名与注册商标或者企业名称相同，注册商标或者企业名称持有方提出异议后，异议期满，域名服务自动停止。不难看出，我国对域名和注册商标在保护原则上存在密不可分的联系。域名已经成为企业商标在网络空间的价值延伸，成为企业的一种无形资产，具有极大的商业价值。目前网络空间内出现了非法劫持域名、冒用他人域名、使用同他人域名类似域名的行为，犯罪分子从中获取不正当利益，给域名持有者在名誉、利益上都造成了不良影响。因为目前域名尚未作为一种专有的法益被纳入刑法保护范畴，实践中存在认为域名具备法律意义上的财产属性，通过对侵害域名的手段行为来认定犯罪的做法。例如，2017年10月，最高人民检察院公布的第九批指导性案例中的"张四毛盗窃案"（检例第37号），认为利用技术手段盗窃网络域名后出售构成盗窃罪。但这样的刑法保护是有限的，且存在诸如域名的财产价值如何确定等问题。

（二）网络技术的复杂性为涉网侵犯知识产权犯罪罪状设置障碍

随着网络技术的发展，数字化供应链将供应商、经销商等通过数字化网络连接起来而形成巨大的传导网络，犯罪分子开始利用电子商务平台、网络社交平台、移动端聚合App实施犯罪。② 在行为方式上，犯罪分子开始借助

---

① 《中国互联网络域名管理办法》（2004）（已失效）第3条。
② 姜涛：《数字经济时代知识产权刑法保护新路径》，载《检察日报》2021年10月11日。

网络爬虫、视频解析、非法获取深度链接、制作外挂等网络技术手段实施新型犯罪。因为技术手段具有很强的专业性，如何透过网络技术的本质来认定利用一些网络技术实施的犯罪成为难点问题。在网络游戏外挂问题上，有学者通过梳理 329 件司法裁判，发现网络游戏外挂案件呈逐年增长态势，但司法实践并未形成统一的裁判规则，适用罪名尚未统一，尤其是在非法经营罪，侵犯著作权罪，提供侵入、非法控制计算机信息系统程序、工具罪的选择上存在较大争议。①

尽管《刑法修正案（十一）》对接《著作权法》的规定，对《刑法》第 217 条作出了修改完善，将"未经著作权人或者与著作权有关的权利人许可，故意避开或者破坏权利人为其作品、录音录像制品等采取的保护著作权或者与著作权有关的权利的技术措施的"行为明确列为侵犯著作权罪的客观行为形式之一，解决了破坏技术保护措施的犯罪行为的法律适用问题。但是，其中依然存在具体使用上的问题，我国《刑法》第 217 条第 6 项的行为较之前 5 项行为的法益侵害程度明显有异，对此类行为适用侵犯著作权罪应当制定更高的定罪量刑标准，以适应罪责刑相适应的本质要求。

（三）知识产权罪名构成要件不能适应变化态势

一是关于"以营利为目的"判断。根据我国《刑法》，对构成犯罪的部分侵犯知识产权行为的认定上，除主观上有故意要求外，还明确要求行为人具有营利目的，如侵犯著作权、销售侵权复制品罪。2004 年最高人民法院、最高人民检察院《关于办理侵犯知识产权刑事案件具体应用法律若干问题的解释》第 11 条已经明确"以刊登收费广告等方式直接或者间接收取费用的情形"，属于"以营利为目的"。2011 年最高人民法院、最高人民检察院和公安部《关于办理侵犯知识产权刑事案件适用法律若干问题的意见》第 10 条明确列举可以认定以营利为目的的行为，包括直接通过信息网络传播他人作品，或者直接、间接利用他人已经上传的作品，刊登收取广告费用，或以会员制等经营模式吸纳受众群体，从而通过传播他人作品，以获取利益。不难看出，司法解释已经将直接或者间接方式获取利益的情形，纳入"以营利为目的"范畴。但是当前互联网用户将享有知识产权的作品通过网络进行文件共享，已经成为较为普遍的侵犯著作权的方式。此类行为中，侵

---

① 喻海松：《网络外挂罪名适用的困境与转向——兼谈〈刑法修正案（十一）〉关于侵犯著作权罪修改的启示》，载《政治与法律》2021 年第 8 期。

权人虽往往不以营利为目的，而是基于娱乐偏好、寻求刺激、满足虚荣心等的驱动，但是客观上侵犯了著作权人的传播权、收益权并造成了严重的损害后果。若不对此类行为进行规制，著作权人的合法权益很难得到全面保护，不利于提高我国知识产权保护水平。

二是关于网络知识产权犯罪在量化追诉标准上的设立。我国《刑法》对知识产权侵权行为构成犯罪均遵循"定性+定量"的原则，对7个罪名均有明确的数额或情节要件。但目前的知识产权犯罪数额体系在涉网知识产权犯罪中存在设置的科学性、可操作性等诸多问题。如违法所得的问题。传统的知识产权犯罪违法所得计算比较单一，主要是实物的点对点的收益，但网络空间的收益来源比较广泛，包括注册网站的会员费用、依靠点击率、曝光率获得广告收益等。这些收益往往来自网站的整体效应，而非单独某个数字作品取得的收益。因此，在网站内容并非全部系侵权数字作品的情况下，进行违法所得认定时存在双重障碍。首先是违法所得如何界定的问题，是否将犯罪者利用网站犯罪获得的多重收益均纳入违法所得的范围。其次是如果承认上述收益来源属于违法所得，那么如何确定违法所得的具体数额。对基于网站整体效应而获得的广告收益不作区别，直接全部视为违法所得，这种计算方法是否妥当。作为网络知识产权犯罪特有的问题，在认定犯罪数额方面还应当结合网络犯罪的特征寻求更加科学合理的计算方式。

（四）网络服务提供者的刑法地位与责任不明

我国现存的法律法规针对网络侵犯知识产权犯罪主要规制的是利用互联网侵犯知识产权犯罪的行为，关于网络服务提供者的刑事责任规制较少。在司法实践中，有一起网络服务提供者构成刑事责任的案件曾引起网民及互联网企业热议，即深圳"快播案"。在该案中，被告单位深圳快播公司基于流媒体播放技术，为网络用户提供网络视频服务，其间曾因用户反映快播网络系统中存在大量的淫秽视频而受到相关部门的查处。后来有关部门从查获的3台缓存服务器中检出淫秽视频文件21251个。法院认为，深圳快播公司以牟利为目的，明知自己提供的快播服务被用于传播淫秽视频，有义务并有能力阻止，却拒不履行安全管理义务，放任他人传播淫秽视频，构成传播淫秽物品牟利罪。[①] 判决的作出只是给一个案件画上了休止符，但并不意味着理

---

① 参见北京市海淀区人民法院（2015）海刑初字第512号刑事判决书；北京市第一中级人民法院（2016）京01刑终592号刑事裁定书。

论争议的消弭。事实上，学界质疑一直存在。① 当下，针对网络服务提供者的规则路径主要有两个：一是《刑法修正案（九）》规定的"拒不履行信息网络安全管理义务罪"，对网络服务提供者不履行法律、行政法规规定的信息网络安全管理义务致使违法行为发生的行为进行规制。2019 年 10 月 21 日，最高人民法院、最高人民检察院发布的《关于办理非法利用网络、帮助信息网络犯罪活动等刑事案件适用法律若干问题的解释》对网络服务提供者的行为进行了详细的规定。二是作为侵犯知识产权犯罪的共犯论处。2011 年 1 月 10 日，最高人民法院、最高人民检察院、公安部发布的《关于办理侵犯知识产权刑事案件适用法律若干问题的意见》第 15 条规定："明知他人实施侵犯知识产权犯罪，而为其提供……帮助，或者提供互联网接入、服务器托管、网络存储空间、通讯传输通道、代收费、费用结算等服务的，以侵犯知识产权犯罪的共犯论处。"但两者在法律规制上也存在一定的问题。对第一种途径来说，目前我国对网络服务者规定了一种一般性、积极性的监管义务，且义务犯罪不明确，责任条款缺乏体系性。因此，网络服务提供者承担的一般性网络安全管理义务很难直接作为刑法上作为义务的法律依据来看待。在实践中，通过拒不履行信息网络安全管理义务罪来惩治网络服务提供者实施侵犯知识产权犯罪行为的目的很难实现。对第二种途径来说，要认定网络服务提供者构成侵犯知识产权犯罪的共犯，应当确定其"明知"的内涵和判断标准。从上述司法解释第 15 条规定来看，应当明知他人实施侵犯知识产权犯罪。这其中包含两层要求，一层是要明知他人未获得知识产权权利人许可，利用网络服务实施了侵犯他人知识产权的行为，另一层是要明知他人的侵权行为已经达到构成犯罪的程度。要有确实充分的证据证明网络服务提供者的"明知"，在司法实践中还是比较困难的，因此，真正通过共犯论追究网络服务提供者刑事责任的案件也比较少，主要原因在于刑法对网络服务提供者的行为规制上尚不够清晰、明确、严密。②

（五）关于网络知识产权的刑民规定衔接不到位

在著作权方面，《刑法修正案（十一）》完善了侵犯著作权罪的相关规

---

① 刘艳红：《无罪的快播与有罪的思维——"快播案"有罪论之反思与批判》，载《政治与法律》2016 年第 12 期。
② 陈洪兵：《网络服务商的刑事责任边界——以"快播案"判决为切入点》，载《武汉大学学报（哲学社会科学版）》2019 年第 2 期。

定，实现了与新修改《著作权法》的科学衔接，一定程度上完善了我国著作权保护刑民衔接体系。但是我国《刑法》对知识产权犯罪的规定还比较粗糙，刑民脱节的问题并没有完全解决，未来一定还会出现立法滞后于现实网络技术发展的情况，出现新的刑民脱节的问题。这样的刑民脱节情况表现在两个方面：一方面是刑法适用上对知识产权侵权行为进行扩大解释，将民法未认定为侵权的行为利用刑法进行规制。例如，《刑法》与《著作权法》对于"发行"的认定存在不一。有关刑事案件司法解释规定，发行，包括……出租……活动。而在《著作权法》中，发行与出租相互独立，并不存在包含关系。① 另一方面是在专门法中已规定为侵权的大量违法行为，情节严重的，在刑法体系内未能得到体现。在商标权方面，《商标法》第58条"将他人注册商标、未注册的驰名商标作为企业名称中的字号使用，误导公众，构成不正当竞争行为的，依照《中华人民共和国反不正当竞争法》处理"。《商标法》对注册商标以及未注册驰名商标予以民事保护，但是《刑法》对于未注册的驰名商标未纳入保护范围。《刑法》和《商标法》在未注册驰名商标保护上的差异，反映出立法机关对于未注册驰名商标保护在立法意图上的差别，而最高人民法院、最高人民检察院《关于办理侵犯知识产权刑事案件具体应用法律若干问题的解释》与最高人民法院《关于审理商标民事纠纷案件适用法律若干问题的解释》在未注册商标保护上的不同，也反映出人民法院对于未注册驰名商标在刑事保护和民事保护上的差别。在专利权方面，《刑法》与《专利法》的保护侧重点亦存在差异。如在湖南省某一假冒（实用新型）专利的刑事案件中，专利权人江某某与被告人杜某某合伙开发一项火锅技术，并于 2011 年 1 月 26 日，由江某某作为专利权人申请该火锅技术的实用新型专利技术并获得授权。随后两人关系恶化。2015 年 5 月至 2016 年 1 月，杜某某在未经江某某许可的情况下，销售标注该专利号的产品，犯罪金额达 28 万余元。2016 年 12 月 13 日，杜某某向国家专利复审委员会申请宣告江某某的专利无效。在专利复审委员会尚未作出无效决定的情况下，2016 年 12 月 21 日，法院判决杜某某构成假冒专利罪。案情的转折是，2017 年 8 月 1 日，专利复审委员会宣告涉案专利无效。于是，杜某某提出再审申请，其认为既然专利已经被宣告无效，所涉及的在产品上标明专利号码也当然不具有任何法律效力。因此，请求撤销法院对其作出的刑事判决。2020 年 1 月 15 日，再审法院认为即使专利被宣告无

---

① 王迁：《论著作权保护刑民衔接的正当性》，载《法学》2021 年第 8 期。

效,但由于当时被告人的行为已经构成假冒专利罪,因此原审判决也不应当被撤销,最终维持原判。杜某某不服该判决并提出上诉,中级人民法院认为,根据《专利法》相关规定,宣告无效的专利视为自始不存在系民商事领域的纠纷处理规则,不能类推于刑事案件,因此,驳回上诉。此案中杜某某未承担任何民事责任,却承担了刑事责任,反映了民刑关系是否倒置的问题。①

有观点认为,刑法具有独立性的判断标准,相关行为即使不构成民事侵权和行政违法,也可以构成刑事犯罪。但不可否认,刑法独立性判断在刑事领域有其价值及普遍适用的空间。若基于刑事独立性判断,涉及知识产权的危害市场秩序的行为均可能被纳入知识产权犯罪的范畴,但这一判断却并未充分考虑到知识产权犯罪构成的基础性条件在于犯罪行为人大规模对知识产权人权益的侵害。因此,至少在侵害知识产权犯罪领域应坚持二次违法原则,即只有在完成判断知识产权侵权行为或行政违法存在的前提下,才可以进一步判断相关行为是否应属于刑法规制的空间。②

从惩罚角度而言,《刑法》的规惩效果自然严于《专利法》。在社会影响更轻的民事领域法律都不承认杜某某侵权的情况下,《刑法》依旧认定构成刑事犯罪,有过度司法之嫌。尽管刑、民法律分属不同领域,但是两者的焦点是统一的,都是基于原先有效的专利权。当专利被宣告无效后,杜某某对原专利权的侵犯就失去了受损的法益这一条件。如果《刑法》依旧科以刑责,那么依据当然是杜某某的行为对市场秩序造成了破坏,即侵犯了假冒专利罪的客体。显然,此逻辑是无法自洽的。

二、涉网知识产权犯罪的主要特征

(一) 侧重保护知识产权中的财产属性

知识产权的客体具有无形性,这一特征也正是其区别于以有形财产为客体的权利之所在。因此,民法、知识产权法学者常常强调应严格区分知识产权客体与权利载体。尽管知识产权客体是无形的,但其总是要通过一定的客观形式展示出来,即物质化的载体或者权利载体,知识产权的价值属性也正

---

① 徐明:《从典型案例看涉知识产权犯罪的立法动态》,载《检察风云》2020年第21期。
② 刘军华:《我国知识产权刑事保护的反思与完善》,载《电子知识产权》2018年第5期。

是以此表现出来。以著作权为例,作者对其创作的作品依法享有著作权,该权利内容包括财产权利和人身权利两大部分。人身权利主要是指作者对其创作的作品享有发表权、署名权、修改权和保护作品完整权;财产权利主要包括复制权、发行权、出租权、展览权、表演权等。著作权的客体是作品,而作品需要借助一定的物质载体予以外化,比如借助书本等。《刑法》第217条侵犯著作权罪的保护对象是著作权本身,具体包括权利人的复制权、发行权以及美术作品的署名权等,而第218条销售侵权复制品罪的保护对象直接指向的是承载著作权的物质载体。再以商标权为例,《刑法》第213条假冒注册商标罪的保护对象是商标专用权,而《刑法》第214条销售假冒注册商标的商品罪的保护对象则直接指向承载商标权的商品本身。由此不难看出,我国刑法在知识产权犯罪一节中不仅设置了针对知识产权物质载体的罪名(还包括《刑法》第215条的非法制造、销售非法制造的注册商标标识罪),而且在保护的具体权利内容上也更加偏重与财产权有关的权利,或者是与能够为权利人创造财富密切相关的权利内容。这一点较为集中地体现在侵犯著作权罪所保护的人身权利,仅限于美术作品的署名权(即部分署名权),保护的重心则放在了能够为权利人带来大量财富的复制、发行权上。因此,与其说我国刑法忽视了对知识产权人私权利的保护,不如说是现行体系更注重财产权的维护而轻对权利人人身权的保护。[1]

(二)犯罪渠道网络化

有关数据显示,电子商务已经成为商家提供产品和服务的重要渠道。与此同时,犯罪分子利用网络渠道实施知识产权犯罪的情况也逐渐增多。广东省深圳市检察院发布《深圳检察机关知识产权刑事法律保护工作白皮书(2017—2021)》中也指出,近5年深圳检察机关办理的侵犯知识产权犯罪案件呈现网络犯罪比重持续增加的特点和趋势。随着网络科技的飞速发展,知识产权犯罪逐渐由线下转向线上,产品销售重心逐渐由实体店铺向电商转移,第三方网络交易平台成为犯罪的重灾区。[2] 从侵犯商标权犯罪的案件来看,犯罪分子大多通过电商平台完成店铺注册、进货、售卖等全过程,不再需要线下交易,有些甚至全程未接触过假冒注册商标的商品。

---

[1] 王志远:《网络知识产权犯罪的挑战与应对——从知识产权犯罪的本质入手》,载《法学论坛》2020年第5期。

[2] 参见《深圳检察机关知识产权刑事法律保护工作白皮书(2017—2021)》。

(三) 犯罪手段隐蔽化

互联网空间具有虚拟性，侵犯网络知识产权的犯罪行为、场所等要素，都隐藏在互联网空间中，犯罪分子的犯罪活动十分隐蔽，具有较大的迷惑性。如犯罪分子开设网店售假时，刻意避免在网店名称中出现所涉知名品牌的名称、标识，导致往往在经过较长时间的售假，形成固定的客户群，累积到较大的销售量后才被查获。[①] 再如，网络盗版犯罪屡见不鲜，也成为网络侵犯著作权犯罪的最主要的形式。据《中国网络文学版权保护白皮书》显示，2020年中国网络文学市场规模288.4亿元，盗版损失规模达60.28亿元。随着云计算发展及其在多个领域落地应用，分布式存储和分布式计算技术能够实现阅读平台所需要的海量数据处理能力，但是盗版平台亦乘此隙建立站点以引流用户。盗版网文在网盘、微博、贴吧、论坛、微信公众号、TXT站点、问答网站、社群分享等渠道的传播更为隐蔽，监管难度较大，难以被发现。

(四) 共同犯罪产业链化

随着网络电商及交通物流产业的发展，知识产权犯罪的组织体系产生了特有的变化，即从原来的小范围、个体化向跨区域、大规模的犯罪集团化发展。犯罪分子通过虚拟与现实、线上与线下、境内与境外等方面的结合，使得各类知识产权犯罪的形式、过程、影响、危害等环节变得极为复杂。知识产权犯罪团伙也日益呈现专业化、精细化、系统化等特征，犯罪分子之间分工明确、精细，犯罪链条也被分解成一个个相对独立而又紧密联系的环节。产业体系过于庞大使得认定犯罪极为困难，上下组织一旦脱节，那么从总体上认定网络知识产权犯罪事实就明显不充分。例如，在售假案件中，往往负责生产的犯罪分子仅负责生产，销售环节由专门人员通过网络中介层层寻找买家，这给侦查机关在溯源以及认定犯罪团伙主观明知方面造成了很多困扰。

(五) 犯罪查处困难化

互联网因素的介入使得办案机关在打击网络知识产权犯罪时不得不面对

[①] 林中明、屈灵玲：《半数以上侵犯知识产权犯罪涉及网络》，载《检察日报》2015年10月8日。

信息技术专业性的挑战。一是在认定是否构成犯罪时争议重重。例如，在认定网络服务提供者是否构成犯罪时，就必须了解掌握网络服务提供者提供网络服务的技术方式的本质。例如，曾引起了广泛关注的"快播案"中，对快播公司的P2P技术行为如何评价就需要透过技术的本质分析其行为究竟是中立的帮助行为还是传播淫秽物品的正犯行为。二是在电子数据的提取、保存、使用、认定上也有诸多争议。在跨境知识产权犯罪中，对于服务器在境外的，如何提取电子数据、保证电子数据的真实性合法性问题一直以来都是难点问题。电子证据作为证据类型中的新种类，是指在计算机或者计算机系统运行过程中产生的、以其记录的内容来证明案件事实的电磁记录物。尽管犯罪分子会在网上留下电子痕迹，但是老练的犯罪嫌疑人会利用计算机技术篡改电子证据的结构等。所以，只要司法管辖的传统基础没有改变，受害人所在国家的法律就可能鞭长莫及。① 再如，游戏"外挂"软件的网上销售只是电子数据的交换，关键证据难以固定。三是网络数据的真实性成为认定犯罪数额的难点。如犯罪分子通过网络销售假冒注册商标的商品时，为提高网店信誉进行虚假交易，或者使用真假混卖的方式进行销售，均对认定真实的犯罪数额带来困难。

三、涉网知识产权刑法保护的域外经验

我国知识产权制度起步较晚，目前的知识产权刑事立法还不够完善。对此，我们可以通过考察学习知识产权刑法保护规范体系和具体执法经验丰富的域外实践，准确把握网络知识产权追诉标准的国际趋势，以帮助完善我国涉网知识产权的刑事追诉标准体系。

（一）对涉网知识产权总体规制强度逐步加大，规范范围逐步宽泛

以美国为例。伴随着录音、录像技术、网络技术以及跨境贸易的发展，美国针对数字知识产权制定了专门的法律。如《千禧年数字版权法》是美国版权保护由传统领域向数字领域扩展的一个分界点。该法案对著作权人的数字出版法律权益、数字版权管理系统、技术保护措施等作出了详细的规

---

① 陈斌：《网络知识产权犯罪的特征》，载《硅谷》2008年第21期。

定。① 再如，美国的《禁止电子盗窃法》，为对抗网络盗版，规定了保护网络知识产权的新举措，同时还规定，在数字环境下未经权利人授权散发享有版权的作品达到一定数额的，无论是否以营利为目的都构成犯罪。②

英国在知识产权刑事保护方面，罪名设计较为细化，特别是在侵犯著作权方面采取严格的保护措施，将保护范围拓宽，且不严格规范构成要件。在罪名的立法上，相比较著作权、商标权等，对商业秘密的刑事保护整体上采取较为保守的态度。比如，若只是对他人秘密通过存储载体显现的方式得以记忆或照相等方式获得，是不构成犯罪的。③

（二）对涉网知识产权犯罪实行自由刑和罚金刑并重的处罚原则

美国著作权刑法中明确，在网络空间内侵犯他人版权管理信息的行为最高可能被判处10年监禁或者100万美元。法国对构成侵犯著作权的犯罪的自然人的法定最高刑为10年自由刑或处30万欧元罚金，如果是累犯或者与受害人有合同关系的人侵犯著作权的，则最高可以处150万欧元罚金。罚金刑的提高一方面是要惩治犯罪分子的非法逐利行为，让其无法从犯罪中获取利益，另一方面也是起到"打财断血"作用，让侵权行为无以为继。

（三）对涉网知识产权犯罪设置资格刑处罚

法国《知识产权法典》对侵犯数据库制作者权以及工业产权的，剥夺5年以下商事法院、工商会、行业协会以及劳资协会的选择权与被选择权。我国澳门特别行政区对知识产权刑事立法也很注重资格刑的适用。例如，澳门特别行政区的《著作权法》规定对于侵犯著作权构成犯罪的，得科处良好行为之担保、暂时禁止从事某些业务或职业、暂时或永久关闭场所及公开有罪裁判等附加刑。④

---

① 詹鹏玮：《美国数字版权法律保护的经验及启示》，载《青年记者》2019年第29期。
② 徐岱、谢忠峰：《知识产权犯罪刑事立法的域外经验与我国的路径选择》，载《山东社会科学》2014年第5期。
③ 刘军华：《我国知识产权刑事保护的反思与完善》，载《电子知识产权》2018年第5期。
④ 赵秉志、刘科：《国际知识产权刑法保护的发展趋势》，载《政治与法律》2008年第7期。

四、涉网知识产权犯罪追诉标准的完善

（一）犯罪数额作为入罪标准不宜过多提高

针对涉网知识产权犯罪追诉标准中关于犯罪数额是否需要提高的问题，目前主要有两种观点：第一种观点认为，犯罪数额作为涉网知识产权犯罪的入罪标准不宜提高。理由是，基于司法政策的角度考虑，中共中央办公厅、国务院办公厅印发的《关于强化知识产权保护的意见》已经相当明确提出要"加强刑事司法保护，推进刑事法律和司法解释的修订完善。加大刑事打击力度，研究降低侵犯知识产权犯罪入罪标准，提高量刑处罚力度"。为了实现该目的，必须最大限度地查处涉嫌侵犯知识产权的犯罪行为。如果提高侵犯知识产权犯罪的入罪金额，反而提高了入罪的门槛，加大了入罪难度，很显然与该刑事政策背道而驰。第二种观点认为，犯罪数额应当适当提高。其理由是基于经济发展的角度考虑，认为2004年《关于办理侵犯知识产权刑事案件具体应用法律若干问题的解释》出台至今，国内GDP已取得较大增长，而原标准已落后于社会经济增长，应适当提高。从实践情况看，以2019年至2020年假冒注册商标刑事案件为例，广东省适用非法经营数额第二档刑727人，占比63.22%，浙江占58%；以2019年至2020年上海侵犯著作权刑事案件为例，适用违法所得额第二档刑的占70%，非法经营额第二档刑的占80%。因此有必要予以提高，真正体现"当宽则宽，当严则严"。[①] 本文认为，基于当下涉网知识产权犯罪活动呈逐年增长的态势，为了有效打击犯罪，最大限度保护知识产权人利益与国家经济秩序，涉网知识产权犯罪行为的数额作为入罪标准应该反映社会、经济的发展，因此，该数额应当相较立法之初应有所提高。与此同时，还要充分考虑国家打击涉网侵犯知识产权的犯罪行为的决心与力度，不宜将数额提高太多，比如可将违法所得额追诉标准调整到15万元，非法经营额调整到25万元。

（二）明确违法所得额的计算标准

在实践中，违法所得数额作为入罪的标准在司法实践中适用率较低，即

[①] 李薇薇：《关于侵犯知识产权犯罪追诉标准的思考》，载微信公众号"人大版权"2021年6月27日。

使将违法所得额作为入罪标准，亦存在技术认定问题。

刑法对"非法所得数额"的概念和计算方法没有明确界定，在实践中对是否要扣除成本也存在不同的看法。根据最高人民法院《关于审理非法出版物刑事案件具体应用法律若干问题的解释》规定，违法所得数额是指获利数额，要扣除成本。最高人民法院研究室《关于非法经营罪中"违法所得"认定问题的研究意见》提出，非法经营罪中的"违法所得"，应是指获利数额，即以行为人违法生产、销售商品或者提供的服务所获得的全部收入，扣除其直接用于经营活动的合理支出部分后剩余的数额。而2014年《关于办理非法集资刑事案件适用法律若干问题的意见》规定，向社会公众非法吸收的资金属于违法所得。2017年《关于适用犯罪嫌疑人、被告人逃匿、死亡案件违法所得没收程序若干问题的规定》规定，违法所得是指通过实施犯罪直接或间接产生、获得的任何财产。《工商行政管理机关行政处罚案件违法所得认定办法》专门规定了"违法所得"，认为"是以当事人违法生产、销售商品或者提供服务所获得的全部收入扣除当事人直接用于经营活动的适当的合理支出"，且明确区分了生产商品、销售商品、提供服务等6种违法行为的"违法所得数额"计算方法。综上考虑，将违法所得数额作为入罪标准应该扣除基于生产的直接成本，但是与犯罪活动有关的成本不宜剔除。①

（三）涉网侵犯著作权的犯罪行为

与侵犯专利权、商标权不同，涉网侵犯著作权的犯罪行为与网络技术、网络行为活动方式密切相关。《刑法》第217条规定，以营利为目的，有下列侵犯著作权或者与著作权有关的权利的情形之一，违法所得数额较大或者有其他严重情节的，处3年以下有期徒刑，并处或者单处罚金；违法所得数额巨大或者有其他特别严重情节的，处3年以上10年以下有期徒刑，并处罚金：（1）未经著作权人许可，复制发行、通过信息网络向公众传播其文字作品、音乐、美术、视听作品、计算机软件及法律、行政法规规定的其他作品的；（2）出版他人享有专有出版权的图书的；（3）未经录音录像制作者许可，复制发行、通过信息网络向公众传播其制作的录音录像的；（4）未经表演者许可，复制发行录有其表演的录音录像制品，或者通过信息网络向公

---

① 李薇薇：《关于侵犯知识产权犯罪追诉标准的思考》，载微信公众号"人大版权"2021年6月27日。

众传播其表演的;(5)制作、出售假冒他人署名的美术作品的;(6)未经著作权人或者与著作权有关的权利人许可,故意避开或者破坏权利人为其作品、录音录像制品等采取的保护著作权或者与著作权有关的权利的技术措施的。鉴于此,考虑涉网侵犯著作权的犯罪行为时,应充分考虑对作品转发、点击等活动量,尤其是涉及侵犯网络传播权时,可将下载量、转发量、转存量、注册会员等情形作为入罪考虑因素。以注册会员为例,《关于办理侵犯知识产权刑事案件适用法律若干问题的意见》第13条第1款第4项规定,"注册会员达到1000人以上的",即可认定为情节严重。但该注册会员的标准,在现代数字网络时代是极为容易实现的。如此,将会导致刑法过多介入民事侵权的领域,造成民刑规范空间的混乱,这显然是不合理的。我国侵犯著作权罪的导向是结果犯,其入罪条件至少应当满足"违法所得数额较大或者有其他严重情节",但是,过低的认定标准使其几乎和行为犯无异,本条中的结果和情节规定近乎虚置。① 由于网络环境的虚拟性和开放性,侵权行为对权利人市场竞争优势的损害不再单单体现为物质载体的数量或者非法销售侵权的物质载体的数额等财产结果,而是转化为权利人网络用户量的减少、关注度的下降等与市场竞争优势密切相关的损害结果。在网络经济时代,谁能够在短时间内争取到最大的用户量,谁就能够在激烈的市场竞争中获得优势。② 因此,结合网络社会的实际情况,应将类似结果犯中的数量标准做适当提升,以此反映网络世界中利益受损的情况。

另外,对故意避开或者破坏权利人为其作品、录音录像制品等采取的保护著作权或者与著作权有关的权利的技术措施的,首先要考虑是否构成合理使用,在不构成的前提下,如果继续实施了复制发行、信息网络传播的,被《刑法》第217条第1项吸收。如果只实施该行为,则建议以"营利目的+结果"为追诉标准确定要件。非以营利目的去规避保护技术措施,对权利人著作权的侵害程度有限,且可借由民法、行政法的相关规定予以规制。一旦侵害行为以营利为驱动力,不管是直接规避保护技术措施或帮助规避保护技术措施,其侵害的规模就很容易无限制扩大。在考量营利目的要件时,应具体结合整体行为表现、意图、远期目标等因素,不能因为行为人目前没有实际营利甚至是亏损而否定行为人存在营利目的。在结果认定方面,可以进

---

① 付晓雅:《数字时代知识产权刑法保护的挑战与回应》,载《当代法学》2020年第2期。
② 王志远:《网络知识产权犯罪的挑战与应对——从知识产权犯罪的本质入手》,载《法学论坛》2020年第5期。

一步详细入罪标准，除了传统的违法所得数额、非法复制件数量等多种数据外，将网络犯罪中的点击次数、用户数量、浏览量等作为著作权人市场竞争优势的考量数据，亦可以体现司法裁判的灵活性。

针对网络服务提供者的刑法规制问题，还要基于提供者的不同类型设置不同的刑事责任体系。针对资源汇集型的网络服务提供者，其通常提供的是下载和在线查阅服务，例如，影视作品和电子书的在线观看或下载，如果涉及侵权的作品，提供者通常需要收集资源并将其上传至网络平台，此时，刑法管控方式应当直接按照侵犯知识产权的实行犯处理。针对通道型的网络服务提供者，其提供的是检索服务，并不收集知识产权资源。尽管该行为对知识产权提供者的分享行为而言具有不可或缺性，但由于其仅实施了提供网络服务的行为，故在理论上，这种提供网络服务的行为至多构成不作为形式的共犯，而不构成作为的正犯。在处断时，该共犯行为所构成的犯罪与拒不履行信息网络安全管理义务罪想象竞合，择一重处断即可。在网络飞速发展的时代背景下，我国网络知识产权刑法保护还存在很多不足。我们要顺应国际发展趋势，结合我国国情，从长远角度对我国网络知识产权犯罪追诉标准进行体系化考量，以更科学地实现知识产权刑法保护目标。①

此外，需要特别研究的是网络外挂问题。外挂非法律专有名词，而属于行业术语。通常而言，网络外挂是一种突破网络技术保护措施的规避程序。从技术意义上来说，外挂范围较广，它包括合法外挂程序与违法外挂程序。刑法所要规避的自然是违法外挂程序。就刑法调整的外挂程序类型而言，除了违法的游戏外挂程序外，还有违法的微信外挂程序②、抢票外挂程序、直播间人气外挂软件程序③等。由于违法外挂程序是通过规避或者破坏技术保护措施，侵犯著作权或者与之相关的权利，在私法上属于违反了《著作权法》第49条第1款规定的"为保护著作权和与著作权有关的权利，权利人可以采取技术措施"，以及第2款规定的"未经权利人许可，任何组织或者个人不得故意避开或者破坏技术措施，不得以避开或者破坏技术措施为目的制造、进口或者向公众提供有关装置或者部件，不得故意为他人避开或者破坏技术措施提供技术服务。但是，法律、行政法规规定可以避开的情形除外"。我国《著作权法》第53条进一步规定："有下列侵权行为……构成犯

---

① 付晓雅：《数字时代知识产权刑法保护的挑战与回应》，载《当代法学》2020年第2期。
② 参见广东省广州市海珠区人民法院（2016）粤0105刑初1040号刑事判决书。
③ 参见湖北省罗田县人民法院（2019）鄂1123刑初122号刑事判决书。

罪的，依法追究刑事责任：……（六）未经著作权人或者与著作权有关的权利人许可，故意避开或者破坏技术措施的，故意制造、进口或者向他人提供主要用于避开、破坏技术措施的装置或者部件的，或者故意为他人避开或者破坏技术措施提供技术服务的，法律、行政法规另有规定的除外……"由于上述规定一直缺乏刑事法律的保障，使得违反上述规定且法益侵害严重的行为无法追究刑事责任。与私服复制网络游戏源代码的全部内容不同，违法的网络外挂程序只复制了网络程序或者其他程序源代码中的部分内容。正因为如此，游戏"私服"案件毫无争议地被认定为侵犯著作权罪，而在《刑法修正案（十一）》出台之前，关于外挂程序案件应否构成侵犯著作权罪之争，就在于对网络游戏和其他程序的复制发行是否属于侵犯著作权罪中的"复制发行"。侵犯著作权罪的核心特征在于"复制发行"，即行为人所制作发行的作品应与权利人的作品具有较高程度的相似性，否则不宜认定为侵犯著作权罪。鉴于此，违法网络外挂行为应被认定为违法复制或发行行为，应当予以规制。

（四）涉网侵犯商标权的犯罪行为

1. 销售假冒注册商标的商品罪的追诉标准

《刑法》第214条规定，销售明知是假冒注册商标的商品，违法所得数额较大或者有其他严重情节的，处3年以下有期徒刑，并处或者单处罚金；违法所得数额巨大或者有其他特别严重情节的，处3年以上10年以下有期徒刑，并处罚金。对网络销售假冒注册商标的商品犯罪行为进行具体分析，涉及销售假冒注册商标的商品罪既遂、未遂形态的认定问题，在2011年最高人民法院、最高人民检察院、公安部《关于办理侵犯知识产权刑事案件适用法律若干问题的意见》作出了具体规定。网络销售假冒注册商标的商品犯罪行为，按照交易习惯，主要由发布广告、接受订单、交付货物和收取货款等四个阶段的行为构成，因此，应当对以上四种行为在网络销售假冒注册商标的商品犯罪过程中所起的作用予以评价。[①] 另外，针对销售数额的认定，通过网络交易服务平台销售假冒注册商标的商品的销售金额，以网上显示的交易记录为认定依据。这种方法在一定程度上有利于提高网络销售数量认定的准确度，但仍存在局限性：一方面，在网络环境下，犯罪行为产生的

---

① 鲍振强：《网络环境下销售假冒注册商标的商品犯罪实证分析》，载《人民检察》2015年第13期。

证据主要是电子数据,具有不确定性和易逝性的特点;另一方面,实践中发现不少网络商品的经营者,为了提升店铺的信誉和人气,大量制造虚假交易记录(俗称"刷单"),误导消费者,以增加销量。网络销售假冒注册商标犯罪在司法实践中,网店交易记录数量巨大,交易对象地域分布广泛,因此将"刷单"的虚假交易从整体记录中予以排除较为困难。电子商务中"刷单"行为具有隐匿性,若无相关当事人提供一定线索,"刷单"行为难以被发掘,而即使提出了一定线索,亦可能因交易记录繁多,难以被具体筛选排除。2017年6月20日,全国首例刷单入刑第一案以非法经营罪定罪处罚。为了回应和指导涉"刷单"网络销售假冒注册商标的商品犯罪数额的司法认定,2017年3月6日,最高人民法院公布了第87号指导性案例"郭明升、郭明锋、孙淑标假冒注册商标案"。该案基本案情如下:检察机关指控3名被告人在未经授权许可情况下,自行购进假冒三星手机配件组装,并在淘宝网店上以"正品行货"名义销售;通过该网店销售假冒手机20000余部,非法经营额2000万余元,非法获利200万余元。3名被告人及其辩护人对指控的销售犯罪事实无异议,但对指控的犯罪数额提出异议;辩解称其淘宝网店存在"刷单"的行为,真实的销售数量只有10000多部。该案判决理由指出,对3名被告人提出网店销售记录存在"刷单"的辩解,"无证据予以证实,不予采信";综合"3名被告人供述、送货单、支付宝转账记录、淘宝网店记录、快递公司电脑系统记录、被告人记账笔记本"等证据,控诉方指控的犯罪数额成立。该案例的指导意义在于,对在司法实践中早已普遍存在的"刷单"辩解,确立起"无相关证据予以证实的,不予采纳"的裁判要旨;肯定了在计算网络销售假冒注册商标的商品的犯罪数额时,应当先扣除"刷单"虚增的销售数额部分,其后依据网店销售流程证据与"被告人供述、证人证言、抽样调查询问……被告人所做记账笔记本"等多项证据综合认定犯罪数额的证明思路。为更加科学界定"刷单"中有效证据,有学者通过反思"抽样调查询问"方法,提出在实践中确立一定制约性规则,即允许被告人提出"刷单"辩解的反驳,要求控方对网店销售记录进行抽样调查询问,并且其"刷单"的辩解仅需达到使网售流程证据陷入真伪不明,法官心证产生存在"刷单"虚假交易的合理怀疑即可,如此,就足以推翻控诉方指控的犯罪数额,以实现惩罚犯罪与保障人权的相对平衡。①

---

① 贺志军、莫凡浩:《涉"刷单"网络假冒注册商标犯罪数额之推定证明》,载《中国刑警学院学报》2019年第3期。

在司法实务中，与"销售金额"相对应，将尚未销售的或者部分未售出的假冒注册商标的商品金额，称之为"货值金额"①，当"货值金额"远大于"销售金额"的入罪标准的时候，以销售假冒注册商标的商品罪未遂定罪处罚。但是，对于"货值金额"适用标价还是适用销售平均价，抑或适用较低的认定数额还是适用较高的认定数额，并无定论。对此，理论上有观点倾向于优先适用实际销售平均价的认定标准，因为实际销售平均价"能够反映出销售侵权商品犯罪行为的隐蔽性以及量多价低、量少价高的市场交易惯例，也能够较为精确地反映出侵权商品在市场上的销售金额和社会危害性"。②

此外，"其他严重情节"如何认定，尚不明确。但值得注意的是，《刑法》第213条假冒注册商标罪和第215条非法制造、销售非法制造的注册商标标识罪的条文中均用了"情节严重"这一表述，而最高人民检察院、公安部《关于公安机关管辖的刑事案件立案追诉标准的规定（二）》及相关司法解释均将"非法经营数额"规定为"情节严重"的情形之一。侵权者无论生产还是销售都会对商标权利人的合法权利造成侵害，侵害的严重程度并不仅取决于侵权者的非法获利数额，还取决于侵权产品的数量、侵权行为的影响范围等因素。实施侵权行为后即便违法所得较少、无违法所得甚至亏本的情况下，也并不会降低对商标权利人的侵害、减少其损失。因此，《刑法修正案（十一）》将"销售金额"修改为更加多元化的"严重情节"，其实是基于扩大打击范围的考虑，将某些虽然销售金额不大但侵权严重的行为纳入打击范围，从而实现知识产权的完整保护。另外，《刑法》第214条修改后，"违法所得数额"如何认定、是否需要扣减成本、扣减哪些成本，成为司法实务中必须面对的难题。显然，从条文表述及司法解释并列列举的不同追诉标准可知，非法经营数额与违法所得是两个不同概念。在办理销售假冒注册商标的商品罪时，违法所得数额应系犯罪嫌疑人购进假冒商品后售价与进价的差价。其中为了增加销量而付出的广告费用、物流费用、包装费用、赠品采购费用以及房屋租金、雇佣人员工资等不应扣减，而应评价为犯罪成本或违法所得的分配、使用。鉴于此，应将销售数量、销售金额、所处制造

---

① 刘晓艳、卢静芳：《销售假冒注册商标商品罪的金额认定》，载《江西警察学院学报》2017年第6期。

② 杜文俊、储国晖：《销售假冒注册商标的商品罪的认定》，载《上海法治报》2014年6月18日，第5版。

与销售假冒注册商标的商品的环节、社会影响、产品质量、权利人损失大小等多方面因素予以综合考虑。相较于假冒注册商标罪，销售假冒注册商标的商品罪作为下游分销环节，危害性相对较小，但是立法仍然规定了与第 213 条相同的法定刑，建议在入罪门槛上与假冒注册商标罪相比有所提高，以体现源头打击。①

2. 非法制造、销售非法制造的注册商标标识罪的追诉标准

《刑法》第 215 条规定，伪造、擅自制造他人注册商标标识或者销售伪造、擅自制造的注册商标标识，情节严重的，处 3 年以下有期徒刑，并处或者单处罚金；情节特别严重的，处 3 年以上 10 年以下有期徒刑，并处罚金。考虑是否应当规定标识数量和金额相结合的追诉标准。司法实践中按照标识数量定罪的较多，但往往几万件标识违法所得额、非法经营额只有几百元钱。建议对计算注册商标标识的"件"应予明确，认定标准为：一是每一件标识上都有完整的商标图样，二是每一件标识都可以独立使用。②

3. 假冒服务商标罪的追诉标准

服务商标在刑法上的保护标准是否应当与商品商标一致，学界存在不同观点：一种观点认为应当制定与假冒商品商标相同的追诉标准。另一种观点认为应当有所区别，制定更高的追诉标准。目前假冒注册商标罪中对商品商标的犯罪恶性评价主要基于犯罪金额，犯罪金额与商品售价挂钩，基本能体现商标犯罪的恶性程度，但服务商标不同于商品商标，其完全依附于经营行为、服务行为的体现，很难量化其价值。如有的服务商标仅用于提供服务，如电影院、剪发、足浴等，其收益较为清晰，便于计算；但有的服务与销售的商品相关，如餐饮、加油站等，故应考虑是否从全部收益中剥离服务商标收益，或者计算贡献率。再如，服务商标往往和装潢等混合使用，分别受《商标法》和《反不正当竞争法》调整，还有的商标既是商品商标又是服务商标，都存在如何计算违法所得数额的问题。参考服务商标民事侵权案件的判决，基本难以查明权利人实际损失或侵权人获利，因此建议扩充犯罪数额以外的入罪标准，如提供服务时间长短、次数等以应对取证难题。但是，为避免执法成本过高，本文认为直接规定显著高于商品商标的追诉标准较为

---

① 李薇薇：《关于侵犯知识产权犯罪追诉标准的思考》，载微信公众号"人大版权"2021 年 6 月 27 日。

② 李薇薇：《关于侵犯知识产权犯罪追诉标准的思考》，载微信公众号"人大版权"2021 年 6 月 27 日。

适宜。

另外,还需要对假冒两种以上注册商标作进一步解释,明确规定其一般是指假冒不同注册商标权利人或者假冒同一注册商标权利人不同商品、服务的两种以上注册商标。对于在同一件(种)商品、服务上,假冒同一注册商标权利人两种以上注册商标,注册商标均指向同一商品、服务来源的,不认定为假冒两种以上注册商标。被假冒的注册商标既是服务商标又是商品商标的,应当认为假冒一种注册商标。①

(五)涉网侵犯商业秘密的犯罪行为

《刑法修正案(十一)》对侵犯商业秘密罪②进行了大幅修改,与我国加强知识产权保护的时代背景与社会发展需求相契合。修改后的侵犯商业秘密罪由结果犯改为情节犯,降低入罪门槛、提高法定刑、增加行为方式和扩大商业秘密的认定范围。这有利于打击商业秘密犯罪行为,维护企业合法利益,为市场竞争健康发展提供良好的环境。尽管此次修正案的立法目的明确且具有自然正义,但是,涉网侵犯商业秘密的行为在认定上依旧模糊,尤其是侵犯商业秘密犯罪具有极强的隐蔽性,侵权产品、销售额、非法获利数额等主要证据往往掌握在侵权行为人手中;部分权利人因发现不及时或顾忌提供太多细节性证据有扩大泄密范围的风险,难以提供有效证据线索。另外,"电子侵入"的合理解释使非法获取方式的认定成为难题。③"侵入"是指违反《计算机信息系统安全保护条例》而对计算机信息系统安全造成了威胁,若并未造成侵害或者威胁,不具有恶意目的,可以不认为是"侵入",如单纯违反 Robots 协议但未侵害信息系统安全的行为就不应被司法机关认定为"电子侵入"。④ 另外,"情节严重"的判定亦是此罪的又一个难题。

---

① 李薇薇:《关于侵犯知识产权犯罪追诉标准的思考》,载微信公众号"人大版权"2021年6月27日。

② 《刑法》第219条规定,有下列侵犯商业秘密行为之一,情节严重的,处三年以下有期徒刑,并处或者单处罚金;情节特别严重的,处三年以上十年以下有期徒刑,并处罚金:(1)以盗窃、贿赂、欺诈、胁迫、电子侵入或者其他不正当手段获取权利人的商业秘密的;(2)披露、使用或者允许他人使用以前项手段获取的权利人的商业秘密;(3)违反保密义务或者违反权利人有关保守商业秘密的要求,披露、使用或者允许他人使用其所掌握的商业秘密的。明知前款所列行为,获取、披露、使用或者允许他人使用该商业秘密的,以侵犯商业秘密论。

③ 姜淑珍:《侵犯商业秘密行为的刑事规制》,载《人民检察》2021年第6期。

④ 马天一:《电子侵入获取权利人商业秘密的刑法规制》,载《河北公安警察职业学院学报》2020年第3期。

从司法实践情况和调研反馈看，"情节严重"的入罪情形应当包括以下情形：（1）多次侵犯商业秘密的；（2）侵犯多个权利人商业秘密的；（3）采取不正当手段获取商业秘密数量较大的；（4）给权利人造成重大损失的；（5）违法所得数额较大的；（6）虽未达到重大损失、违法所得的数额标准，但两年内因侵犯商业秘密受过行政处罚2次以上，又侵犯商业秘密的；（7）以及其他情节严重的情形。以不正当手段获取商业秘密未遂，具有下列情形之一的，应当依法追究刑事责任：（1）以研发成本、市场价值或者许可使用费高昂的商业秘密为目标的；（2）仅获取商业秘密载体，商业秘密信息内容尚未泄露的。对此，应建立推定规则，查获载体就应当推定商业秘密已经被非法知悉，除非有相反证据证明商业秘密的内容确实没有泄露。①

与"情节严重"相关的还有"权利人重大损失"的认定也是需要明确，尤其是网络环境下给权利人造成的损失、违法所得以及商业秘密自身价值的认定，成为这一类案件定性的关键要素。有学者指出，侵犯商业秘密的"重大损失"必须结合其罪质"市场竞争秩序"予以实质把握：应当层层递进地考虑权利人因侵权行为遭受的财产损失、侵权人因侵权行为获得的利润、商业秘密的综合价值等因素，只有在权利人遭受的损失无法计算时，才能够借助侵权人获得的利润进行判断；在前两个因素都无法确定时，才可以考虑商业秘密的综合价值予以认定。司法实践应关注权利人因侵权行为遭受的财产损失，应当着重考虑权利人的原市场占有份额是否稳定，若能够证明因为商业秘密被侵犯导致权利人市场占有份额明显下降，这时就可以结合市场占有率的减少来确定财产损失。②

为了避免侵犯商业秘密罪被滥用导致合法竞争受损，除了对该罪名的适用要件进行解释外，还应当确保该罪名的谦抑性。相对于商标权、专利权等知识产权而言，商业秘密的权利属性尚存争议，权利边界相对模糊，权利内容仍处于不断发展和变化当中。商业秘密具有不同于传统知识产权客体的自然属性，即秘密性、不确定性与不稳定性。这些特性使商业秘密的保护更加困难。③ 因此，需要考虑不入罪情况：（1）相关技术信息、经营信息等商业信息系与员工人身不可分割的剩余知识、劳动技能；（2）将"违反约定"

---

① 参见李薇薇：《关于侵犯知识产权犯罪追诉标准的思考》，载微信公众号"人大版权"2021年6月27日。
② 王志远：《网络知识产权犯罪的挑战与应对——从知识产权犯罪的本质入手》，载《法学论坛》2020年第5期。
③ 林秀芹：《商业秘密知识产权化的理论基础》，载《甘肃社会科学》2020年第2期。

限定为双方明示的约定,以明确保密内容和范围的确定性;(3)对于行为人虽侵犯了权利人的商业秘密,但该权利人并未在中国境内使用其商业秘密、其使用商业秘密生产的产品未在中国境内销售、或其使用商业秘密提供的服务未向中国境内提供的,一般不作为犯罪处理,作为民事侵权处理为宜;(4)出于对国家安全、公众健康、环境保护与安全等公共利益考虑,行为人对权利人商业秘密的披露、使用、允许他人使用的;等等。此外,还应当配套规定商业秘密的善意取得制度:在侵犯商业秘密犯罪中,行为人善意取得权利人商业秘密且已经为使用该商业秘密投入大量资金、设备、人力等成本的,善意取得人可以继续使用该商业秘密,但应当向权利人支付合理的许可费或转让费。①

法律的制定依赖立法时的经济社会背景。互联网背景下我国知识产权侵权行为具有多样化特征,由此导致刑法对互联网知识产权侵权犯罪行为的规制具有局限性与滞后性,知识产权侵权中的新行为和新类型很可能超出了立法时的预见范围。如何加强网络时代的知识产权刑法保护,需要改变当前我国知识产权刑法保护实践中存在的保护范围过窄、罪状单一、刑罚配置不合理等问题:在立法上,应完善我国知识产权犯罪的刑事立法,实现"同等行为同等保护",适当提高知识产权犯罪的入罪标准,并在量刑时综合考虑行为的社会危害性;在司法上,对于知识产权案件的审理,应在程序上推动刑民审判融合。此外,应重视司法解释在刑法适用中的作用,将新出现的行为样态合理纳入现行刑法表述的语义范畴中。②

---

① 参见李薇薇:《关于侵犯知识产权犯罪追诉标准的思考》,载微信公众号"人大版权"2021年6月27日。

② 付晓雅:《数字时代知识产权刑法保护的挑战与回应》,载《当代法学》2020年第2期。

第三部分
民事检察研究

民事虚假诉讼检察监督研究[*]

王旭光[**]

虚假诉讼现象频发的根源是社会转型期引起的利益格局的快速变化。[①] 在我国，虚假诉讼初现于 20 世纪 80 年代，90 年代开始蔓延，2000 年开始逐步渗透至仲裁、公证与破产领域，产生虚假仲裁、虚假公证、虚假破产问题。[②] 虚假诉讼破坏司法公信和权威，损害国家、社会公共利益和他人合法权益，进而严重侵害社会诚信。检察机关作为国家法律监督机关，具有规制虚假诉讼行为、治理虚假诉讼社会问题的政治责任和法律责任。本文针对当前虚假诉讼检察监督中存在的问题，从虚假诉讼民事检察监督切入，通过论

---

[*] 本文系 2021 年度最高人民检察院检察理论研究课题（项目批准号：GJ2021B15）的研究成果。

[**] 课题主持人：王旭光，陕西省人民检察院党组书记、检察长、全国审判业务专家。课题组成员：张翔，西北政法大学教授；李晓峰，陕西省高级人民法院民二庭庭长；彭艳妮，陕西省人民检察院第六检察部主任；刘杰，陕西省人民检察院四级高级检察官。西北政法大学教授李政、陕西省人民检察院三级高级检察官李江峰参与了本课题的研究。

[①] 刘君博：《论虚假诉讼的规范性质与程序架构》，载《当代法学》2019 年第 4 期。

[②] 肖建国：《民事程序构造中的检察监督论纲——民事检察监督理论基础的反思与重构》，载《国家检察官学院学报》2020 年第 1 期。

述虚假诉讼治理中的检察监督职能优势，提出从内外两个维度提高检察机关虚假诉讼监督效能的路径，以期对构建更加科学、高效的虚假诉讼检察监督体系提供一些见解。

一、虚假诉讼治理中检察监督的职能优势

（一）虚假诉讼的概念以及类型化分析

虚假诉讼的称谓，源于司法实务部门对于相关诉讼情形的感触与描述，最初是作为一种诉讼现象被讨论。① 2012年《民事诉讼法》修订时，虚假诉讼行为首次进入国家法律层面的规制范畴。根据全国人大常委会法工委民法室的解释，虚假诉讼是对一类行为的统称，并非仅指通过诉讼形式，还包括通过仲裁、人民调解等其他形式。虚假诉讼有狭义、广义之分。《民事诉讼法》（2012年修正）第112条规定的是狭义上虚假诉讼行为。② 此时，学界对虚假诉讼范围的界定不统一。其中一种观点认为，虚假诉讼应当是双方当事人恶意串通捏造民事纠纷，并借助合法的诉讼形式掩饰不正当利益的真意，侵害他人合法权益，扰乱诉讼秩序的行为。③ 2016年6月，最高人民法院发布的《关于防范和制裁虚假诉讼的指导意见》，也将双方当事人存在恶意串通作为虚假诉讼的要素之一。

2018年，最高人民法院、最高人民检察院联合发布《关于办理虚假诉讼刑事案件适用法律若干问题的解释》，对虚假诉讼情形作出了更为周全的规定。明确除"双方恶意串通"外，单方捏造事实向人民法院提起民事诉讼的，也构成虚假诉讼，同时虚假诉讼可以涉及审判、执行、调解等诉讼程序和仲裁、公证等非诉程序。之后，2021年3月最高人民法院、最高人民检察院、公安部、司法部印发的《关于进一步加强虚假诉讼犯罪惩治工作的意见》和同年11月最高人民法院发布的《关于深入开展虚假诉讼整治工

---

① 洪冬英：《论虚假诉讼的厘定与规制——兼谈规制虚假诉讼的刑民程序协调》，载《法学》2016年第11期。

② 全国人大常委会法工委民法室：《民事诉讼法修改决定条文解释》，中国法制出版社2012年版，第152—158页。

③ 宋朝武：《虚假诉讼法律规制的理性思考》，载《河南社会科学》2012年第12期；周耀明、高勇：《虚假诉讼的表现及其规制》，载《法制与经济》2012年第11期；李浩：《虚假诉讼中恶意调解问题研究》，载《江海学刊》2012年第1期；朱健：《论虚假诉讼及其法律规制》，载《法律适用》2012年第6期。

作意见》,均沿袭了以上虚假诉讼的基本概念。

  以上刑事、民事领域关于虚假诉讼内涵及外延的关注重点不同。刑法上的虚假诉讼指向的是行为,民事诉讼领域讨论的虚假诉讼是相对于真实诉讼的异象。两者表述虽有不同,但是"基于我国法制统一原则的要求,不同部门法的同一用语在内涵上应当保持协调一致",二者的内涵不应有别,[①]以便民事、刑事程序之间对虚假诉讼行为制裁能够有效衔接。基于此,随着刑事、民事领域虚假诉讼相关规定和司法政策逐渐融通,司法机关对虚假诉讼从强调恶意串通的形式演变至关注诉的真实与否。司法机关一致认为,单独或者与他人恶意串通,采取伪造证据、虚假陈述等手段,捏造民事案件基本事实,虚构民事纠纷,向人民法院提起民事诉讼,损害国家利益、社会公共利益或者他人合法权益,妨害司法秩序的,构成虚假诉讼。虚假诉讼的本质:"虚假行为""主观故意"与"破坏司法秩序",[②]范围包括捏造事实进行诉讼,冒名诉讼,伪造证据进行诉讼等。虚假诉讼行为实际上是以司法机关为欺骗对象而实施的欺诈,是对司法秩序直接的、严重的侵害和破坏。[③]司法秩序作为社会秩序的子系统,属于社会公共利益的范畴,[④]因此,破坏司法秩序,必然是对国家利益和社会公共利益的破坏。

  虚假诉讼在民事诉讼发展过程中逐渐衍生,涉及多种案件类型,方式隐蔽多样。对虚假诉讼进行类型化分析,对不同类型虚假诉讼构成要件、特点类型进行总结梳理,有助于进一步识别与规制虚假诉讼。根据目前实践中虚假诉讼呈现的不同情形,可对虚假诉讼作以下几种类型划分。

  首先,依行为主体的不同,将虚假诉讼区分为单方型虚假诉讼与双方恶意串通型虚假诉讼。虚假诉讼概念界定之初就伴随着行为主体范围的争议。单方捏造事实行为在民事上是否属于虚假诉讼的争议,随着 2023 年 9 月全国人民代表大会常务委员会《关于修改〈中华人民共和国民事诉讼法〉的

---

① 周清华:《民事检察与虚假诉讼监督的几个基本问题》,载《人民检察》2019 年第 16 期。

② 纪格非:《民事诉讼虚假诉讼治理思路的再思考——基于实证视角的分析与研究》,载《交大法学》2017 年第 2 期。

③ 王玄玮:《民事虚假诉讼的概念内涵亟待厘清——以最高人民检察院第十四批指导性案例为指引》,载《人民检察》2019 年第 23 期。

④ 全国人大常委会法制工作委员会民法室:《2012 民事诉讼法修改决定条文解释》,中国法制出版社 2012 年版,第 152—158 页。

决定》的通过，终于尘埃落定。① 从法律规定的角度看，两种虚假诉讼除行为主体不同外，其行为表现形式、行为的结果上并无明显不同。但是从司法实践情况上看，排除冒名诉讼等特殊的单方虚假诉讼，单方型虚假诉讼中虚假诉讼行为人与对方当事人多存在真实的法律纠纷，因此虚假诉讼行为更多表现为手段上的虚假，如恶意利用证据或伪造证据，起诉时隐瞒已存在针对同一事项的生效裁判或者相关案件正在审理过程中等事实，隐瞒债务已经清偿的事实起诉要求他人履行债务等。行为人制造虚假诉讼的目的主要是通过上述行为形成本不该的、于己有利的诉讼优势和裁判结果，损害对方当事人利益，比如使得对方当事人支付超出其应付的赔偿额等。而双方恶意串通型虚假诉讼则更多地体现为虚构民事法律关系，多呈现手段和目标上的整体虚假。恶意串通的双方当事人具有共同欺瞒法院的立场，利用诉讼处分原则"约束"法院审判行为，骗取生效裁决，在对他人合法权益的侵害上多体现为意图损害第三人合法权益。单方型虚假诉讼因双方利益相悖，诉讼中的对抗与普通诉讼并无明显不同，甚至可能更为激烈，相较于双方串通型虚假诉讼，人民法院有更强的识别和制止能力，要通过合理分配当事人举证责任，加强调查核实，主动承担起对单方型虚假诉讼的判断和阻却义务。

其次，依行为方式的不同，可以将虚假诉讼区分为完全捏造型虚假诉讼与部分虚构型虚假诉讼。与合法的民事诉讼行为相比，虚假诉讼的特殊之处在于是根据捏造的事实提起的诉讼。民事法律事实是指产生、变更或消灭民事法律关系的客观事实。具体的事实是起诉的必要条件，捏造全部案件基本事实构成虚假诉讼自不待言。捏造、改变部分案件基本事实，即所谓部分虚假也可能构成虚假诉讼。部分虚假包括两种情形：一种是捏造部分事实，也就是"无中生有"。比如，通过各种"套路贷"的手段，使得债权虚增至实际金额的数倍。另一种是伪造关键证据，改变部分基本事实。对于"部分虚假"，有观点认为，"'捏造的事实'，是指凭空编造的不存在的事实。如根本不存在的债权债务关系，从未发生过的商标侵权行为等。如果民事纠纷客观存在，行为人对具体数额、期限等事实作夸大、隐瞒或虚假陈述的，不属于这里的'捏造'"。② 还有观点认为，所谓以捏造的事实提起民事诉讼，

---

① 该《决定》将现行《民事诉讼法》第115条新增第2款规定："当事人单方捏造民事案件基本事实，向人民法院提起诉讼，企图侵害国家利益、社会公共利益或者他人合法权益的，适用前款规定。"

② 郎胜主编：《中华人民共和国刑法释义》，法律出版社2015年版，第542页。

既包括无中生有、完全捏造，也包括篡改事实、部分虚假。① 本文认为，虚构部分事实是否构成虚假诉讼，不应一以概之。对符合下列条件的，可以视为虚假诉讼：（1）行为人主观上认识到行为的违法性，捏造事实或伪造证据的目的在于谋取个人非法利益。（2）行为人捏造的事实或伪造的证据是法院认定事实或裁判的主要依据。（3）严重损害他人合法利益。原因在于：与通常诉讼中所进行的对己有利陈述、选择性提供证据等诉讼策略行为不同，行为人虚构部分事实，主观故意与捏造全部事实并无本质区别。捏造事实，不管是捏造部分事实还是全部事实，都是对审判权的不合理利用，都同样妨害司法秩序，且在侵害他人合法权益方面，部分虚假并不一定比完全捏造更轻微。比如，大幅增加借贷本金的套路贷案件，将本金从 10 万元虚增至 40 万元，相对于完全捏造 10 万元借贷关系，对债务人的侵害更大。审判实践中，对于凭借远超实际借款金额的借条起诉的，认定为虚假诉讼罪处理也并不少见。②

最后，依据虚假诉讼的行为目的的不同，区分为侵害型虚假诉讼与维权型虚假诉讼。侵害型虚假诉讼中，行为人提起虚假诉讼的目的在于通过损害他人利益谋取本人不正当利益，对于行为的违法性有清楚的认知，并且主动实施了一定的行为，当然构成虚假诉讼。维权型虚假诉讼，指当事人存在债权债务关系，一方为实现己方合法权利而伪造证据，虚构另一法律关系提起的诉讼。③ 此时，行为人提出诉讼的目的主要在于实现己方合法权利，存在捏造事实等行为，其对司法秩序必然造成侵害。有观点认为，维权型虚假诉讼未损害他人权益，情节、后果相对较轻的，可不以虚假诉讼论处。④ 本文认为，维权型虚假诉讼根据当事人行为方式的不同可能存在不同情形，是否构成虚假诉讼不可一概而论。在实现个人合法权利与保护他人权益相冲突的

---

① 陈洪兵：《准确解读虚假诉讼罪的构成要件》，载《法治研究》2020 年第 4 期。
② 福建省连城县人民法院（2018）闽 0825 刑初 61 号刑事判决书：被告人华某 1 将与华某 2 之间借款金额自人民币 84535 元虚增至 35.5 万元，将与黄某某之间借款金额自人民币 15 万元虚增至 35 万元，将与江某某之间借款金额自人民币 18.8 万元虚增至 44 万元。法院经审理认为，被告人华某 1 分别伙同被告人华某 2、黄某某、江某某，虚增双方的借贷款项，并以此捏造的事实向人民法院提起民事诉讼，妨害正常的司法秩序，侵害了相关第三人的合法权益，四被告人的行为均已构成虚假诉讼罪。类似的还有（2018）浙 0523 刑初 77 号刑事判决书、（2017）黑 0382 刑初 133 号刑事判决书、（2017）苏 1323 刑初 560 号刑事判决书等。
③ 周清华：《虚假诉讼的构成要素》，载《中国检察官》2017 年第 14 期。
④ 周清华在《虚假诉讼的构成要素》一文中，举一例认为由于行为人不是为了谋取非法利益，欠缺虚假诉讼的主观关键要素，且情节、后果相对较轻，似不以虚假诉讼定性为妥。

情况下，明知可能损害他人合法权益，依然选择以虚构的法律关系提起民事诉讼的，对此行为应当进行否定性评价，宜认定为虚假诉讼。① 原因在于不管动机如何，捏造事实提起诉讼有违诉讼诚信，已然对国家司法秩序及司法权威造成破坏，对其首先应当坚持否定性评价。在此过程中同时损害他人合法权益的，实质上是行为人欺骗、利用国家诉讼程序，通过此种方式在与他人之间的利益冲突中获得本不能获得的利益，应当认定为虚假诉讼。

（二）虚假诉讼治理的现状

党的十八届四中全会通过《中共中央关于全面推进依法治国若干重大问题的决定》，专门提出加大对虚假诉讼、恶意诉讼、无理缠诉行为的惩治力度。2017年至2019年，全国检察机关办理民事虚假诉讼监督案件数共计1.27万件。② 2017年至2020年，全国各级法院共查处虚假诉讼案件1.23万件。③《刑法修正案（九）》增设虚假诉讼罪以来，自2016年至2020年，人民法院审结的虚假诉讼犯罪案件逐年增加。通过中国裁判文书网检索，输入"虚假诉讼罪""刑事案件""判决书"三个关键词，显示2016年至2020年虚假诉讼刑事案件数分别为48件、113件、190件、395件、544件，案件数量逐年持续增长。自2021年开始数量逐渐回落。按上述条件检索，2021年、2022年1—9月人民法院审结的虚假诉讼犯罪案件分别为185件、25件。笔者同时以"虚假诉讼""民事案件""判决书"三个关键词检索发现，虚假诉讼民事案件呈现同样的趋势：2015年至2020年数量逐年增加，2021年至2022年数量开始下降。全国检察机关2021年以抗诉或检察建议纠正虚假诉讼案件8816件、起诉虚假诉讼犯罪1135人，同比分别下降12.6%和16.1%。④ 可见，司法机关持续强化惩治力度，一定程度上遏制了虚假诉讼高发态势。

虚假诉讼案件多数具有刑民交叉情形，涉及刑事、民事诉讼程序的衔

---

① 例如，陕西省安康市岚皋县检察院办理的一起破产案件中，破产企业法定代表人某甲以偿还企业所欠债务为条件，找到普通债权人某乙，要求某乙以企业职工身份申请劳动仲裁，某乙为取得本人债权，配合某甲提起劳动仲裁，获得执行后，扣留企业欠其债务及约定报酬，余款返还某甲。双方行为构成虚假诉讼。

② 数据源自2020年7月9日最高人民检察院向最高人民法院发出的"高检建〔2020〕2号（总第5号）"检察建议书。

③ 孙蔚：《最高法整治涉房虚假诉讼》，载《中国消费者报》2021年12月7日，第3版。

④ 数据源自最高人民检察院2022年工作报告。

接，需要加大法院、检察院、公安机关的配合协作力度，建立联合惩戒机制，在实务界已形成共识。例如安徽、浙江、广东、广西、陕西等地，公安机关、检察院、法院等相关机关从省级到区县级各个层面都建立了一些协同惩治、打击的工作机制，对虚假诉讼治理过程中的一些衔接配合问题达成共识，形成工作制度，推动了对虚假诉讼的综合治理。但是，从目前机制运行情况以及具体办案情况、成效看，协作主要体现在个案办理过程中，人民法院审理案件或者检察机关办理民事诉讼监督案件中发现可能涉嫌虚假诉讼的，向公安机关移送犯罪线索，借助侦查力量取得构成民事虚假诉讼的证据材料。或是法、检两院内部刑事审判、刑事检察部门发现虚假诉讼行为，主动移送民事审判、民事检察部门启动民事纠错程序。各司法机关及内部部门之间的配合主要体现在具体案件民、刑办案程序的衔接上，在各自职权范围内多是"单打独斗"，在信息统一管理、线索共享、侦查调查配合等方面的系统协同、深度协作不足。

（三）检察机关在虚假诉讼治理中的独特作用

1. 从检察权性质上分析，公权监督与私权救济的双重功能，契合规制虚假诉讼的需要

虚假诉讼监督一般首先折射到民事检察监督范围之内。民事检察具有对民事诉讼审判、执行以及仲裁、公证等非诉程序中各种裁决、确认等公权力的监督职能。基于公权监督的定位，在"当事人存在虚假诉讼等妨害司法秩序行为"或者"审判、执行人员有贪污受贿，徇私舞弊，枉法裁判等违法行为"情形下，根据《人民检察院民事诉讼监督规则》的规定，可以不以当事人申请为前提，依据受害人举报、控告或其他途径掌握案件线索，主动启动监督程序，直接对虚假诉讼行为实施法律监督。为查明是否存在虚假诉讼行为，有权通过询问当事人及其他人员、鉴定、勘验等手段，调查收集证据。这些显示了检察权对公权监督的主动性，相比人民法院在民事审判中的被动性，有一定优势。由于民事诉讼以及其他非诉程序围绕民事私权利的确认、实现、保障展开，民事检察对公权力监督的同时，必然也会对因公权力失范受损害的一方实施权利救济，实现公权监督和私权救济的双重功能。因此，民事检察监督的双重业务属性和功能，直接地回应了监督纠正虚假诉讼阻碍公权力正确行使和侵害私权利的司法需求。

2. 从检察权运行方式分析，检察监督能够更高效地发现、查明、惩治虚假诉讼

随着我国检察机关法律监督体系的发展，最高人民检察院提出，刑事、民事、行政、公益诉讼"四大检察"要相互分工、相互配合，形成检察监督合力，以推动法律监督职能的整合与系统化。虚假诉讼案件可能存在审判、执行违法、虚假诉讼犯罪、行政机关履职不当、司法人员职务犯罪等违法犯罪行为，涉及多项检察监督业务，且大多数案情疑难复杂，办理难度相对较大。检察监督体系及检察融合理论的发展，使得检察机关可以整合利用不同法律监督职能，协调上下级检察机关力量，实现对虚假诉讼的全方位监督。在法律规定框架之下，融合发挥各项检察监督职能，协调上下级院监督力量，可以形成监督的有机整体，实现对虚假诉讼的民事纠错、行为人民事和刑事责任追究以及社会源头治理，通过发挥个案办理、类案监督、系统治理的检察监督综合效能，推动虚假诉讼社会问题根源治理。

3. 从检察监督实务看，检察机关已经积累了较为丰富的虚假诉讼监督实践经验

检察机关对于虚假诉讼问题有着长期的关注和研究。追溯至 2003 年，河南省人民检察院和郑州市人民检察院联合举办"虚假（恶意）民事诉讼"研讨会，开始深入系统地研讨检察机关在遏制虚假诉讼中的作用。2008 年开始，最高人民检察院明确要求全国检察机关依法对损害国家利益、社会公共利益、案外人利益的虚假诉讼案件加强法律监督，部署各地检察机关积极开展查办虚假诉讼的实践探索。例如，此期间，陕西西安市雁塔区人民检察院办理的陕西恒升房地产开发有限公司系列虚假诉讼案，涉案金额高达 1178 万元。雁塔区检察院在办案过程中，与公安机关在案件调查、移送、衔接上相互配合，启动民事虚假诉讼检察监督，同时对于虚假诉讼行为人依法追究刑事责任，参与虚假诉讼的五人均受到了刑事处罚，摸索出一套较为完整的虚假诉讼民、刑同治的调查方法。党的十八届四中全会后，为贯彻落实党中央提出的加大对虚假诉讼的惩治力度要求，最高人民检察院要求全国检察机关充分发挥法律监督职能，切实加强虚假诉讼检察监督，各地虚假诉讼监督工作取得了显著的成效。2015 年至 2018 年，全国检察机关共对 5178 件虚假诉讼案件向法院提出抗诉或检察建议。[①] 2019 年 5 月 22 日，最高人

---

① 张军：《最高人民检察院关于人民检察院加强民事诉讼和执行活动法律监督工作情况的报告》，第十三届全国人民代表大会常务委员会第六次会议，2018 年 10 月 24 日。

民检察院发布第十四批指导性案例，首次对 2012 年民事诉讼法确立的虚假诉讼行为提出了不同意见，是检察监督对防范、惩治虚假诉讼的实践回应，为后续的法律解释提供了可资参考的实践素材。① 同年 7 月，部署在全国检察机关开展为期两年的虚假诉讼领域深层次违法监督专项活动，将视野投向虚假诉讼领域及其背后的深层次违法行为，监督职能逐步延伸和深化。2020 年 7 月，最高人民检察院在对全国虚假诉讼审判、检察监督工作调研分析的基础上，就虚假诉讼认定标准、程序处理、协调配合、问责制度等虚假诉讼实践中争议较大内容，向最高人民法院提出了关于加强虚假诉讼防范制裁的"五号检察建议"，进一步释放出虚假诉讼检察监督效应。在长期实践基础上，检察机关办案机制日益成熟完善、人员办案能力逐步提升，虚假诉讼防范、惩治、综合治理的职能作用不断彰显。

二、虚假诉讼检察监督的现状分析

（一）虚假诉讼检察监督实务中的困难

2019 年 7 月开始，陕西省检察机关开展了为期两年的虚假诉讼监督专项活动，共办理虚假诉讼监督案件 338 件，向法院提出监督 167 件。笔者对 167 件案件进行了梳理，同时，在中国裁判文书网检索了 2019 年 1 月至 2021 年 12 月期间的裁判文书。以法律文书理由"虚假诉讼"、案件类型"民事案件"、法律依据"《中华人民共和国民事诉讼法》第一百一十二条"为条件，共检索到民事判决书 1192 份、裁定书 631 份、决定书 12 份。通过对专项监督情况和检索案件的分析，可以发现虚假诉讼检察监督中存有以下问题：

1. 案件线索来源有限，虚假诉讼识别滞后

根据实践样本分析，虚假诉讼检察监督案件主要来源于检察机关依职权自行发现，案外人举报或者其他机关移送的不多。比如，陕西检察机关办理的 167 件案件中，依职权发现线索 129 件，占 77.2%。主要方法是以个案线索为切入，依靠各种检索工具，通过检索发现特定人员一段时间内同一类型大量、集中的涉诉案件，并从中筛查分析发现可能涉虚假诉讼的案件。案件

---

① 华锰、颜良伟：《虚假诉讼检察监督问题分析——以最高检第 14 批指导性案例为样本》，载《中国检察官》2019 年第 19 期。

类型主要是民间借贷、追索劳动报酬等法律关系相对简单的虚假诉讼，反映出检察机关对于复杂的虚假诉讼缺乏足够的发现手段，线索来源单一。有部分地区检察机关利用大数据等科技手段可以发现批量案件线索，但是，各地检察机关大数据平台建设、大数据应用水平差异较大，此做法没有在全国范围内广泛适用。另外，虚假诉讼在原审程序发现的占比低，近八成的虚假诉讼再审程序才得以确认，且主要由检察监督启动再审程序。检察监督一般是裁判生效后的事后监督，因此，无论是民事检察监督还是刑事追责，由于发现、查明历时相当长，其间案涉财产经常已经被转移或处置，虚假诉讼受害人的权益难以得到及时保障。

2. 调查取证缺乏保障，虚假诉讼认定难度大

当事人在进行虚假诉讼过程中伪造证据，审判阶段法院采取强制措施，是以积极的程序启动者与事实调查者的身份出现的，承担着较多的事实探明义务。但是在另一方当事人或权利受损害的人未提出异议的情况下，通过质证审查证据真实性的程序设计已经失灵。基于同样理由，检察监督阶段在具体证明方法上，几乎很难得出检察机关在证明虚假诉讼要件事实方面更有优势的论断，[①] 检察机关认定虚假诉讼行为普遍采取利用自行调查取得的新证据否定原审虚假证据的方式进行。因此，利用民事调查核实权或刑事侦查权取得新证据对查明虚假诉讼至关重要。相关法律和司法解释明确了检察机关具有包括调阅诉讼卷宗、询问相关人员、鉴定、审计、现场勘查等调查手段。但实践中，仍存在调查取证难的问题。一是询问当事人或案外人缺乏足够保障手段。当事人或案外人不配合，拒绝或妨碍调查核实的，《人民检察院民事诉讼监督规则》及"两高两部"《关于进一步加强虚假诉讼犯罪惩治工作的意见》，赋予检察机关对其相关单位、上级主管部门或人民法院提出检察建议。但是，通过行使缺乏刚性的检察建议权，督促当事人或通过相关单位督促当事人配合调查核实，实践操作性不强，效果也并不理想。二是法定调查核实权不包括询问原审审判、执行人员。对法院工作人员的询问更多的是基于两院配合，对案件进行沟通、了解。审判、执行人员出于担忧原审阶段可能存在工作疏忽、过失或责任追究的考虑，不予配合的概率较大。更何况实务中还存在司法人员与虚假诉讼行为人串通炮制虚假诉讼的情况。最后，随着反贪反渎人员的转隶，目前检察机关现有人员调查能力不足。实务中，由于难以独立完成调查取证，联合其他机关对虚假诉讼隐蔽的职务犯

[①] 刘君博：《论虚假诉讼的规范性质与程序架构》，载《当代法学》2019年第4期。

罪、刑事犯罪线索进行侦查，在固定刑事证据的同时完成民事案件证据的收集，或直接运用已收集的刑事犯罪证据，证明虚假诉讼行为成立，成为虚假诉讼检察监督的常见做法。"当前需要警惕民事虚假诉讼监督案件中，民事监督对刑事侦查或刑事追诉路径的过分依赖"①，导致忽视虚假诉讼刑民规制的差别，不利于虚假诉讼检察监督案件的常态化办理。另外，由于刑事案件普遍侦办周期较长，一味等待刑事案件结果也造成民事案件中止审查后长时间搁置。

3. 司法惩戒力度不足，监督职能发挥不全面

虚假诉讼的规制应当从源头遏制——防范虚假诉讼权的产生和行使。加大虚假诉讼行为人的违法成本，驱使行为人主动放弃进行虚假诉讼是遏制虚假诉讼的有效手段之一。惩戒力度不够，违法成本低，是虚假诉讼屡禁不绝的重要原因。从中国裁判文书网 2019 年 1 月至 2021 年 12 月期间民事裁判文书检索情况看，审判阶段仅有 12 份针对虚假诉讼的司法惩戒决定书，比例畸低。一、二审程序以构成或者涉嫌虚假诉讼（罪）裁定驳回起诉或判决驳回诉讼请求的，除部分裁判明确给予相应惩戒或对违法行为另行处理外，其余绝大部分案件未对虚假诉讼行为或者其他妨害诉讼秩序的行为适用民事强制措施。② 总体上看，司法机关对民事诉讼中各类妨害诉讼行为惩戒力度不够，甚至忽略，大大降低了虚假诉讼行为人的违法成本。检察监督阶段也未充分关注司法惩戒问题，对原审中司法惩戒措施适用情况监督不足。监督意见多集中于原审裁判存在虚假诉讼应依法纠正，忽略了建议人民法院对行为人适用妨害民事诉讼强制措施，对再审程序中适用司法惩戒措施失去了提醒、规范和监督作用。

4. 监督个案化、表面化，监督效应不足

虚假诉讼检察监督虽然有一定的实务积累，但仍多以个案的方式呈现，缺乏对于民间借贷、以物抵债、劳动争议等虚假诉讼高发领域办案经验、监督方法的总结。对个案中所反映的共性问题调研提炼不足，尚未形成有价值的虚假诉讼类案监督方法，未能发挥类案监督在统一法律适用、增强监督质效方面的优势。虚假诉讼作为经济社会发展到一定阶段的司法领域的畸形产

---

① 石娟：《民事虚假诉讼检察监督中的疑难问题研究》，载《中国检察官》2017 年第 16 期。
② 本次检索发现一、二审诉讼文书 369 件，357 件认定涉嫌虚假诉讼（罪）或构成虚假诉讼，其中 6 件在文书中说明对行为人进行相应司法惩戒，13 件提及将对虚假诉讼行为另行处理，5 件描述行为人已接受刑事处罚，其余案件对是否应进行司法惩戒未予论述。

物，有其远超出立法、司法的深层社会原因。大多数检察监督单纯对生效裁判和调解书及当事人虚假诉讼违法行为进行监督规制，缺乏对虚假诉讼深层次成因的研究，较少针对社会综合治理提出对策或者高质量的社会治理类检察建议。各地虚假诉讼检察监督整体上均受制于案件线索获取的偶发性和监督手段的有限性，职能作用发挥并不充分。

5. 与相关职能机关配合协调不顺畅

配合不畅的问题主要体现在微观及宏观两个层面：在具体个案中，检察机关与审判机关、公安机关在民事虚假诉讼问题上的分歧包括：捏造部分案件基本事实与伪造关键证据是否构成虚假诉讼认识的不同，基于不同立场对认定虚假诉讼的意愿差异，刑事案件线索接收、核查、立案标准不同等，直接影响着检察监督办案顺利开展。在综合治理中，各机关之间尚未建立起信息共享、共同防范、联合惩治的综合治理体系，数据孤岛、部门壁垒导致惩治打击力量不能有效聚合，也限制了检察监督作用发挥。

（二）虚假诉讼检察监督职能不彰的原因

如上文分析，检察机关因为职能地位、权力属性及运行方式的特殊性，在发现、遏制虚假诉讼中具有独特的优势，但检察监督实践却并不顺畅，有时甚至陷入困境。总体看，虚假诉讼检察监督的效能发挥不尽如人意。究其原因，主要有：

1. 客观上，相关立法规范不明确造成监督实践中认识分歧、协调不畅

我国《刑法》与《民事诉讼法》条文均没有使用"虚假诉讼"一词，"虚假诉讼"只是司法解释以及法学界的概括。① 刑法学者根据刑法和相关司法解释的规定界定虚假诉讼。民事诉讼学界一般将各方当事人恶意串通的虚假诉讼称为狭义虚假诉讼，一方当事人实施的虚构法律关系、伪造证据等行为也可以构成虚假诉讼，即广义的虚假诉讼。② 相关法律和司法解释对虚假诉讼行为的规定不周全，部分捏造事实行为定性不明确，以致司法机关在部分虚假诉讼行为认定上存在较大分歧。对于虚假诉讼行为的范围、虚假诉讼检察监督的证明标准、虚假诉讼刑事追责的启动程序、刑民证据转换等问题缺乏细化规定。同时，立法较少关注刑民程序衔接问题，使得民事、刑事程序之间对虚假诉讼行为制裁不能有效衔接。立法规定缺失、不周全，引起

---

① 张明楷：《虚假诉讼罪的基本问题》，载《法学》2017年第1期。
② 李浩：《虚假诉讼与对调解书的检察监督》，载《法学家》2014年第6期。

相关职能部门认识分歧，实践中不配合甚至抵触、冲突，导致部分案件民事检察无法监督纠正、刑事程序不能衔接启动，事实真伪不明，长期搁置。

2. 主观上，检察机关监督能力准备不足，影响监督权行使

虚假诉讼行为隐蔽性强，花样不断翻新，发现、查办难度大，检察机关虚假诉讼监督能力水平不能与之相匹配。首先，办案力量不足。虚假诉讼监督案件发现和查办多在基层检察院，目前基层检察院人员力量相对薄弱，全国普遍民事、行政、公益诉讼三岗合一，检察队伍的力量配备和专业化水平都难以满足监督办案需要。其次，办案方式陈旧。识别虚假诉讼的重要关口是对证据的审查判断，受以往民事诉讼监督办案方式的影响，部分检察人员习惯于仅对原审审判卷宗进行审查，主动调查、收集证据的意识不足，尤其在调查询问涉嫌参与虚假诉讼人员时，缺少有效方法、技巧。在调查取证受阻时，倾向于直接中止民事监督程序，将案件移送公安侦查，以申请人或控告人无充分证据证明原审存在虚假诉讼为由，径行结案。最后，办案科技手段欠缺。当前，多数检察机关大数据战略实施处于起步阶段，与人民法院及部分行政机关相比，信息化水平整体不高。同时，由于缺少与人民法院以及其他行政机关的数据共享，虚假诉讼监督案件办理依赖人工检索排查或接受案外人控告举报，无法及时发现足够的虚假诉讼和司法人员深层次违法线索，案源不足的"瓶颈"长期得不到有效破解。由于欠缺大数据办案手段，监督效果仅仅限于个案的办理，无法形成类案监督，监督的质效和参与社会治理的功能均受到很大程度的限制。

三、治理路径之一：内部检察监督体系的完善

虚假诉讼规制路径的完善应当遵循已有制度体系的内在逻辑。[①] 虚假诉讼产生于民事诉讼程序，直接侵害民事诉讼秩序，民事检察作为民事诉讼体系内的法律监督，具有一定的督促优势和直接的监督职责。因此，应当优化现有的监督方式，以更好地实现对虚假诉讼的民事纠错以及后续的刑事追责。同时，虚假诉讼作为典型的刑民交叉案件，有的还涉及司法人员，检察监督应当树立体系化思维，借助检察一体化优势，整合各检察业务、力量共同参与、融合履职，完成民事诉讼纠错、刑事犯罪打击、司法人员追责等多维度检察监督职责。

---

① 刘君博：《论虚假诉讼的规范性质与程序架构》，载《当代法学》2019年第4期。

（一）优化现有的民事检察法律监督职能

1. 科学细化虚假诉讼检察监督标准

"民事诉讼检察监督的过程实质上依然是检察官司法决策的过程。"① 存在虚假诉讼情形属于生效裁判"确有错误"，除了对原审认定证据及适用法律情况是否正确进行判断外，还要对原审诉讼中可能存在虚假诉讼行为加以证明。此事实的举证责任应当由检察机关承担。鉴于虚假诉讼导致的生效裁判"确有错误"与一般民事案件的"确有错误"不同，证明"确有错误"的举证内容、须达到的程度、启动检察监督的标准等，也应有所区分。只有尽量具体化、细化以上要素，才能更加精准地实施对虚假诉讼的监督，避免出现启动监督过于随意而影响裁判既判力或者过于严苛导致检察监督举步不前的两种极端局面。

如前所述，虚假诉讼包括与他人恶意串通和单方捏造两种不同的类型。最高人民法院《关于适用〈中华人民共和国民事诉讼法〉的解释》第109条规定，认定恶意串通的证明标准为"排除合理怀疑"，不同于裁判的定分止争，提出检察监督目的在于启动再审程序，引起人民法院对原审诉讼的再次审理纠错。因此，对恶意串通型虚假诉讼，启动监督的证明标准应该高于一般民事诉讼"高度盖然性"的证明标准，但又不至于达到再审改判的"排除合理怀疑"标准，应当是介于二者之间的一个合理限度。虚假诉讼之所以成为司法难题，应归因于证据难以搜集导致的证据成本过高，一个可行的制度方案就是对虚假诉讼要求的恶意串通事实采取推定的方式予以认定。即综合现有证据及新查明的事实能够证明双方具有恶意串通虚构事实的高度可能，有初步证据证明虚假诉讼存在，并能够使得法官对恶意串通事实形成较高程度的确信，"通过充分的经验观察，建立起恶意串通与推定事实之间的因果关系"②。因此，调查收集的新证据能够还原案件客观事实，或者能够证明原审认定事实的主要证据系伪造，应当视为已满足《民事诉讼法》（2021年）第207条第1项或第3项再审条件，可以对恶意串通型虚假诉讼启动监督。启动再审程序后，人民法院应当根据检察机关提出的监督理由和证据，进一步通过双方举证、庭审审理、依职权收集相关证据等途径查清案

---

① 吕洪涛、兰楠：《虚假诉讼检察监督的视角与切入》，载《人民检察》2019年第16期。
② 李剑林：《民事虚假诉讼的法律规制：反思、归因与对策》，载《司法改革论评》2019年第2期。

件事实。实践中，要求提出检察监督时对原审存在的虚假诉讼完全查清、确定无疑，混同了启动再审标准和再审改判标准，不合理地加重了检察机关的证明责任，忽略了再审程序应有的审理查明职责，没有厘清检、法两院应承担的相应证明责任和查明责任，导致很多高度可能的虚假诉讼案件搁浅。

单方捏造型虚假诉讼更多地体现为伪造证据。提出检察监督时应当更多地侧重于证明原审主要证据系伪造，不具有真实性，使证据系伪造这一事实达到高度盖然。在无法直接证明原审认定事实的主要证据系伪造的情况下，从其他方面能够证明原审认定基本事实缺乏证据证明，造成法官对原审认定事实的内心动摇，也可以达到"高度盖然性"的程度。比如，民间借贷虚假诉讼监督，如果不能通过鉴定等方式，直接否定借条等借款凭证的真实性，也可以通过出借人不具备经济能力、借款事由不存在、借款还款过程表述不一等证据，推定证明原审认定存在民间借贷关系的事实缺乏证据证明。概括起来，可以以《民事诉讼法》（2021年）第207条符合第2项或者第3项规定的情形启动再审。

2. 探索开展虚假诉讼诉中监督

发现人民法院正在审理的案件涉嫌虚假诉讼的，检察监督应当及时介入。突破事后监督的原则，对正在审理的案件发出诉中检察建议，能够有效避免虚假诉讼形成后对司法秩序和权利人权益的侵害，大大减少事后纠错的司法成本。这种做法，目前没有明确的法律授权和法定介入程序，也不符合传统认识中民事检察监督事后性、弥补性、被动性等特点，可能会引发检察权影响审判权独立行使的质疑。笔者认为，对涉嫌虚假诉讼的、正在审理中的案件进行检察监督，能够尽早制止虚假诉讼损害结果的发生。在有涉嫌虚假诉讼的相关证据，与审理案件的人民法院充分沟通达成一致的条件下，检察机关可以开展诉中监督。根据《人民检察院检察建议工作规定》第3条"人民检察院可以直接向本院所办理案件的涉案单位、本级有关主管机关以及其他有关单位提出检察建议"之规定，以检察建议形式告知审判法官案件涉嫌虚假诉讼的可能，并移交收集的相关证据材料。此种做法在实践中已有较为成功的案例。比如，某执行异议之诉案件正在审理中，执行异议之诉被告（申请执行人）向人民法院主张存在虚假诉讼，同时又向检察机关申请虚假诉讼监督。陕西商洛市柞水县人民检察院以案件可能涉嫌虚假诉讼为由首先书面建议法院中止审理。经调查核实，查明执行异议之诉原告（执行案外人）与执行异议之诉第三人（被执行人）恶意串通，转移资产，阻碍执行的事实，又建议人民法院驳回原告诉讼请求，将涉嫌虚假诉讼线索移交公安机关处理。后法院采纳了检察建议。此案通过检、法两院相互配合，将事后纠错转变为事前防止，阻止了利用执行异议之诉偷逃债务的行为，避免给申请执行人造成无法挽回的损失。可见，归于及早发现规制虚假诉讼的目的，在沟通一致的前提下，诉中检察建议完全可以成为一种两机关认可的做法运用于一些案件中，提高发现和制裁虚假诉讼的效率。

3. 对非诉讼程序中的虚假诉讼实施溯源监督

仲裁、公证及特别程序、督促程序、公示催告程序、破产程序等非诉讼程序的法律文书作出后可以直接进入民事执行程序或破产债权认定程序，行为人借此规避案件实体审理，更加便捷地实现通过执行、破产程序转移财产、逃废债务的虚假诉讼目的。经由上述程序作出的法律文书具有不可再审性，无法抗诉或建议再审，只能介入执行程序以检察建议方式予以监督。但是，实践中此类检察监督多集中在具体执行行为的合法性、适当性上，对于执行依据疏于实体审查。在没有充分理由否定执行依据的情况下，仅以可能存在虚假诉讼情形建议法院不予执行，一般达不到阻却法律文书执行的目的。因此，检察监督要阻却法律文书的执行，最终还是要溯源实现对其效力的否定。

2012年《民事诉讼法》修改后，民事检察已经突破了抗诉监督的藩篱，一个涵盖诉前监督、诉中监督、诉后监督、执行监督、调解监督等在内的民事检察体系已卓然完成。[1] 针对虚假诉讼行为可能涉及的各程序、阶段，检察监督不应割裂、分离进行，应自发现虚假诉讼的程序阶段，将监督行为前溯或后移，将监督视野拓展至虚假诉讼行为所涉及的众多程序阶段，以彻底否定虚假诉讼文书效力及其强制执行力。对于经特别程序、督促程序、公示催告程序确认的虚假法律文书，已经进入执行程序的，就相应的程序发出审判程序违法检察建议，建议人民法院对案件事实进行重新审查，同时，对于执行程序，也应从撤销执行依据、纠正执行行为两方面提出检察建议，通过对相关程序本身及执行程序的整体监督，完成对虚假诉讼的监督。对依据虚假的事实作出的仲裁裁决、调解书和公证债权文书，因检察监督缺乏直接介入仲裁、公证程序的法律授权和法定程序，无法直接进行监督，可以在其进入执行后对执行程序实施监督，建议人民法院确认虚假非诉行为，不予执行虚假法律文书，纠正已经进行的执行行为。另外，可以向仲裁机构、公证机

---

[1] 吴宏耀、苗生明等：《大家谈：新时代检察基础理论的重点问题》，载《国家检察官学院学报》2021年第1期。

关及其管理部门发送改进工作或社会治理类检察建议，建议加强对仲裁、公证的事实审查以及人员的管理等。实践证明，在证据、理由充分的情况下，虽然没有具体的法律规定，但以上机构、部门仍希望并乐于接受来自外部的检察监督。

（二）一体化整合各项检察监督力量

1. 开展"四大检察"虚假诉讼监督融合履职

检察机关为适应新时代经济社会发展新变化，进行重塑性机构改革，推动形成了"四大检察"法律监督新格局。2021年第十五次全国检察工作会议首先提出"检察职能融合发展"理念。融合履职理念的提出主要是因为，随着经济社会发展和科学技术进步，相关复杂案件，尤其是涉及重大国家利益或社会公共利益的案件，比如知识产权保护、生态环境保护等，承载的法益具有综合性，对同一违法行为或违法事实需要从不同性质法律规定角度对其进行不同评价，行政机关及审判机关为应对复杂型案件不断推行综合行政执法改革或综合审判，检察机关也逐渐尝试打破职能界限，对相关案件进行专业化办理，开展综合性司法。不同检察职能呈现融合发展的新特点，逐步形成"以条线管理、分头履职为主体，融合发展、一体履职为补充的新模式"①。虚假诉讼行为侵犯不同法益，对虚假诉讼行为的监督及相应社会治理，需要刑事、民事、行政、公益诉讼"四大检察"协同完成，涉及相关业务职能的融合发挥。

在具体案件查办中，前端的信息共享、线索研判和移送、证据共享等可以有效引导后续审查、侦查阶段工作。不同检察业务部门之间应当做好线索发现移送、案件信息互通与办理结果反馈。检察机关相关业务部门对于当事人申请、案外人控告举报或其他机关、部门移交的虚假诉讼线索进行初步调查核实后，应对是否构成虚假诉讼、一般违法行为或涉嫌虚假诉讼罪，是否有司法人员参与等作出初步判断。涉嫌犯罪的，移送公安机关、刑事执行检察部门进行立案侦查。对于公安机关移送批准逮捕、审查起诉或办理司法人员职务犯罪案件中发现可能涉及民事虚假诉讼的，刑事、民事、执行检察部门可以共同研究刑事案件办理和调查的思路、方向，同时启动民事诉讼监督程序。在责任承担上，行为人在受到刑事处罚的同时还应当承担相应的民事赔偿责任。因此，也要从虚假诉讼刑事处罚、民事惩戒以及民事赔偿多个方

---

① 贺恒扬：《持续推动检察职能融合发展》，载《人民检察》2021年第Z1期。

面追究其责任，以免虚假诉讼的违法责任落空。

民事、行政、公益诉讼检察部门除共同纠正因虚假诉讼产生的错误证权行政行为外，还可以针对虚假诉讼易发多发领域，主动监督行政机关监管职责履行情况。通过对虚假诉讼系列案件或类案的共同调研分析，发现行政机关违法行为线索或在某一领域、某一方面存在的普遍性监管漏洞，由行政检察、公益诉讼检察部门监督督促履职或者开展专项检察监督。

2. 建立一体化的虚假诉讼检察办案机制

虚假诉讼发现难、查实难，相较一般民事诉讼监督案件更加疑难复杂，单靠某一检察部门甚至某一院力量经常难以完成，需要办案团队协作，发挥多个业务职能、多个办案单位集体力量。检察机关一体化机制优势，体现在横向上的多主体协同和纵向上的多层级统筹。近年，最高人民检察院陆续出台相关规定，完成了关于跨地区调用检察人员的顶层制度设计，从而排除了跨业务部门、跨地区、跨上下级院之间检察人员的调配使用的障碍。针对虚假诉讼案件中发现的刑民交叉、司法人员涉嫌职务犯罪等情形或重大行政违法行为，根据办案需要，可以成立跨部门检察官办案组，实施跨业务办案互助。通过跨部门检察官联席会议、集体会商研判、共同配合调查取证等方式实现跨业务联合办案，满足虚假诉讼检察监督的复合性业务要求。针对跨行政区域、重大疑难复杂、在市域或省域有较大社会影响的虚假诉讼案件，单靠一院力量存在人力困难或者其他办案阻力的，可以由上下级检察院一体协同办案。在一个完备的省、市、县三级一体办案单元中，省级检察院承担组织协调、督导指导职责，根据案件调查需要，负责与相关部门的沟通协调；市级检察院研判确定调查方向，并进行上下衔接；县级检察院收集证据、初查案件、直接对接公安机关侦查、刑事立案监督等。在案件的办理中，检察机关整合各项监督资源，以"整体的法律守护人"[①]形象，最大化汇聚发挥监督力量。

3. 推进大数据在虚假诉讼监督中的应用

虚假诉讼检察监督个案化、随机性、表面化的一个重要原因是，检察机关信息化建设、大数据应用程度不高，掌握运用数据、信息有限，无法系统性、规模性以及深层次地开展监督。当前，数据已成为继土地、劳动力、资本、技术后的第五大生产要素。从数字检察中寻找传统检察监督向智慧监督

---

① 李成林、张建伟、侯亚辉：《检察一体化机制建设的推进与落实》，载《人民检察》2022年第3期。

模式转型升级的有效途径，"无异于执法司法领域异常深刻的数字革命"。为此，培养虚假诉讼监督领域大数据应用的意识，主动将人工、随机发现，个案办理的传统监督模式，变革为"数字赋能监督、监督促进治理"的监督模式。激活现有检察数据，打通与人民法院、其他行政机关的数据壁垒，搭建大数据平台，可以有效破解虚假诉讼案件来源不足的"瓶颈"。深入实施数字检察战略，发挥数字技术对业务的支撑和推动作用，以数字检察辅助虚假诉讼监督办案。以业务为主导研发虚假诉讼法律监督模型，对特定类型民商事案件审判、执行、行政监管以及行业信息进行数据汇集与智能化分析，提炼类案同质化要素，发现虚假诉讼易发、高发领域和问题产生的原因、规律，结合实际研发虚假诉讼监督数字化场景应用，提出预防、打击对策，开展针对特定领域专门的虚假诉讼监督，推动虚假诉讼监督由点到面、由个案到类案、由虚假诉讼监督一域到社会问题的源头治理、系统治理。

4. 合理配置民、刑检察办案力量

大多数情况下，虚假诉讼监督来自民事诉讼监督，根据情节严重程度决定是否需要追究刑事责任。因此，作为监督的前端，民事检察部门发现虚假诉讼线索，需要投入大量时间、精力进行调查核实。然而，长期"重刑轻民"观念影响下，刑、民检察人员力量失衡的现象在各级检察院，尤其基层检察院不同程度地普遍存在。与虚假诉讼监督以及其他深层次违法监督的业务需求形成巨大反差，因此，应当根据工作量科学配置人力资源，并根据业务发展的需要，优化人员配置，尤其对长期薄弱的民事检察工作亟待加大人员力量投入。同时，研究建立符合工作发展规律的、科学的绩效评价机制，使之"既能契合基层检察工作特点又具有正向激励作用，同时还能合理引导工作重心"。[①] 对于办理或者参与其他部门虚假诉讼办案工作的，在进行业绩评价时，增加考核比重，给予相应赋分，激发工作主动性。

（三）探索检察权运行的创新方式

1. 主动运用司法惩戒检察建议

长期以来，司法机关对于妨害民事诉讼的强制措施运用不够。相当一部分涉嫌虚假诉讼的案件，人民法院以裁定驳回起诉或判决驳回诉讼请求的方式结案。由于未在裁判中对行为人伪造证据、虚假陈述等行为作出认定，对相关人员适用强制措施也缺乏前提，实践中极少有驳回起诉或诉请同时适用

---

① 姚舟：《"四大检察"协调发展的基层探索》，载《人民检察》2019年第Z1期。

强制措施的情况。案件到检察监督环节已时过境迁，基本不会在监督意见中明确提出对虚假诉讼行为人适用强制措施，导致一些虚假诉讼行为几乎没有违法成本。

对于捏造事实、伪造证据、虚假陈述等破坏诉讼秩序的虚假诉讼行为，国家权力应当主动干预。按照最高人民法院的观点，"人民法院只要发现当事人之间恶意串通进行虚假诉讼，即应对其采取强制措施，即一经发现就要给予处理"。"人民法院在驳回当事人诉讼请求的同时，必须要用好用足强制措施……"① 如果说，原审诉讼程序中未能及时确认虚假诉讼行为，导致强制措施适用率低，那么在再审程序更应当加大惩戒力度。因为，虚假诉讼不仅使法院原有的审判、执行工作成效化为乌有，亦导致司法机关要组织新的力量来处理其带来的一系列问题，对司法资源造成极大的浪费。② 即使错误的裁判文书得到纠正，也不能改变司法资源被浪费、司法权威被侵害的事实。检察机关在对虚假诉讼行为进行监督时，应当加大强制措施的运用，对妨害民事诉讼的行为，如捏造事实、伪造证据、虚假陈述等，单独或一并向人民法院提出适用强制措施的检察建议。建议人民法院根据虚假诉讼行为的具体情节，对虚假诉讼行为人予以训诫、拘留、罚款等，提高虚假诉讼行为的违法成本。在损害国家、社会公共利益的虚假诉讼中，比如侵吞国有资产、规避商品房限购、规避小产权房政策及税收政策等虚假诉讼，对于不构成犯罪的其他众多参与者，也应当建议人民法院对其施以相应程度的司法惩戒措施，或者建议行政管理部门依法给予特定行为人行政处罚，形成对惩治虚假诉讼的社会共识和社会震慑，构建完善的虚假诉讼社会惩戒体系。

2. 将虚假诉讼损害赔偿纳入民事支持起诉范围

我国现行法律对虚假诉讼的受害人是否可以提起侵权之诉无明确的规定。虚假诉讼致人损害，符合侵权行为的一般特征和构成要件，追究侵权人的民事责任具有正当性基础。应当允许受到侵害的当事人或案外人提起侵权之诉，根据行为人过错大小、情节轻重、受害人损失大小等因素主张赔偿责任。最高人民法院《关于防范和制裁虚假诉讼的指导意见》《关于深入开展虚假诉讼整治工作意见》也规定了"对造成他人损失的虚假诉讼案件，受害人请求虚假诉讼行为人承担赔偿责任的，应予支持"。

---

① 《最高人民法院民事诉讼法司法解释理解与适用》，人民法院出版社2015年版，第528页。
② 杨晓：《虚假诉讼民事检察监督机制研究》，载《新时代民事检察的理论与实践——第十五届国家高级检察官论坛论文集》2019年11月7日。

根据《民事诉讼法》第 15 条规定，检察机关可以支持民事权益受损害的单位或者个人向人民法院提起民事诉讼。检察机关作为专门的国家法律监督机关，在虚假诉讼监督上具有自身职权优势，对于被侵权人的支持帮助更有力、更专业。尤其是那些基于检察监督发现、纠正的虚假诉讼案件，在之后的侵权赔偿诉讼中，检察机关对侵权行为、因果关系、损害后果等证据、事实掌握全面，更具有支持被侵权人起诉的独特优势。可以帮助、引导受害人确定损害赔偿的范围，收集因虚假诉讼行为遭受的权益减少、增加支出费用以及其他损失等相关证据材料。因此，建立虚假诉讼侵权之诉制度，赋予检察机关在符合条件的情况下对于诉讼困难的被侵权人依申请支持起诉的职权，能够更有效地帮助、支持受侵害人及时提起侵权之诉获得损害赔偿。此类案件的来源、支持对象、支持帮助方式等，应当适用检察机关民事支持起诉的相关规定。

3. 建立虚假诉讼确认之诉公益诉讼制度

近年来，行为人利用仲裁程序、公证程序及特别程序、督促程序、公示催告程序、破产程序等非诉讼程序实施虚假诉讼的情形不断增加。究其原因，一方面是非诉讼程序可以最大程度地规避诉讼程序中法院对案件的实体审理；另一方面是上述程序设计简化，案外人救济方式相对有限或者缺乏。上述程序作出的法律文书进入执行程序前，法律赋予当事人、利害关系人进行救济的程序包括：申请撤销、申请不予执行、申请重新审查、提出异议等。然而，以上程序对于虚假诉讼受害人的救济作用十分有限。首先，程序启动的主体仅限于诉讼当事人或利害关系人，而虚假诉讼受害人很多是间接受到损害，并非一方当事人或利害关系人，启动程序的主体不适格。其次，最高人民法院《关于适用〈中华人民共和国民事诉讼法〉的解释》第 378 条规定，适用特别程序、督促程序、公示催告程序、破产程序等非讼程序审理的案件，当事人不得申请再审。虚假诉讼受害人也就不能通过再审程序进行救济。最后，相关非诉讼程序的法律文书进入执行程序后，可以提出执行异议之诉的，仅限于与执行标的有权利义务关系的利害关系人，与执行标的无直接关系但执行标的因虚假诉讼被错误执行后利益受损的受害人，无权通过执行异议之诉阻却执行。在私力救济保障不充分的情况下，检察监督在非诉讼程序中发现、规制虚假诉讼的作用更为重要。按照相关法律规定，检察机关对上述程序的监督只能通过检察建议进行。检察建议是一种柔性的监督方式。对于人民法院无正当理由不予采纳的，检察机关缺乏继续监督的程序。基于对以上程序中虚假诉讼规制以及受害人权利救济的需要，建议设立确认虚假诉讼的公益诉讼程序，通过检察机关提起诉讼，人民法院启动实体审理对是否存在虚假诉讼进行裁判。经过裁判后被确认为虚假诉讼的，对其中妨害民事诉讼的行为，建议人民法院适用相应的强制措施，构成虚假诉讼犯罪的，依法追究其刑事责任，受害人可以据此主张其因虚假诉讼行为遭受的权益损失。

从提起诉讼的合法性分析，检察机关身兼社会治理和公权力监督两项职责，检察监督权因此区分为社会治理职能的守法监督权和源于公权力制约职能的执法监督权。[①] 针对民事领域的守法监督权，"以支持起诉、督促起诉、民事公益诉讼、'检调对接'以及执行检察协助为实现路径"[②]。其中民事公益诉讼是对民事违法行为损害社会公共利益行使的法律监督权，即检察机关可以针对当事人或其他社会成员的不守法行为提起和参与民事诉讼。具体到虚假诉讼行为，虚假诉讼将司法程序异化为当事人实现非法目的的工具，极大地破坏司法权威和司法公信力，助推社会失信与道德滑坡。在虚假诉讼检察监督中，个案纠错不是最终目的，甚至不是重要的目的，监督的目的在于维护国家司法秩序权威，重构诉讼诚信体系。检察机关对于受害人无司法救济途径，法院又不采纳检察建议的虚假诉讼行为，提起确认虚假诉讼的公益诉讼，是守法监督权的正当、合法行使，符合检察机关社会公益代表的角色定位，契合检察机关虚假诉讼社会治理需要。需要注意的是，对此类虚假诉讼提起公益诉讼，是为弥补个人救济途径和现有法律监督程序不足而设置的，对个人救济程序以及检察监督程序未穷尽的案件，不适宜提起公益诉讼。

在具体的诉讼程序设计上，检察机关决定提起确认虚假之诉的，应以虚假诉讼行为人及参与人为被告，以确认被告行为构成虚假诉讼为主张，同时在起诉书中建议对被告适用相应的强制措施。起诉时，应对虚假诉讼存在事实达到一定证明程度。对恶意串通型虚假诉讼，作为起诉人，提供的证据应能够达到排除合理怀疑标准，高于前文所分析的作为法律监督者启动检察监督程序的标准。对单方虚构型虚假诉讼，则需要提供证据证明存在伪造证据、捏造事实的情形，使得虚假诉讼的存在有高度盖然性。与一般民事公益诉讼不同，虚假诉讼确认公益诉讼案件核心的诉讼请求为确认被告行为系虚

[①] 傅郁林：《我国民事检察权的权能与程序配置》，载《法律科学》2012年第6期。
[②] 韩静茹：《公益诉讼领域民事检察权的运行现状及优化路径》，载《当代法学》2020年第1期。

假诉讼。在提起公益诉讼时虚假诉讼行为已发生，对国家司法秩序的破坏已经成为现实，提出诉讼的目的就是为了对该行为作出否定性的司法评价，并由相关行为人承担民事惩戒责任。因此，即使行为人表示愿意补救、赔偿，检察机关仍不得撤回起诉。

四、治理路径之二：外部多元治理格局的构建

检察机关承担公权力监督、社会治理双重职责，具有法律监督机关、社会公共公益代表的定位。基于其职责职能，《中共中央关于加强新时代检察机关法律监督工作的意见》要求："加强检察机关与审判机关、公安机关协作配合，健全对虚假诉讼的防范、发现和追究机制。"为此，检察机关应当整合各项监督职能，主动与相关机关建立完善工作机制，推动构建多元参与的虚假诉讼防范、制裁和治理体系。

（一）加强对相关部门履职的法律监督

检察机关首先是法律监督机关，首要的职责是保障国家法律统一正确实施。公安机关对于人民法院、检察机关发现的虚假诉讼犯罪线索，应当接收、核查，符合立案条件的，依法立案。针对公安机关对虚假诉讼犯罪线索应当立案而不立案的，拒绝接收核查、不予处置、违法不立案的，检察机关行使刑事立案监督职权。为此，移送给公安机关的相关线索，可以同时移送刑事检察部门备案，以便于检察机关视情况启动立案监督程序。

针对法、检两院虚假诉讼认识分歧，一方面通过持续沟通、联合发文、发布典型案例等多种方式，不断争取两院共识最大化；另一方面，对于人民法院无正当理由未采纳检察监督意见或对涉嫌虚假诉讼案件处理方式不当，甚至存在违法处理情形的，如允许撤诉、调解等，检察机关依法进行监督，督促其纠错。在检察监督过程中，上下级检察院应当依法启动跟进监督程序，持续接力监督，以强有力的监督推动相关法律规定的落实。

针对公证机构、仲裁机构、司法鉴定机构在虚假诉讼案件中暴露出的职责执行失范或管理不当问题，依法提出治理检察建议，推动有关部门对上述机构业务开展情况专项监督检查或定期检查，建立起防范虚假公证、虚假仲裁、虚假鉴定的制度机制。针对检察办案中发现的行政监管不力或者行业管理混乱等问题，适时在不同行业领域开展虚假诉讼专项监督，帮助相关行政机关、行业协会等规范履职、加强监管。

（二）健全对公权力行使主体的机制

在我国民事纠纷解决体系中，审判人员、仲裁员、公证员作为公权力的行使者，依法规范行使相关裁判、决定权力，是其应遵守的法定职责和职业道德。公权力行使主体重大失职行为导致虚假诉讼或者故意制造、参与虚假诉讼，直接破坏诉讼秩序，是对国家法治公信力和权威的极大侵害，社会危害极其严重。落实对公权力行使主体的追责机制，推动责任承担到位，是建立具有震慑性的虚假诉讼惩戒体系的关键。

检察监督一方面监督裁决过程是否合法，另一方面监督上述人员公权力行使的合法性、合规性和廉洁性。即对事监督与对人监督并重。从监督的权威上看，对后者的监督具有更重要的意义。实践中，发现、查实虚假诉讼后，应当主动与仲裁公证机构、相关管理机构、人民法院、纪检监察机关衔接协作，共同落实相关人员的司法责任及违规违法责任。

因虚假诉讼导致再审改判或不予执行的案件，在虚假诉讼发生阶段，裁决者对事实认定有充分证据或对法律适用符合专业认知的，不属于责任追究情形。如存在程序瑕疵、工作不细致的，建议相关机关或其管理机构进行相应的责任追究；对其中发现的类型化、共性问题，建议加强管理以及人员教育。发现审判、执行人员故意违反《民事诉讼法》《法官法》的规定，或者因工作严重不负责、重大过失未能识别虚假诉讼，导致裁判错误并造成严重后果的，应当列明违法的具体情形，提出对个人进行责任追究的检察建议。对此类检察建议，相关法院应当区别于一般审判、执行程序违法检察建议，列明为追责类检察建议单独立案，交由审判监督部门或审判管理部门审查，同时由督察部门备案。经审查发现确有问题的，应将处理结果记入法官司法档案，作为调整法官等级以及法官奖惩的依据。以上程序的启动、审查、处理结果等情况均应当反馈至提出检察建议的检察机关。提出检察建议后，检察机关也应当做好与法院审判监督部门、审判管理部门、督察部门的沟通协调，推动检察建议的落实与反馈。

上述人员因失职导致虚假诉讼或违法故意制造参与虚假诉讼，需要追究党纪政纪责任的，由纪检监察机关启动责任追究程序。涉嫌玩忽职守、滥用职权类职务犯罪的，除检察机关有管辖权的司法人员职务犯罪案件外，其他线索应当移送纪检监察机关查处。纪检监察机关查处过程中，检察机关可以主动配合开展联合审查调查工作。移送的违纪违法犯罪问题被查实的，可主动推动司法行政机关、法院、纪检监察机关对该仲裁员、公证员、审判、执行人员一定期间内所办案件进行评查，进一步查明是否存在其他违规违纪违法情形。

（三）推动多元治理的协作配合

当前，各司法机关在虚假诉讼治理中存在着认识不统一、程序不衔接、机制不协调等问题。加大对虚假诉讼的惩治力度，实现对虚假诉讼问题的综合治理，需要相关机关增强协同意识，调整优化自身职能，共同参与构建虚假诉讼多元治理体系。检察机关是具有宪法地位的、专司监督除人大外其他国家机关实施和遵守法律情况的机关。[1] 作为司法程序中"承上启下"的中间环节，可以以办案为依托，与各相关机关发生直接的、积极的联系。检察机关与多元治理主体建立起协调机制，促推本区域形成多机关共同参与的虚假诉讼多元治理格局，可以更加有效地发挥法律监督职责，更好地推动社会诚信建设。比如，最高人民检察院"五号检察建议"的提出及各地建立的虚假诉讼协作机制，就是检察机关在大量监督办案实践基础上，推动虚假诉讼监督多元治理的生动实践。

作为国家法律监督机关，检察机关与其他机关虽然存在着监督与被监督的关系，但"监督与被监督只是法律上、工作中分工不同、职能不同"[2]。在共同破解虚假诉讼社会治理难题上，检察机关应当寓支持于监督，以监督促协作、推进各机关的协作配合。在与公安机关协作方面，依据"两高两部"《关于进一步加强虚假诉讼犯罪惩治工作的意见》规定，与公安机关做好涉嫌虚假诉讼犯罪案件线索移送，形成对虚假诉讼刑事打击合力。检察机关移交线索时，应当围绕案件疑点进行调查核实，尽可能地收集相关犯罪证据，主动协助引导公安机关初查，帮助熟悉案情、确定调查方向、制定调查方案、协助询问当事人或关键证人。立案侦查期间，民事与刑事检察部门可以根据案件情况，共同提前介入，发挥检察引导侦查的作用。不构成虚假诉讼犯罪以及情节显著轻微不需要追究刑事责任的，将公安机关初查、侦查阶段的证据，转换为虚假诉讼民事检察监督案件的证据材料，实现对民事违法行为的惩戒。

在与人民法院的合作方面，更多地表现在建立虚假诉讼案件信息及诉

---

[1] 王海军：《人民检察院性质的理论辩思——"法律监督机关"的概念史考察》，载《华东政法大学学报》2022年第3期。

[2] 张军：《强化新时代法律监督维护宪法法律权威》，载《中国法律年鉴》2020年第1期。

信用共享机制上,搭建民事审判、执行与检察监督工作信息共享平台,通过信息化手段加强两院协作配合。人民法院在一、二审程序及执行活动中发现案件存在虚假诉讼嫌疑,依职权调查后仍无法排除怀疑的,可以对案件作出特殊标记,并将发现的疑点、采取的措施等情况随案记载。检察机关访问共享平台,可以检索此类案件信息,进一步调查、审查是否存在虚假诉讼情形。有学者认为,法院可以主动将在诉讼过程中发现的虚假诉讼案件线索移送检察机关审查,由检察机关进行调查核实,甄别是否为虚假诉讼并反馈法院。[①] 笔者认为,此种建议可以将法院从虚假诉讼调查核实困境中适当解放,赋予检察机关在民事诉讼程序中部分参与权,与针对正在审理的案件发出诉中检察建议一样,可以及时发现制止虚假诉讼行为,在两院协商一致的前提下,不失为一种规制虚假诉讼的新思路。笔者还认为,检法两院在信息共享方面应当更加广泛、深入地推进,从而实现虚假诉讼线索的双向移送反馈和办案过程中的互动配合,提高协同治理的效率和实效。

拓宽与其他机关、部门的协作路径,对于虚假诉讼预防和源头治理,能够收到事半功倍的效果。可以对接行政执法信息库,通过系统推送风险案件,与行政执法信息进行碰撞,获取相关行政行为事项信息,排查发现虚假诉讼案件线索。联合金融管理机构,探索建立职业放贷人黑名单制度,实现对民间借贷、小额信贷领域"套路贷""高利贷"等类型的虚假诉讼行为的发现和预防。联合司法行政部门,加强对公证、仲裁活动以及公证、仲裁人员履职行为的监督管理。推动虚假诉讼治理与社会征信平台接轨,增加建立虚假诉讼失信人名单,将失信情况纳入个人以及企业信用记录,面向社会公开查询。参照失信被执行人惩戒的相关规定,对虚假诉讼行为人参与的一些经济活动在一定期间内施加负面影响,加大虚假诉讼行为的失信成本。联合多部门共同加强普法宣传,发布典型案例,强化全民守法、守信意识,提高社会诚信的整体水平。

---

① 季庆、王烨:《检察机关民事虚假诉讼监督路径之多维度探析》,载《法制与社会》2020年第8期。

第四部分

行政检察研究

反电信网络诈骗犯罪背景下的行政执法与刑事司法衔接机制研究[*]

郭 华 王纯超[**]

电信网络诈骗犯罪具有远程非接触性、技术含量高、时空跨度大波及人数多且手段隐蔽、花样翻新等特点,且伴随电信网络发展与普遍应用持续高发,特别是分工较细、环节较多、流程较长、链条嵌套,较传统诈骗犯罪欺骗性更强,普通群众防不胜防,也给惩治带来困难。为依法治理电信网络诈骗犯罪,2016年12月19日,最高人民法院、最高人民检察院、公安部联合发布了《关于办理电信网络诈骗等刑事案件适用法律若干问题的意见》。

---

[*] 本文系2023年度最高人民检察院检察理论研究课题(项目批准号:GJ2023C17)的研究成果。

[**] 课题主持人:郭华,中央财经大学法学院教授、博士生导师;王纯超:山东省枣庄市市中区人民检察院党组成员、副检察长。课题组成员:韩笑,外交学院国际法系讲师、硕士生导师;张攀,山东省枣庄市人民检察院第三检察部副主任、知产办主持人;邵珠鹏,山东省枣庄市薛城区人民检察院党组副书记、机关党委书记;王辉,山东省枣庄市薛城区人民检察院检察委员会委员、第一检察部主任。

2021年，最高人民检察院印发《关于加强刑事检察与公益诉讼检察衔接协作严厉打击电信网络犯罪加强个人信息司法保护的通知》，并强调在容易产生个人信息泄露风险的重点行业、重点领域予以强化治理。2022年4月，中共中央办公厅、国务院办公厅印发了《关于加强打击治理电信网络诈骗违法犯罪工作的意见》。第十三届全国人民代表大会常务委员会第三十六次会议于2022年9月2日通过《反电信网络诈骗法》。针对电信网络诈骗犯罪形势日趋严峻复杂以及衍生黑灰产业链不断发展蔓延的催化剂和助燃剂形成大量上下游关联犯罪，特别是大批诈骗窝点向境外转移，非法交易手机卡、信用卡出现的许多新问题，2021年6月17日，最高人民法院、最高人民检察院、公安部发布了《关于办理电信网络诈骗等刑事案件适用法律若干问题的意见（二）》。2024年9月，公安部会同有关主管部门出台《电信网络诈骗及其关联违法犯罪联合惩戒办法》。

司法机关也发布了一系列治理电信网络诈骗违法犯罪的相关案例指导以及典型案例。如2023年11月30日，最高人民检察院发布检察机关依法惩治电信网络诈骗及其关联犯罪典型案例[①]；最高人民法院2024年公布十大案例。2024年北京市检察机关、公安机关公布了2023年十大典型案例等。这些做法虽然在实践中呈现出治理效果，但仍需要实践统筹力量资源建立职责清晰、协同联动、衔接紧密、运转高效的打击治理体系，尤其是行刑衔接作为一项横跨行政执法与刑事司法的桥梁，全面强化落实属地责任，从而为提升打击治理电信网络诈骗违法犯罪的能力水平提供条件。基于上述情况和诉求，本文从公安机关、检察机关等办案的实际情况入手，从行政执法与刑事司法的衔接机制上进行论证，并提出建议，希冀通过行政执法与刑事司法的衔接形成协同治理合力。

一、S省Z市公安与检察机关办理电信网络诈骗案件情况

伴随着网络空间的深度社会化，网络犯罪呈现持续的高发态势，非接触

[①] 最高人民检察院公布了11件典型案例，这些案例全面揭示当前电信网络诈骗及其关联犯罪态势特点，释放从严惩治的强烈信号，展现检察机关对电信网络诈骗及其关联犯罪的全链条惩治。

性犯罪、跨网犯罪、网上网下联动犯罪等犯罪形态刷新了传统社会的犯罪治理难度，对其全链条治理、源头治理、综合治理的呼声日渐高涨。电信网络诈骗犯罪作为一种新型犯罪，其特点和规律也在不断发展变化，对于打击治理过程中可能出现的偏差或者问题，需要进行实地调研，以便发现问题之所在。

（一）S 省 Z 市公安机关获取电信网络诈骗案件情况

1. Z 市电信网络诈骗案件基本情况

2023 年 1 月至今 Z 市发案占比最高的 5 类电信网络诈骗案件为：刷单返利类诈骗、虚假投资理财类诈骗、贷款类诈骗、冒充客服类诈骗、冒充领导熟人类诈骗。以上 5 类诈骗案件占全市电信网络诈骗案件总数的 81.7%，其中刷单返利类诈骗案件占比最高，占总数的 43.5%。在全民反诈时代，反诈宣传已深入人心，但群众受骗问题依然突出，究其原因，一方面在于部分群众虽然接受过反诈宣传，但依然存在"电信诈骗不会让自己碰到"的心理，往往因逐利而轻信他人。另一方面部分被害人虽下载国家反诈 App，但久未登录或者因更换手机，反诈 App 未能正常在手机后台运行，导致难以实现监测效果。

2023 年 Z 市检察机关共受理公安机关电信网络诈骗审查起诉案件 69 件 190 人；受理帮助信息网络犯罪活动罪（以下简称帮信罪）492 件 755 人；受理掩饰、隐瞒犯罪所得、犯罪所得收益罪 77 件 179 人。从公安机关移送审查起诉的情况可以看出，"断卡"行动背景之下帮信罪案件在电信网络诈骗犯罪及关联犯罪中数量最多，涉卡类掩饰、隐瞒犯罪所得、犯罪所得收益罪案件数量次之。另外，电信网络诈骗涉境外情况日益增多，不仅增加了电信网络诈骗侦破难度，也导致公安机关移送审查起诉的电信网络诈骗案件数量相对较少。

2. 公安机关电信网络诈骗案件来源情况

（1）被害人报案

被害人报案是电信网络诈骗案件最重要和最直接的线索来源。被害人报警后，公安机关在受理报案时，通过制作事主报案材料，重点询问被骗地点、发案时间、被骗方式、转账方式、转账金额、转账账号等内容，寻求案件侦破线索。其中，帮信罪侦破主要来自被害人报案，即将被害人报案材料上传至反诈平台,通过反诈平台实现全国互联,锁定犯罪嫌疑人银行账号及个人信息,从而实现案件侦破。

(2)侦查机关在办案中发现

一是大数据研判。公安机关全面开展断卡行动,采取打击、整治、惩戒三大举措,借助信息系统平台对犯罪有关的线索、证据进行查询、比对、校验、分析,可以实现对犯罪情报信息的快速研判,大幅提升侦查工作效率。通过大数据对疑似钓鱼网站和博彩网站的网络站点、疑似犯罪分子的虚拟账号等犯罪工具、通信软件内可疑敏感信息、异常的资金流动进行识别,从而发现电信网络诈骗案件线索。

二是同案犯的供述。如今电信网络诈骗多是团伙式作案,共同犯罪所占比重较大。不可否认的是移动互联的快速发展为跨区域团伙作案提供了便利,互联网的隐匿性极大增加了案件侦破的难度,相当一部分犯罪嫌疑人的落网依赖于同案犯的供述。同时电信网络诈骗衍生出帮信罪等关联犯罪,形成上下游犯罪链条,在全链条打击的态势下,通过犯罪嫌疑人的供述可能会发现其上下游犯罪线索。

(二)S省Z市各基层检察院案件办理数据情况

2021年至2023年Z市基层检察机关办理电信网络诈骗犯罪,帮信罪,掩饰、隐瞒犯罪所得、犯罪所得收益罪案件数量同比呈上升趋势,特别是帮信罪案件仍高位运行。(具体情况见附件1—3)

二、电信网络诈骗及其关联犯罪案件情况

(一)电信网络诈骗案件的特点及其态势

1. 电信网络诈骗案件的特点

发案持续上升、诈骗手法层出不穷、犯罪窝点向境外转移趋势明显、黑灰产规模剧增是此类犯罪的显著特点。电信网络诈骗犯罪刑事警情数占比不断增大,其中网络诈骗增长迅猛,贷款、刷单、"杀猪盘"、冒充客服四类高发网络诈骗案件发案居多。新的诈骗手法随着新技术、新应用、新业态的出现应运而生并不断演变升级。买卖公民信息、银行账户、手机卡等违法活动十分猖獗,为诈骗团伙服务的技术平台层出不穷,新型洗钱通道不断

涌现。

2. 电信网络诈骗的态势

（1）违法犯罪人员的情况。犯罪嫌疑人低龄化现象突出，低学历、低收入、低年龄的所谓"三低"群体占多数。在校及刚毕业学生逐渐成为犯罪集团拉拢吸引对象，充当"工具人"，从事"吸粉引流""贩卡洗钱"等电信网络诈骗及关联违法犯罪活动。从犯罪原因看，主要在于其社会经验不足、经济情况窘迫、违法性认识不足等，对上游犯罪分子"低成本、高收入"的金钱诱惑难以抵制。

（2）网络黑灰产犯罪的渗透。黑灰产业链伴生新业态升级，犯罪手法不断迭代更新。上游引流链条从过去利用改号软件拨打电话、伪基站群发短信发展为利用虚拟网站、短视频平台引流等方式，实现从广撒网到精准诈骗转变，同时也出现了与流量经济、虚拟货币等伴生的电信网络犯罪。

（3）诈骗模式多元、升级。电信网络犯罪与"互联网+"融合升级，隐蔽性更强。新类型的网络犯罪频发，有的打着"区块链"技术的名义，制作"钓鱼"网站、发送诱骗链接；在部分帮助信息网络犯罪活动中，出现使用"错配"模式，将网络赌资等违法资金与正常用户购买手机充值卡的资金实现"错配"，最终以虚拟币形式流入境外。

（4）数据安全问题凸显。电信网络犯罪与公民个人信息紧密相连，部分电信网络犯罪链条中，不法分子利用黑客技术、冒充电商客服人员非法获取客户信息等，被泄露的个人信息部分流转至电信网络诈骗团伙手中被用于诈骗。

（5）小额诈骗时有发生且迷惑性强。为降低被害人的警惕心理，诈骗分子常采取小额多次的方式实施诈骗。在这类诈骗犯罪中，被害人的损失金额通常仅在几十元到几百元之间，对于这些损失，被害人警惕性不高，维权意识不强，加大了案件打击和侦破难度。

（6）电信诈骗跨境化日益凸显。电信诈骗犯罪分子在境外开设"工业园""科技园"专门为诈骗犯罪提供场所、招募人员，通过提供保障、武装庇护等方式实施管理控制，以抽成或收费方式获取赃款，形成大型犯罪组织，出现了诈骗集团跨境化、产业化的趋势。

（二）电信网络诈骗犯罪高发多发的原因

第一，犯罪手法多样化。当前电信网络诈骗犯罪手段呈多样性，有刷单返利类诈骗，冒充领导、熟人、电商物流客服类诈骗，虚假投资理财、虚假购物、虚假游戏装备交易类诈骗，犯罪形式多样，多与生活密切相关，被害人极易上当受骗。

第二，犯罪工具高科技化。近年来，电信诈骗犯罪手段不断升级，多借助设立虚假网站及网络电话等通信工具，通过互联网服务器，使用任意显号软件、"语音包"软件等"黑科技"，进行诈骗，受害人缺乏相关知识和防骗经验被骗取钱财，此类高科技手段令人防不胜防。

第三，犯罪团伙组织化。在电信网络诈骗团伙犯罪案件中，犯罪团伙多采取分工合作，各个环节都有专人负责，形成一整条地下产业链。

第四，犯罪对象具有不确定性。在电信网络诈骗案件中，犯罪嫌疑人通过虚拟电话向不同号段集中发送各类假消息，作案目标具有不确定性，从电信网络诈骗受害人群来看，有无业人员、务工人员、个体户、学生、机关事业单位职工等，受害群体涉及各行各业。

第五，相关部门存在监管漏洞。一方面，电信运营商为了谋取更大的经济利益，一定程度上轻视对行业的监管，对于电信平台的异常行为不能及时有效发现，某些网站的审核和准入机制缺乏完善。另一方面，银行卡办理业务存在监管漏洞，银行卡是该类案件中犯罪分子拆分转移赃款的重要工具，虽然近年来银行卡业务办理管控日益严格，但是仍存在犯罪分子办理大量银行卡，利用网络银行开设新账户用于犯罪等情形，这说明仍存在银行卡业务监管盲区。

第六，公众自身防范意识较差。部分被害人存在侥幸、"贪便宜"心理，对于一些高额返利诱惑，易盲目相信犯罪分子话术。同时在日常生活中，公民对自己的个人信息没有足够的重视，也给犯罪分子的违法活动提供了可乘之机。

（三）电信网络诈骗关联犯罪案件情况

对于电信网络诈骗犯罪，一般实施诈骗人员与协助人员存在地域、空间上分离的情况，大部分案件中实施诈骗人员与其他协助人员通过网络或者电话联系。电信网络犯罪作为一个整体犯罪行为，其也关联着上下游其他犯罪行为。电信网络犯罪常关联罪名主要有掩饰、隐瞒犯罪所得、犯罪所得收益罪，帮信罪，侵犯公民个人信息罪，妨害信用卡管理罪。

一是为帮助他人逃避监管或规避调查，违规帮助上游买家架设服务器，改变宽带账号的真实 IP 地址，并对服务器进行日常维护，涉嫌构成帮信罪。

二是行为人出售 GOIP 设备时对销售对象不加审核，导致所出售设备被用于电信网络诈骗犯罪，从而认定为构成帮信罪。GOIP 设备是指虚拟拨号设备，具备多条线路可配备多部电话机或手机卡，将传统电话信号转化为网络信号，实现数百个电话号码同时通话，还可以通过服务器远程控制 GOIP 设备进行打电话、发短信，目前大多应用于电话营销领域。GOIP 设备具有无人值守，双向通话，便于隐匿位置的功能，这也是电信网络诈骗人员购买并使用 GOIP 设备拨打诈骗电话的重要原因。诈骗人员一般在国内架设 GOIP 设备，而自身则在境外远程操控，以"人机分离、远程操控"的方式，从境外任意切换号码拨打境内居民的电话，冒充公安、检察、法院、税务、电信、银行等部门工作人员实施诈骗。

三是行为人多次帮助诈骗人员转移资产，应当从行为人对上游人员实施具体犯罪行为认知角度出发。如果行为人只知道或者应当知道转移的资产系上游犯罪的非法所得，但并不知道具体的犯罪行为，则应当以掩饰、隐瞒犯罪所得、犯罪所得收益罪定罪处罚；如果行为人知道，或者相关证据证明行为人应当知道上游犯罪所获资产是诈骗犯罪所得，而又收取高额报酬或者以异常价格继续协助转移资产则应当以诈骗罪共犯论处。

四是行为人明知是电信网络诈骗犯罪所得及其产生的收益，而多次使用或者使用多个非本人身份证明开设的银行卡，帮助他人转账、套现、取现的，则以掩饰、隐瞒犯罪所得、犯罪所得收益罪追究刑事责任。如果行为人明知他人利用信息网络实施犯罪而提供信用卡的，应当以帮信罪定罪处罚。如果行为人非法出售他人信用卡，但没有证据证明行为人明知他人从事犯罪活动，则以妨害信用卡管理罪追究刑事责任。

三、办理电信网络诈骗犯罪案件实践中存在的问题

电信诈骗多发不再是单纯的犯罪问题，而是已经成为一个社会问题，甚至国际性问题。网络技术加剧了隐私的泄露，虽然人们使用各种电信网络工具落实了实名制的要求，但"实名不实人"。网络空间的虚拟性导致客观证据缺失，且远程的、非接触性的、跨区域的作案方式，使公安机关无法使用传统侦查手段锁定犯罪分子，案件侦破难度加大。而且犯罪分子作案成功后一般通过网上银行或银行转账方式迅速转移赃款，但由于获取的直接证据较少，难以形成证据链、揭示案件全貌。

(一) 办理一般电信网络诈骗案件存在的问题

《关于办理电信网络诈骗等刑事案件适用法律若干问题的意见》，对电信网络诈骗的"犯罪行为发生地""犯罪结果发生地"作出较为全面的列举式的规定，初步解决了该类案件管辖难的问题。但电信网络诈骗犯罪持续呈现链条化、产业化趋势，大量的手机卡、信用卡成为犯罪工具，微信、抖音等新型社交软件以及"猫池"、GOIP等硬件设备被用于犯罪活动，对打击电信网络诈骗提出新挑战。《关于办理电信网络诈骗等刑事案件适用法律若干问题的意见（二）》将用于电信网络诈骗犯罪的手机卡、信用卡的开立地、销售地、转移地、藏匿地等，微信、QQ等即时通信信息的发送地、到达地等，"猫池"等网络硬件设备的流转地等，纳入管辖范围，继续坚持对电信网络诈骗犯罪及上下游关联犯罪实行"大管辖"原则，确保顺利推进案件办理和诉讼，以更加精准、高效地打击此类犯罪。为电信网络诈骗犯罪提供帮助的上游犯罪，掩饰、隐瞒犯罪所得的下游犯罪，并由此形成多层级犯罪链条的，还有利用同一网站、通讯群组、资金账户、作案窝点实施的电信网络诈骗犯罪，应当认定犯罪存在关联，公检法机关可以并案处理。

1. 电子数据取证现状与证明要求间的不适应性

电子数据与传统证据不同，无法独立证明案件的某项事实，而是作为一个整体证明案件的部分事实或主要事实。这导致侦查人员收集的电子数据能够证明某犯罪团伙整体参与了电信网络诈骗犯罪，却难以证明犯罪团伙中某位成员具体参与了犯罪的哪个部分以及其罪责的大小。在电信网络诈骗犯罪的侦查阶段，侦查人员更倾向于提取能够证明犯罪团伙犯罪事实以及犯罪金额的电子数据，而起诉、审判阶段除这些电子数据外还要求能够证明被告人罪数和罪责的电子数据，但公安机关电子数据取证能力不足，电子数据取证现状与证明要求不相适应。

2. 分案处理程序之间衔接不够

分案后检察机关对每组案卷材料进行审查，不仅能更快判断证据是否充分，提高审查效率和起诉质量，还能发挥审前过滤功能，对不需要逮捕的犯罪嫌疑人立即释放或者变更强制措施，对犯罪情节显著轻微、危害不大的犯罪嫌疑人作不起诉处理。但是目前《关于规范刑事案件"另案处理"适用的指导意见》并未考虑到侦查、审查起诉和审判环节之间的衔接问题，侦查环节一旦出现分案处理错误，司法机关在后续办案中也难以纠正。检察机关由于缺乏足够的案件信息，对分案处理的人员和实施的强制措施等情况无从了解，对公安机关分案处理的监督往往相对滞后，缺少对公安机关及时将分案处理的同案犯追捕归案的外部督促，案件很可能长拖不决，甚至最后出现"分案不理"的情况。无论是为电信网络诈骗犯罪提供作案工具、技术支持的上游关联犯罪，还是为电信网络诈骗犯罪掩饰、隐瞒犯罪所得及其产生的收益等下游关联犯罪，都属于同一犯罪链条的不同环节且相互交织作用，无法孤立看待，也难以单独成案。"而利用同一网站、通讯群组、资金账户、作案窝点实施电诈犯罪已非个别情况，分案处理就显得有些机械和教条"①，致使原有分案模式与电信诈骗犯罪的处理不协调。

3. 犯罪团体组织化、分工化、产业化增加了打击难度

随着信息网络的快速发展，犯罪分子的作案手段也随之升级，有些犯罪分子为"擦掉"电信网络诈骗中与被害人接触痕迹，通过第三方平台寻找人员为其提供拨号服务，利用中间环节隐匿踪迹、逃避侦查。以帮信罪为例，其多以犯罪团伙方式实施，组织性较强，且内部分工细化，如常见的"卡头—卡商—卡农"组织模式。与传统的犯罪团伙不同的是，帮信罪案件的犯罪团伙依托线上方式，行为模式更加隐蔽，内部成员及不同层级不需要线下见面，只通过群聊、电话、网络 App 沟通，甚至有自己圈层的暗语、代号；且一个帮信团伙往往为多个上游犯罪提供帮助，形成"黑灰"产业链，极大地危害社会秩序。目前，办理的案件中，被查获的"卡农"居多，"卡头""卡商"少，究其原因，是因为"卡农"的身份信息随时可查到，相对容易被抓获，而"卡商""卡头"则较为隐蔽，查获难度大。

4. 行刑衔接中行政执法治理偏弱

目前立法针对帮信罪仅明确了刑罚规制，行政处罚规定相对缺失，行刑衔接存在空当，帮信罪的犯罪人员年龄分布普遍集中在 18—40 周岁，罪犯年轻化趋势明显，不少还是在校学生或者刚步入社会的学生，且多为初犯、偶犯，此种单一规制措施显然无法适应现实需求。如按照《银行卡业务管理办法》第 28 条的规定，银行卡及账户只限发卡银行批准的持卡人本人使用，不得出租出借。在行为人实施非法买卖、出租、出借银行卡时，便已经触发相应的行政责任，但金融监管部门处罚较弱。按照《公安机关办理行政案件程序规定》，对办卡地在本地，而买卖等违法行为不在本地的案件，无法进行管辖，致使电信网络诈骗的打击和治理缺乏足够的依据支持。

---

① 参见李睿懿、陈攀、王珂：《〈关于办理电信网络诈骗等刑事案件适用法律若干问题的意见（二）〉的理解与适用》，载《中国应用法学》2022 年第 6 期。

(二) 办理跨境电信网络诈骗案件存在的问题

不同于地域单一、管辖确定且处于物理空间下普通刑事犯罪案件的证据调取，跨境电信网络诈骗犯罪具有无中心性、跨地域性、涉外属性等特征，由此涉及属人管辖权、保护管辖权与属地管辖权的竞合，在现实中容易产生各种实践难题。一是需要解决电子数据调取主体的适格问题，即电子数据由谁储存，以及该通过谁来获取；二是传统跨境证据调取具有"行政化"特点，而此类犯罪案件证据留存具有"无边界性"、证据移转具有"无限性"特点，如何协调以上三者关系；三是应对各国对电信网络诈骗犯罪的违法性认识不一且法律规范存有差异的情况下，跨境调取证据程序的差异性所引发的证据"真实性"与"合法性"问题。

1. "无中心性"引发电子证据调取主体合法性冲突

网络技术打破人类交往边界，实现了信息的快速交互。数字空间下发生的犯罪天然带有涉外属性或跨境特征，这不仅为犯罪分子消弭罪证、隐蔽踪迹或躲避侦查提供了崭新方式，其非接触式、无中心性等犯罪特征亦给传统跨境证据调取带来了刑事管辖难确定、执法主体合法性等程序法上的冲击。

首先，电子数据的"无中心性"强化了跨境电信网络诈骗犯罪的多地域性特点。数据具有无边界性、无限移动性，"云空间"的出现更是淡化了电子数据存储的空间性。为了强化数据的安全性与完整性，多数云储存提供商使用分散在全球各地的多个数据服务器，通过自动倍增和存储在不同地理位置的方式对数据进行"云保管"。这种技术相应产生数据位置的无中心性，使得一国的刑事司法权力机关在察觉犯罪之后，无法准确判断数据存储于何处，难以快速判断相关数据所在地以及适用的法律，更不用说基于该判断向相关国家提出刑事司法协助请求。[①] 国内法管辖权的一般确认方法是只要与犯罪行为或犯罪结果相关的地点都可以视为犯罪地，但网络犯罪不同于普通刑事犯罪，跨境网络犯罪更不同于一般跨境犯罪，其本身与多地域联结交织，具有叠层式特点。"跨境犯罪"与"网络犯罪"的重重叠加进一步冲淡了跨境电信网络诈骗犯罪的地域性概念，加剧了传统刑事司法协助制度强地域性与数字侦查本身的弱地域性之间存在的矛盾。

其次，各国处理管辖权竞合的做法存在差异。面对网络犯罪对刑事管辖

---

① Karagiannis, C.; Vergidis, K. "Digital Evidence and Cloud Forensics: Contemporary Legal Challenges and the Power of Disposal". Information 2021, 22 April, 2021, Vol. 12, p. 181.

权的挑战，各国学者纷纷提出众多管辖权理论，目前被广泛关注的两种观点是"数据储存地模式"与"数据控制地模式"。其中，"数据储存地模式"以属地原则为理论基础，依据数据主体确立管辖标准；"数据控制地模式"则以数据控制者为基准划分域外管辖权，允许本国"数据控制者"披露存储于域外的数据，典型代表是美国的《CLOUD法案》。创设这种模式起初是为了解决数据存储逐渐淡出强地域性特质，扫除获取境外电子证据的现实障碍。毕竟现实中不少刑事犯罪证据隐匿于境外，"数据储存地模式"有时无法满足跨境执法所需。但客观来讲，"数据控制地模式"又过分强调己国利益，其本质目的是在最大范围内实现数据调查的司法利益。强制采取直接跨境获取数据的方式不仅理论上违背了数据主权，还变相将责任转嫁于服务提供商，有可能引发侵犯数据主权国管辖权的不利后果。①

最后，电子证据调取主体是否明确将直接影响刑事司法协助的顺利开展。跨境电信网络诈骗犯罪的无中心特性，使得证据材料分散于不同国家或地区。2018年欧盟委员会的一份报告指出，85%左右的刑事调查需要电子证据，其中有2/3需要从另一个管辖区的在线服务提供商那里获得。② 然而，各国对数据政策的差异性使得国际司法协助难度较大；同时，因数据的无国界性，其可能被多方占有，很难明确指定其权属。③ 在证据调取问题上执法主体不明确，不仅造成部分国家拒绝开展刑事司法协助，还进一步导致证据难以获取，证据链条不完整，不利于案件侦破。事实上，"谁有权调取电子数据"不仅与管辖国之司法利益实现有关，数据司法管辖权的纷争本质上还与国家主权紧密关联。一国对数据资源的支配或控制触发了数据主权管理的挑战，国家对数据控制的不确定导致数据争夺激烈，加大了国与国数据主权协作难度。

2. 跨地域性产生传统证据调取手段滞后性危机

国际刑事司法协助是主权国之间依照有关国际条约或双向互惠原则，协助或者代为履行一定的刑事诉讼程序或者刑事实体权利的活动。④ 通常来说，涉外刑事案件主要依靠刑事司法协助的方式来完成跨境取证，是一国司法权的有效域外延伸。在跨境电信网络诈骗犯罪案件中，却充斥着一对紧张

---

① 参见王燕：《数据法域外适用及其冲突与应对》，载《比较法研究》2023年第1期。
② COMMISSION E. Commission staff working document impact assessment.
③ 参见刘妍：《数据主权的演进、挑战与层级治理路径》，载《中国科技论坛》2023年第6期。
④ 参见成良文：《刑事司法协助》，法律出版社2003年版，第1页。

关系，即相对滞后的刑事司法协助手段，无法满足此类案件宜应及时应对并快速遏制的应然目标。

从理论层面上讲，刑事司法协助本身既是一种司法行为，也属于一道正式的官方行政程序，拥有司法审查和行政审查双重机制。例如，我国《国际刑事司法协助法》第9条明确规定，办案机关需要向外国请求刑事司法协助的，应当制作刑事司法协助请求书并附相关材料，经所属主管机关审核同意后，由对外联系机关及时向外国提出请求。待经过呈请被请求国具体负责部门依照该国法律程序进行审核决定，再由双方主管部门对接之后，才能具体开展证据调取和证据移送活动。值得一提的是，司法审查和行政审查的侧重点不同，前者主要是从案件事实和法律的角度进行审查；后者则侧重于国家利益的保护，从一国的外交政策、请求协助国与被请求协助国之间的关系、国际政治关系和国际惯例等角度来审查是否提出或因应刑事司法协助的请求。并且，二者在是否应当开展刑事司法协助的决定上均适用"一票否决制"，任何一方的否定性结论即可导致刑事司法协助的流产。[①] 从提出跨境取证需求到最终获得证据，中间不仅需要完成一系列行政审查与司法审查活动，还要实际执行调查取证等司法行为。双重审查程序烦琐、手续复杂、耗时较长等问题致使刑事司法协助运行成本高昂，往往需要经过较长一段时间才能顺利跨境获取刑事证据。与之相矛盾的是，网络犯罪蔓延势头极为迅猛，无地域性特点导致此类犯罪容易在短时间内通过网络快速繁殖。因此，应转变事后应对的传统功能型刑事治理观念，宜采取"打早打小"的基本策略适度前移网络犯罪的刑事防线，以及时应对并遏制网络犯罪迅猛发展的势头。[②] 然而，当前针对跨境电信网络诈骗犯罪的刑事政策依然以事后规制为主，其中跨地域属性使得此类犯罪相比一般网络犯罪而言，在证据调取手段方面更具滞后性，打击形势更加被动。

从实践层面上看，跨地域引发的"滞后性"特征具体可表现在以下三个方面。第一，发现线索后、启动立案前初查不明。"有犯罪事实发生"是刑事立案的事实条件，如果在立案前敏锐捕捉电诈犯罪发生的苗头，则能尽早遏制电诈犯罪膨胀，达到快速止损的效果。但是，对情报信息的核查属于初查阶段的线索摸排，由于缺乏明确的采集目标，其侦查路径与行为边界无法预见，因而容易将他国主权安全、公共秩序和个人隐私置于技术侦查范围

---

① 参见成良文：《刑事司法协助》，法律出版社2003年版，第20—21页。
② 参见喻海松：《网络犯罪二十讲》（第二版），法律出版社2022年版，第18页。

内。因此，各国对于单边越境的情报收集行为均抱着谨慎的态度，即使是任意性侦查行为也不能恣意跨国施行。① 第二，立案后可采取的侦查措施受限。根据相关法律规定，对于境外证据材料，应依照国际条约、刑事司法协助、互助协议或平等互助原则，请求证据材料所在地司法机关收集；或通过国际警务合作机制、国际刑警组织启动合作取证程序收集的境外证据材料，经查证属实的，可以作为定案的依据。受制于国际执法合作流程等诸多要素，侦查阶段涉及的电子证据等的跨境调取、移送与认定的方式更为复杂，尤其对通信信息的收集、提取可能需要采取技术侦查措施，这都要履行严格的批准手续。第三，证据调取情况影响刑事追诉的积极效果。相较一般刑事案件而言，调取跨境证据的传统手段因手续烦琐、程序复杂等原因表现迟缓，在一定程度上阻碍了司法人员对案件事实的有效认定，影响跨境电诈犯罪的打击成效。不仅如此，若是冗杂的案件事实缺乏完整的证据链条，在法定时间内难以推进刑事诉讼程序，还有可能产生超期羁押等现实问题，容易引发打击犯罪与保障人权应如何平衡的矛盾。

3. 涉外属性需要从规范层面完善证据调取程序

跨境电诈犯罪案件以非接触式的取证场景为典型特点，采集跨境证据的过程无不呈现出各国法律规范与数据政策的冲击与碰撞，使得司法机关审查和认定跨境证据真实性与合法性问题成为司法实践中的重点和难点。

一是涉外证据在调取、保管和移送问题上存在"真实性"隐患。真实性要求证据材料是确实且客观存在的，而不能是虚假的或伪造的。在跨境电信诈骗犯罪案件中，跨境调取证据往往涉及大量的境外证据和庞杂的电子数据，并且牵涉采集、保管、移送、审查和认定等多个复杂环节，任何一个关键环节都必须确保证据不受污染、破坏甚至篡改，否则这一证据材料面临真实性危机。近年来，电信网络诈骗犯罪不仅将诈骗窝点向东南亚等境外转移，并且逐步向多个国家或地区扩展蔓延，打击难度不断升级。不仅如此，此类案件以通信记录、电子汇款、银行转账等数据信息为主要证据材料，电子证据又易被破坏的特质使得公安机关的取证工作面临巨大的困难，成为司法实践部门在审查认定过程中重点关注的难题。例如，电子数据一般无法通过扣押原始存储介质的方式进行取证，也无法通过重复取证过程展现电子数

---

① 参见陈颖洪：《电信网络诈骗跨境治理的国界壁垒及制度应对》，载《中共福建省委党校（福建行政学院）学报》2023年第2期。

据的原始性。①

二是涉外属性致使跨境取证的"合法性"更加复杂。不同于一般刑事犯罪,网络犯罪天然带有涉外属性。涉外性必然造成我国在办理跨境电信网络诈骗犯罪案件过程中,同其他国家的法律规定、司法政策等产生张力。再加上司法制度差异,各国对于电信网络诈骗犯罪的违法性认识不一,打击与惩罚力度也存在不同,致使我国在办理跨境电信网络诈骗犯罪案件进行证据调取时面临诸多挑战。比如,跨境电信网络诈骗的上游犯罪,即侵犯公民个人信息罪涉及被害人群体广泛且不特定。而各国对公民个人信息保护程度不一亦导致传统跨境取证应对乏力。电信网络诈骗犯罪对个人信息的依赖极强,犯罪分子利用被害人姓名、证件号码、工作单位等身份信息或银行卡密码、支付宝财务状况、行踪数据等隐私信息实施侵害公民人身、财产权利等活动,因此,案件侦查不可避免涉及对公民个人信息的调取。各国对数据权利保障程度不同,权利保障差异容易造成跨境证据调取困阻。在我国,隐私权和个人信息保护的重要意义虽然已经被社会各界普遍认同,但尚未在刑事司法领域得到充分落实。因此,如果忽视取证行为地法律中关于数据权利保障的内容,有可能会降低相关国家继续提供刑事司法合作的意愿。②

(三) 行政执法与刑事司法衔接治理电信网络诈骗犯罪面临的问题及困境

电信网络诈骗犯罪各个环节可以分离独立,并且凭借信息网络技术的发展和创新发生显著变异,甚至借助"合法"渠道避开打击。原有的行政执法与刑事司法衔接机制在治理电信网络诈骗犯罪方面面临新的难以解决的问题。这些新问题主要聚焦在以下两点。

1. 犯罪活动利用电信网络技术逃避打击

由于犯罪行为人的实体行为转化为虚拟数据,特别是在团伙成员之间广泛使用具有端到端加密、阅后即焚、私密聊天等功能的加密通信软件,使犯罪人的虚拟身份与现实身份不对应、不一致,犯罪环节中的上游、下游人员均不知道对方真实身份,犯罪无共同性和协作性。如涉及 GOIP(GSM Over IP)设备的诈骗案件中,犯罪嫌疑人在境内架设设备,为境外的电信网络诈骗窝点提供通信支持,实现境外呼叫但接听端变为本地来电号码,这为发现

---

① 喻海松:《网络犯罪二十讲》(第二版),法律出版社 2022 年版,第 189—190 页。
② 陈苏豪:《刑事诉讼中跨境电子数据的审查》,载《地方立法研究》2023 年第 3 期。

犯罪带来困难。一旦信息网络犯罪发生，便能够在瞬间完成，然后通过各种可利用的技术手段逃匿或者消失。信息网络体现出的聚合性和交互性的功能，不仅为降低犯罪成本提供了可能，也为提高犯罪效率、细化犯罪分工、扩大犯罪结果提供了便利。刑事打击犯罪因时过境迁难以完成，一般性的行政执法与刑事司法的案件移送衔接机制在信息网络技术日益创新的背景下难以发挥作用。

2. 行政执法和刑事司法衔接不畅

《反电信网络诈骗法》虽然确立了网信部门互联网内容统筹协调的监管职能，但有关部门协同配合和快速联动机制因业务管理分散没有充分发挥其作用，特别是"回应型"或者"事后型"行政执法和刑事司法衔接机制，在应对电信网络犯罪链条行为以及产业化特征的犯罪时，依然呈现力所不逮的状态。行政法规定的行政犯前置条款与刑法在规范体系上的对接，是实现电信网络诈骗治理领域行刑衔接机制的规范依据，也是其机制有效运行的法律制度保障。但因行政法的部门法特点以及电信网络的有些问题涉及公民基本权利，现有规范体系难以实现行刑有效衔接。实质上，"行刑衔接机制不畅的根节不仅在于规范不足，更在于行刑数据壁垒稳固存在，这一现象并未随着信息化建设而被消除。数字检察督促办案人员'在个案审查中发现问题，在数据碰撞筛查中发现类案线索'，破解既往法律监督的被动性、碎片化、浅层次难题，有效推动对行刑数据壁垒所带来的犯罪黑数和监督盲区的综合治理"①。一方面，我国实施的《反电信网络诈骗法》采用了"小切口"立法模式，因电信网络领域治理的复杂性，仅仅以此作为开展电信网络诈骗治理工作的法律，还不足以实现治理电信网络诈骗犯罪的任务，因此，还需要《网络安全法》《数据安全法》《个人信息保护法》等相关法律以及相应法规作配套，解决好一般法与特别法的适用关系。特别是电信网络诈骗犯罪活动嵌入网络宣传推广、信息类物料供应、工具类物料供应、技术支撑、资金结算等各个环节，这些环节均存在与电信网络诈骗犯罪相关的黑灰产业，在实践中形成了复杂的以电信网络诈骗犯罪为主的网络犯罪生态体系。每个环节都需要不同的执法部门或者通过联合执法进行管控，分散的执法机制难以解决上下游关联性违法犯罪问题，单一的管控无法触及整体的根基，而行政执法领域面对网络技术迭代更新，与其衔接的刑事司法又难以对

---

① 参见邵俊：《数字检察中行刑衔接机制的优化路径》，载《华东政法大学学报》2023年第5期。

电信、个人信息、网络安全等诸多方面的执法工作一一作出回应，治理效果不显著。另一方面，基于电信网络诈骗的上下游关系的复杂性以及实施技术手段链条的新型性，《反电信网络诈骗法》第32条规定了公安部门、金融管理部门、电信主管部门和国家网信部门等仅对电信网络诈骗样本信息数据实行共享机制。面对新型电信网络诈骗仍不足以为案件查处提供充分的案情判断资料，这种信息共享机制需要予以适当拓宽。行政执法手段的使用对电信网络相对人的影响较大，如果仅仅依靠行政执法治理极有可能出现行政执法对违法犯罪的干预超越刑事惩治，致使行政执法手段与刑事处罚种类之间出现责任配置上的失调。这种既存的现实促使行政执法机关之间沟通涉诈信息弱化，进而影响了行政执法与刑事司法衔接的力度。

为了治理日趋高发的电信网络诈骗犯罪，我国《刑法修正案（九）》扩大了犯罪圈，前移了刑事防线，采取新设网络黑灰产业链相关罪名、提高刑罚处罚等措施，如非法利用信息网络罪、帮信罪以及不履行信息网络安全管理义务罪，并在犯罪形态上实行"预备行为实行化、帮助行为正犯化"做法，旨在通过扩张的刑法、增加犯罪成本来惩治电信网络诈骗犯罪以及相关黑灰产业链。如《反电信网络诈骗法》第46条第1款规定："组织、策划、实施、参与电信网络诈骗活动或者为电信网络诈骗活动提供相关帮助的违法犯罪人员，除依法承担刑事责任、行政责任以外，造成他人损害的，依照《民法典》等法律的规定承担民事责任。"根据该规定，无论是电信网络诈骗犯罪分子还是为其提供相关帮助的违法犯罪人员均应承担民事、行政和刑事责任。该规定解决了电信网络诈骗犯罪治理中存在的一些问题，特别是帮信罪等犯罪的独立化，对打击呈现带有独立产业化特征的犯罪链条行为以及治理电信网络诈骗犯罪起到了积极的作用。但同时还需注意"禁止重复评价原则"适用以及不同责任追究的先后顺序。

四、电信网络诈骗犯罪案件办理中行政执法与刑事司法衔接机制的完善

（一）行政执法与刑事司法正向衔接机制的完善

行政执法与刑事司法衔接机制完善方面，需要改变"事后回应型"衔接模式，建立聚焦重点领域、采用新型手段、针对特殊对象的跨地区、跨部门的新型联合机制。反电信网络诈骗犯罪的法治体系既需要关注多链条、多

层级、多环节等"一对多"的全链条治理机制，也要倚重技术流、信息流、资金流等非接触性的系统性治理机制，还应对电信网络诈骗犯罪上、中、下游等环节建立综合治理机制，从而构建相关行业、机构、组织和群体反电信网络诈骗犯罪的源头治理机制、系统治理和生态治理体系。在前端，侧重利用全面数据监控、涉诈预警反制、加强业务管理等方式建立覆盖电诈犯罪全链条、抑制电诈犯罪机会的防控机制；在后端，治理为诈骗活动提供电信网络技术支持和参与服务链条的"黑灰产业"，减少诈骗活动利用的技术渠道、压缩诈骗活动施展的空间、控制其骗取钱财的机会，继而消除犯罪赖以生存的土壤。具体做法包括以下几个方面。

1. 加强与电信网络部门、数据部门的联系机制

联合电信部门对特定词句进行屏蔽，防止诈骗分子通过任意显号进行诈骗活动。国家网信办对各类 App 的功能权限需要严格把关，网络监管部门应加强对各类平台、网站、论坛、聊天软件的信息监测，对涉及银行账号、密码、资金、安全账户等敏感内容进行重点关注。通信运营商应对违法短信和不明来源电话加强监管，加大对群发数量巨大短信内容的过滤检查和阻止力度。为了应对信息网络"平台化"，"监管部门开始强化'平台责任'，将平台作为网络用户与网络监管者的中介，并且事实上构建了监管者—平台—用户的阶层式结构"。应严格落实网络服务提供者、电信业务经营者等在经营活动中的法定义务以及监控责任，强化网络服务提供者的"网络服务提供者责任"。最高人民法院、最高人民检察院、公安部联合发布的《关于办理电信网络诈骗等刑事案件适用法律若干问题的意见》第 3 条第 8 项规定："金融机构、网络服务提供者、电信业务经营者等在经营活动中，违反国家有关规定，被电信网络诈骗犯罪分子利用，使他人遭受财产损失的，依法承担相应责任。构成犯罪的，依法追究刑事责任。"强化网络服务提供者法定义务的同时，需要加重其防范犯罪与治理违法的责任。网络信息安全保障衍生出了网络服务提供者的义务，网络服务提供者既要对必要的信息收集和留存负有职责，也应对违法有害信息负有阻拦和处置的法定义务。

2. 切断电信诈骗犯罪背后的黑色产业链

诈骗分子得逞后，会迅速将赃款通过境外汇款终端机多次多笔汇入不同的账户，大部分赃款会通过"地下钱庄""漂白"通道完成，涉案款项走向十分复杂。行政执法和刑事司法机关应加强与金融部门的联系机制，在落实银行开户实名制和开户数量验证机制的同时，对涉嫌违法账号进行必要的跟

踪，破解电信网络诈骗犯罪灰色地带和利益共同体，但这些信息不得用于反电信网络诈骗以外的工作。具体而言，一方面，行政执法与刑事司法衔接机制应与金融机构协作，建立完善警银联动工作机制，在平台内成立查控中心，保障快速查询、止付短卡、拦截通道能够迅速及时实施，构建电信网络诈骗犯罪案件受理、查询、处置的一体化机制，保障资金流查控功能发挥作用。另一方面，对与电信网络诈骗犯罪存在关联型勾结、上下游联手关系的活动进行清理，打击直接触犯法律的网络犯罪以及游走在法律边缘的争议行为的黑灰产业链。电信网络诈骗治理，"困境背后，是传统的犯罪治理方式与科技时代资源高度流动性之间的不适应"。充分利用科技时代资源高度流动性，依托于大数据技术识别电信网络诈骗犯罪与某些数据信息之间的强关联性，发现当前犯罪迹象并预测未来犯罪的可能性。以全面的数据监控代替个案惩治，及时发现并消除电信网络诈骗犯罪的诱发因素和犯罪机会，"挤压"黑灰产业的生存空间。

3. 运用现代信息技术进行犯罪行为分析

通过数据挖掘、数据分析、数据碰撞、数据对比等技术方法获得犯罪行为的分析与指向关系，建构从"个体"到"单机"再到"网络"的链条式、整体化治理方式。综合犯罪线索，找到查处的突破口，迅速打击，避免社会危害性的扩大。将刑侦、技侦、大数据、网侦、经侦、情报、出入境等警种进一步整合，不断健全完善信息共享、数据共用新机制；强化异地警务协作机制，特别是要加强重点地区、高危地区的警务协作，避免少数地区长时间陷入案侦资源"挤兑透支"的被动局面。办案机关立案后，及时通过电信、金融机构获取通话记录、短信、银行卡的交易资料、取款录像；掌握开户时间、地点、电话、地址和开户时的摄像图片；查看犯罪嫌疑人诈骗成功后的资金流向等信息。对于跨地区的电信网络诈骗，要加强多方合作，建立长期协作机制，提高办事效率。

无论电信诈骗犯罪手法如何变化，其均无法摆脱资金流转过程中在金融机构或者非银行支付机构留下金融数据信息和资金印记这一现实。金融数据信息和资金印记可通过信息技术手段还原部分资金流向甚至全貌。现代资金查控分析技术一方面可以在短时间内分析涉案资金流向，为进一步开展侦查工作明确方向；另一方面也可以通过可视化的方式展示涉案公司、人员的资金流转关系，便于办案人员从错综复杂的资金流向中更直观地掌握资金去向、锁定关键人员。

4. 打断骗财流动的通道与追赃挽损并行

由于电信诈骗犯罪分子通过"跑分平台""地下钱庄"使用虚拟币等将资金快进快出、混同资金属性，使用POS机消费、取现等方式物理隔断，造成资金穿透困难掣肘违法所得追缴。而电信诈骗犯罪分子取得赃款后，又会采用虚构交易、虚拟币交易等各种方式洗白犯罪所得。有的将诈骗财物赠与自己的利害关系人，有的将诈骗财物低价转卖给他人，有的用来偿还债务等。对此可参照《关于办理黑恶势力刑事案件中财产处置若干问题的意见》规定，"有证据证明依法应当追缴、没收的涉案财产无法找到、被他人善意取得、价值灭失或者与其他合法财产混合且不可分割的，可以追缴、没收其他等值财产"，即允许办案机关对犯罪嫌疑人名下或实际控制的等值财产先行采取查封、扣押、冻结措施，扩大退赔、没收的财产范围，真正实现打财断血，挽回被害人损失。同时公安机关还应按照《电信网络新型违法犯罪案件冻结资金返还若干规定》，对电信诈骗犯罪分子利用电信、互联网等技术，通过发送短信、拨打电话、植入木马等手段，诱骗（盗取）被害人资金汇（存）入其控制的银行账户，实施的违法犯罪案件，对特定银行账户实施冻结措施，并由银行业金融机构协助执行资金。

5. 强化检察机关行刑衔接和内外部协作

针对高发问题，提出建议，堵塞漏洞，对办案中发现的管理漏洞，及时通过提出检察建议促进源头治理。《中共中央关于加强新时代检察机关法律监督工作的意见》要求，"运用大数据、区块链等技术推进公安机关、检察机关、审判机关、司法行政机关等跨部门大数据协同办案"。《人民检察院检察建议工作规定》第11条规定："人民检察院在办理案件中发现社会治理工作存在下列情形之一的，可以向有关单位和部门提出改进工作、完善治理的检察建议：（一）涉案单位在预防违法犯罪方面制度不健全、不落实，管理不完善，存在违法犯罪隐患，需要及时消除的；（二）一定时期某类违法犯罪案件多发、频发，或者已发生的案件暴露出明显的管理监督漏洞，需要督促行业主管部门加强和改进管理监督工作的……"同时加强案件反向审视，注重从类案监督中发现社会治理的"短板"，对履行反电信网络诈骗监督职责法定职能部门或者义务单位不作为侵害国家利益或者社会公共利益的，检察机关可以依法提出检察建议，会同有关部门进行综合治理，或者向法院提起公益诉讼。

6. 充分发挥惩戒功能

我国《反电信网络诈骗法》第31条规定："任何单位和个人不得非法

买卖、出租、出借电话卡、物联网卡、电信线路、短信端口、银行账户、支付账户、互联网账号等,不得提供实名核验帮助;不得假冒他人身份或者虚构代理关系开立上述卡、账户、账号等。对经设区的市级以上公安机关认定的实施前款行为的单位、个人和相关组织者,以及因从事电信网络诈骗活动或者关联犯罪受过刑事处罚的人员,可以按照国家有关规定记入信用记录,采取限制其有关卡、账户、账号等功能和停止非柜面业务、暂停新业务、限制入网等措施……"第36条第2款规定:"因从事电信网络诈骗活动受过刑事处罚的人员,设区的市级以上公安机关可以根据犯罪情况和预防再犯罪的需要,决定自处罚完毕之日起六个月至三年以内不准其出境,并通知移民管理机构执行。"无论是记入信用记录抑或限制出境的规定,均是针对受过刑事处罚的人实施的刑罚附随措施,这些措施的实施需要人民法院、公安机关以及移民管理机构等主动配合。基于此,行政执法与刑事司法衔接治理电信网络诈骗犯罪需要建立以智能化、信息化、技术化统领的电信网络部门与行政管理前置信息流控制、金融机构与科技金融服务部门资金流控制,刑事打击兜底的长效治理体系。

(二) 电信网络诈骗行政执法与刑事司法反向衔接

2021年新修订的《行政处罚法》将行刑衔接作为修改的重要亮点,尤其是新《行政处罚法》第27条在传统的行政机关向刑事司法机关移送涉嫌犯罪案件之外,还加入了刑事司法机关向行政执法机关移送需要追究行政责任的案件的内容,即反向行刑衔接。2021年9月最高人民检察院《关于推进行政执法与刑事司法衔接工作的规定》在内容上明确双向衔接并规定启动情形,即人民检察院在拟作出不起诉决定的同时,依法审查是否需要对被不起诉人给予行政处罚,提出检察意见。随着《行政处罚法》的修改和最高人民检察院对两法衔接工作的落实规定,反向移送问题在双向衔接中的地位得以确认,也为行政执法与刑事司法在反电信网络诈骗违法犯罪衔接提供了法律依据。

非法买卖、出租、出借银行卡的行为违反《反电信网络诈骗法》第31条第1款的规定。对于犯罪情节轻微不起诉的案件,检察机关应当根据《反电信网络诈骗法》第44条的规定,及时制发检察意见书,将案件移送公安机关作出行政处罚,并对涉案财物处置提出意见,持续跟踪督促落实,确保行为人受到应有法律惩处。如2022年10月,张某、胡某等3人在明知李某、游某等人(均已判刑)为电信网络犯罪资金过账洗钱的情况下,仍将其身份证、手机及名下 5 至 7 个银行账户提供给李某等人使用,分别获利 500 元至 3000 元。案发后,张某等 3 人均退缴了非法所得。检察机关审查认为,张某等人犯罪情节轻微,系初犯,具有坦白、退缴违法所得、自愿认罪认罚等情节,决定依法对其作出相对不起诉。该案中,另有曹某、闵某等 3 人为电信诈骗犯罪提供账户用于资金过账,但构成刑事犯罪的证据不足,检察机关依法对其作出存疑不起诉。[1] 为做好行刑反向衔接工作。检察机关决定组织公开听证,邀请听证员、人民监督员及法律专家参与听证,就被不起诉人是否应给予行政处罚及处罚应适用的法律问题进行了讨论。听证会意见一致认为,可依法对张某等 6 人作出行政处罚,积极做好不起诉案件的"后半篇文章",消除行政处罚盲区。推进检察监督与行政执法的精准衔接,形成更大的执法司法合力,以检察新作为助推社会治理效能新提升。

(三)电信网络诈骗犯罪案件中行政执法和刑事司法与第三方衔接

1. 加强协作配合,提高打击能力

打破信息壁垒,提高发现异常行为能力。打破银行之间、电信业务经营者间、银行与电信业务经营者间信息壁垒,便于识别出集中办卡等具有卖卡高度嫌疑的行为人,从而强化审核、警示直至拒绝开卡。对银行、电信业务经营者、行政审批、市场监管、快递公司违法违规办理业务或者不履行相关核查责任的,依法依纪追责,通过严格的责任追究,将法律法规赋予的预防帮信犯罪、电诈犯罪的责任落到实处。

深化侦查监督与协作配合办公室建设,检察官常态化入驻"侦协办",区公安分局在立案侦查重大、疑难电信网络诈骗案件时,邀请派驻在侦查监督与协作配合办公室的干警提前介入,就案件定性、证据收集、法律适用等问题进行深入交流,对侦查取证等相关问题提出针对性建议,减少案件退查次数。

构建"治罪"与"治理"并重的惩防体系,以更优检察履职提升打击惩治电信网络犯罪成效。一方面深化横向沟通,与公安、法院在证据收集、法律适用等方面研讨适用标准、统一司法理念,凝聚共识、形成打击合力。

---

[1] 参见李翔、陈嘉伟《行刑反向衔接 做好不起诉的"后半篇"文章》,载《湖南日报》2023年12月16日。

另一方面深化"四大检察"融合履职，助力网络空间治理。

办案机关会同电信、金融等有关部门及行业协会，利用行业大数据预警，分析研判类案高发原因；通过建立数据模型、制发检察建议等方式，预防和打击并重；搭建线索移送平台，实现"黑灰"产业链的源头预防。同时加强学习，提升业务能力。通过组织讨论和学习，在办案过程中准确认定典型网络诈骗犯罪、全面审查上下游关联犯罪，注重深挖彻查案件线索，对电信网络诈骗及其关联犯罪实现全链条打击，确保对电信网络诈骗犯罪集团"打深打透"。

2. 依法专项办理，聚焦打击重点

持续保持高压打击态势，深入开展"断卡"等专项行动，坚持全链条纵深打击，彻底铲断犯罪链条。针对重大疑难电信网络诈骗案件，特别是团伙犯罪，检察机关应提前介入，指导侦查，准确认定各环节行为的性质。一方面坚持从严惩治，突出打击重点。对于涉及人数较多的电信网络犯罪，通过加大监督、追捕追诉力度，彻底斩断网络"黑灰"产业链。另一方面贯彻宽严相济刑事政策，注重区别对待、推进分类分层处理。对电信网络诈骗团伙、网络黑产团伙的组织者、首要分子等，依法从严处理，确保罪责刑相适应。通过严查上下游关联违法犯罪行为，严厉打击电信网络诈骗犯罪。

在继续对"卡农"依法予以打击的同时，通过设置科学考核指标，引导侦查人员重视追溯上线，检察机关对"卡商""卡头"以及电信诈骗的上游快捕快诉，法院要慎用缓刑，形成严打态势，斩断犯罪链条。

3. 突出预防为先，提升防诈意识

落实普法常态化，增强群众法律意识，强化法治进校园、进社区活动，将帮信犯罪、反电诈作为法治课的重要内容。充分发挥"网格员"、村居大喇叭作用，由基层干部用通俗易懂的语言进行宣讲，实现法治宣传不留死角。针对犯罪分子手段不断升级的特点，司法机关要总结犯罪规律，及时更新宣传内容。检察机关立足检察职能，积极开展防范电信网络诈骗法治宣传活动，多渠道、多形式、多群体扎实推进线上线下普法宣传，通过宣讲典型案例，播放宣传视频、发放宣传手册等方式，提高社会公众的识骗防骗能力，引导居民下载安装"国家反诈中心"App，扩大宣传受众范围和影响力。

附件 1

2021 年 Z 市各基层检察院电信网络诈骗及关联犯罪案件办理情况

2021年	电信网络诈骗案件								帮助信息网络犯罪活动罪案件								掩饰、隐瞒犯罪所得、犯罪所得收益罪案件							
	提捕案件数(件)	提捕人数(人)	批准逮捕人数(人)	不批准逮捕人数(人)	审查起诉案件数(件)	审查起诉案件人数(人)	起诉人数(人)	不起诉人数(人)	提捕案件数(件)	提捕人数(人)	批准逮捕人数(人)	不批准逮捕人数(人)	审查起诉案件数(件)	审查起诉案件人数(人)	起诉人数(人)	不起诉人数(人)	提捕案件数(件)	提捕人数(人)	批准逮捕人数(人)	不批准逮捕人数(人)	审查起诉案件数(件)	审查起诉案件人数(人)	起诉人数(人)	不起诉人数(人)
T市	14	30	26	4	28	65	64	1	111	159	103	51	126	293	213	10	15	35	26	9	20	51	51	0
X区	3	5	1	4	2	4	4	0	21	37	21	16	37	80	45	2	0	0	0	0	0	0	0	0
Y区	2	7	7	0	1	6	6	0	13	22	5	17	11	78	19	1	0	0	0	0	0	0	0	0
S区	1	14	14	0	1	1	1	0	13	23	12	9	15	39	38	1	1	1	1	0	4	11	11	0
T区	13	30	13	15	29	68	31	8	18	28	4	23	18	76	18	0	3	7	0	7	3	3	11	7
总计	33	86	61	23	61	144	106	9	176	269	145	116	207	566	333	14	19	43	27	16	27	65	73	7

附件2

2022年Z市各基层检察院电信网络诈骗及关联犯罪案件办理情况

2022年	电信网络诈骗案件								帮助信息网络犯罪活动罪案件								掩饰、隐瞒犯罪所得、犯罪所得收益罪案件							
	提捕案件数(件)	提捕人数(人)	批准逮捕人数(人)	不批准逮捕人数(人)	审查起诉案件数(件)	审查起诉人数(人)	起诉人数(人)	不起诉人数(人)	提捕案件数(件)	提捕人数(人)	批准逮捕人数(人)	不批准逮捕人数(人)	审查起诉案件数(件)	审查起诉人数(人)	起诉人数(人)	不起诉人数(人)	提捕案件数(件)	提捕人数(人)	批准逮捕人数(人)	不批准逮捕人数(人)	审查起诉案件数(件)	审查起诉人数(人)	起诉人数(人)	不起诉人数(人)
T市	11	15	2	1	9	40	13	0	39	59	44	10	204	307	225	57	2	2	8	1	33	91	90	6
X区	3	8	1	7	1	1	1	0	23	51	23	28	60	149	107	6	0	0	0	0	0	0	0	0
Y区	1	1	1	0	17	33	80	0	8	10	2	11	36	73	77	11	0	0	0	0	0	0	0	0
S区	1	5	5	0	1	4	3	1	3	7	1	6	23	58	46	1	1	14	14	0	3	5	4	1
T区	4	6	3	5	10	21	23	35	8	13	4	10	25	77	50	40	1	4	1	3	3	14	10	12
总计	20	35	12	13	38	99	120	36	81	140	74	65	348	664	505	115	4	20	23	4	39	110	104	19

附件 3

2023 年 1 月至 11 月 Z 市各基层检察院电信网络诈骗及关联犯罪案件办理情况

2023年	电信网络诈骗案件								帮助信息网络犯罪活动罪案件								掩饰、隐瞒犯罪所得、犯罪所得收益罪案件							
	提捕案件数(件)	提捕人数(人)	批准逮捕人数(人)	不批准逮捕人数(人)	审查起诉案件数(件)	审查起诉案件人数(人)	起诉人数(人)	不起诉人数(人)	提捕案件数(件)	提捕人数(人)	批准逮捕人数(人)	不批准逮捕人数(人)	审查起诉案件数(件)	审查起诉案件人数(人)	起诉人数(人)	不起诉人数(人)	提捕案件数(件)	提捕人数(人)	批准逮捕人数(人)	不批准逮捕人数(人)	审查起诉案件数(件)	审查起诉案件人数(人)	起诉人数(人)	不起诉人数(人)
T市	11	15	2	1	9	40	13	0	36	40	2	1	317	429	292	12	14	30	23	11	35	72	74	6
X区	3	6	4	2	2	4	4	0	10	15	5	10	71	172	60	2	10	11	5	6	10	11	6	0
Y区	35	66	44	22	44	111	111	0	24	29	13	15	60	79	43	5	25	40	15	27	17	50	51	0
S区	2	6	2	1	4	5	2	3	25	29	17	13	36	79	53	16	13	29	19	12	11	44	23	0
T区	6	8	4	4	10	30	14	22	5	7	3	4	8	16	22	31	5	7	3	7	4	2	3	24
总计	57	101	56	30	69	190	144	25	100	120	40	43	492	775	470	66	67	117	65	63	77	179	157	30

"反向移送"视角下行刑衔接中的信息共享问题研究[*]

文 哲[**]

  2021年全国人大常委会修订的《行政处罚法》对行刑衔接制度作了重大修改,规定"对依法不需要追究刑事责任或者免予刑事处罚,但应当给予行政处罚的,司法机关应当及时将案件移送有关行政机关",并且规定"要建立健全案件移送制度,加强证据材料移交,完善案件处理信息通报机制"。新《行政处罚法》对于"行刑衔接"制度的修改,已经将案件的移送从原来的"单向移送"改为"双向移送"。因此,在司法实务中会有两种情况:其一是行政机关在执法过程中发现违法事实造成的危害性已经达到刑法

---

[*] 本文系2022年度最高人民检察院检察理论研究课题(项目批准号:GJ2022D32)的研究成果。
[**] 课题主持人:文哲,中国人民公安大学犯罪学学院讲师。课题组成员:李春雷,中国人民公安大学犯罪学学院教授;曾文远,中国人民公安大学侦查学院讲师;李满,中国人民公安大学信息网络安全学院讲师;贺娇,中国人民大学法学院博士研究生;宋华秋,中国人民大学法学院博士研究生。

规定涉嫌构成犯罪，需要依法追究刑事责任时，行政机关向刑事司法机关移送案件，这是"行"向"刑"的正向移送。其二是刑事司法机关经过侦查、审查或审判，认为犯罪嫌疑人的行为不构成犯罪的，则需要将案件材料移送行政机关进行行政处罚，这是"刑"向"行"的反向移送。[①]"双向移送"制度的建立，是人民检察院落实政法工作"防控风险，服务发展，破解难题，补齐短板"要求的具体措施。"双向移送"制度的核心在于形成行政执法机关与司法机关完善的案件处理及信息通报机制。但是，在行刑衔接信息共享工作中，对"正向移送"涉嫌犯罪案件关注较多，如建立联席会议制度等，而刑事司法机关向行政执法机关"反向移送"案件，如何准确查看、接收相关资料以便提高行刑衔接的效率？如何获取案件的线索信息、证据材料、处罚结果等？这些问题的理论研究明显匮乏，实践探索也缺少足够的经验积累。为此，本课题将对行刑衔接信息共享问题进行专题研究，旨在促进行政执法与刑事司法的无缝衔接，双向移送的良性互动，同时也为完善相关立法和配套工作机制提供有益参鉴。

一、行刑衔接中的信息共享问题现状及既往经验总结

2011年中共中央办公厅、国务院办公厅颁布的《关于加强行政执法与刑事司法衔接工作的意见》明确提出建立行刑衔接工作信息共享平台[②]。要求各地充分利用已有电子政务网络和信息共享公共基础设施等资源，将行政执法与刑事司法衔接工作信息共享平台建设纳入电子政务建设规划，拟定信息共享平台建设工作计划，明确完成时间，加大投入，加快工作进度，充分运用现代信息技术实现行政部门、公安机关、人民检察院之间执法、司法信息互联互通。该意见的发布从立法上对信息共享制度进行了规范，也有助于

[①] 张红：《行政处罚与刑法处罚的双向衔接》，载《中国法律评论》2020年第5期。
[②] 《关于加强行政执法与刑事司法衔接工作的意见》第12条规定：建立衔接工作信息共享平台。各地要充分利用已有电子政务网络和信息共享公共基础设施等资源，将行政执法与刑事司法衔接工作信息共享平台建设纳入电子政务建设规划，拟定信息共享平台建设工作计划，明确完成时间，加大投入，加快工作进度，充分运用现代信息技术实现行政执法机关、公安机关、人民检察院之间执法、司法信息互联互通。行政执法机关应当在规定时间内，将查处的符合刑事追诉标准、涉嫌犯罪的案件信息以及虽未达到刑事追诉标准、但有其他严重情节的案件信息录入信息共享平台。各有关单位应当在规定时间内，将移送案件、办理移送案件的相关信息录入信息共享平台。加强对信息共享平台的管理，严格遵守共享信息的使用权限，防止泄密。积极推进网上移送、网上受理、网上监督，提高衔接工作效率。

各地区对信息共享平台的积极推动。

(一) 信息共享机制的发展状况

信息共享平台是利用现代信息技术手段建立信息收集、报送、监督、反馈的网络平台，包括网络信息共享平台、联席会议制度、信息通报制度等。① 信息共享平台作为国家推动信息共享机制的重要举措，其核心是信息的整合、处理，以信息共享推动行政执法与刑事司法衔接机制的顺畅运行。信息共享平台是实现各执法部门之间的执法信息资源共享的制度，是信息共享机制的重要载体和表现形式。因此，通过对近年来信息共享平台实践的梳理、分析，可以帮助我们更为深刻地了解信息共享机制的实践状况，为信息共享机制的改革、完善提供更为清晰的思路。

1. 信息共享机制的立法演进

从中央层面上看，2001 年，国务院颁布了《关于整顿和规范市场经济秩序的决定》，首次提出了行刑衔接的概念，同时提出建立信息共享、沟通便捷、防范有力、查处及时的打击犯罪的协调机制。2005 年，由最高人民检察院、全国整顿和规范市场经济秩序领导小组办公室、公安部、监察部公布了《关于在行政执法中及时移送犯罪案件的规定》，进一步明确各相关单位在行政执法与刑事司法衔接工作中的具体职责，突出法律监督效力。2013 年，党的十八届三中全会通过的《中共中央关于全面深化改革若干重大问题的决定》中提出"完善行政执法与刑事司法衔接机制"。2014 年，党的十八届四中全会通过的《中共中央关于全面推进依法治国若干重大问题的决定》中提出要"健全行政执法与刑事司法衔接机制，完善案件移送标准和程序，建立行政执法机关、公安机关、检察机关、审判机关信息共享、案情通报、案件移送制度，坚决克服有案不移、有案难移、以罚代刑现象，实现行政处罚与刑事处罚无缝衔接"。2015 年，国家食品药品监督管理总局、公安部、最高人民法院、最高人民检察院、国务院食品安全办联合印发了《食品药品行政执法与刑事司法衔接工作办法》，这是中央有关部委对危害食品安全领域信息共享平台建设具有指导意义的文件。该办法 35 条②、第

---

① 张建升、元明等：《打造信息共享平台，深化"行刑衔接"机制建设》，载《人民检察》2013 年第 19 期。

② 《食品药品行政执法与刑事司法衔接工作办法》第 35 条：各级食品药品监管部门、公安机关、人民检察院应当积极建设行政执法与刑事司法衔接信息共享平台，逐步实现涉嫌犯罪案件的网上移送、网上受理、网上监督。

36条①、第37条②针对实践中信息共享平台规范不足的问题，明确了食品药品监管部门、公安机关、检察机关录入信息的职责以及录入信息的范围，从而有助于各部门明确职责，各司其职，统筹协调信息录入责任。2021年《行政处罚法》对行刑衔接制度做了重大修改，规定"对依法不需要追究刑事责任或者免予刑事处罚，但应当给予行政处罚的案件，司法机关应当及时将案件移送有关行政机关"，并且规定"要建立健全案件移送制度，加强证据材料移交，完善案件处理信息通报机制"。至此，从法律层面将案件的信息共享机制从原来强调的正向信息共享改为双向信息共享机制。

从地方层面上看，一些省市对信息共享平台中各部门应当录入的信息范围作了明确。比如重庆市《打击侵犯知识产权和制售假冒伪劣商品工作行政执法与刑事司法衔接信息共享平台管理暂行办法》规定，行政执法机关应录入的案件信息应包括，立案侦查后认为犯罪情节显著轻微，不需要追究刑事责任，但依法应当追究行政责任的案件；对做出不起诉决定的案件，认为依法应当给予行政处罚的案件；广东省珠海市人大常委会在2014年通过《珠海经济特区行政执法与刑事司法衔接工作条例》，是"行刑衔接"工作地方性法规。该条例对移送案件所需材料、公安机关审查期限、涉案物品与材料的交接、证据的保全与鉴定问题作了规定。③ 此外，还有些省份也对信息共享平台建设做出了更加细致的规定，比如违法事实情节，涉案金额等，上述规定详细、具体，对于提高信息共享平台的可操作性、实践性具有重要的指导性。

但是，这些规章在明确信息共享平台的录入信息时存在两个问题：其一是责任方面，信息共享平台意味着对部门利益的约束、限制，但目前信息共享平台的探索更多着眼于"信息"本身，而对信息共享的责任约束缺乏明

---

① 《食品药品行政执法与刑事司法衔接工作办法》第36条：已经接入信息共享平台的食品药品监管部门、公安机关、人民检察院，应当在作出相关决定之日起7日内分别录入下列信息：一是适用一般程序的食品药品违法案件行政处罚、案件移送、提请复议和建议人民检察院进行立案监督的信息；二是移送涉嫌犯罪案件的立案、复议、人民检察院监督立案后的处理情况，以及提请批准逮捕、移送审查起诉的信息；三是监督移送、监督立案以及批准逮捕、提起公诉的信息。尚未建成信息共享平台的食品药品监管部门、公安机关、人民检察院，应当自作出相关决定后及时向其他部门通报前款规定的信息。

② 《食品药品行政执法与刑事司法衔接工作办法》第37条：各级食品药品监管部门、公安机关、人民检察院应当对信息共享平台录入的案件信息及时汇总、分析，定期对平台运行情况总结通报。

③ 杜文俊、陈超：《机制设计理论视域下的"行刑衔接"机制的重构与完善》，载《国外社会科学前沿》2020年第11期。

确规范，导致信息共享平台的形式化现象突出，没有真正发挥信息共享平台的作用。① 其二是内容方面，信息共享平台的核心是明确录入信息的范围、时间，但现有的规范性文件多注重信息形式的录入规定，却忽略了承载信息的实质性内容，最终影响信息录入的质量。

2. 信息共享机制实践发展状况

自从 2011 年中共中央办公厅、国务院办公厅《关于加强行政执法与刑事司法衔接工作的意见》颁布以来，从中央到地方各相关部门不断加大信息平台建设的力度，信息共享平台发展也取得了引人注目的成效。

（1）信息共享平台建设的状况

从国家层面上看，根据国务院 2011 年《关于进一步做好打击侵犯知识产权和制售假冒伪劣商品工作的意见》，2014 年由全国打击侵权假冒工作领导小组办公室牵头完成了中央信息共享平台建设工作。② 该领导小组办公室设在商务部，统一组织领导全国打击侵犯知识产权和制售假冒伪劣商品工作，研究拟订有关政策措施；督促检查各地区、各有关部门工作落实情况；督办侵犯知识产权和制售假冒伪劣商品重大案件，加快建设打击侵权和假冒伪劣领域行政执法与刑事司法衔接工作信息共享平台，实现行政执法部门与司法机关之间执法、司法信息互联互通。中央层面的信息共享平台建设及时推进，对于确定信息共享的标准、规范具有良好的示范意义。

从地方层面上看，按照国家有关文件的要求，地方政府及其有关部门也积极探索信息共享平台的建设思路，并在改善行刑衔接机制的运行状况领域有了较大的发展。如，广东省检察机关自 2012 年即开始全面推进"行刑衔接"信息共享平台建设。2014 年上半年实现省、市、县（区）三级联网互通。再比如河北省石家庄市的行刑衔接信息共享平台由检察机关牵头负责，形成以市检察院为网络中心，各行政执法机关、公安机关、司法机关、监察机关执法信息资源共享互通的专用保密网络平台，在河北省率先实现了行政执法和刑事司法的全面衔接。

（2）信息共享平台实践中存在的问题

应当说，信息共享平台在推动行刑衔接的运行效率方面展现出了突出的效果，但是，从一些地方的实践来看，信息共享平台建设也面临着诸多问

---

① 张伟珂：《食品安全行刑衔接机制的理论与实践》，法律出版社 2017 年版，第 110 页。
② 载中国新闻网，https://www.chinanews.com/gn/2014/11-21/6801010.shtml，最后访问时间：2014 年 11 月 21 日。

题。如犯罪的信息录入没有显示出来；信息资源孤岛化，监管主体之间共享不足等。造成的原因可能在于：一是案件信息录入不及时、不完整、不规范等问题较突出，平台利用率较低。二是工作开展不平衡，数据上传不畅。三是不同部门间信息资源独立，各自掌握自行信息。比如食品安全监管主要有食药、卫生部门承担，但是食药部门负责生产流通及终端、卫生部门负责风险评估与标准制定。电信、公安、质监等部门也各自掌握部分与食品安全监管有关的信息。上述部门间各司其职，彼此独立，各自所掌握的有关食品安全监管信息，处于彼此隔绝状态，不同层级间信息独立①，不利于实现信息共享。

从信息共享平台的应用来看，存在数据虚假失真的情况，信息共享质量较低。信息共享水平高低，既要看共享数据"量"的多少，也要看共享数据"质"的好坏。以目前食品安全数据信息为例，虚假失真现象严重，严重影响了信息共享的质量。比如网购食品领域，大量的"三无"食品经营者，通过提供虚假身份、登记注册等信息，从事网络食品经营，而监管机构工作人员在信息录入、统计、发布等环节中的过失，导致数据出现错误而失真。此外，还存在信息资源封闭化、社会公开透明度不高的情况。比如出于自身利益、政绩等因素考虑，监管机构主动公开的意愿不足，加之公众参与机制不完善，社会公众主动了解的积极性也不高，从而导致监管信息封闭在监管部门内部，社会公开、透明度不高，监管部门与公众之间的信息沟通交流、互动不足。

信息共享平台建设的目的是有效地整合行政与刑事司法机关的信息资源，打破以往的行政与司法各自为政的局面，形成对危害国家、社会和公民利益的违法犯罪的打击合力，全面维护社会稳定。② 因此，目前从中央到地方，构建高效、规范的信息共享机制一直是加快推进行刑衔接的重要环节。

（二）信息共享机制的实施及实践价值

通过完善信息共享机制，检察机关得以实现对行政机关和公安机关的监督制约。但在实际运行中，又常常落入"谁来录入""是否及时录入""选

---

① 《食品安全监管中信息共享的不足与促进建议》，载学术堂网站 2015 年 9 月 2 日，http://www.xueshut.com/renkouxue/78035.html。

② 宋跃、曹国华、陶伯进：《构建行政执法与刑事司法网上衔接信息共享机制的实证研究》，载《河南工业大学学报》2011 年第 2 期。

择性录入""录入什么"等问题。① 目前,司法机关直接进入和查阅行政机关的执法平台系统是否合理,理论与实践中也存在争议。

1. 信息共享机制的"信息"范围

在行刑衔接机制中,由于各部门间所掌握的信息资源不同,因此,明确不同部门所获得的"信息"以及其他部门所依赖的"信息"的范围,是完善信息共享机制的基础。从实践中看,是要求不同部门之间的所有信息都进行共享,还是只要求公开程序性信息,或是在程序性信息的基础上,案件的处理结果以及证据材料都同步公开,存在较大争议。笔者认为,信息是否公开,应当从信息共享机制的目的和办案程序的特点等内容考虑。

从行政执法的角度,行政执法部门掌握的信息对行刑衔接机制的运行具有基础性作用。由于行政执法程序信息可以反映出证据收集中的相关问题,因此,行政执法程序公开、透明,有助于外界监督执法行为合法性以及是否及时移送涉嫌犯罪案件,影响着行刑衔接机制的运行效率。从宏观上来说,一是按照行政违法案件进行处理;二是如果案件涉嫌构成犯罪,则应当移送公安机关侦办,相当于正向移送案件。由于移送涉嫌犯罪案件时,需要将案件的相关材料移送公安机关,因此,这类案件信息对于双方来说都是公开的。但对于作出行政违法认定的案件来说,行政监管部门通常不会向其他部门通告处理结果。这一类案件是否处理得当,是否涉嫌"以罚代刑"等违法情形,难以为外界所感知。② 事实上,实践中行刑衔接机制运行不畅的原因之一就是其他部门难以了解行政执法部门作出的案件性质认定是否合理、合法。

从刑事司法的角度,刑事司法部门掌握的信息对于行刑衔接机制的运行具有终局性的作用。对于行政执法部门移送的涉嫌犯罪案件,不管最终是否作出有罪判决,都可能涉及行政执法部门对涉案人员的追责问题。一方面,司法机关对不起诉的案件、无罪判决案件或免予刑事处罚的案件,如果认为应当依法给予行政处罚的,应提出检察建议或者司法建议,移送有关行政执法机关处理,这相当于反向移送。因此,司法机关是否及时向行政执法部门共享上述案件信息,会影响行政执法部门判断是否需要对涉案人员作出行政处罚的决定。另一方面,对于作出有罪判决的案件,案件的处理结果对于行

---

① 袁帅:《知识产权"行刑衔接"检察监督的困境及路径选择》,载《中国检察官》2022年第3期。

② 张伟珂:《食品安全行刑衔接机制的理论与实践》,法律出版社2017年版,第208页。

政执法部门也具有重要意义。

基于上述分析，笔者同意信息共享的范围应当有所限制，不宜要求将所有的案件信息在部门之间共享。① 当然，信息共享的范围不能过窄，要满足打击违法犯罪行为的需要。

2. 信息共享机制的价值

第一，信息共享机制的核心价值是强化执法监督。信息共享机制有利于督促行政执法机关依法行政、严格公正执法，有利于上级行政执法机关及时加强对下级行政执法机关的督促和检查，有利于监察部门、公安机关、检察机关及时发现和纠正不移送涉嫌犯罪案件线索，防止以罚代刑等不法行为的发生，有利于提高执法透明度，减少地方保护主义的发生。② 也有学者认为，信息共享机制有利于实现相关信息的多方交流共享，形成打击合力，维护社会稳定，有利于加强对行政执法的外部监督，增强行政执法的公信力，有利于预防职务犯罪，有利于检察机关法律监督职能的履行，扩大履职效果，及时发现和纠正行政执法机关不及时移送涉嫌犯罪案件的情况，防止以罚代刑。③ 比如某地区冷冻厂房内，将死因不明的螃蟹加工成蟹黄蟹肉分销。区市场监管部门发现线索后向检察机关咨询。检察机关经审查认定该案涉嫌犯罪，建议区市场监管部门将案件移送公安机关。区检察院对主要犯罪嫌疑人作出批准逮捕决定后，对犯罪嫌疑人等人提起公诉并提起附带民事公益诉讼。检察机关与相关行政执法机关通过建立信息共享、调查协作等工作机制加强配合，保障了人民群众"舌尖上的安全"。④ 检察机关寓监督于支持，充分体现双赢多赢共赢理念，积极推动民生领域制度建设，进一步彰显了检察履职的法律效果、社会效果。

因此，信息共享机制可以加强对行政执法的外部监督，推动案件移送的效率和质量。当然，这种监督机制在防范"以罚代刑"的同时，也对职务犯罪预防具有积极效果，就此而言，信息共享机制的核心价值具体体现在监督机制的建立，主要有三点：首先，信息共享可以使公安机关、刑事司法部

---

① 张伟珂：《食品安全行刑衔接机制的理论与实践》，法律出版社2017年版，第200页。

② 张建升、元明等：《打造信息共享平台，深化"行刑衔接"机制建设》，载《人民检察》2013年第19期。

③ 宋跃、曹国华、陶伯进：《构建行政执法与刑事司法网上衔接信息共享机制的实证研究》，载《河南工业大学学报》2011年第2期。

④ 张昊：《行刑衔接双向衔接带来双赢多赢共赢》，载《法治日报》2021年10月12日，第3版。

门及时发现和纠正行政执法机关不及时移送涉嫌犯罪案件"以罚代刑"的情形。其次，信息共享可以使行政部门、检察机关及时发现和纠正公安机关不及时处理移送的涉嫌犯罪案件，防止"有案不受""有案不立"的情形，加强对公安机关的受立案监督。最后，信息共享可以使行政部门及时掌握公安机关、司法机关对移送涉嫌犯罪案件的处理结果，以决定在案件处理完毕以后是否对涉案人员进行行政处罚，强化对违法相对人的惩治效果。对于情节显著轻微不予立案侦查或者做撤案处理的嫌疑人，以及检察机关做不起诉处理的被告人或者法院宣告无罪判决、定罪免刑的被告人，是否需要作出行政处罚，既可以由公安机关、刑事司法部门作出判断，也可以由行政部门根据查明的事实来认定。但是如果公安司法机关在案件作出终局性处理以后未能及时将案件信息与行政部门共享，就可能导致本应受到行政处罚的违法相对人因刑事诉讼而得以逃避。因此，加强对执法活动的监督，打破部门利益、实现依法执法、司法，是信息共享机制的核心价值。

第二，信息共享机制的外在价值还体现在规范执法标准。信息共享机制在强化部门监督的同时，也有助于建立规范行为、统一的执法标准，提升执法办案的权威性。通过执法信息的实时共享，强化对行政执法的外部监督，使行政执法更加透明，有助于规范执法行为，提高执法质量，促进依法行政，有效预防渎职侵权和贪污受贿等职务犯罪的发生。[①] 具体而言，信息共享机制，一是有助于明确案件移送的实质标准，二是有助于明确案件移送的证据标准。

由此，信息共享机制不仅是提升部门监督的有效手段，也是实现部门间执法、司法标准统一不可或缺的重要制度保障。强化信息共享机制，对推动行政执法与刑事司法衔接机制具有重要的实践价值。

二、"反向移送"视角下行刑衔接信息共享机制运行中存在的问题及原因

行刑衔接信息共享机制包括以下两点要求：其一，建立专门的行政执法与刑事司法衔接工作信息共享平台；其二，实现执法与司法信息互联互通，行政执法机关应将查处、移送的案件信息及时录入信息平台，公安机关应将

---

① 宋跃、曹国华、陶伯进：《构建行政执法与刑事司法网上衔接信息共享机制的实证研究》，载《河南工业大学学报》2011年第2期。

立案侦查情况、提请逮捕、起诉信息录入平台，检察机关应将立案监督、审查逮捕、审查起诉等相关信息录入平台。信息共享机制的主要功能在于打破信息壁垒，实现信息共享，有助于及时发现涉嫌犯罪案件线索，有助于对违法行为准确定性，也有助于案件办理全过程监督①。2021 年 6 月 15 日《中共中央关于加强新时代检察机关法律监督工作的意见》中明确规定"健全检察机关对决定不起诉的犯罪嫌疑人依法移送有关主管机关给予行政处罚、政务处分或者其他处分的制度"。2021 年 9 月 6 日最高人民检察院《关于推进行政执法与刑事司法衔接工作的规定》中规定"人民检察院决定不起诉的案件，应当同时审查是否需要对被不起诉人给予行政处罚"。但是从当前信息共享平台的建设情况来看，信息共享平台能够提高移送案件的数量、质量，但"案件移送数量少、案件受理数量少"等现象依然存在，信息共享平台没有充分发挥其应有的功能和价值。行刑衔接信息共享突出问题主要有以下几点。

（一）国家层面的制度设计不够完善，线索来源渠道单一

2021 年《行政处罚法》从高位阶立法层面对行刑衔接工作作出了规定，其他关于信息共享机制建设的文件大多属于国务院、最高人民检察院以及相关部委发布的一些决定、通知、意见等。从法律效力来说，这些文件属于国家机关发布的规范性文件，在全国范围内具有普遍的效力。但是，这些规范性文件基本以建议形式提出信息共享机制的建设、发展要求，致使文件本身的指导性有余而强制力不足。目前对刑事司法机关向行政执法机关移送案件的规定还比较简单笼统，不利于行政执法人员、司法人员在执法、司法中直接参考适用。虽然，新《行政处罚法》第 27 条第 2 款是就移送工作协调配合作出的概括性规定，要求行政处罚实施机关与司法机关之间应当加强协调配合，建立健全案件移送制度，加强证据材料移交，完善案件处理信息通报机制，但在刑事法律中对行刑衔接证据转化方面的规定还不尽完善。高位阶立法对移送案件的条件、标准没有具体明确的规定等均限制了行刑衔接信息共享机制的效力。对司法机关向行政执法机关反向移送案件的规定还比较简单笼统，不利于行政执法人员、司法人员在执法中直接参考适用。此外，从目前看，全国统一的信息共享平台尚在建设之中，检察机关仍然依靠传统方

---

① 李熠兴：《行刑衔接的规范阐释及机制展开》，载《中国刑事法杂志》2022 年第 4 期。

式获取案件信息，无法体现案件信息的全面性与精准性。① 这种责任主体的不统一，实质上反映出了信息共享机制建设定位模糊。而且，我国行政执法主体存在多元形式，衔接也不平衡，这种差异性最终也会影响各部门参与信息共享的积极性、主动性，成为制约信息共享机制发展的因素。

（二）缺乏明确的执行标准，阻碍信息共享的操作

信息共享机制运行良好，取决于三个核心要素：一是信息共享的范围是明确的，从而使各执法、司法部门有规可循；二是信息共享的时间是确定，使各执法、司法部门有责可依，及时履行职责；三是信息标准统一，使各执法司法部门便于参考执行。实践中不同的监管机构均出于自身的需求与方便，确定信息收集的对象、内容、范围，确定信息处理、维护的方式方法和标准。标准不统一，给相互之间的信息阅读、交流、采用等带来了诸多的困难和不便。

造成这种现象的原因在于行政执法部门所掌握的信息的复杂性和信息共享机制现行规定的不明确性。特别是反向移送案件，刑事诉讼部门与监督调查部门之间未建立不起诉案件信息通报共享机制，项目组在调研中发现，存在着涉行政处罚线索的发现、流转不及时，反向移送意识不强，对是否需要进行移送把握不够，管理不规范的问题。另外，司法实践中也缺少关于反向移送的统一操作规范，例如，检察业务应用系统无反向移送案件专门模块，业务数据无法统计、信息共享信息录入滞后等。调研中还发现案件卡的填录问题，对于反向移送的行刑衔接案件，目前还只能创建通用的立案监督（行刑衔接）案件，对于向行政执法机关转发检察意见书的案件如何填录案件卡，如何统计工作量，尚不明确。

此外，在信息共享保障问题上，信息资源共享是一套复杂的系统工程，其中涉及信息资源的源头获取、信息资源的整合、信息资源的常态维护、信息资源的共享等诸多环节，需要投入大量的人员、设备和技术力量予以保障。目前，现有设施设备陈旧，尤其是信息化高技术人才缺乏，严重制约了监管信息的共享。

---

① 高景峰、刘艺、柳慧敏：《行刑双向衔接的内在逻辑与有效运用》，载《人民检察》2023年第3期。

（三）信息沟通整合机制存在痼疾，影响信息共享机制的运行效率

信息共享机制本质上是检察权对行政权的监督，因此必须从国家层面上加强统一规划与部署，并提供充分的保障性措施，才能全面推动地方有关部门加强信息共享机制的主动性与积极性。但是，整体来看，中央有关部门对该项政策的支持是技术性有余而规范性不足，指导性较多而实践性较少，缺乏国家层面对信息共享机制建设的普遍支持。除了缺少效力更高的规范性文件，中央层面还缺少对地方的专项资金支持、鼓励措施等，严重影响了信息共享机制的实践发展。此外，行政执法机关与司法机关之间的信息不对称是造成"行刑衔接"机制不畅的重要原因。由于中央层面目前对行刑衔接信息共享的内容没有统一规定，因此各地执法部门对此的规定也不尽一致。在一些已搭建信息共享平台的地区，监管部门不仅要向本系统内部上级部门的信息共享平台进行信息录入，还要向上级监管部门设立的信息共享平台录入信息，同时，还有同级的信息共享平台需要及时录入。[1] 信息在收集、处理以及日常维护过程中需要投入大量人力、财力成本。这样一来，势必增加了基层执法部门的工作压力，反向移送案件中，甚至存在因工作量巨大而难以及时录入，有的行政执法机关仅将已移送的案件录入信息共享平台，导致信息共享平台无法发挥应有作用。[2] 如果没有规范性文件对信息共享的范围进行明确，地方政府因缺乏明确依据就会从经济性、便宜性等角度考虑录入信息的范围。这不仅导致信息共享形同虚设，而且难以发挥应有的监督、制约机能。因此，地方层面的共享信息规范缺失，也会影响地方部门推动信息共享平台建设的积极性。

（四）缺乏有效的监督制约机制，降低了信息共享的质量

信息共享平台建设实际上是借助信息化的方式及手段，来解决监督难题。[3] 当前的信息共享机制只是规定要建立信息共享平台，及时录入信息，

---

[1] 杜文俊、陈超：《机制设计理论视域下的"行刑衔接"机制的重构与完善》，载《国外社会科学前沿》2020年第11期。

[2] 张建升、元明等：《打造信息共享平台，深化"行刑衔接"机制建设》，载《人民检察》2013年第19期。

[3] 苏喜民、宋春阳：《以网络信息共享平台建设推动"两法衔接"》，载《人民检察》2017年第6期。

却没有明确行政机关及司法机关消极应对的责任，无责任也就无有效监督机制，信息共享机制的发展效果不够理想。对于录入信息的单位来说，案件信息采用人工录入方式，意味着工作负担的增加和人力成本的上升；对于地方政府部门来说，信息共享机制意味着经济支出的加大和义务的增加，一方面影响了工作积极性，另一方面导致选择性录入，信息录入不及时、不全面、不准确的问题比较突出，严重制约了"行刑衔接"工作开展。调研中有检察院反映，反向移送工作并未纳入绩效考核和检察官业绩考核，对此项工作的积极性不高，如果再录入共享信息相当于无形中增加了工作量。所以总体而言，反向移送案件相关信息在现行绩效考评机制之下缺乏正向激励，同时还会给检察系统内部增加新的工作量以及人力成本损耗。

此外，由于信息共享机制的规范化程度不高、有关部门的工作职责与程序不够明确，信息共享工作缺乏操作性，信息共享机制建设更多地停留于书面文件层面，增加了工作落实的难度。[①] 还有因功能不完善、信息录入简单滞后、查询局限，使得科技优势并未如预期所体现。有检察院反映反向移送统计监督难度大。检察机关内部目前没有反向移送报备机制，诉讼部门承办人自行处理后，由立案监督和监督调查部门统计难度比较大。基于这些原因，如果不能建立相应的责任监督机制，就难以提供执行动力。

三、"反向移送"视角下行刑衔接信息共享机制构建

随着信息技术的迅猛发展，充分利用现代科技信息手段，依托网络技术建立信息共享平台，实现大数据时代背景下行刑衔接案件信息通报共享已经十分必要。针对上述问题，我们应当从以下方面逐步推动信息共享机制的发展完善。

（一）完善行刑双向衔接立法，促进信息共享平台建设

长期以来，尽管中央有关部门提出过加强行刑衔接信息共享机制建设，并相继制定了诸多规范性措施，但从实际运行情况来看，更多停留在地方探索的层面上。有关行刑衔接规定较为分散，呈现"碎片化"态势，地方有关部门在建构相关制度时，规范内容简单，可操作性不强，对现有的司法实

---

① 宋跃、曹国华、陶伯进：《构建行政执法与刑事司法网上衔接信息共享机制的实证研究》，载《河南工业大学学报》2011年第2期。

践很难起到指导作用。① 因此，应由立法机关制定相关法律，可以将信息共享机制建构从部门建议上升到国家决策，在法律层面明确信息共享机制，还可以明确中央和地方在推动信息共享机制发展中所应当承担的责任和义务，赋予制度建设的权威性和公信力。而制定行政执法与刑事司法衔接法律，离不开对信息共享机制的建构和体系化。在法律层面明确信息共享机制，进一步明确各级职能部门在推动信息共享机制发展中所应当承担的责任和义务，赋予制度建设的权威性和公信力。

此外，作为法律监督机关，检察机关要充分履行监督职能，公安机关、行政执法机关也应参与到信息共享平台建设中，上级行政机关要及时审查考核下级行政执法机关工作效果、进度，明确职责分工，健全组织体系，强化领导、指挥、协调等作用，同时加强与行政执法机关积极沟通。为保证案件线索顺利推进，可以设立交流分析制度，互通案件办理情况，形成信息共享。

（二）明确信息共享的范围及标准，实现案情通报常态化

信息共享机制的核心问题就是各部门之间共享的信息范围。对此，在起步阶段，可以考虑从行政处罚包括其决定和执行方面着手。对于案件信息的录入还是以行政处罚的立案、处理过程、决定和执行信息为限，不要设置过宽，也不能仅限于行政处罚决定本身，否则信息量太小，检察机关难以发现行政执法中的违法行为。② 应考虑行政机关执法案件的数量基数庞大，若降低信息录入标准，则行政机关信息录入压力骤增，司法机关进行海量信息的甄别筛选定性的压力也随之增加。若抬高信息录入标准，则存在案件漏报、瞒报，宽纵犯罪的客观风险。③ 为此，采取一种"定性/定量"的信息录入标准，即在刑事犯罪定性立案标准基础上，由行政机关和司法机关共同对违法行为、涉案标的、死伤人数等情节要素进行梳理和平衡，共同确立信息录入的标准与范围。④ 因此，在录入信息方面，行政执法部门应将下列信息输入到信息共享系统：一是本单位已经作出处罚的案件；二是涉嫌违反刑法的

---

① 王诗华：《审视与展望：我国食品安全领域行刑衔接问题研究》，载《河南社会科学》2022年第4期。

② 张建升、元明等：《打造信息共享平台，深化"行刑衔接"机制建设》，载《人民检察》2013年第19期。

③ 练育强：《行政执法与刑事司法衔接困境与出路》，载《政治与法律》2015年第11期。

④ 李熠兴：《行刑衔接的规范阐释及机制展开》，载《中国刑事法杂志》2022年第4期。

案件；三是作出处罚后发现涉嫌违反刑法的案件；四是对公安机关作出不立案决定的案件请求原公安机关复议或上级公安机关复核；五是对检察机关作出不起诉决定的案件申请复议或向上级检察机关复核。录入信息应当包括案由、案发日期、执法过程的同步录音录像录、现有证据材料、移送依据等。对反向移送案件，要建立高效畅通的案件信息传输渠道；刑事机关应将所有证据一并移送行政机关，并以司法建议方式为行政机关提供参考意见。① 因此，对于作出立案决定的案件以及侦查过程中的信息录入仅限于程序性信息，不包括证据状况。对于不予受理立案、撤案的情况，应当在信息录入平台列明不予受理、立案、撤案的具体理由和证据，以保障检察机关对受理立案环节的法律监督。刑事司法机关向行政执法机关反向移送案件，无论案件是否需要刑事制裁或者行政处罚，都应该向移送的行政执法机关反馈信息，告知其案件最终的处理结果。② 这些信息有助于行政执法机关形成正确判断，也有利于刑事机关的信息及时传送到执法机关，推动信息资源共享。

（三）加强中央与地方的统一规划，提升信息共享机制的运行效率

信息共享平台建设是在国家加强行刑衔接，加强涉嫌犯罪案件移送的法治背景下提出，因此，信息共享平台应当在国家战略框架下进行统一规划和部署，需要优先明确三个方面的事项：一是国家财政应拨付专项资金，并由地方政府提供配套资金，建立一体化信息共享交换平台。加大硬件设施设备的投入。二是根据我国宪法及相关法律规定及依照法律赋予的职权，应当明确信息共享平台建设的主导部门。通过信息平台建设，节约财政成本，提升案件移送效率。三是明确信息共享平台建设的路径与步骤。③ 在纳入国家统一发展的情况下，应当明确全国各级部门建设信息共享平台的路径与步骤，如平台建设阶段、试运行阶段以及正式运行过程及反馈、调整的基本规则，避免地方政府消极应对。

应建立一体化信息共享交换平台，针对不同监管部门、主体需求，研发信息应用系统，培养一批高素质的信息化人才，为信息的采集、录入、交

---

① 周佑勇：《行政执法与刑事司法的双向衔接研究——以食品安全案件移送为视角》，载《中国刑事法杂志》2022年第4期。

② 周佑勇：《行政执法与刑事司法的双向衔接研究——以食品安全案件移送为视角》，载《中国刑事法杂志》2022年第4期。

③ 张伟珂：《食品安全行刑衔接机制的理论与实践》，法律出版社2017年版。

换、维护各个环节提供有力的技术保障支持。① 通过一体化信息交换平台建设，使得不同监管机构可以有效便捷地获取所需信息，提升效率，节约成本。

（四）强化责任约束机制，加大对信息共享平台应用的监管力度

检察机关在行刑衔接工作中肩负着推动和监督的责任，检察机关有责任与行政执法机构共同做好案件信息共享等相关的衔接工作②，同时检察机关作为法律授权的监督机关，在履行职责时需强化责任约束机制，强化信息录入和执法办案法治效果的内在关系。同时还要做到：一要健全信息共享机制，完善信息通报，检察机关备案审查，更加注重信息平台开发等科技赋能检察手段的运用；二要加大监督维度，一方面从法律上明确赋予检察机关对行政执法机关的监督权以及监督手段；另一方面完善考核考评机制，研究制定考核标准、考核程序，切实发挥绩效考评的正向激励作用。对于行政机关或者司法机关消极应对信息录入的情况，检察机关应建立严格的惩戒机制，对执法机关和司法机关的失职、渎职等行为进行监督，并及时提出批评和建议。对于违法行为严重的执法机关和司法机关，应予以严厉的惩罚，从而起到震慑作用。

---

① 杜文俊、陈超：《机制设计理论视域下的"行刑衔接"机制的重构与完善》，载《国外社会科学前沿》2020年第11期。

② 高景峰、刘艺、柳慧敏：《行刑双向衔接的内在逻辑与有效运用》，载《人民检察》2023年第3期。

行政检察数字赋能的理论与实践

——以广东行政检察大数据法律监督实践为视角[*]

曾 翀[**]

随着数字时代的高速发展,数字化转型需求大量释放,充分挖掘大数据优势潜能、着力构建大数据应用体系,已成为支撑各行业高质量发展的重要路径和有力驱动。检察机关利用数字技术赋能法律监督已成为维护社会公平正义、保障国家与社会公共利益的重要内容之一。行政检察面对的是众多久拖不决难以化解的行政纠纷和行政争议,涉及行政机关部门繁多,职能交叉复杂,同时,行政诉讼程序空转、行政执法效能不高的现象十分突出,而负有法律监督的检察机关在履职中还存在线索发现难、办案碎片化、监督层次浅等现实问题。在信息化时代背景之下,数字检察是法律监督质效飞跃的关

---

[*] 本文系2023年度最高人民检察院检察理论研究课题(项目批准号:GJ2023C27)的研究成果。

[**] 课题主持人:曾翀,广东省湛江市人民检察院检察长、二级高级检察官。课题组成员:林祎珣,广东省人民检察院第七检察部副主任、三级高级检察官;王磊,广东省人民检察院第七检察部综合指导组组长、四级高级检察官。

键。行政检察实现自身高质量发展，必须紧紧抓住监督办案高质量这一基础，积极落实数字检察战略，探索大数据在行政检察监督工作中的深度运用，充分发挥大数据在行政检察监督办案、纠正违法、促进国家治理中的积极作用。

一、行政检察数字赋能的现实需求

数字技术是随着互联网迭代应运而生的一门技术，其核心功能在于将各种不同载体的信息如图、文、声、像等转化为计算机可以识别的语言进行加工，储存，分析以及传递。任何单位体系发展到一定规模，都需要逐步建立包括前端信息、数据中心、分析系统以及后台管理等内容的信息系统，大部分单位系统为便于发展会选择开源或半开源的模块设计，这些待连接状态奠定了数字化发展的基础。数字技术涵盖了大数据、云计算、人工智能、物联网、区块链和5G技术等内容，在数据处理、分析运算、辅助决策等方面展现了极强的融合赋能功效。站在行政检察的视角来看，数字技术的应用显现出跨时代的助推优势。自2018年检察机关新一轮内设机构改革以来，行政检察整体战略地位大幅提升，业务规模迅猛增长，工作目标从对法院审判和执行活动合法性的监督，转向同时注重对行政争议的实质性化解。行政检察职能外延的拓展、监督理念的更新，迫切需要借助数字技术智慧，通过建立数字法治监督体系实现对传统法治监督体系的优化升级，促进行政检察监督由零散到聚合，由浅表到深层的转变。行政检察对大数据法律监督的现实需求主要体现在以下三个方面。

（一）人力资源与业务体量的矛盾亟须缓解

虽然行政检察与刑事检察、民事检察和公益诉讼检察共同组成"四大检察"业务格局，但行政检察队伍力量相对薄弱，与新时代行政检察的使命任务并不对称，这一冲突在基层检察机关体现尤为明显。近年来，行政检察业务以行政非诉执行监督和行政违法行为监督为新的增长点，这些业务主要依靠基层行政检察办案推进，但基层院普遍没有专门的行政检察机构和人员，少数基层院行政检察人员甚至还要兼做其他工作。以广东为例，全省市级院及基层院均未单设行政检察部门，专职从事行政检察在编人员仅60人，绝大多数工作人员身兼民事、行政、公益诉讼三责。而广东行政检察业务量从2019年的2215件增长到2022年的10319件，数量翻了近5倍。在这种情况下，查办行政非诉执行监督、行政违法行为监督案件以及开展行政争议实质性化解所必需的人力和时间无法得到保障，严重影响办案效率。为缓解基层办案窘境，广东省检察院在强化督导的同时，积极统筹推进一体化办案机制，整合全省行政检察办案力量进行动态管理。这些做法短期内可以应对办案困难，但只能作为治标之策，一些地区在线索整合利用方面因部门人员力量不足以及工作事务繁忙而存在积压线索、暂缓立案等现象。在行政检察监督过程中引入大数据法律监督办案模式，可以有效化解案多人少带来的办案压力，通过数据信息的全面共享、卷宗材料的自动移送、监督线索的智能筛查，有效将一线办案人员从繁重的案件录入、案卡填报、数据对比等事务性工作的负累中解脱出来，把更多的精力投入到检察人员应该真正着力的调查核实、司法判断和跟进监督等工作中。

（二）信息壁垒对检察履职的阻碍有待破除

与传统行政检察业务相比，新时代行政检察的监督重心趋于前移，监督方式更趋于主动，从依申请监督、调卷审查、坐堂审案、合法性判断，拓展为依申请与依职权监督并重、"走出去"调查核实、对履职发现的行政违法行为进行监督、综合运用多种方式实质性化解行政争议。实践发现，信息不对称从源头上造成了行政检察监督案源开拓面狭窄的局限。行政检察重在诉讼监督，各级检察机关目前开展业务工作的习惯做法也是从法院获取案源，如到法院调取执行台账、调阅案件等，但这种没有具体指向的大面积调卷工作显然是不可持续的。而在行政机关方面，信息数据壁垒在社会综合治理过程中，也是羁绊已久的顽疾，主要原因在于，我国政府各个职能部门都有各自的职能设置、任务要求和规则标准，大部分部门都会开发建设不同的信息系统，大多不兼容互通。这些信息屏障和隔阂造成不同行政执法部门之间的信息数据不透明，成为信息孤岛，且缺乏交换互通渠道，很多行政执法数据分散在各个部门独立的执法系统中，并不能有效归集和分析利用。[①] 但数字技术的高渗透性理论上可实现行政管理信息体系边界模糊化，高度聚合分类推算可真正实现不同职能的部门间互补与优化，双向甚至多向拓宽渠道提升效能。大数据法律监督通过搭建数据互通平台，打破不同单位、部门之间的

---

① 王斌、张雪泓：《让"沉睡"的执法数据主动"说话"》，载《法制日报》2018年10月17日。

数据壁垒；通过整合运用检察机关办案的数据，盘活内部资源。在此基础上，利用数字技术和数据分析方法，促进基础数据顺畅、有序、分类流转，实现证据研判和规则比对。合理使用数字检察技术可以帮助行政检察更快、更准确地收集对行政执法行为监督线索的数据基础信息，提高检察监督的效率与准确性。

（三）办案质效与综合治理的层次应予强化

行政检察透过办案发现社会治理中具有共同性、普遍性的问题，分析其偶然性因素之外的制度性、管理性根源，建议有关部门和单位完善社会治理相关制度，推动实现依法治理、系统治理，这是行政检察参与社会治理的重要方式。经过近年来的探索实践和职能改革，行政检察的视角已从单纯通过诉讼监督维护司法公正的层面拓展到更强调聚焦引发争议的不当行政行为的源头治理，更加强调类案监督，并最终达到源头治理的目的这一层面。最高人民检察院、省级院单设行政检察部门之初，将找到新的监督抓手、迅速提升办案规模作为开展业务的重中之重。通过这些年的努力与开拓，行政检察业务实现了高速发展，案件分布从"倒金字塔形"转变为"正三角形"。办案规模的扩大带来了一系列现实问题，最为突出的是行政检察监督碎片化现象严重，监督纠正的多是浅层次问题，办案质量和深度还远远不够。数字检察的应用将推动行政检察在监督数量上实现由个案监督到类案监督，在监督范围上实现由局部监督到全面治理。相较于个案监督，类案监督注重对在基本事实、争议焦点、法律适用等方面相同或者类似案件在裁判标准、裁判尺度上的统一性，其目的是保障法律适用标准的统一。行政检察大数据法律监督可以实现行政诉讼和行政执法案件相关信息的自动归集和分析筛查，经过数据比对碰撞，对相同或相似案件的裁判标准、裁判尺度等方面的统一性进行监督，对行政机关在相同、相似类型的案件中执法、行政裁量等方面存在的问题进行监督，确保行政行为的合法性、公正性和合理性。在此基础上，可以进一步拓展检察监督职能的广度和深度，将行政检察与数字检察技术进行深度有机融合，通过执法数据的关联和匹配，实现行政执法、行政审判和法律监督等各项执法、司法制度之间的有机衔接和相互支持，构建从局部监督到全面治理的行政检察监督模型，助推国家治理体系和治理能力现代化。

二、行政检察数字赋能的探索实践

从最高人民检察院 2017 年 6 月印发《检察大数据行动指南（2017—2020 年）》提出智慧检务建设战略，到党中央 2021 年 6 月出台《中共中央关于加强新时代检察机关法律监督工作的意见》要求"推进公安机关、检察机关、审判机关、司法行政机关等跨部门大数据协同办案"，数字检察建设完成了以智能辅助办案的智慧检察升级到系统性变革的大数据法律监督的快速发展[①]。这一过程中，全国检察机关在行政检察领域大数据法律监督方面也作出了积极探索。各地检察机关围绕行政检察涵盖的行政生效裁判结果监督、行政审判人员违法行为监督、行政诉讼执行监督、行政非诉执行监督、行政违法行为监督和行政争议实质性化解六项业务职能，积极推进大数据赋能，开发挖掘法院裁判信息数据和行政机关执法信息数据的价值，建立标准化信息资源库，促进数据资源化、业务流程闭环化，形成广泛、及时、准确的信息交互方式，通过解析个案、梳理要素、构建模型、类案治理、融合监督等路径，全面实现行政检察监督办案的数字化管理，提高审查运作效率，大幅降低沟通、审核、监督、决策等成本。

（一）数据互通缔造案源活水

行政诉讼监督线索主要来自诉讼程序和当事人举报申诉，这种"坐等案件"上门的审查模式显然已不契合新时代背景下行政检察职能从合法性审查向全面审查的转变发展。传统办案方式让行政检察监督线索发现难、来源渠道窄、获取不及时的问题尤为凸显。针对这一问题，各地检察机关在推进行政检察大数据法律监督方面积极开拓思路，强化数据意识，秉持双赢多赢共赢的理念，积极尝试与相关部门之间的数据共享，进而借力技术手段，破解工作难题。目前，数据获取的渠道和方式主要有三种：

1. 建立健全衔接机制，由上至下系统推进数据共享

行政执法信息数据是一个庞大体系，各地检察机关在推进数据对接过程中多是采取搭建机制的方式助推数据共享。以广东为例，在最高人民检察院明确以行政非诉执行监督和行政违法行为监督作为行政检察新的业务增长点

[①] 戴佳、赵晓明：《当法律监督遇上大数据——检察机关推行数字检察战略工作蹄疾步稳》，载《检察日报》2023 年 3 月 22 日。

之后，广东省检察机关从省级层面推进数字建设，着力推动妥善解决行政非诉执行监督和行政违法行为监督案件的案源渠道窄、线索移送人工依赖性强、时效性全面性难以有效保障，移送标准不一等问题。2020年4月，广东省检察院与省司法厅发布《关于加强行政检察和行政执法监督衔接工作的规定》，明确由省检察院牵头建设行政检察和行政执法信息衔接平台，该平台依托于全省统一的行政执法信息平台和行政执法监督网络平台，各级司法行政机关推动本地区行政执法数据向各级政务大数据中心归集，两平台符合移送标准的行政处罚、行政强制类案件被实时自动推送到移送端口，并将广东省各级检察机关在办案中发现的常见违法事项总结为法律监督模型嵌入该平台。检察机关从行政执法信息平台中获取全部行政机关作出行政决定需要申请人民法院强制执行的案件，做到了统一数据移送标准，自动移送全案卷宗，自动筛查监督线索，实现全省行政检察监督与行政执法监督数据信息资源的跨部门、跨层级、跨区域共享。

2. 主动对接行政机关，切实促进执法信息数据导入

行政机关和检察机关之间存在天然的数据壁垒，对于具体数据模型的建设研发，打通数据来源是基础性步骤，需要主动对接行政机关获取数据。如中山市第一市区检察院主动对接生态环境局、市场监督管理局、司法局、市政府服务数据管理局以及当地法院，针对生态环境领域尚未完全履行罚没款行政处罚决定的企业恶意注销登记的信息数据，搭建信息共享平台，并研发了生态环境领域行政非诉执行企业恶意注销类案监督模型，筛查出生态环境领域2019至2020年间因企业注销而裁定不予受理或不准予执行的案件数据66条，办理案件50件，发出检察建议29件，推动行政机关对全市三年来近400件行政处罚案件全面梳理排查并结合实际逐一整改，促进建立行政处罚信息与企业注销信息共享，破解生态环境领域违法行为执行难困局。

3. 注重内外数据整合，体系融通助推监督质效提升

一些地区检察机关在积极对接行政执法部门的同时，注重深挖内潜，充分利用检察业务应用系统，内外数据融合推进监督办案。如深圳市宝安区检察院依托与宝安区11家行政机关会签的《数据信息共享协议》搭建大数据法律监督平台，在充分挖掘自身刑事案件非结构化数据基础上，导入各行政机关行政执法办案数据，实现实时、海量的内外数据融通共享，针对性加强对重点领域的线索摸排。同时，该院还借助深圳市检察机关数据一体化平台，积极构建行政执法与刑事司法反向衔接监督模型，对交通安全、妇女权益保护等领域开展针对性治理。如通过分析涉泥头车刑事案件发案规律，对

刑事案件数据、建筑废弃物实时电子联单、车辆年审、行政处罚、交通事故等数据进行阶梯式递进比对分析，发现泥头车运输行业存在应报废未报废、超载超速、违规通行等违法行为并导致一系列民生问题，通过发送检察意见书和对住建、交通、交警部门开展行政检察监督；通过筛查刑事案件数据，发现危险驾驶罪因法律适用争议一直存在不刑不罚情况，通过发送 40 份检察意见书督促深圳市交警支队修改执法系统，履行行政监管职责；开发妇女权益保护大数据法律监督模型，通过分析刑事案件、行政处罚数据规律，发现旅馆业因未履行旅客入住登记制度、特别注意义务、强制报告义务导致 21 名妇女在旅馆被性侵或受到其他人身伤害的案件线索，开展行政检察监督；通过自主研发违法持有机动车驾驶证刑行反向衔接监督模型，针对交通肇事罪、危险驾驶罪涉罪人员开展行政检察监督，制发检察意见督促交警部门及时吊销被不起诉人机动车驾驶证，同时，针对正在执行社区戒毒、强制戒毒人员开展延伸治理，通过制发类案检察建议督促相关行政机关注销其机动车驾驶证，履行惩治和预防职责。

（二）数据碰撞辅助甄别审查

行政检察监督大多基于人工审查，审查方法主要是通过确定涉案主体和法律关系，明确监督对象、职责和可能存在的违法情形，然后梳理现有证据材料，研析客观事实和法律适用，最终作出处理决定。但随着职能不断深化拓展，繁杂的线索信息和案件管理给监督工作带来了巨大的压力与挑战，监督层次不高、监督不及时、对行政非诉执行和行政执法人员违法行为的挖掘深度不够等情形仍然存在。各地检察机关开展行政检察大数据法律监督过程中，通过设置筛查规则和可视化的数据比对碰撞，实现对大量数据的实时监测和分析，对可能存在的问题进行预警和预防，为案件办理的决策人员提供精准的数据和信息支持，以提升监督的主动性。目前，行政检察大数据法律监督模型的研发主要从三个维度进行。

1. 以问题导向为切入研发办案模型

前文中介绍的广东行政执法与行政检察衔接平台，正是基于这一目标搭建开发。在行政检察刚刚拓展行政非诉执行监督业务但尚未出台操作性细化指引之初，碍于行政检察人员自身发现线索的能力和办理案件的水平等因素，各地在办案过程中存在做法不一、程序各异、文书不统一等情况，甚至出现同样的工作不同的地方有不同的做法、同一个地方不同的时期亦有不同的做法的局面。针对该问题，省检察院建设衔接平台，统一审查流程和标准,依托结构化数据实现特征筛查,发现个案线索和类案情形。将每个行政案件对应一个非诉执行数据元,每个数据元包括13类共183种结构化数据和57种执法文书。目前平台主要依据行政强制法、行政诉讼法、行政诉讼监督规则和办案经验,按照办案环节设置监督点,共设置了两类筛查规则共12条,针对4个常见监督点筛查违法情形。一类是法定筛查规则,依照法律规定和常见违法点设置,一旦命中必然存在法定监督点,这时线索会高亮显示。另一类是线索留存规则,用于案件初次移送时没有命中筛查规则,但后续执行流程中可能存在违法行为的情形,系统会在指定日期后自动提醒再次筛查。平台完全投入运营将对接省内各级行政机关,实现183种结构化执法办案数据精准自动筛查,直接对接检察办案系统,实现一键受案,一键填录,全面提升个案办理、类案监督、系统治理的实效。

2. 以办案线索为延展研发办案模型

很多地区检察机关基于在办案中发现的线索,拓展思路,积极延伸,搭建系统化的数字模型。江门市台山市检察院在办理民事审判程序违法申诉案中,发现该案中交通肇事行为人是严重精神障碍患者,由此引发对严重精神病患者等特殊群体持有驾驶证的合法性、合理性及如何加强监管的思考。该院发现,部分公安机关对于驾驶证申领资格审查流于形式,导致大量不符合条件的人员违规取得驾驶证,严重影响道路交通安全,亟须检察机关启动行政检察监督职能予以解决。驾驶证申领有多项禁止性规定,吊销、注销情形也有多种,仅靠人工筛查的传统办案模式,难以实现从准入到退出的全方位监督。鉴于此,该院建立了融合申领、吊销、注销三位一体的监督模型,从市卫健、禁毒、交警等部门调取原始数据40多万条进行数据对碰,仅用几天时间,就排查出500多条有价值的监督线索,大大提升了机动车驾驶证管理类案监督办案效率。模型依靠设置关键词和逻辑规则进行数据分析,比如机动车驾驶证申领监督类案件,重点关注终身不得申领或者一定期限内不得申领机动车驾驶证的人员信息,核实公安机关是否违规向不符合申领条件的该部分人员发放驾驶证。调取的精神障碍患者名单、涉毒违法记录和导出的交通肇事犯罪存在饮酒、醉酒、逃逸行为人员信息,与全市机动车驾驶证发放记录进行数据碰撞,获取重合人员信息。对这些重合人员的患病时间、涉毒时间及交通事故发生时间,与机动车驾驶证发放时间进行数据比对,筛选出不符合驾驶证申领规定的人员信息,据此对公安机关开展监督。

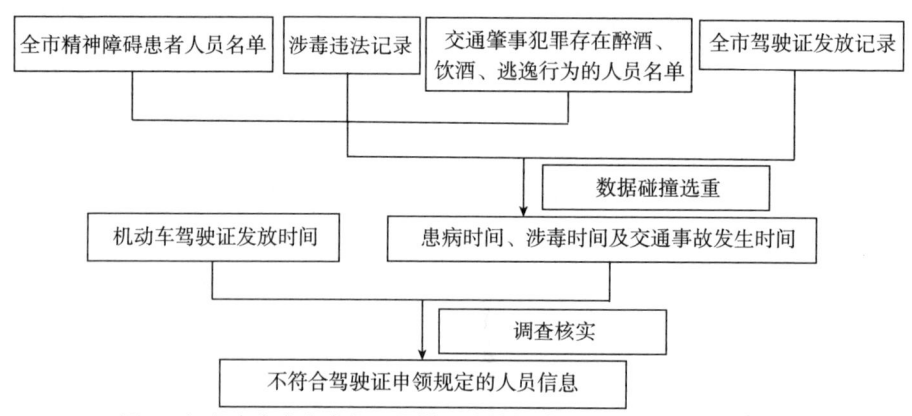

图 1　江门市台山市申领、吊销、注销驾驶执照行政检察监督模型

3. 以经验提炼为思路研发办案模型

实践中，大部分行政检察大数据法律监督数字模型都是基于对日常办案实践经验的梳理和归纳。中山市第二市区检察院结合多年来办理土地执法查处领域行政非诉执行监督案件的经验做法和审查思路，通过解析违法用地行政处罚案件退还土地、拆除违法建筑物"执行难"的个案特征，构建数字监督模型，对土地行政执法数据、法院裁判数据、卫星遥感监测数据进行碰撞、比对，批量筛查出法院裁定准予执行后，应强制执行退还土地、拆除经营性违法建筑物而未执行的监督线索，通过"智能排查+书面审查+深入调查+移送侦查"融合，降低检察机关调查核实所需的人力、财力和时间成本，同时以"检察监督+检察支持"有效推动解决"退还土地"和"拆除违法建筑物"执行难问题。该院以该数字模型为基础，在监督中通过分析总结农村违法占地、违法建设的规律性问题，成功推动镇街开展源头治理，中山市东凤镇政府在辖区 13 个村（社区）全面、系统推进"两违"整治工作，相继开展"百日攻坚行动"和"春雷行动"，及时制止在建"两违"701 处，强制拆除违法建筑 531 处，治理土地面积超过 46 万平方米；三角镇政府制定《三角镇违法用地及违法建设治理工作方案》，在 7 个行政村全面开展违法建筑强制拆除工作，退还土地面积约 14.2 万平方米，拆除违法建筑物面积达 7.78 万平方米。

（三）特征分析推动综合治理

一直以来，我国行政检察的监督模式是一种"反应式"的监督，行政纠纷产生后往往会经历行政复议、诉讼等多个环节，面对烦琐耗时的诉讼程序，检察监督的时间节点极为滞后，不利于及时、有效化解行政争议。随着法治化进程的不断推进和人民群众法治意识的不断提升，这种"反应式"监督已经不能及时回应当今社会对行政检察履职、助推综合治理的时代要求。行政检察要在推动社会治理、促进国家治理能力和治理体系现代化的层面发挥更多的积极作用，需要在全盘掌握案件信息的基础上，利用数字检察技术对大量的数据信息进行提取挖掘和分析研判，精准发现某一领域、某一地区、某一时期案件普遍情况，精准掌握违法情形发生的主要环节和领域，发现类案监督线索，依法开展对行政执法的监督作用，在更高层面、更广领域、更实合作上形成提升行政执法质效的深度共识与强大合力，实现检察机关法律监督和政府层级监督有效衔接。各地检察机关开展行政检察大数据法律监督已经初步树立了"个案办理—类案监督—系统治理"理念，以行政执法、检察监督办案数据为基础，对一些涉及农田、山林、自然资源等土地查处领域的行政案件，检察机关还会借助空天院卫星遥感监测分析、互联网信息平台、无人机、激光雷达等信息技术辅助，"智能初筛+人工比对"，对排查出的异常线索，通过类案监督的办理，推动行政机关完善制度、堵塞漏洞，助推解决深层问题。

1. 通过办案聚焦关键领域研发数据模型

如何通过个案发掘可能存在的社会管理漏洞和苗头性问题，再通过大数据法律监督进行综合治理，是行政检察需要深入思考的问题。肇庆市鼎湖区检察院在办案中发现，该市鼎湖区依法取得经营范围为"民宿服务"或"经营民宿"的营业执照的民宿有94家，但是根据《广东省民宿管理暂行办法》的规定进行民宿登记纳入职能部门监管，并在广东省民宿管理系统备案的仅5家，大量正在经营的民宿游离于职能部门的监管，严重阻碍民宿业的发展，也存在较大的安全隐患。该院针对该问题，开发督促规范民宿业发展监督模型，主动对接市场监督管理局获取商事登记信息，将经营范围是"民宿"的名单与从文化广电旅游体育局调取已经进行民宿登记的名单进行对碰，得到取得"民宿"经营范围但未进行民宿登记的名单，再主动对接税务部门、人社部门调取纳税、缴纳社保等情况，得出正在经营的民宿名单，将其与取得"民宿"经营范围但未进行民宿登记的民宿名单对碰，从碎片化的海量信息中排查案件线索，为办案提速增效。目前，办理该领域行政行为违法监督案件38件，向6个行政机关制发检察建议。

2. 基于检察融入社会治理需要研发数据模型

近年来，行政检察创新发展步伐很快，一些业务职能不断优化改革，其目的在于更好地履行职能发挥作用，更好地融入社会治理。很多地方检察机关也把行政检察模型的建设开发建立在这一理念之上。2023年7月，最高人民检察院印发《关于推进行刑双向衔接和行政违法行为监督 构建检察监督与行政执法衔接制度的意见》，中山市检察院积极探索构建"不起诉案件行刑反向衔接类型化监督模型"，以"分类函询+数据碰撞"高效打破反向衔接信息壁垒，从数据建库、分类函询、数据清洗、类型化监督、系统治理的方向入手，借由大数据监督模型解决大量不起诉存量案件所要面临的跨部门间的逐案重复审查、重复审批及移送和流转的烦琐流程，为办理反向衔接案件建立了一条"数据赋能、类案为主"的检察融合履职治理式监督路径。通过"不起诉案件行刑反向衔接类型化监督模型"碰撞比对相关数据，该市对一年来不起诉后尚未进行行政处罚的600余件案件按照所涉的应急管理、卫生健康、市场监管等各个领域分批次进行类型化监督，通过制发检察意见并附列表形式，系统解决当前大批量不起诉存量案件衔接不畅问题。同时，该院把不起诉案件后续的行政处罚监督作为推动市域社会治理现代化的重要抓手，进一步强化对治安管理、道路交通安全和交通运输、市场监管、生态环境、应急管理、卫生健康等领域的行政机关违法行使职权或不行使职权的检察监督。

3. 针对当地社会实际需要研发数据模型

行政检察要服务于地方经济发展和社会稳定，通过履职促进社会治理体系的进一步完善。清远市检察院和清远市佛冈县检察院两级检察机关在办理的某非法采矿公益诉讼案的基础上，对以往发出的非法采矿检察建议和撰写的调研报告进行特性分析、挖掘共性问题，建设研发该领域大数据法律监督模型，通过数据比对、智能筛查、人工分析研判等方法，筛查发现超量开采、少缴漏缴税款、以罚代刑等各类涉矿法律监督258条。通过行政检察大数据法律监督，发出类案检察建议、磋商函等各类监督文书10份，初步估算涉及超量采矿600余万吨，涉及土地面积51万余平方米，预估少缴漏缴税款2000余万元，追缴到位近500万元。模型推广至全市后，发现监督线索494条，初步估算涉及税款4000余万元，有力推动矿产资源领域监督治理。

三、行政检察数字赋能存在的问题

目前，全国各地检察机关已经深刻认识到数字检察是检察工作提质增效、转型升级的重要抓手和巨大引擎。特别是 2023 年 3 月，最高人民检察院党组书记、检察长应勇在全国检察机关学习贯彻两会精神会议上强调深化实施数字检察战略，构建"业务主导、数据整合、技术支撑、重在应用"的数字检察工作机制，以数字革命赋能法律监督，各地检察机关不断推进数字赋能法律监督，加快推进信息技术与检察业务深度融合，但是，当前阻碍大数据法律监督工作开展的共性问题还是比较突出，具体到行政检察业务上主要体现在以下几个方面：

（一）理解认识偏差

由于专业领域限制，加上大数据法律监督是新生事物，行政检察人员缺少实践，对数字应用发展普遍缺乏全面精准的认知，与此同时，经过多年信息化建设、智慧检务的迭代升级，全国检察机关已经有了检察业务应用系统，以及各类智能化办案辅助软件，认为数字化建设等同于辅助办案软件，观念和思维上的误区导致数字赋能行政检察的工作思路缺乏明确性，在很大程度上制约和影响数字行政检察深推实进。比如，有的行政检察工作人员将数据化简单等同于信息化，也有的将算法建模简单理解为统计分析，还有的认为大数据法律监督的最终表现形态是一个软件，要搞大数据法律监督就需要开发软件，需要大量的资金投入。事实上，目前全国各地检察机关建设研发的实用性较强的大数据法律监督模型，逻辑思维并不复杂，基本上不需要太多的成本费用，比如最高人民检察院从 2022 年开始举办的全国检察系统法律监督数字模型竞赛中的诸多获奖作品，对不同规模数据的分析处理过程基本上只要利用 Excel 表格等简单的数据分析基础工具就可以完成，即便少数法律监督数字模型需要依赖软件完成，其复杂程度也可以被普通法学专业人士所理解，因此具备很强的推广价值。数字化既不等同于信息化，也不是简单的智能化。当然，在推进数字化转型的过程中，信息化是基础，没有信息化的畅通流转，就无法积累数字化赖以运转的基础数据，没有全面、完整、准确的基础数据，数字化只能是空谈。数字化应理解为一种基于海量数据进行智能算法的新型技术模式，信息化是"业务数据化"，数字化应定位为"数据业务化"。就行政检察推进大数据法律监督来说，就是要把行政检察需求的海量数据应用到具体案件审查的规则比对筛查中去，用数据优化办案模式，从而提升行政检察办案质效，推动行政检察创新发展。

（二）数据壁垒严重

为了避免有价值的执法数据资源闲置浪费，2015年12月，中共中央、国务院出台《法治政府建设实施纲要（2015—2020年）》，要求"加强行政执法信息化建设和信息共享，有条件的地方和部门2016年年底前要建立统一的行政执法信息平台"①，对各行政执法部门执法数据统筹归集，对各级政府部门履职效能监测分析，实现执法数据的有效利用。如广东省司法厅建设了"广东省行政执法信息平台和行政执法监督网络平台"（2022年10月更名为"广东省一体化行政执法平台"，简称"粤执法"），覆盖省市区镇四级行政执法主体、多个执法领域，但该平台要不同层级、不同系统执法单位网上办案、信息共享和业务联动，还依赖于省内各行政单位在以往执法系统应用的基础上主动迁移和使用。在此前提下，行政执法和行政检察信息衔接天然壁垒更为严重，即便行政执法信息平台能够涵盖所有执法信息，目前也没有法律法规层面上关于该平台信息可以向检察机关开放的规范性指引。行政检察面对的是海量的行政执法行为，涉及的部门繁多，检察机关近年来在打破行政执法与行政检察信息数据壁垒的问题上虽然一直在呼吁沟通，但从司法实践来看，收效甚微。由于缺乏联动机制，很多地区的业务部门出于对信息安全、公民隐私、防止舆情以及规避责任等因素考虑，不愿或不敢与其他部门共享数据，即使开放共享一些数据，也往往不能做到及时更新和实时共用。此外，对于数据共享的标准和要求没有在法律层面上予以明确，很多部门不清楚哪些是可以公开共享的数据，进而对共享工作无所适从，只能消极选择不予共享。

（三）培育环境不佳

数字化转型对业务环境具有一定要求，包括行政检察的数字应用条件和管理水平等。一方面，检察系统内部的数据资源也亟待盘活，现有的全国检察业务统一应用系统中，部门与部门之间的信息流转和线索移送还存在一定的阻碍，尚待进一步全面整合各类专门业务平台以及完全匹配内部网络系统，强化资源共享。系统内部数据活力不够，也会制约对行政检察监督点的主动发现。另一方面，目前，行政检察业务条线对于数字化应用的理念认识

---

① 《中共中央、国务院印发〈法治政府建设实施纲要（2015—2020年）〉》，载中国政府网，https://www.gov.cn/xinwen/2015-12/28/content_5028323.htm，最后访问时间：2023年9月30日。

和配套机制尚十分欠缺,实践中很多检察机关经沟通衔接得到行政机关配合后,移送到检察机关的数据信息十分凌乱,而各地检察机关线索管理各自为政,多是依照职能各自管理其收集的案件线索,自行组织线索评估和查办。上级检察机关缺乏统筹掌握下级检察机关案件线索的途径,更加无法对办案整体情况进行及时有效的评判考量。此外,数据安全问题也值得考量。目前,检察机关对于数字检察在操作流程、应用权限、责任追究等方面的规范和管理,还没有明确的建构和规划,也没有形成促进数字检察优化发展的实践经验。行政检察在迫切索取各类行政执法数据的同时,也需要考量数据的安全保障问题。数据资源一旦开始整合和汇集,部分数据不可避免地出现知悉范围无序扩大的情况,在数据共享和使用过程中必然存在数据泄密的风险和可能,特别是对于部分管理涉密数据的政府管理部门、司法审判机关以及检察机关,存在很大的数据安全隐患,数据安全防护无疑是一项艰巨挑战。事实上,行政检察自身对于数据管理应用缺乏科学运用和安全监管的规制规范,也是造成其他机关与行政检察共享信息顾虑的主要因素之一。行政检察数字赋能,不仅需要发挥数字检察功能的"拓渠道""精筛查",更需要强化业务条线培育环境中的"深管理"和"全监控"。

（四）推广性和实用性不强

最高人民检察院作出"以检察大数据战略赋能新时代检察工作高质量发展"的工作部署后,各地检察机关不断深入推进检察大数据战略,依法履行行政检察监督职责,但也存在盲目开发、重复开发等功利性做法,导致建设的数字检察模型的实用性不强、推广性不高,进而直接削弱了数字赋能行政检察监督质效。行政检察数字化赋能,需要以深入理解和掌握业务技巧为基础,构建深刻挖掘业务本质的模型,优化行政检察监督办案。通过数字化赋能可以实现行政检察监督办案质效水平的迭代式提高,而非简单的线性增长,建设行政检察监督数据模型关键在于应用和推广的实际效果。从当前行政检察数字模型的研发来看,各地建设模型实用性和推广性不强的原因可归结于三个方面:一是模型数据抓取、统计分析的智能化能力十分有限,发掘、获取及整理深藏大数据中的监督线索是数字模型依赖的根本,但目前大部分模型数据仍有赖于人工填报,而且监督线索的数据比对挖掘、线索发现后的核查,也多是依靠人工进行,这很大程度上是将数字化的智能简单理解为信息化的加强,难以达成高效、精准的数字检察改革目标;二是类案监督的智能化模式较弱,忽视模型应用对监督线索的智能化建模、结构化解析,难以触及类案机制的完善和源头性的标本兼治;三是缺乏系统性模型,难以智能联动行政检察诉讼监督的基础业务,如对生效裁判结果监督的抗诉、发送再审检察建议、对行政违法行为监督的移交相关违法犯罪线索等,仍停留在浅层次监督的层面,阻碍了行政检察效能的充分落实。

四、行政检察数字赋能的实现路径

与以往侧重于办案辅助系统的检务工作平台不同,数字检察更加强调基于数字获取之后的模型搭建,通过大数据的识别与分析,利用全域数字法治监督体系对传统法治监督体系予以优化和升级,在更高层次更高水平上释放检察生产力,促进法治监督体系由零散到聚合的应然转变。大数据法律监督中数字技术对数据处理的逻辑可以通过图2理解:

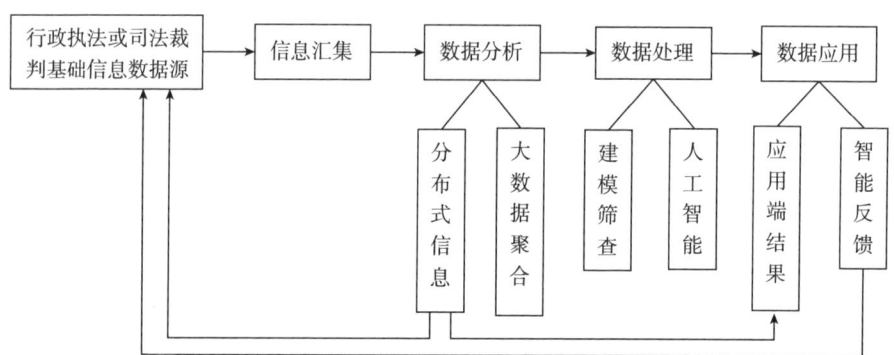

图2 大数据法律监督数字技术数据处理的逻辑

这一目标的实现需要与"四大检察"全面融合,需要全体检察干警参与,共同打开法律监督功能价值的新空间。基于数字检察的多重功能与我国当前行政检察业务的特点,未来的检察监督模式可从以下四个层次促进优化。

(一)提升主观认识,准确理解数字化内涵实质

习近平总书记在致2021年世界互联网大会乌镇峰会贺信中指出,数字技术正以新理念、新业态、新模式全面融入人类经济、政治、文化、社会、生态文明建设各领域和全过程。数字化改变了人们的生活方式和工作方式,在经历互联网技术带来的消费革命、在线繁荣,以及对传统行业不断冲击之后,人们不得不调整认知能力,跟上变化的步伐,数字技术已经把人类从工

业社会带入了数字社会。数字化使人们的意识理解产生了极大的转变，比如数字技术发展引发"连接大于拥有"理念，人们习惯于以连接获取所需，又比如通过数字化，人们开始注重资源的聚合与共生，实现完成业务战略的关键要素。行政检察数字赋能战略，正是检察机关适应时代发展提升行政检察法律监督质效的必然追求。

1. 清醒认识数字赋能是行政检察高质量发展的时代所需

多年来，人民群众对公平正义的期待标准在不断提升，从办理案件要维护实质正义，提升到公平正义要以"看得见"的方式实现。如今，公平正义的实现不仅要"看得见"，而且还要确保"不以迟到的形式实现"。面对海量的行政纠纷现实和繁杂的行政职能分工，依靠传统粗放型的人力驱动办案来推动行政检察监督效能提升显然是不现实的，新时代行政检察需要完成向数据驱动的办案模式跨越式变革。数字检察、大数据法律监督是检察工作高质量发展的"船"与"桥"，是提高法律监督能力的重要依托。随着科学技术在行政管理领域的不断发展和应用，以及行政检察对行政诉讼活动和行政违法行为的法律监督职能的不断丰富发展，行政检察数字赋能也要在质效上实现飞跃。

2. 清晰认识行政检察监督数字赋能的紧迫需求和责任使命

人工智能时代，法治如何经由算法实现正义，是执法司法无可回避的技术难题和法律命题。行政检察正处于一个自身职能转变与外界环境变革交融的时代背景之下，谋求业务发展，需要在认清数字发展新趋势的前提下，科学主动应变，找准数字赋能行政检察发展的新机遇，开拓新局面，打造新优势。一项业务的革新，"从零到一"是关键的一步，迈好这一步，需要不断增强运用大数据的紧迫感和责任感，转变思维模式，提升综合能力，培养行政检察人员树立大数据思维，掌握建立大数据法律监督模型的方法，激发大数据应用在行政检察履职办案中的活力和效能，持续做好数字检察和行政检察深度融合的文章，推动以数字赋能行政检察监督、以监督助力社会治理的监督模式变革。

3. 清楚认识推进行政检察数字赋能的体系性和实践性特质

尽管数字化给人们带来了时空维度上的结构性变化，但其毕竟不是触不可及的虚无幻象，归根结底还是要落到实实在在的场景应用之中。具体到行政检察业务领域也是一样，以数字化赋能行政检察的核心要义，在于统筹数字化技术、数字化思维、数字化认知，培育以数字赋能行政检察的能力和方法，通过检察大数据运用打开行政检察价值创造新路径。换而言之，数字检察所强调的"数据业务化",就是要落脚在检察工作每一个业务条线,每一位检察官办案的细节上。数字检察这项体系性工程的基础,就是检察人员司法办案中的点点滴滴积累。数字赋能行政检察的切入口,就是行政检察业务实践中的办案逻辑和规则提炼,强化行政检察日常办案中的经验总结和开拓创新,及时归纳实际问题、总结工作经验,注重机制建设,实现理论、研发、办案相融合,以数字建模应用推动行政检察办案质效提升。

(二)强化单点应用,研发模型推动办案模式升级

检察监督办案的未来走向必然是通过智能化建模,在绝大多数情形下无人力干预即可利用算法自动完成司法辅助工作,并通过算法技术不断提升监督结果的客观性、公平性、可靠性[①]。检察机关对于法律监督模型的研发和应用,是在现有的法律适用和办案监督体系中引入"模型"分析工具,针对已获取的案件数据信息,依照一定的规则比对,实现有效的监督"算法"体系建构,从而达到以"数据化"体系模拟实际办案体系运行的目的。

1. 着眼于行政检察数字模型的角色和作用

数字化模型的本质是赋予其一定规则算法的符号集,只有通过具体业务的应用和实践,反映出其所表征的对象才能体现出数字化模型的功能意义。也就是说,高度抽象化的模型体系需要有效的数据定义和算法建构才能对现实问题逻辑性进行分析和处理,从而以一种新的模式体系实现对法律运行过程的预设和判断,进而达到在模型体系中模拟现实社会法律运行规律的目的。行政检察数字模型是把数字模型本身所包含的概念、符号、算法等属性赋予行政检察业务特质,进而对模型进行运算场域的转换,从而促使监督审查能够借助数理逻辑分析工具的手段,对客观现实中已具备规律体系的法律关系和法律事件进行分析和解读,把抽象的数据体系与客观事实和法律适用汇聚一体进行分析碰撞,进而完成线索发现和监督建议。这一模式将有效缓解行政检察人力不足、案源宽泛、监督面受限等问题,带动行政检察监督质效的大幅度提升。

2. 立足于行政检察数字模型的基础性和应用性

行政检察数字模型通过数字方法来解决现实的法律监督问题,其关键在于将现实中复杂的行政管理和逻辑条理转换为以符号、数字和运算对比形态的另一种逻辑形式,在这个层面上,传统办案思路和行政检察数字模型具有

[①] 丁霞敏:《数字检察赋能法律监督工作高质量发展》,载《检察日报》2022年7月22日。

同源性。因此，数字模型酝酿的源头正是基于检察官的日常办案工作，有多少行政检察监督案件的小切口就需要多少个数字模型，而这些数字模型研发的最适格主体恰恰是行政检察业务中的一线办案检察官。数字检察的千里之行在很大程度上需要依赖业务骨干来担当建模员，只有真正办案的人员才能切身体会到行政检察履职中的困难是什么，需要实际解决的问题在哪里，从而有的放矢。而数字模型研发建设后，最终也是要应用到办案实践中去，两者是互相呼应、互相映衬的。基于这些因素考虑，实践中，很多地区的检察机关树立了"人人都是建模员"的"零代码"模型开发理念，鼓励检察人员在办案的同时注重探索研发同类型案件的行政检察办案数据模型，提升办案质效。在具体的实践中，可以依据监督类别和案件领域的不同特质，以先小后大、先易后难的顺序进行数字监督模型的研发和探索，进而有效回避行政检察办案人员在跨专业水平和技术软件开发资金等方面的短板，同时也可以在数字模型研发过程中逐步学习领悟，提升数字检察的能力水平和办案质效。业务一线的检察官以建模员的身份研发数字模型的方法路径在于依据行政检察履职的流程和特点，梳理特定案件或特定领域法律监督的审查思路和筛查条件，再以一定的组织方式、实现通道将法律监督职权划分、监督程序转换为数字化的方式呈现，实现对监督点进行清晰直观地分析展现。因此，在研发建设行政检察数字模型过程中，如何确定监督条件与线索特征，从而实现以模型模拟方式开展行政检察监督，是行政检察数字模型建设的关键性问题。目前，行政检察数字模型开发还普遍集中于数据的处理与分析阶段，还需要加大研发力度，推动通过以算法对数据处理来实现监督点提炼的新型办案模式代替以逻辑对概念分析来完成监督过程的传统办案模式的数字化转型大幅进阶。

3. 致力于行政检察数字模型的延展性和推广性

行政检察数字模型的研发重点要落在应用之上。最高人民检察院明确实施数字检察战略后，全国各级检察机关竞相开展大数据法律监督模型研发，各类行政检察大数据法律监督模型百花争艳，这些如同雨后春笋般涌现的数字模型在很大程度上丰富了行政检察法律监督的路径和方式，也体现了行政检察数字赋能的作用意义和功能价值。但在推广应用方面，还存在一些问题，很多地方为了创新而创新，没有看清数字的发展方向，将数字模型的开发环节作为工作重点，而不重视成熟法律监督模型的落地应用，认为行政检察数字模型研发完成就如同彻底完成了这项工作任务，有的模型一经研发完成就置于一边，并未发挥辅助办案实际作用。此外，行政检察数字模型并非某一单个案件办理的数字化展示,而是把个案办理的经验延展成对同一类别或者满足同一情形标准的案件集群设置量化的规格标准和分析流程。简要来说,就是从办理个案中发现规律性问题,通过归纳特点、要素,开发应用性监督模型,由个案办理放眼类案筛查,以数据驱动赋能,从海量数据中筛选出满足同类条件和标准的监督线索,通过数据分析、数据碰撞、数据挖掘发现治理漏洞或者监督线索,依法履行行政检察监督职责,甚至可以通过对批量问题线索的归纳分析发现执法司法、制度机制、管理衔接等方面存在的系统性漏洞,提出对应的检察建议,促进社会治理。行政检察数字模型的应用性和延展性得到满足后,须呈现出其辅助业务监督的工具式作用特征,能够通过模型运作,在更广的体系和范围内,全面、精准地考量行政检察法定监督对象,以达到最佳处理结果,这是建设行政检察数字模型的基本价值。行政检察数字模型的推广应用,是通过对数据要素的分析,模拟创造出贴合某一行政检察办案领域的抽象结构,关联不同数据要素和法律规则之间的特定关系,进而摹写现实行政检察权监督运行的基本活动,达到促进行政检察监督办案整体效能的提升。

(三)寻求局部优化,搭建畅通的数据资源平台

数据共享是行政检察运用数字赋能深化法律监督的前提和基础。以数字检察工作为基础的全域数字法治监督体系能够整合多种数据来源,包括但不限于诉讼程序和当事人举报申诉。行政检察大数据法律监督的变革,通过借助数字检察的数据挖掘、智能分析等技术手段,打通行政执法和行政检察衔接的数据链路,在信息共享互通上实现多元协作的追求,从大量数据中提取潜在的监督线索,进而拓宽行政检察履职监督的多元化渠道。基于行政检察业务的实际,大数据法律监督对元数据进行分类分析、聚类分析、对比分析[①],将从相应数据源获取的信息数据系统同化后,将相似数据对象组合聚类,寻找数据间的差异性和相似性,进行模式匹配后,进行一步步的对比和计算过程得到分析结果。

---

① 分类分析(Classification analysis),是指从数据中获得重要的相关性信息的系统化过程,这类数据也被称为元数据(meta data),是描述数据的数据;聚类分析(Clustering analysis),是指将相似的对象聚合在一起,每类相似的对象组合成一个聚类(也叫作簇)的过程,这种分析方法的目的在于分析数据间的差异和相似性;对比分析(Comparative analysis),是指在非常大的数据集中进行模式匹配时,进行一步步的对比和计算过程得到分析结果。

1. 深入挖掘检察机关现有内部数据资源

检察系统内部具有"四大检察"一体贯通、"四级检察"有序连接的业务特点，这也为数字检察的发展提供了更广阔的空间。目前各地对于检察内部数据资源的关联思维和运用还远远不够，检察机关各业务条线、各层级之间在数据信息共享、互联及更新上均存在不通畅的问题。"四大检察"本身即有丰富的信息数据，检察业务实现线上统一流转后，这些信息数据基本集中在检察业务应用系统之中，除了填录案卡、报表数据是结构化数据外，还有大量卷宗材料、图像、音频等非结构化数据以及半结构化数据。结构化数据容易采用常规方式进行分析处理，但对于非结构化及半结构化数据需要通过 OCR[①]、NLP[②] 等多种技术转化后利用[③]。行政检察要实现深层次法律监督，最直接的信息获取渠道就是把活跃在检察系统其他条线但还不被行政检察业务条线掌握的监督线索和案件信息数据唤醒，加强内部数据汇聚，深度挖掘检察数据价值，让它们按内在规律链动起来，进而实现关联分析、深度挖掘。

2. 充分利用公开资源数智赋能监督治理

法律监督数字模型是对监督规则和流程的场景模拟，但如果单纯是一种模拟，缺乏数据的加持，法律监督模型本身的作用就极其有限。从近两年全国各地研发建设行政检察数字模型的情况来看，基础数据特别是外部数据的来源十分有限，有的模型虽然完成了数字模型演算的架构，但对于一些核心数据和指标还需要通过人工方式主动走访调取，耗时耗力，没有达到研发数字模型的预期作用。数据是行政检察大数据法律监督的关键要素，探索数据要素高效配置，首先要穷尽现有资源激活沉睡数据源要素，使其转换为驱动新时代行政检察法律监督提质增效的数字动能。行政检察由于其独特的职能属性，一些政府部门的公开信息和对接平台均可以作为监督办案基础数据来源。比如，通过中国裁判文书网、中国执行信息公开网、国家地理信息系统卫星遥感监测数据等公开的信息平台查询获取关联数据。此外，一些地方政

---

① OCR（Optical Chatacter Recognition），即光学字符识别，是指电子设备（例如扫描仪或数码相机）检查纸上打印的字符，通过检测暗、亮的模式确定其形状，然后用字符识别方法将形状翻译成计算机文字的过程。

② NLP（Natural Language Processing），即自然语言处理，是指计算机对自然语言的形、音、义等信息进行处理，即对字、词、句、篇章的输入、输出、识别、分析、理解、生成等的操作和加工。

③ 陈雨禾：《大数据法律监督的实践逻辑和难题破解路径》，载余姚市人民检察院网，http://www.zjyuyao.zjjcy.gov.cn/art/2023/8/1/art_1229737342_2464.html，最后访问时间：2023年10月2日。

府建设了政务数据信息公开平台、跨部门大数据办案平台以及行政执法与刑事司法信息共享平台及多跨场景连接数据平台等都可以作为行政检察数字模型的数据获取来源。尽管大部分在公共媒介获取的数据信息不属于专业部门间互联互通的信息资源,因其特定的公开性质,存在完整性欠缺、时效性滞后的客观问题,但具有真实、权威、精准的属性特征,通过对这些基础数据的整合梳理,将在很大程度上促进互联网、大数据、与应用平台、监督模型的深度融合,强化行政检察数字化发展基础。

3. 推动行政检察数据与外部对象同步运行

行政检察数字模型在规则演算的过程中也必须具备对现实行政执法活动进行调整和规制的作用,即法律模型的调整过程体现在通过数据库掌握不同行政执法单位之间的动态关系,从而在数据层面实现对行政行为体系的建构,以数字化方法完成行政执法行为和司法活动的纠错纠偏。打通跨部门、跨领域、跨层级的数据资源,是一项复杂的系统工程。一方面,要通过检察机关与当地司法行政部门、行政执法单位的沟通,在现阶段技术因素、政策因素对数字检察的支持还不够完善的情况下,以双赢多赢共赢和在监督中支持的理念促进执法司法部门人员思想认识的提升,争取对推进行政检察数字化建设最大程度的支持,促进跨部门信息共享、大数据协同。另一方面,面对行政事项多、民生领域广,行政机关数据不同源、信息分散、难以汇集的"信息孤岛"问题,要在积极研发建设衔接平台和功能应用的基础上,依托信息技术,落实自然资源等重点领域行政执法与行政检察衔接工作机制,畅通信息共享、案情通报、案件移送的实时动态连接渠道,凝聚行政检察监督合力。需要强调的是,实现外部数据的同步运行,需要强化数据安全保障,在这个问题上,可以通过建立完善行政检察领域数据库管理系统予以优化。上文提及,很多大数据法律监督的数据比对,可以通过使用文本文件或者Excel那样的电子制表软件就可以完成,但也有无法多人共享数据、不能提供操作大量数据所需的格式、不能完全实现读写自动化、无法应对特殊数据和突发问题等方面的不足。数据库管理系统可以克服这些不足,实现多个用户同时安全简单地操作大量数据,在便捷数据使用和对接的同时,消除检察环节数据泄密的安全隐患,减少泄密风险。

(四)推动体系融合,促进检察监督数字赋能生态重构

传统法律制度研究的核心是"本质主义",即锲而不舍地追问法律制度价值本源与意义。而现代法律科学分析方法则基于运行机制的系统构建。系

统法学认为，任何法律制度都是一个系统，任何法律制度包括来源要素、主体要素、对象要素、运行要素及保障要素等都是一种形态性的存在。大量数据汇聚使得检察机关参与社会治理更趋精准有效，数字检察作为新时代检察机关依法履职的一种工作理念、工作样态、工作模式，在行政检察业务条线的运用更应遵循体系性特征要求，促进法律监督业务的数字化生态重构。

1. 上下联动，健全完善行政检察数字化的保障体系

实施数字检察战略作为破解行政检察传统监督方式被动性、碎片化、浅层次等问题的"金钥匙"，将通过数据共享、线索归集、类案办理的形式，推进社会治理体系、治理能力现代化，实现检府联动数字化互通的集成式、跨越式、重塑式变革。实施数字检察战略需要各级检察机关作为"一把手"工程谋划推进，特别是对于需要与各政府职能部门深入对接数据信息的行政检察业务，更需要领导高度重视，推动行政执法与行政检察信息共享，为数字检察战略在行政检察领域深入实施夯实基础。检察系统内部也需要在组织架构上全面协调整合业务部门、技术部门、案件管理部门以及综合部门等不同条线的职能作用。虽然各地检察机关都成立了数字检察工作领导小组及相关机构，全面统筹推进数字检察工作开展，但是部分地区仍然认为大数据法律监督是信息化工作，依然以技术、案管部门为主牵头开展工作，没有完全实现业务主导，行政检察推进大数据法律监督，必须保障行政检察业务部门的检察官积极参与，真正建设、应用与推广同步进行，促进数字检察成果转化为行政检察履职办案成效。

2. 融合互通，建立推动社会治理新模式的对向思维

当前，行政检察已逐步由传统的"被动受案、个案办理"监督办案模式向"主动办案、类案办理"转变，继而通过类案监督向参与社会治理监督办案模式延伸。在数字化发展的时代背景下，行政检察要实现行稳致远的高质量发展，需要借助检察大数据、区块链、人工智能，形成以现代性、开放性为标志的融合思维、对向思维，在全面需要盘活内部数据信息的同时，融合联通外部，全方位、整体性、交互式地实现行政检察的数据畅通。这种融合、对向思维强调行政检察数据互通并非单方面向监督对象索取，实质要件在于行政检察向监督对象输送办案中发现的问题分析和建议反馈，即运用大数据办案启动法律监督程序介入社会治理，不仅着力于监督线索输入，也应重视对行政行为决策依据的提供、行政执法不当风险的提示以及对于常规工作方面的智能化提升，从而以数字赋能法律监督为抓手，深化构建法律职业共同体多方协调互动、优势互补、双赢多赢共赢的法治监督体系。

3. 规范运行,科学系统搭建行政检察办案应用场景

将行政检察业务与现代信息技术飞跃发展相结合,以"数字革命"驱动高质量发展,落在具体的实际中就是借助现代网络信息技术搭建符合行政检察各领域的业务规律以及检察监督工作各阶段要求的业务应用场景,同时将涉及行政检察数字化全过程记录、监督活动可视化,明确数字化应用的权限设置、流程规制、追责机制,促进规范公正文明依法履职。根据行政检察的业务板块和职能属性,数字应用场景主要集中于诉讼类监督、建议类监督和治理类监督三种。无论基于哪种场景开发智能模型,都需要在保障数据安全底线的前提下,善于利用现有存量、拓展数据规模、有效整合分析、精准碰撞筛查,在研发个体模型的基础上,注重扩大应用,将现有实效良好的模块模型,实现系统内外的有机整合、交互提升,为检察机关深度参与社会治理、深化监督功能价值、规范经济社会秩序创造有利条件,这也是推动行政检察乃至所有检察业务工作高质量发展的应有之义。

法治的进步和时代的发展对行政检察监督提出更高的标准要求,也为行政检察履职带来了全新的理念变革。行政检察的数字化转型,不仅体现在法律监督体系、监督能力的重塑性变革,更要促进数字赋能在行政检察职能作用发挥层面的不断深化、拓展和升华,激发"数据"这一生产要素对法律监督的放大、叠加、倍增作用,更加精准履职,在强化动力保障的同时规范运行,通过提升监督办案质效更大力度更高质效地助力推动社会综合治理,为推进国家治理能力和治理水平现代化贡献力量。

第五部分
公益诉讼检察研究

行政公益诉讼引导行政执法研究[*]

高文英[**]

一、行政公益诉讼引导行政执法的正当性分析

"任何阶段都不是独立地和任意地被创造出来的,而是在与整个过往的不可分割的联系中成长起来的"[①],行政公益诉讼引导行政执法是在行政公益诉讼功能阶层化的演进中逐步形成的。国家治理现代化要求建立多元公共利益维护机制,行政公益诉讼本身具有的多元主体参与的沟通机制很容易将行政执法中没有发现或不愿意呈现的问题显现出来。[②] 因此行政检察在依法

---

[*] 本文系 2022 年度最高人民检察院检察理论研究课题(项目批准号:GJ2022B09)的研究成果。

[**] 课题主持人:高文英,中国人民公安大学法学院教授、博士生导师。课题组成员:王羿程,宁夏警官职业学院讲师;张晓凌,浙江省温州市瓯海区人民检察院副检察长;田阳,浙江省温州市瓯海区人民检察院第五检察部副主任;黄安怡,中国人民公安大学博士研究生。

[①] 翟志勇:《公法的法理学》,商务印书馆 2021 年版,第 123 页。

[②] 刘艺:《论国家治理体系下的检察公益诉讼》,载《中国法学》2020 年第 2 期。

履职中协同行政机关共同参与国家治理，发挥引导行政机关进行社会治理的多重功能。

（一）行政公益诉讼引导行政执法的现实基础

治理效能的多维耦合与深度互构是国家治理现代化的持久命题，也是行政公益诉讼引导行政执法的理论构型。行政公益诉讼设置的初衷与实践的发展凸显了其维护社会公益的意旨，行政执法更是以维护社会秩序，保障社会公益为目标，二者共同寓于国家治理现代化的场景中，以协同进行社会治理为依归。

1. 国家治理现代化的本质要求

国家治理是国家政权的所有者、管理者和利益相关者等多元行动者在一个国家的范围内对社会公共事务的合作管理，其目的是增进公共利益维护公共秩序。① 国家治理现代化的目标即为最大限度趋向于"善治"，"善治"就是公共利益最大化的过程，其核心是政府与公民对社会事务的协同治理，本质特征即为国家与社会处于最佳状态。

"善治"从静态而言体现为一种良好的社会治理状态，从动态出发表现为一种治理国家与社会的基本方式。不管是出于动态抑或静态的意义，"善治"的最终目的都是实现人民生活幸福、社会和谐有序以及国家长治久安。② 再之，无论基于静态还是动态，"善治"都表征为良法之治，前者通过良法之治的系统实施与不断演进，无限趋向于"善治"状态；后者是"善治"治理模式中最主要的功能性手段。诚如亚里士多德所言，"法治应当包含两重意义：已成立的法律获得普遍的服从，而大家所服从的法律本身又应该是制定的良好的法律。"③ "良法"与"善治"一同构筑了现代法治。现代法治为国家治理注入良法的基本价值，提供善治的创新机制，国家治理现代化的实质与重心，其实是在治理体系和治理能力两方面充分体现"良法"与"善治"的要求。④

首先，传统的国家治理模式因其自身的弊端越来越难适应高度不确定的风险与复杂多变的社会治理难题。传统的治理模式以科层制的政府结构为载

---

① 何增科：《理解国家治理及其现代化》，载《马克思主义与现实》2014年第1期。
② 王利明：《法治：良法与善治》，载《中国人民大学学报》2015年第2期。
③ ［古希腊］亚里士多德：《政治学》，吴寿彭译，商务印书馆1997年版，第199页。
④ 张文显：《法治与国家治理现代化》，载《中国法学》2014年第4期。

体，采取了治理主体相互独立、治理政策分散、治理目标碎片化的模式。此种碎片化的治理模式，面临着部门间问题互相转嫁，目标、项目互相冲突，缺乏沟通，各自为政等一系列弊端，突出展现为行政执法过程中的条块分割、部门割据和区域鸿沟等问题，致使参与行政执法的各个主体因执法理念、执法标准不统一、执法责任不明确、执法动力不足，难以形成对社会治理难题的系统性施治，无法达成对社会治理难题的标本兼治。例如最高人民检察院立案办理的万峰湖专案，[①] 万峰湖地处广西、贵州、云南三省（区）接合部，流域污染问题频频复发、反弹以致蔓延，其根本原因在于地跨三省（区），上下游、左右岸的治理主张和执行标准不统一，属于典型的碎片化治理模式下衍生的"九龙治水"难题。

其次，国家治理现代化意指治理空间更加清晰化、透明化。治理空间实质上是政府权力运行的场域[②]，监督权是优化治理空间的必要载体，也是国家治理体系的关键构成要素。检察机关传统的法律监督模式因被动性与有限性等问题难以做到对政府权力的全面系统有效监督，突出表现为：其一，传统法律监督模式中，决定监督效能的监督线索主要来自当事人举报或者其他部门移送，线索获取渠道窄，自行发现、开拓线索能力不强，导致整体上法律监督工作处于被动状态，法律监督的传送带运转不畅，法律监督的主动性和创造性不强。其二，传统法律监督模式以个案办理为核心，方式与范围局限于卷宗审查，属于静态的、末端的监督，难以规范与监督政府权力运行的整个流程，更无法覆盖组织体系庞大的行政机关，监督的质量与效果不佳。

因此，行政公益诉讼引导行政执法以国家治理现代化为理论基础，以实现善治为目标，以革新传统法律监督模式为导向，充分展现出"良法"中蕴含的法律规则体系的一致性，程序运行的规范性，一方面引导行政机关纵向联动、横向联合，聚合行政执法合力建立长效机制完成对社会治理难题的标本兼治；另一方面，充分发挥自身的优势作用，与行政机关携手对社会问题进行深层次治理，填补社会治理疏漏，形成多元合作模式下的系统性社会治理机制。

---

① 最高人民检察院第四十一批指导案例（检例第166号），载中华人民共和国最高人民检察院网，https://www.spp.gov.cn/spp/jczdal/202209/t20220922_578616.shtml，最后访问时间：2023年10月11日。

② 陈潭：《国家治理的大数据赋能：向度与限度》，载《中南大学学报（社会科学版）》2021年第5期。

2. 协作共享的具体需求

在中国式现代化的时代命题下，大数据逐渐成为国家治理的重要依凭与手段，中共中央、国务院印发的《法治政府建设实施纲要（2021—2025）》将"智能高效"置于法治政府建设目标之中，实质上是因应新时代大数据之于国家治理现代化的重要性，而《意见》明确规定加强检察机关信息化、智能化建设，以大数据运用为核心完善检察机关与行政机关信息共享，推动跨部门协同办案，提升法律监督的效能。

大数据系为决策问题提供服务的大数据集、大数据技术和大数据应用的总称，① 作为一种治理技术，大数据的有效运用会促使多元治理主体的有机联合，有力破除传统治理模式中的碎片化，达成协同治理的理想场景。以大数据为驱动力，使行政公益诉讼与行政执法有机衔接，让行政公益诉讼在办案中实现监督，在监督中协同行政机关完成社会治理。协作共享体现为检察机关内部间的上下一体，检察机关与行政机关及其他相关部门的内外联动，在行政公益诉讼数字化引导模式的语境下即为大数据的共享与运用。

首先，大数据的共享与运用，牵引国家治理结构由科层制转向扁平化。其一，大数据的共享与运用强化了治理主体信息处理能力，可使治理主体归集、整理、挖掘海量信息，实现对大批量信息的集约化管理，此举意味着国家治理成本的降低。其二，大数据的共享与运用改变了信息传递的路径，缩短了信息传递的层级。传统治理模式中，信息的传递依赖于会议传达、人力送达，体现为各种形式的纸质文件，既耗时耗力，使信息陷于"文山会海"中，也无法及时应对各种突发性问题。借助于大数据平台的一体化运行，使数据代替人力，让数据多流通，人力少跑路，改变了以往拖沓冗长的信息传递路径，加速信息传递速率，提高了国家治理的效率。

例如，某县检察院在办理个案的基础上，为进一步维护社会保障和社会救助资金安全，召集县人社局、民政局，建立了低保金、养老金公益诉讼数字协作机制。利用某县检察院执法信息中心基础数据库优势，归集全县低保、社保、服刑人员、死亡人员数据，通过数据推送、使用、监督、协查方式，打造县域数字监督平台，堵住国有资产监管制度漏洞，破除了治理碎片化中的"各自为政"难题，达成了行政执法与行政公益诉讼协同进行社会

---

① 朱扬勇、熊赟：《大数据是数据、技术，还是应用》，载《大数据》2015 年第 1 期。

治理的场景。①

其次,大数据的共享与运用让行政公益诉讼开辟了线索源,在起点上驱动行政公益诉讼由被动等待变为主动履职。通过数据发现案件线索原理在于不同类型数据碰撞后呈现出的交集点与异常点,"任何违法犯罪都有一个信息链条,孤立看链条上的每个信息点很难发现异常,运用大数据筛查、比对、碰撞,信息点之间就有了交集、串连"②,相关问题线索便呼之欲出了。譬如,在上述案件中,某县检察机关办案人员发现犯罪嫌疑人在其母过世后,冒用其母的名义领取社保养老金共计 10110 元,造成国有资产流失。某县检察院以此为契机,通过调取有关行政机关与银行的相关数据,运用数字化手段,进行数据分析碰撞,发现了一批参保人员死亡而养老保险未停止发放的类案,以点带面挖掘出一批此领域的办案线索,保障了国有资产安全。

3."检察一体化"的制度契合

行政公益诉讼作为国家治理现代化结构的重要组成要素,其主要功能在于监督行政机关全面履职尽责,引导不同层级、不同类别的行政机关进行职务协作、信息共享,开展联合执法。聚合有限的治理资源,通过一体化集约引导实现资源优势互补、优化组合和协同共享,破除传统治理模式中的管理碎片化、运行碎片化、信息不流通等问题。其引导、聚合功能基于《宪法》规定的检察机关"检察一体化"衍生的组织优势、地位优势及能力优势。

第一,组织优势。《宪法》规定检察机关上下级之间是领导关系,最高人民检察院领导全国各级检察院,上级检察院领导下级检察院,由此赋予了检察机关检察一体化的组织优势。检察一体化机制在纵向上体现为"指令—服从"关系,上级检察院及检察官指挥、指导并监督下级检察院和检察官的工作,下级检察院和检察官在履职过程中服从上级的指挥,并接受上级的监督。在横向上表现为"协同—聚合"关系,同级检察院或同一检察院不同业务部门间强化协同与配合,主办检察官独立判断,强化各业务部门在线索收集、综合研判、审查调查的横向协作,综合运用多种监督手段同向发力、同频共振,聚合法律监督力量。检察一体化是检察权有效运行中纵向一体化与横向一体化的结合,实行检察一体化,旨在聚合检察资源,形成履职

---

① 参见陈东升:《数字赋能检察监督有了"最强大脑"》,载《法治日报》2022 年 12 月 31 日,第 4 版。

② 张军:《坚持以习近平法治思想为指引加强新时代检察机关法律监督》,载《求是》2022 年第 4 期。

合力，提升法律监督效能。①

行政公益诉讼中检察一体化的组织优势体现为上下级检察机关共同办案，检察机关不同业务部门协同办案，在督促行政机关依法全面履职中可有效排除干扰。同时检察一体化机制可以在行政公益诉讼办案中有效监督制约主办检察官职权的行使，确保法律监督效力的合法性与客观性。

第二，地位优势。依据相关法律的规定，检察机关的主业是保障国家法律的统一与正确实施，因此，检察机关在借助行政公益诉讼引导行政执法过程中具有天然的客观中立地位，另外，此地位优势还显现为检察官的客观中立判断，检察官在办案中可以更好地以事实为根据，遵从法律的指引，形成自己内心独立的法律判断，以此公正地行使法律监督权。

第三，能力优势。在"检察大数据战略"的引领下，检察机关的办案人员将同时具备法律思维与大数据思维，"法律思维+大数据思维"合力引领检察机关法律监督模式进行升级换代，全面提升法律监督质效。

法治思维是检察机关在行政公益诉讼中引导行政执法的能力优势，也是其最核心的优势，法治思维通俗意义为"遇事找法"，实质是一种程序思维、制度思维。行政执法系行政机关将法律文本规定转换为人们实际的行为规范，即以行政权来实现法律的规范意旨，② 法律的规范意旨既包括法律的规范目的也蕴含法律的程序规则，一项行政执法行为既要符合法律的规范目的，也要遵从法律的程序要义，系形式合法与实质合法的统合。大数据思维是以大规模、多样化、高价值的数据为基础，以算法为核心，挖掘数据价值，发现问题线索的一种工作模式。行政公益诉讼运用大数据办案就是寻找一条最优、最高效、最集约的路径，创造纵向贯通、横向联动、整体智治、高效协同的运用场景，着眼于纵向一体化、横向一体化、业务一体化。③

行政公益诉讼的数字化引导模式，实质上是在"检察一体化"的优势上驱动法律监督模式从案件监督升级为数据监督，在此模式下，地方三级检察机关充分发挥各自地位与职能优势。省级检察院进行顶层设计，创造全省统一的大数据法律监督平台，制定数据共享与管理规范性文件。地市级检察

---

① 姜昕、李成林、张建伟、侯亚辉、常锋：《检察一体化机制建设的推进与落实》，载《人民检察》2022 年第 3 期。

② 梁鸿飞：《中国行政公益诉讼的法理检视》，载《重庆大学学报（社会科学版）》2017 第 6 期。

③ 姜昕、刘品新、翁跃强、李小东、常锋：《检察大数据赋能法律监督三人谈》，载《人民检察》2022 年第 5 期。

院着力打通部门间的数据壁垒，疏通信息孤岛，以生态环境保护、国有资产管理等重点领域为突破口，归集、整理不同类别的数据，进行数据清洗、筛选，在大数据法律监督平台上进行比对与碰撞，从而发现专项领域内的问题线索。区县检察院以上级院提供的案件线索为核心，进一步调取相关卷宗，人工审核，使问题线索转化为具体的个案，进而以个案为端口开展类案监督。省、市、县三级检察院在大数据共享与运用的基础上，自上而下层层落实，自下而上实时反馈。

（二）行政公益诉讼引导行政执法的正当性分析

"合法性认同"应当是行政公益诉讼引导行政执法的正当性基础。

1. 行政公益诉讼引导行政执法符合行政公益诉讼的宗旨

行政公益诉讼设置旨在通过检察机关法律监督权的行使，有效维护国家利益或者社会公共利益。然而，维护国家利益或者社会公共利益是一项系统化、长期性的工作，其需要调动、整合各方资源（尤其是行政机关的执法资源）、形成合力，才能完成公益侵害问题的标本兼治。行政公益诉讼正是在此意义上进行"穿针引线"，引导相关行政机关、社会主体等协同共治，聚合治理资源。

2. 行政公益诉讼引导行政执法体现了法律监督权边界

行政公益诉讼之所以具有引导行政执法的功能，正是其严格恪守法律监督权边界的体现，其引导行政执法既是在法律监督权的意义上确保行政机关依法履职尽责，又是在实践中与行政机关联合进行社会治理，旨在有效维护国家利益或者社会公共利益。

3. 行政公益诉讼引导行政执法已经具有制度基础

在全国层面，如最高人民检察院与生态环境部等9部委于2019年联合发布的《关于在检察公益诉讼中加强协作配合依法打好污染防治攻坚战的意见》，该意见明确要求检察机关就生态环境污染防治问题，应在公益诉讼中与相关行政执法机关开展交流会商与研判、健全信息共享、建立联合开展专项行动等机制。如最高人民检察院与中央网络安全和信息化委员会办公室、国家卫生健康委员会等10部门于2020年联合发布《关于在检察公益诉讼中加强协作配合依法保障食品药品安全的意见》，该意见明确要求检察机关与相关部门通力合作，切实保障食品药品安全，并明确规定检察机关应与相关部门完善公益诉讼案件线索移送机制，针对食品药品公益诉讼案件中的技术性问题建立专业支持机制，检察机关与各方共同研究，一同发布食品药品领域公益诉讼指导案例。

在地方层面，如广西壮族自治区人民检察院与区司法厅、财政厅等14家行政机关于2019年联合发布的《关于加强全区检察机关与行政机关公益诉讼工作协作配合的实施意见》，该意见明确规定检察机关应在公益诉讼工作中加强与行政机关的协作配合，并建立联席会议、线索相互移送、证据收集配合、沟通预警等相关机制，进一步强化并落实检察机关与行政机关的协同配合。

检察机关与行政机关的协作配合能有效完成维护国家利益与社会公益的任务，切实发挥行政公益诉讼制度的功能。检察机关在行政公益诉讼中恪守法律监督权的边界，着力在线索移送、立案管辖、调查取证等方面发挥引导功能，引导而不是代替行政机关开展联合执法、整合执法资源、统一执法标准、破解公益受损难题、消除侵害公益的隐患。

二、我国行政公益诉讼引导行政执法的制度性基础

检察机关行政公益诉讼对行政机关的引导在制度与实践层面都有所体现。行政公益诉讼的相关立法为其引导行政执法奠定了合法性基础，行政公益诉讼的相关实践则为其引导行政执法提供了可能路径。

我国《宪法》第134条规定人民检察院是法律监督机关，《人民检察院组织法》第21条规定人民检察院具有法律监督职权，《行政诉讼法》第25条规定检察机关有权督促行政机关依法履行职责，上述规定无疑为检察机关引导行政机关依法执政、良性执政奠定了法律基础。党的十八届四中全会以来，国家从全面推进依法治国的战略高度对检察机关工作提出了一系列新任务、新要求——"完善确保依法独立公正行使审判权和检察权的制度""检察机关在履行职责中发现行政机关违法行使职权或者不行使职权的行为，应该督促其纠正""探索建立检察机关提起公益诉讼制度""完善检察机关行使监督权的法律制度"等，① 为检察机关在行政公益诉讼中引导行政机关依法行政提供了政策依据，指明了工作方向。陆续出台的检察公益诉讼相关司法解释及部门规章，促进探索建立健全检察公益诉讼与行政执法协作机制，

---

① 《中国共产党第十八届中央委员会第四次全体会议公报》，载中华人民共和国中央人民政府网，https://www.gov.cn/xinwen/2014-10/23/content_2769791.htm，最后访问时间：2023年6月20日。

推动检察机关与行政机关良性互动，形成检察和行政保护合力，共同维护公共利益。

习近平总书记指出，全面推进依法治国是一个系统工程，是国家治理领域一场广泛而深刻的革命，必须加强党对法治工作的组织领导。①2021年6月15日，党中央专门印发《中共中央关于加强新时代检察机关法律监督工作的意见》，充分彰显了以习近平同志为核心的党中央深入推进全面依法治国的坚定决心、对完善党和国家监督体系特别是加强检察机关法律监督工作的高度重视。②该意见明确提出要全面深化行政检察监督，督促行政机关依法履行职权，同时积极稳妥推进公益诉讼检察，建立公益诉讼检察与行政执法信息共享机制，拓展公益诉讼案件范围。③

当前，检察机关公益诉讼与行政执法协作机制构建主要集中在如下几个方面：

第一，线索移送。面对案情涉及面广，需要多个职能机构共同执法的情况，要及时交流会商研判，在行政执法与刑事司法衔接信息共享平台的经验基础上，建立健全信息共享机制，畅通信息交流，完善公益诉讼案件线索移送机制。

第二，立案管辖。立案管辖的出发点是有利于执法办案、有利于解决问题，检察机关可以根据案件情况，综合考虑案涉行政机关的层级及公益损害的程度等，探索管辖通报、立案管辖与诉讼管辖适当分离的做法。

第三，调查取证。首先，检察机关在调查取证的过程中要加强与行政机关的沟通配合；其次，行政机关应当充分发挥专业优势，为检察机关调查取证提供便利和技术支持；最后，充分利用专家意见等辅助性认定方式，同时积极探索司法鉴定的管理和使用衔接机制。

第四，诉前程序。根据课题组对北京市、广州市近5年公益诉讼主要办案数据的梳理，公益诉讼的大部分工作都在诉前程序进行，因此如何充分发挥诉前程序的价值，让检察机关在诉前对行政机关的工作进行良好引导就成

---

① 中共中央宣传部、中央全面依法治国委员会办公室：《习近平法治思想学习纲要》，人民出版社、学习出版社2021年版。
② 《〈中共中央关于加强新时代检察机关法律监督工作的意见〉印发》，载最高人民检察院网，https：//www.spp.gov.cn/spp/bwcxyjtx/202112/t20211227_540275.shtml，最后访问时间：2023年6月20日。
③ 《中共中央关于加强新时代检察机关法律监督工作的意见》，载最高人民检察院网，https：//www.spp.gov.cn/spp/gfwj/202108/t20210802_525630.shtml，最后访问时间：2023年6月20日。

了亟待解决的问题。在上述会签文件中也指出，检察机关需要在诉前程序中明确行政机关履职尽责的标准，强化检察建议的释法说理功能，在严守检察权边界的前提下，依法履行行政监管职责。

第五，日常联络。需要检察机关和行政机关在日常工作中进一步拓宽交流沟通的渠道和方式，开展专项合作行动，关注重大及普遍事项，相互通报。通过工作人员交流和培训，熟悉业务流程，为后续合作培养人才。

三、我国行政公益诉讼引导行政执法的实践探索和成果分析

行政公益诉讼的权力属性为《宪法》赋予检察机关的法律监督权，在法律监督权基本属性不变的前提下，实践的不断发展尤其是大数据、人工智能、区块链等现代科技的更新换代为法律监督权注入了新动能，重塑了法律监督权的权力形态与运行机制，革新了以法律监督权为核心的法律监督模式。

（一）行政公益诉讼拓展法律监督模式的实践探索

1. 深化法律监督功能引导完善行政执法规范化

设置行政公益诉讼的出发点即在于督促行政机关全面履职尽责，因此，行政公益诉讼第一层功能为单向性的监督行政机关全面依法履职的功能，而监督功能是在整个行政公益诉讼过程中逐步体现的。具体而言：第一，检察机关在获取公益损害案件线索后，经过综合研判与调查核实，对行政公益诉讼案件立案调查后书面通知相应的行政机关；第二，检察机关在决定立案时可以就公益损害的事实与整改方案与相关行政机关进行磋商，并聘请鉴定机构与有关专家，更好地对事实和法律问题进行全面的梳理和分析；第三，检察机关在向行政机关发出检察建议后，一般有两个月的整改期，此期间检察机关及时跟进相关行政机关的整改落实过程，听取行政机关的整改方案，为行政机关的整改措施提供有针对性的法律建议；第四，行政机关在收到检察建议后，怠于履行职责或未全面履职尽责的，检察机关即向法院提起诉讼，通过判决的方式进一步督促行政机关履职尽责。

深化法律监督功能引导完善行政执法规范化主要体现在：

第一，明确行政机关的监督管理职责。《行政诉讼法》第25条规定，行政公益诉讼的对象是特定领域负有监督管理职责的行政机关。一方面，因

为行政机关拥有相应的权力，使之可以对污染环境、生产不符合国家卫生标准的食品、侵占国有土地等损害国家利益或者社会公共利益的相对人采取行政检查、行政强制、行政处罚等措施，强力矫治相对人的行为，恢复被破坏的国家利益或者社会公共利益，消除危害国家利益或社会公益的风险。"有权必有责"，权力产生责任，责任是行政机关必须履行的职责，职责表明行政机关必须对侵害国家利益或者社会公益的相对人采取相应的矫正、惩戒措施，能够根除相对人对国家利益或者社会公益的损害，昭示了行政机关权力的必为性与有效性。另一方面，在没有违法主体或者无法查明违法主体的情况下，监督管理职责不仅包括行政机关对违法行为进行行政处罚、行政强制等职责，也体现为行政机关为避免社会公益损害持续或扩大，依据法律、法规、规章等规定，运用公共权力、使用公共资金等对受损公益进行恢复等综合性治理职责。例如，吉林省德惠市垃圾场堆放污染环境案①，吉林省德惠市检察院就其辖区某荒地垃圾堆放形成大规模垃圾场，严重污染环境，影响松花江水质安全和行洪安全，向辖区某乡政府发送检察建议，督促其对违法堆放的垃圾进行清理，而某乡政府仅仅对堆放的垃圾进行掩埋处理，且陆续还有新的生活垃圾堆放此处，环境污染未得到有效整治，社会公益仍处于持续受损状态。本案中，吉林省高级人民法院认定，在无法查明行政违法主体的情况下，行政机关依据法律规定负有的监督管理职责体现为一种综合性治理责任，其聚焦于彻底恢复受损公益的目标与结果，表征为行政机关采取多种措施、运用公共资金自行组织修复受到污染的坏境，恢复受损的社会公益。

第二，明确行政机关的履职尽责标准。行政公益诉讼中行政机关对检察建议的落实标准即履职尽责标准系全面的履职尽责，以有效保护国家利益或社会公共利益为目标，聚焦行政机关是否全面运用或者穷尽法律法规和行政规范性文件赋予的行政监管手段。国家利益和公共利益的保护，如恢复植被、修复土壤、治理污染等需要一个客观的过程，极易受季节气候条件、施工条件、工期等客观原因的限制。所以，相应的行政机关针对环境资源保护的全面依法履职是一个动态性、连续性、系列性的行为过程，此过程中任何一个环节或阶段出现不作为或拖延、怠于履行情形都构成未全面依法履职。

首先，在行政机关拥有诸如巡查、督导、指导等柔性以及处罚、强制、

---

① 最高人民检察院第四十批指导案例（检例第162号），载最高人民检察院网，https://www.spp.gov.cn/spp/jczdal/202209/t20220926_579088.shtml。

撤销行政许可等刚性行政措施的前提下,行政机关针对违法相对人仅仅适用柔性措施,或者在刚性措施中仅采取处罚幅度低、侵益性小的措施,在实践中无法起到吓阻和威慑的效果,达不到矫治相对人违法行为的作用,此二者都构成未全面履职。其次,行政机关对破坏生态环境和自然资源的行政相对人依照法律实施行政处罚后,没有依法实施催告行为、未采取代履行措施、未在法定期限内申请人民法院强制执行,仅仅是一罚了之,没有实施后续的应当实施的行政措施督促相对人进行整改,构成未依法全面履职。如陕西省宝鸡市某环境保护分局未全面履职案①,宝鸡市检察院向辖区内某环境保护分局发送检察建议,督促其依法纠正某能源化工公司排放污染物超标危害环境的行为,某环保分局仅下发《行政处罚决定书》并处以5万元罚款,未在法律规定的最高限度内对相对人进行处罚,未依法监管相对人严格执行建设项目环境保护设施设计、施工、使用"三同时"的规定,以致使污染物排放问题没有得到根本解决,环境污染仍继续存在,社会公益持续受损。

第三,推动行政机关规范行政流程。通过监督推动行政机关规范具体行政行为运行流程,并追究相关人员的法律责任。如湖南省某县城乡规划建设局不依法履职案②,湖南省长沙市检察院在参与中央环保督察组督查过程中,发现其辖区内某房地产公司第四期项目建设用地位于参照饮用水水源一级保护区保护范围内。经调查核实后,检察机关认为某县城乡规划局未审核该房地产公司的环境影响评价文件,违规发放建设工程规划许可证和建筑工程施工许可证,导致项目违法建设,给当地生态环境造成重大风险隐患。某县城乡规划局在收到检察建议后,以案整改,以案问责,进一步规范了行政审批的流程,并给予4名工作人员相应的行政处分。检察机关借助行政公益诉讼的监督更进一步确保了行政权力的行使始终在法治的轨道上。

2. 融入协同功能,共同推进社会治理现代化

监督是单向的,是检察机关运用法律监督权中的行政公益诉讼职能督促、推动行政机关全面履职尽职,系行政公益诉讼试点展开的第一重功能,也是行政公益诉讼发展的第一个阶段。在推进国家治理体系与治理能力现代化的背景下,检察权在保持法律监督权基本属性不变的前提下,其权力外延

---

① 最高人民检察院第十三批指导案例(检例第49号),载最高人民检察院网,https://www.spp.gov.cn/spp/jczdal/201812/t20181225_403363.shtml。

② 最高人民检察院第十三批指导案例(检例第50号),载最高人民检察院网,https://www.spp.gov.cn/spp/jczdal/201812/t20181225_403363.shtml。

与运行方式随着时代变迁、国家治理任务的调整而处于动态发展中,集中体现为行政公益诉讼的协同功能,行政公益诉讼与行政执法共同嵌合于国家治理体系内,体现了国家治理理论中多元合作治理的内涵,从这个意义上讲,检察权作为法律监督权,其本身不仅仅是在单向监督行政权,更是在国家治理体系中与行政权一道共同推进社会治理。行政公益诉讼设置的初衷与实践的发展凸显了其维护社会公益的意旨,行政执法更是以维护社会秩序,保障社会公益为目标,二者共同寓于国家治理现代化的场景中,具有内在的耦合性。实践中,融入协同功能共同推进社会治理现代化主要体现在:

第一,引入、汇聚更多的社会资源和专业力量参与社会治理。行政公益诉讼与行政执法以实现社会公益为依归,二者在相互作用中,通过在行政执法领域中的个案办理,促进社会问题的系统性治理,有力地保障国家利益或者社会公共利益。例如,江苏省溧阳市人民检察院督促整治网吧违规接纳未成年人行政公益诉讼案①。溧阳市人民检察院在办理案件中发现辖区内部分网吧违规接纳未成年人上网,部分未成年人甚至通宵在网吧上网,严重损害未成年人的身心健康权益。溧阳市检察院经过调查核实和综合研判后立即向市文体广电和旅游局发送检察建议,督促其积极整改落实,同时牵头市公安局、市文旅局等相关职能部门,召开联席会议,研究制定网吧违规接纳未成年人上网问题解决的长效机制,并积极推动妇联、关工委发挥自身优势,动员司法社工、社区网格员、志愿者等多方社会资源力量,构建常态化监管网络体系,有效防止网吧违规接纳未成年人问题的复发和反弹。

第二,平衡环境保护与人民群众改善居住需求之间的矛盾,使环境资源保护与人民群众美好生活向往同步实现,达成人与自然和谐共生的善治状态。例如,贵州省榕江县人民检察院督促保护传统村落行政公益诉讼案②。榕江县人民检察院在专项行动中发现,栽麻镇宰荡、归柳两个侗寨的村民私自占用农田、河道、溪流新建住房,违规翻修旧房,严重破坏了中国传统村落的整体风貌,损害了国家利益和社会公共利益。榕江县检察院在调查核实的基础上向相应的镇政府发送检察建议,督促其加大监管力度,查处并拆除破坏传统村落风貌的违法建筑,与此同时,与县自然资源、住建、规划等相

---

① 最高人民检察院第三十五批指导案例(检例第145号),载最高人民检察院网,https://www.spp.gov.cn/spp/jczdal/202203/t20220307_547759.shtml,最后访问时间:2023年10月11日。

② 最高人民检察院第二十九批指导案例(检例第115号),载最高人民检察院网,https://www.spp.gov.cn/spp/jczdal/202109/t20210902_528296.shtml,最后访问时间:2023年10月11日。

关职能部门沟通，形成《榕江县侗族传统村落居民修缮与新建民居设计导则》，既延续传统民居风貌，又满足村民改善房屋质量和居住条件的现实需求。

第三，通过行政程序与司法程序的有效衔接，可以推动行政机关、相对人、检察机关在规范权力和程序适用问题上达成共识。无论是行政公益诉讼还是行政执法，都要依循一定的程序，呈现为特定的运行方式，前者依据《人民检察院公益诉讼办案规则》具体化为司法程序，后者依照《行政处罚法》《行政强制法》等体现为行政程序，二者都旨在通过程序的运行来规范行政权力，确保权力的运行始终处在法治的轨道上。在行政执法的整个过程中，行政程序专注于规范行政执法活动的起点和中间点，即行政执法活动的事前与事中，司法程序在事后阶段规范行政执法活动，而行政程序与司法程序是否采取统一的标准来规范行政活动，可通过行政公益诉讼来检验，即推动行政机关、相对人、检察机关在规范权力和程序适用问题上达成共识。

如最高人民检察院督促整治万峰湖流域生态环境受损公益诉讼案。此案中，行政公益诉讼与行政执法在运行程序的有效衔接体现为三个方面：其一，程序主体的对应性。《刑事诉讼法》规定的"公安机关、检察机关、审判机关分工负责、互相配合"是以案件性质为核心，建立在辖区、级别、对应的基础上。本案中，万峰湖地处广西、贵州、云南三省（区）接合部，流域生态环境受损难以根治的重要原因，在于地跨三省（区），上下游、左右岸的治理主张和执行标准不统一，对于此跨越三省（区）并在全国范围内有重大影响的公益诉讼案件，在程序主体上应由最高人民检察院立案办理。其二，执法标准的统一性。本案由最高人民检察院基于万峰湖流域生态环境受损的公益损害事实立案，根据属地原则组建不同的办案小组，由属地检察机关就近督促相应的行政机关开展行政执法工作，统一执法标准，清除污染万峰湖流域的污染物。最高人民检察院办案组在其中统筹协调，统一研判办案线索、统一分配办案任务、统一开展工作指导，统筹推进办案进度，在体制机制上有力推动三省（区）上下各级不同行政机关统一联合执法。其三，法与督促的协同性。对于因跨行政区划尤其是省级行政区划导致制度供给不足、标准无法统一等根源性问题，检察机关通过建立健全跨区划协同履职机制，在保护受损公益的同时，推动有关行政机关和相关地方政府统一监管执法，统一联合执法与检察协同督促同步开展，形成保护社会公益的强大合力，共同强化社会治理。

第四，以数据为驱动力，让行政公益诉讼在办案中实现监督，在监督中协同行政机关完成社会治理。在推进国家治理体系与治理能力现代化的时代背景下，数据演变为国家治理的重要依凭与手段，《法治政府实施纲要（2021—2025）》将"智能高效"置于法治政府建设目标之中，实质上是因应新时代数据之于国家治理现代化的重要性，而《意见》明确规定加强检察机关信息化、智能化建设，以大数据运用为核心完善检察机关与行政机关信息共享，推动跨部门协同办案，提升法律监督的效能。因此，行政执法与行政公益诉讼在数据运用上存在耦合关系，数据耦合意指两个系统之间有数据调用关系，传递着简单的数据值，完善的数据耦合能够保障行政执法与行政公益诉讼相互间获取帮助各自良性运转的数据[1]，以数据为驱动力，使行政公益诉讼与行政执法有机衔接，让行政公益诉讼在办案中实现监督，在监督中协同行政机关完成社会治理。其间的关键在于破解数据壁垒，打通各个部门间的数据屏障，以检察机关为归集口，纳入和整合不同行政机关有关行政执法的有效数据，实现数据共享，提高协同治理的能力。

（二）行政公益诉讼引导行政执法的实践成果

行政公益诉讼自2015年经全国人大常委会授权试点开展以来，在实践的发展中因应国家治理体系与治理能力现代化的需求，充分展现"良法"中蕴含的法律规则体系的一致性、程序运行的规范性。一方面，引导行政机关纵向联动、横向联合，聚合行政执法合力建立长效机制完成对社会治理难题的标本兼治；另一方面，充分发挥自身的优势作用，与行政机关携手对社会问题进行深层次治理，填补社会治理疏漏，形成多元合作模式下的系统性社会治理机制。

1. 引导统一联合执法，建立长效机制

在条块分割的行政管理体制下行政执法事项往往涉及不同的行政机关，不同行政机关存在职能交叉、职权重叠的情况。因此，行政公益诉讼在诉前程序中，以负有重要职责的行政机关为核心，适度扩展到相应的上级机关与职权交叉的其他平级机关，增强针对性，引导不同层级、不同类别的行政机关进行职务协作、信息共享，开展联合执法，形成长效机制。用"组合拳"的方式多维度地纠正违法行为、消除违法状态，从而达成对社会治理难题的标本兼治。如福建省福清市人民检察院督促消除幼儿园安全隐患行政公益诉

---

[1] 刘艺：《行政检察与法治政府的耦合发展》，载《国家检察官学院学报》2020年第3期。

讼案①，福清市检察院在办理案件中发现辖区部分幼儿园无证办学，存在极大的安全隐患，侵犯未成年人的合法权益。此案事涉不同层级政府和多个职能部门，为推动问题的根本性解决，有力地保障未成年人的合法权益，福清市检察院会同福清市人民政府，召集相关街道（镇）、教育、公安、消防、安监等部门举行圆桌会议，推动相关职能部门协同配合共同履职，制定联合执法方案，形成长效的沟通互联机制，切实保障未成年人的合法权益。福建省人民检察院更是在个案累计的基础上，于2019年制定实行《关于建立行政公益诉讼诉前圆桌会议机制的规定（试行）》，全面贯彻多元主体协商治理的理念，建立健全在诉前程序中引导不同行政机关开展圆桌会议的机制。

现代化的国家治理体系形似一个互联互通的工作网络，任何一个板块都不应是孤立的，而要相互关联，实现信息的流通与共享。因此，行政公益诉讼在诉前程序中引导不同行政机关联合执法，强化部门的上下联动与左右配合，以个案为支点运用"良法"中蕴含的规范性程序，打通行政机关之间的信息壁垒，引导创建行政机关之间的沟通机制，在法律制度体系内聚合社会治理合力。

2. 应对新类型案件，消除监管盲区

在新的发展阶段下，面对层出不穷的社会问题，最有效、最根本的解决方式是在法治体系内，秉承法治思维，运用法治方式，基于"良法"的动态演进，不断应对社会治理中出现的风险和挑战，给予国家治理正当性，保持社会秩序平稳运行。对于严重侵害公共利益或者肇致重大公共利益危险的违法行为，现有监管制度无法有效应对或者具有明显的疏漏，没有适格主体发挥作用的国家治理难题，全国人大常委会陆续通过单行法，先后以设立或增设公益诉讼条款的形式授权检察机关在9个新领域开展公益诉讼监督办案，即检察机关在传统的4个领域外又增加了9个新兴领域，形成了"4 + 9"的公益诉讼办案格局，且正在向无障碍环境建设、文物和文化遗产保护等新领域拓展，在法治框架内有效地应对社会发展中涌现的新问题，有力地保障社会公益，回应人民群众的新期待。

例如，北京市人民检察院督促保护儿童个人信息权益行政公益诉讼

---

① 最高人民检察院第三十五批指导案例（检例第143号），载最高人民检察院网，https://www.spp.gov.cn/spp/jczdal/202203/t20220307_547759.shtml，最后访问时间：2023年10月11日。

案①，北京市某互联网公司开发运营的一款短视频应用 App，在未征得儿童监护人同意的情况下，允许儿童注册账号，并收集、储存儿童注册账户的各类信息，尤其是儿童用户的声音、面部特征、联系方式等能够识别及找到儿童的个人专属信息。另外，运用后台算法，向具有浏览儿童类内容视频偏好的用户直接推送含有儿童个人信息的短视频，2018 年 1 月至 2019 年 5 月，徐某某收到该 App 后台推送的含有儿童个人信息的短视频，通过其私信功能联系多名儿童，并对其中 3 名儿童实施猥亵犯罪。

不特定多数人的个人信息权益具有公益属性，尤其是欠缺判断力与识别力的未成年人，极易在信息网络中泄露个人信息，进而被不法分子利用侵害其身心健康权益。面对此新型案件，北京市人民检察院根据新修订的《未成年人保护法》的相关规定，以行政公益诉讼立案调查后向北京市互联网信息办公室发出检察建议，督促其依法履行监管职责，推动完善儿童个人信息权益网络保护的特殊条款，在该 App 算法中落实监护人同意的法律规定。此举有效地构筑了未成年人网络个人信息安全的堤坝，消除了未成年人个人信息泄露的风险，抵御了网络时代对未成年人合法权益的不当侵袭。

未成年文身属于新型社会治理问题，且目前法律制度尚不够明确，制度供给能力不足。未成年人身心尚在发育中，欠缺成年人具备的一定程度的判断力与识别力，无法预见文身为其自身成长与未来发展带来的不良影响，比如文身者不能报考军校、警校，丧失了一部分升学的通道，不能参军入伍，不能报考公务员等，丧失了部分工作与发展的机会。因此，为未成年人提供文身服务属于侵害未成年人的合法权益，侵害社会公共利益，检察机关基于《未成年人保护法》确立的最有利于未成年人的原则，通过公益诉讼方式维护未成年人合法权益，推动有关机关建立健全规范体制，消除监管盲区。

如江苏省宿迁市人民检察院未成年人文身提起公益诉讼案②，江苏省沭阳县人民检察院在办理案件中发现辖区部分文身馆先后为 40 余名未成年人文身，并在未取得医疗美容许可证的情况下为 7 名未成年人清除文身，清除文身属于医疗美容项目。经立案调查后，沭阳县检察院向县卫生健康局及县

---

① 最高人民检察院第三十五批指导案例（检例第 141 号），载最高人民检察院网，https：//www.spp.gov.cn/spp/jczdal/202203/t20220307_547759.shtml，最后访问时间：2023 年 10 月 11 日。
② 最高人民检察院第三十五批指导案例（检例第 142 号），载最高人民检察院网，https：//www.spp.gov.cn/spp/jczdal/202203/t20220307_547759.shtml，最后访问时间：2023 年 10 月 11 日。

市场监督管理局、商务局等发送检察建议，督促其依法履行其对无证清除文身的监管职责。虽然现行法律规定没有明确设置未成年人文身的禁止性规定，但是基于《未成年人保护法》中最有利于未成年人的原则，针对文身给未成年人身心健康及未来发展带来的不可逆的不良影响，沭阳县人民检察院推动起草并由沭阳县人大常委会审议出台《关于加强未成年人文身治理工作的决议》，明确文身场所不允许未成年人进入，通过建立权威的规范体系，借助"良法"有效促进社会问题的源头治理。

3. 推动地方立法，完善社会治理

立善法于天下，则天下治；立善法于一国，则一国治。在国家治理现代化的进程中，运用"良法"推进国家治理能力的现代化，首要在于科学立法，完善地方法律制度，以点带面通过个案办理借助法律制度完善系统治理。譬如，黑龙江省检察机关督促治理二次供水安全公益诉讼案。① 黑龙江省鸡西市滴道区人民检察院接到群众投诉，反映辖区某供水公司所属的二次供水设施存在严重安全隐患，严重影响居民的饮水安全。鸡西市滴道区检察院进行充分调查取证后，分别向区卫生健康委员会、住房和城乡建设局发送检察建议，督促其全面履职尽责，消除居民饮水的安全隐患。同时滴道区检察院向上级鸡西市检察院报告发现的问题，鸡西市检察院随即开始在全市范围内开展二次供水安全的类案监督，根据立案查知的问题线索，推动并参与起草《鸡西市城市二次供水管理条例》，以地方性法规的形式建立健全二次供水管理运行的长效机制，夯实社会治理疏漏，该条例已于2020年9月25日经鸡西市第十五届人民代表大会常务委员会第三十六次会议通过。

鸡西市检察院在取得类案监督成效后将情况上报至黑龙江省检察院，黑龙江省检察院经研判后，认为二次供水安全问题在省内具有普遍性，向省级行政机关发送检察建议，推动省住房和城乡建设厅制定《黑龙江省既有小区供水设施改造技术导则》，加强对全省老旧小区二次供水设施改造工程的技术指导。此案彰显了检察机关自上而下与自下而上相结合，以"个案办理—类案监督—社会治理"为主轴，通过参与起草并推动行政规范性文件以及地方立法，以个案撬动民生保障，促进社会问题的系统性、源头性治理。

---

① 最高人民检察院第二十三批指导案例（检例第89号），载最高人民检察院网，https://www.spp.gov.cn/spp/jczdal/202012/t20201214_488891.shtml，最后访问时间：2023年10月11日。

四、行政公益诉讼引导行政执法的数据化引导模式

行政公益诉讼引导行政执法，在新的发展阶段下基于"检察一体化"，驱动法律监督模式从案件监督升级为数据监督，形成数字化引导模式。数字化引导模式以数据为核、以平台为基、以模型为轴，预设关键问题点，进而建立多跨协同系统，分析确定所需的领域、部门数据，然后剖析查找关键问题的数据运用逻辑，根据数据逻辑设定法律监督模型，最后批量导出与关键问题点相关联的问题线索，此为数字化引导模式的一般应用路径。

（一）引导程序的前置化

区别于刑事诉讼、行政诉讼起诉与不起诉二元对立"非此即彼"的问题解决模式，行政公益诉讼引导行政执法程序前置化。以行政公益诉讼立案为基点，表征为立案前的线索获取与评估、立案后提起诉讼前的诉前程序。其中，行政公益诉讼引导行政执法主要是在诉前程序完成的，体现为行政机关对检察建议的具体落实，以及行政机关在收到检察建议后采取实质的行为履职尽责。2022年全国检察机关立案办理公益诉讼案件19.5万件，其中民事公益诉讼类立案2.9万件，行政公益诉讼类立案16.6万件，以诉前程序办理公益诉讼案件15.2万件[①]，可见大部分案件在诉前程序中已经得到有效解决。

《人民检察院公益诉讼办案规则》第28条规定："人民检察院对案件线索经过评估，认为国家利益或者公共利益受到侵害，可能存在违法行为的，应当立案调查。"由此，行政公益诉讼的立案条件是公益受到侵害+可能存在违法行为，二者缺一不可。数字化引导模式借助数据与平台，可以获取海量的问题线索，从而发现国家利益与社会公共利益受到侵害的风险点。而数字化引导模式蕴含的引导程序前置化，使行政公益诉讼在立案前即可发挥对行政执法的引导功能。具体而言，数字化引导模式通过大数据与平台获取的海量问题线索，进行整理与归集，进而发现国家利益或者社会公共利益受侵害的风险。因而在立案条件未满足前，将此种风险告知并指引相应行政机关采取某些措施消除公益受到侵害的风险，可以最大程度节约行政资源，将公益受侵害的风险扼杀于萌芽中，通过引导程序的前置化完成社会问题的前端

---

① 张昊：《数读最高检工作报告》，载《法治日报》2023年3月8日，第5版。

治理。

行政公益诉讼诉前程序因其程序开放、信息公开、利益互动、责任共担的突出特性搭建了一个检察机关与行政机关平等协商、交流的平台。其意义在于吸纳监督者（检察机关）与履职者（行政机关），以其共同视角参与到对履职者是否全面履职尽责的认定中，打破检察机关一方在办案过程中对有关信息、话语、权益等的垄断，使案件事实认定演变为检察机关与行政机关间进行信息共享、知识互换、话语沟通、权力交互、利益博弈的动态过程，进而促使检察机关尽可能地精准认定案件事实，有针对性地制发检察建议引导行政机关全面履职尽责，同时基于行政机关对过程的充分参与和监督，亦可防止检察机关办案的恣意和专断。

（二）以"V"模型为基本方法

行政公益诉讼引导行政执法的数字化模式采用的基本方法，系运用综合集成方法，基于大数据采用正向系统分析和逆向系统集成的"V"模型技术。按照系统分析、放大细节、量化闭环、综合集成、迭代深化的运作思维，建立数据共享模型以及法律监督模型，清晰呈现多跨协同系统场景中的重点、逻辑、方法和步骤，找到解决问题的最佳路径，实现从定性到定量、从宏观到微观、从不确定到确定的转变，最终实现多跨协同系统的预期目标。

"V"模型的技术方法是数字化引导模式的重要思维方法与工作模式，其核心要点有4个方面：

第一，自上而下的解析。即确定多跨协同系统，搭建法律监督模型。通过逐级分析，寻找影响系统的关键子系统与部组件，进而合逻辑地确定多跨协同系统的各部分的目标，形成多跨协同系统目标体系与实施体系。

第二，自下而上的集成。对经过重构以后的新系统进行集成。从每个层级的实施直至多跨系统整体的实施，对法律监督模型确定的各层级目标予以实践验证，最终对多跨协同系统的关键任务进行验证。

第三，以大数据为主轴，归集、整合系统的不同层次、不同单元，使之形成一个有机整体，通过系统内相关数据的碰撞确定量化的系统部组件。例如政府补（救）助资金监管类案，[1] 首先归集资金领取者数据，调取人社局基本养老金、医保局医保金结算、民政局低保及党政机关生活困难补助领取

---

[1] 贾宇：《大数据法律监督办案指引》，中国检察出版社2022年版，第220页。

人员的数据。其次调取法院或检察院刑事判决人员数据,用来核查被判刑人员是否停发或调整低保生活困难补助;调取民政局死亡人员数据,用来核查各级党政机关是否违规向已死亡的人员发放生活困难补助。

第四,集智攻关。组建由各相关领域的人员参与的专项小组,运用多学科知识,在"法律思维+大数据思维"引领下进行系统分析与推演,寻找解决问题的最佳路径,层层放大细节,不断实现模型的细化量化与实践运行流程的优化完善。例如,在行政公益诉讼案件办理中建立数字检察办案指挥中心,吸纳相关部门的检察干警,其中既包括检察业务人员也包括检察技术人员,实现团队式研判与融合式办案。指挥中心下设研判综合组、督查指导组、数据保障组三个工作组,形成以"数据统筹管理、研判精准科学、模型组建智能、线索分流得力、全程督促管控、监督价值培育"为目标的数字化办案模式。

数字化引导模式的具体工作流程是预设关键任务,确定多跨协同系统的组成,即在关键任务的目标导向下开展需求分析,解析细化关键任务的子系统与部组件。建立多跨协同系统,明确多跨协同系统涉及的领域、层级和部门,构建大数据法律监督模型与协同模式。然后,通过检察机关专门人员分析研讨,制定解决方案,对多跨协同系统进行结构优化与流程再造,实现预设的关键任务。

例如,前述政府补(救)助资金监管类案,针对的是行政公益诉讼中国有资产监督管理领域,关键任务即是查找政府补(救)助资金违规领取的问题。此多跨协同系统由多个领域、多个部门、多个层级、多个任务等共同构成,可分解为子系统与部组件(比子系统低一个层级),直至最小化的单元。依据相关法律法规:其一,退休人员服刑期间停发基本养老金。[①] 其二,机关事业单位工作人员死亡后遗属死亡的停发生活困难补助。[②] 其三,机关事业单位工作人员死亡后遗属属于较高固定经济收入的停发生活困难补助。[③] 因而,此多跨协同系统即由涉刑人员领取政府补(救)助资金、死亡人员领取两项生活困难补助、较高固定经济收入人员领取两项生活困难补助

[①] 参见《劳动和社会保障部关于进一步规范养老金社会化发放工作的通知》《军人抚恤优待条例》。

[②] 参见《浙江省人事厅、浙江省财政厅关于机关事业单位工作人员死亡后遗属生活困难补助问题的通知》。

[③] 参见《台州市人民政府关于完善台州市区被征地农民基本生活保障与职工基本养老保险衔接办法的通知》。

等三个子系统构成，涉及人社局、医保局、民政局、退役军人事务局、残联等多个机关单位，横跨检察业务应用系统、中国裁判文书网、浙江裁判文书检索系统、浙江数字人社工作台等多个数字平台。

（三）创设法律监督模型

在行政公益诉讼中应用"V"模型的技术方法形成的即为数字化引导模式的法律监督模型，其是以行政公益诉讼指向的"4+9"领域为监督范围，以相关的行政机关未依法全面履职尽责为监督目标，既包括纠正违法行使职权（乱作为），也包括督促怠于行使职权（不作为）。

法律监督模型实质是一种数字化逻辑与数字化的运行方式，是在"法律思维+大数据思维"贯通下形成的新型监督模式。传统的监督模式以个案办理为基点，以逆向性与因果性为思维方法，受限于人力、对象、能力等多方面因素，导致工作效率低下，调查取证耗时耗力，还发现不了问题线索。而且监督效果仅限于个案，无法以个案为支点撬动整个领域的法律监督，进而促进社会问题的系统化治理。法律监督模型应用"V"模型技术方法，以大数据的共享与运用为核心，通过预设关键任务点，即行政公益诉讼案件范围中的某个核心问题，例如行政机关在国有资产保护领域未全面履职尽责的某个行为。层层解析关键任务点的子系统与部组件，归集整理多个领域、多个部门、多个层级的相关数据，然后进行海量数据的比对与碰撞，发现数据间呈现的交集点与异常点。通过办案小组的集体研判与人工筛查，筛选出问题线索，输出批量的案件线索，从个案办理演变为类案监督进而形成行政公益诉讼某个领域的系统治理，实现法律监督模式的高效性与智能化。

例如，Z省W市某区检察院从一起公职人员受贿案中发现其长期违规低价租用公房，街道办事处存在未经审批擅自租赁国有房产问题，随后以此为起点开展国有资产租赁专项监督。① 第一，依据现有的数据资源、线索条件、存在问题、成案预期等预设关键任务点（存在国有资产违规租赁行为）。第二，成立项目专班进行系统化的分析与推演，梳理要素，根据监督方向和重点解析确定关键任务点的子系统：其一，登记在行政机关名下的不动产（来源于不动产中心数据）；其二，市场主体批量信息（来源于工商数据）。两者进行数据比对与碰撞，筛选确定核心部组件（租赁给非国营单位

---

① Z省W市检察院是数字检察领域的积极开拓者，其运用大数据赋能法律监督走在全国前列，以上案例是作者在该院进行调研时收集的。

的不动产数据)。第三，分析研判、层层解析，确定另一关键部组件(财政部门已审批的不动产数据)，进行第二次数据比对与碰撞，筛查出国有不动产租赁未评估、未审批的数据，经过人工复核确定九类问题线索，进而验证了预设的关键任务，将问题线索转化为案件线索。

法律监督模型的主要功能在于以科技赋能寻找纳入监督视野的异常案件，属于案件查明范畴。但法律监督模型又不仅仅限于查明个案，而是在数字化逻辑下穿透大数据，甄别异常从而牵出个案背后的系列案件。上述的法律监督模型以大数据运用为主线，囊括了不动产管理中心数据、市场监管部门的市场主体数据、财政部门审批国有不动产租赁的数据，横向跨越多个领域，纵向联通多个部门。在个案办理的基础上运用法律思维确定预设的关键任务，进而反复研讨、系统分析、放大细节，依次搭建法律监督模型，用大数据思维进行层层解析，验证关键任务并进而批量输出具体的问题线索，"法律思维+大数据思维"合力打造新时代智能高效的法律监督模型，以其为有效载体革新法律监督模式，提振法律监督效能。

(四) 多跨协同场景的应用

大数据、区块链、人工智能等新兴技术同行政公益诉讼办案的融合应用，呈现出层层推进、相互联动的实践场景①，其中，行政公益诉讼的数字化引导模式聚焦权力关系，实现法律监督的情景化、可视化与智能化等②。数字化引导模式以法律监督模型为载体，以多跨协同场景为应用，二者在思维模式、功能承载、实施阶段三个层面既有区别又相互关联。具体而言：其一，法律监督模型是在多跨协同场景的运行前提下开展的。其二，法律监督模型是基于大数据生成的自上而下的层层解析，是正向的推演与构筑，类似于逻辑思维中的"演绎"，力求实现完整有效的目标体系与实施体系。而多跨协同场景是基于大数据衍化的自下而上的综合和集成，是逆向的整合与搭建，形似于逻辑思维中的"归纳"，其目的在于进一步验证并实践法律监督模型预设的关键任务。其三，法律监督模型的主要功能在于查明案件事实、寻找案件线索，而多跨协同场景则升级并穿透调查取证层面，承载了开展预防性治理的功能，即从已经发生的案件中开展预测分析与风险评估，精准识

---

① 高景峰：《法律监督数字化智能化的改革图景》，载《中国刑事法杂志》2022年第5期。
② 蔡玉卿：《大数据时代的社会监督重构：逻辑、向度及规制》，载《河南社会科学》2021年第11期。

别风险点进而研发相应的控制模型,协同并引导行政机关进行社会问题的前端治理。

仍以上述的国有资产违规租赁监督案为例,其多跨协同场景可以从三个方面进行推展:

第一,根据国有资产违规租赁构建的法律监督模型导出的案件线索中,检察机关办案人员发现某街道办事处管理的十几处国有不动产,某些国有不动产的价格评估值大幅度低于一般评估值。针对此问题构设的应用场景中,先是归集、整合不同领域、不同部门、不同平台涉及国有不动产的数据,录入评估人、资产类型、价格等关键数据,建立国有资产价格评估数据库。然后,按照国有资产的区位(坐落的位置、周边的繁华程度、是否临近交通枢纽等)构建国有资产价格评估数字预警模型,导入市场化的资产评估数值,通过内部对比和内外对比,对偏离值最大的数据进行预警和重点审查,从而发现第三方评估机构的评估人员提供虚假证明文件与承租人串通低价租赁国有不动产,进而监督评估机构的监管部门(财政部门)全面履职尽责,规范国有资产价格评估流程,堵塞国有资产价格评估的漏洞。

第二,行政公益诉讼案件范围中的国有财产保护,首要是防止国有财产流失,在此基础上应实现国有财产增值,"防流失"与"促增值"都涵盖于国有财产保护的范畴中。根据国有资产违规租赁构建的法律监督模型导出的案件线索,检察机关办案人员发现某街道办事处管理的国有不动产长期闲置而未加利用,失去了不动产的"财产"增益属性。另外,出租给非国营单位的国有不动产长期未向租户收取租金,存在国有不动产价值流失的情形。针对此问题应用的具体场景中,通过跨部门、跨领域、跨系统整合相关数据,以数据为主线建立国有资产收益数据库、国有资产闲置数据库、国有资产租赁数据库。在国有资产租赁数据库中设置"6个月未收取租金"的规则条件,在国有资产收益库中设置"租金未上交国库"的规则条件,在国有资产闲置数据库中设置"资产闲置1年以上"的规则条件。当系统内的数据突破阈值触发预警规则时,系统会自动发出预警信号,锁定预警情形,可使检察机关监督、引导国有资产管理部门全面履职尽责,确保国有资产保值增值。

第三,整合上述两类应用场景,对财政部门目前使用的"资产云2.0"系统进行重构,集成上述应用场景中的国有资产收益数据库、国有资产闲置数据库、国有资产租赁数据库、国有资产价格评估数据库以及国有资产租赁信息和流程审批数据库。自下而上建立数字化、可视化的国有资产管理平台,开放检察端口,形成"财政行政监管,检察协同监督"的多跨协同系统。在国有资产数据库内、市场化数据库间，引入对比数值，设置预警值，建立多重监督模型，实时动态开展预警监督，充分发挥多跨协同系统的预测分析功能与风险评估能力，完善检察监督、协同、引导行政机关的社会治理机制，有效提升风险防范水平，提高社会治理的精准性与智能化。

五、行政公益诉讼引导行政执法的优化建议

（一）明确行政公益诉讼对行政执法的监督协同和引导功能

行政公益诉讼与行政执法是相辅相成的。行政公益诉讼不仅具有单向的监督行政执法的功能，更在实践中体现为引导行政执法，与行政执法一道开展社会治理的功能，二者共同寓于国家治理现代化的场景中，具有内在的耦合性。

首先，应在行政公益诉讼的顶层设计中明确行政公益诉讼的协同、引导功能，在公益诉讼立法或者专门出台的行政公益诉讼规则中，明确新时代行政公益诉讼的功能定位。

其次，在具体的运行机制中，鼓励各级检察机关主动开展多方会商、磋商机制或者圆桌会议模式，突出检察机关"穿针引线"，与相关行政机关协同进行社会治理的功能效用。如此，可缓和并减轻行政公益诉讼监督功能与行政机关产生的摩擦，可有效提升行政机关的配合度。

（二）重视和推广行政公益诉讼引导行政执法的数字化模式

行政公益诉讼的数字化引导模式以数据为核、以平台为基、以模型为轴，预设关键问题点，进而建立多跨协同系统，分析确定所需的领域、部门数据，然后剖析查找关键问题的数据运用逻辑，根据数据逻辑设定一个法律监督模型，最后批量导出与关键问题点相关联的问题线索。行政公益的数字化模式是为破解行政公益诉讼线索获取难、刚性不足等问题而产生的，并在实践中发挥了一定的积极效用，但数字化模式的充分发挥，根本取决于数据的获取与运用。

第一，应继续在拓宽数据源方面下功夫。在盘活内部数据的同时，积极争取地方党委、人大及政府的政策支持，推动行政执法等各类数据和业务信息的共享。进一步完善数据挖掘算法，提高数据转实战办案的成功率。

第二，调整数据调用思路。通过"原始数据不出域，数据可用不可见"

"欲取先予"以及"交叉调取数据源"等方式实现对象数据的间接利用。通过协调开放特定数据端口、特定API接口等方式，实现对特定数据非接触式"隔空操作"。对于一些偶发性、阶段性、临时性的数据，接入统一调取清单必要性不强的，可考虑"一事一议"策略，由上级检察机关给予必要的支持。

第三，健全数据监管机制。对调取数据进行全链条监管，必要时针对敏感数据主动进行去标识化、脱敏处理，建立数据使用安全流程预案，防止办案过程中的不规范操作引起的数据泄露事故，将数据安全管理纳入数字检察工作闭环，兼顾法律监督效果与数据安全。

（三）充分发挥"检察一体化"的组织、地位、能力优势

行政公益诉讼的数字化引导模式聚合了有限的治理资源，通过一体化集约引导实现资源优势互补、优化组合和协同共享，破除传统治理模式中的管理碎片化、运行碎片化、信息不流通等问题。其引导、聚合功能基于检察机关"检察一体化"衍生的组织优势、地位优势及能力优势。在数字化模式探索阶段，上级检察机关宜从"自上而下"的角度发挥绩效考核"指挥棒"的调度、导向作用，适当扩大数字检察办案的考核权重，针对在数字办案过程中产生数字"金点子"、创新模型及多跨场景的构建、数字办案成效突出的集体及个人及时给予表彰激励，发挥示范效应，并在顶层设计、平台架构和资源支持方面做好前瞻性规划。同时，结合基层检察机关的办案特点，发挥出基层检察机关与基层群众、辖区主管行政部门以及办案实务紧密结合的优势，给予基层检察机关更大的数据检察平台建设参与权，畅通渠道并充分吸收基层检察机关在新监督模型的探索、新数据模态的处理等方面的意见及建议，发挥"自下而上"的汇集效应。此外，注重检察机关之间的横向沟通，在线索收集、跨区划案件办理等方面，完善协调机制，加强数据协作。